ro
ro
ro

Zu diesem Buch

Viele Jungen werden auf ihrem Weg zum Mann-Sein allein gelassen. Vorbilder von Jungen stammen ganz überwiegend aus den Medien, konkrete Erwachsene werden kaum genannt. Abwesende, desinteressierte oder unzugängliche Väter sind eben keine Vorbilder. Aber auch viele Väter und Pädagogen, die sich um Jungen bemühen, haben das Problem, selbst nicht so genau zu wissen, wie sie als Männer sein sollen oder wollen. Außerdem haben viele Erwachsene Schwierigkeiten, sich in die Lebenswelten der Kids einzufühlen. Der genaue Blick auf die wechselnde und widersprüchliche Bedeutung von Helden und Vorbildern für Jungen macht deutlich, dass Kinder und Jugendliche nicht einfach beeinflusst werden, sondern sich ihre Welt aktiv aneignen.

Dieses Buch ist eine Einladung, die Lebenssituation von Jungen und die Spiel- und Medienwelten, die für sie geschaffen wurden, einmal mit anderen Augen zu betrachten.

Der Autor
Tim Rohrmann (geboren 1963) ist Diplom-Psychologe und Musiker. Seit zwanzig Jahren auf der Suche nach neuen Orientierungen für Jungen und Männer – und inzwischen an vielen Stellen fündig geworden. Beruflich tätig in Jungen- und Männerarbeit, Fortbildung und Erziehungsberatung sowie in Forschungsprojekten zu Jungenentwicklung und Konfliktverhalten. Heute lebt und arbeitet er als freiberuflicher Fortbildner in Braunschweig mit den Schwerpunkten geschlechtsbewusste Pädagogik, Kindertagesstätten, Konflikt und Aggression sowie Prävention.

Tim Rohrmann

Echte Kerle

Jungen und ihre Helden

Rowohlt Taschenbuch Verlag

Originalausgabe
Veröffentlicht im Rowohlt Taschenbuch Verlag GmbH,
Reinbek bei Hamburg, Juli 2001

Lektorat Jürgen Volbeding
Umschlaggestaltung Guido Klütsch
(Foto: Image Bank/Vicky Kasala)
Satz Sabon PostScript (PageOne)
Gesamtherstellung Clausen & Bosse, Leck
Printed in Germany
ISBN 3 499 60947 9

Die Schreibweise entspricht den
Regeln der neuen Rechtschreibung.

Inhalt

Wie es zu diesem Buch kam

1990, vor über einem Jahrzehnt, veröffentlichten Dieter Schnack und Rainer Neutzling ihr Buch «Kleine Helden in Not – Jungen auf der Suche nach Männlichkeit». Es wurde zum Bestseller unter Eltern und Pädagogen und fand sogar, für ein populär geschriebenes Taschenbuch ungewöhnlich, Eingang in die Literaturlisten der Wissenschaft. Der Titel wurde zum Ausdruck für einen «anderen Blick» auf Jungen, der die Bedürfnisse und Unsicherheiten von Jungen auf dem schwierigen Weg zum erwachsenen Mann-Sein zum Thema macht.

Zwei Jahre später befragte ich eine Reihe von Jungen zu ihren Lieblingshelden. Wie sich herausstellte, sahen die Jungen ihre Kino- und Fernsehhelden ganz anders als die Erwachsenen. In den Gesprächen wirkten viele der Helden nicht wie die beschränkten Haudrauf-Gestalten, als die sie von Erwachsenen oft gesehen werden. Die Ergebnisse der Befragung wurden Bestandteil des Buches «Junge, Junge – Mann, o Mann. Die Entwicklung zur Männlichkeit», das 1994 erschien und in einem breit angelegten Entwurf Theorien und Forschungsergebnisse zur Entwicklung von Jungen zusammenfasste.

Ich war neugierig geworden. Mein Interesse an Actionfilmen und Heldengestalten und daran, wie Jungen selbst ihre Welt wahrnehmen, blieb bestehen. Ein paar Jahre später, als ich gerade in einem Forschungsprojekt zur Situation von Jungen im Kindergarten arbeitete, kam einer der damals interviewten Jungen auf mich zu und wollte gern noch einmal interviewt werden – er war «Fan» einer neuen Serie geworden. Das Interview trug dazu bei, mein Interesse am Thema wach zu halten; es findet sich in diesem Buch wieder.

1998 schlossen wir unser Forschungsprojekt mit der Veröffentlichung «Jungen in Kindertagesstätten» ab, einem Fachbuch für Aus- und Fortbildung, in dem wir viele Überlegungen zur Entwicklung von Jungen weiterführten. Obwohl viele Erwachsene Unterschiede zwischen Jungen und Mädchen im Kindergartenalter noch nicht so stark wahrnahmen, war mir sehr deutlich geworden, dass viele typische Themen und Verhaltensweisen von Jungen hier ihren Anfang nehmen.

Manche der in diesem Buch geschilderten Beispiele aus dem Alltag und Ideen zum Umgang mit Jungen stammen aus diesem Projekt.

Im Jahre 1999 verhandelte ich dann mit dem Verlag über eine überarbeitete Neuausgabe meines Buches von 1994. Wir waren uns einig, dass es unter einem neuen Titel erscheinen sollte. Allerdings waren inzwischen viele andere Bücher zum Thema Jungen erschienen: «Weder Macho noch Muttersöhnchen», «Richtige Jungen: Was sie vermissen, was sie brauchen», «Jungen: Wie sie glücklich heranwachsen», «Coole Kerle, viel Gefühl», «Kinder brauchen Helden», um nur einige zu nennen. Zeitschriftenartikel erschienen unter Titeln wie «Nette Kerle – getarnte Machos?» oder als großer Aufmacher Sommer 2000 im Stern: «Kleine Kerle in Not». Einen «peppigen» Titel zu finden, war nicht so einfach. Schließlich überraschte mich der Verlag mit dem Titel «Echte Kerle – Die Entwicklung zur Männlichkeit».

Eigentlich wollte ich keine Anleitung dazu schreiben, wie man aus kleinen Jungs richtige Kerle macht! In den vergangenen Jahren waren mir die Feinheiten und Unterschiede zwischen Jungen wichtiger geworden. Während manche Erwachsene (meist Mütter) verhindern wollen, dass Jungen Machos werden, andere (meist Männer) dagegen meinen, dass Jungen Rituale brauchen, die sie zu Männern machen, passen die Jungen selbst weniger denn je in vorgegebene Schubladen. Es gibt die aggressiven «Rabauken», aber auch die Jungen, die sich mit Charme und Witz durchsetzen. Es gibt die schüchternen Jungen, die nicht auffallen, weil sie nicht auf sich aufmerksam machen. «Den» typischen Jungen gibt es nicht. Und nicht zuletzt: Ein echter Kerl – das war ich selbst nicht gewesen und wollte es auch nie sein!

Allerdings gibt es, trotz aller Veränderungen, ein Gebiet, in dem sie nach wie vor ihren festen Platz haben, die «echten Kerle» und «richtigen Männer»: Die Actionfilme und Heldenserien, in denen Männer ihre Kraft und Geschicklichkeit beweisen, Gefahren bestehen und in der Welt für Ordnung sorgen. Und so ist nun doch ein Buch über echte Kerle entstanden, das die Entwicklung von Jungen in den Blick nimmt und danach fragt, welche Bedeutung Heldenfiguren und die Männlichkeitsbilder, die in ihnen zum Ausdruck kommen, für ihre Entwicklung haben können. Außerdem geht es um die Entdeckung des Geschlechtsunterschiedes, um Mütter und Väter, um Märchen und Mythen und um die Gewalt, die Jungen zu Männern macht.

Obwohl in diesem Buch viel von Bildern die Rede ist, kommt es ohne Illustrationen aus. Die bekommen Sie von den Jungen selbst, wenn Sie danach fragen – zum Anfassen und in besserer Qualität, als ein Buch das leisten kann. Leihen Sie sich ein paar Pokémon-Karten aus oder nehmen Sie zum Lesen eine Action-Figur mit aufs Sofa.

Dieses Buch ist eine Einladung, die Lebenssituation von Jungen und die Spiel- und Medienwelten, die für sie geschaffen wurden, einmal mit anderen Augen zu betrachten. Einige Abschnitte des Buches gehen auf das Buch «Junge, Junge – Mann, o Mann» und andere bereits veröffentlichte Texte zurück. Andere Abschnitte wurden aktualisiert oder für dieses Buch neu geschrieben. Manches würde ich vielleicht in einem Jahr schon wieder anders formulieren, denn endgültige Antworten gibt es nicht, wenn es um das Junge- und das Mann-Sein geht. Entstanden ist das Buch aus Sicht eines Mannes, der als Junge seine Freizeit lieber hinter Büchern als auf dem Fußballplatz verbracht hat, der keine *Superman-Comics* lesen durfte, weil sie pädagogisch nicht wertvoll waren; der heute wenig fernsieht, aber Fantasyromane in einer Nacht verschlingt. Und der immer wieder Lust hat, von Jungen zu erfahren, was sie spannend finden und was ihnen Spaß macht.

Als zehn Jahre nach Erscheinen der Erstauflage die «Kleinen Helden» für die Neuausgabe überarbeitet wurden, geriet einer der Autoren selbst in Not. Im Juni 2000 ist Dieter Schnack in Köln gestorben. Seinem Andenken ist dieses Buch gewidmet.

Vor allem aber ist dieses Buch den Jungen gewidmet, die mir von sich erzählt und an ihren Erlebnissen haben teilnehmen lassen.

Jungen: Zum Helden geboren?

Eine Mutter-Sohn-Geschichte

Die Geburt eines Helden:

Eine junge Frau, nennen wir sie Hella, lernt einen charmanten und attraktiven jungen Mann kennen. Sie verlieben sich ineinander. Es dauert nicht lange, da ist Hella schwanger. Ihr Liebster, er könnte Georg heißen, ist allerdings weder treu noch zuverlässig. Wie sich herausstellt, hat er schon ein Kind mit einer anderen Frau. Noch bevor Hella ihr Kind auf die Welt bringt, lässt er auch sie im Stich. Das ruhige Familienleben ist ihm zu langweilig: Er braucht Abenteuer. Wenige Monate später erfährt sie, dass Georg im Krieg ums Leben gekommen ist.

Bald darauf bringt Hella einen wunderschönen Jungen zur Welt, den sie Pierre nennt. Die verzweifelte Frau ist einsam, aber von Männern hat sie genug. Eins ist ihr klar: Der Sohn soll nicht enden wie sein Vater. Er soll auch nicht so herrisch werden wie Hellas eigener Vater, der früh gestorben ist und sich nie sonderlich für ihr Befinden interessiert hat. Pierre soll kein Schläger werden, sondern ein friedlicher, naturverbundener Mann. Hella zieht in eine Frauen-WG aufs Land.

Unter ihren wachsamen Augen wächst Pierre zu einem munteren Burschen heran – der ganze Stolz seiner Mutter. Er ist doch noch so klein! Allerdings ist sie schon früh beunruhigt, denn er ist nicht nur ein wildes Kerlchen, sondern hat auch eine besondere Vorliebe dafür, mit Ästen und Stöcken herumzuschlagen und auf Tiere zu zielen. Sie kommt zu dem Schluss, dass es keinen Sinn hat, alles zu verbieten, was nach einer Waffe aussieht. Als er eines Tages jedoch einen Vogel vom Zweig schießt, gibt es ziemlichen Ärger. Pierre hat selbst einen ordentlichen Schrecken gekriegt und reißt sich in der Folgezeit zusammen.

Richtig schwierig wird es dann, als Pierre in die Pubertät kommt. Einmal trifft er eine Gruppe Jugendlicher aus der Stadt, die ihn total beeindruckt, schon wegen der tollen Klamotten. Sie erzählen von der Stadt und dem Boss ihrer Clique, einem gewissen Arthur, der ein echter Kerl sein soll und total gut kämpfen kann. Für Pierre ist klar: Das ist seine Welt. Für Hella dagegen sind das alles Machos. Sie denkt an Pierres Vater, der früher auch oft mit solchen Typen herumgehangen hatte. Aber ihr gelingt es nicht, ihren Sohn dem Einfluss der Clique zu entziehen. Schließlich kommt es zum Eklat. Obwohl Pierre seiner Mutter versichert, dass er sie von Herzen liebt, will er ausziehen und setzt sich durch.

In einem letzten Akt mütterlicher Zuwendung strickt Hella ihm einen bunten Pullover und Socken aus naturgefärbter Wolle. Sie weiß, dass er damit bei den anderen nicht so ankommt – und sie hofft, dass er doch ein bisschen anders bleibt als die anderen. Als er ausgezogen ist, fühlt sie sich verlassen.

In der Stadt kommt Pierre erst einmal gar nicht zurecht. Mit seinem Ökopulli wird er ausgelacht, aber die teuren Klamotten der anderen kann er sich nicht leisten. Auch bei seinen ersten Kontakten mit Mädchen stellt er sich ungeschickt an. Zum Glück findet er einen väterlichen Freund, der ihm einige gute Ratschläge gibt, zum Beispiel, dass er nicht so oft von seiner Mutter reden soll. Denn noch merkt man ihm wohl an, dass er ein ziemliches Muttersöhnchen ist.

Und noch einen Rat gibt ihm der Freund: «Frag nicht so viel!» Dieser Rat wird den jungen Mann allerdings ganz schön in Schwierigkeiten bringen. Zwar mag es cool wirken, sich Unsicherheit nicht anmerken zu lassen. Nicht nachzufragen, wenn man nicht Bescheid weiß, kann aber auch zur Folge haben, dass man sich ziemlich danebenbenimmt. Und Pierre macht wirklich alles falsch, was man nur falsch machen kann.

Um die Geschichte kurz zu machen: Trotz dieses schwierigen Starts wird Pierre im Laufe der Jahre, in denen er einige heftige Krisen durchlebt, ein großer Held, zärtlicher Geliebter und liebevoller Vater werden. Seine Mutter wäre mit Sicherheit stolz auf ihn gewesen.

Erzieherische Versager?

Vermutlich wird Hella sich gefragt haben, was sie falsch gemacht hat, als sie anfing, sich Sorgen um Pierres Entwicklung zu machen. Wenn sie sich Ende der 90er Jahre in einem deutschen Buchladen umschaut, versprechen ihr zahlreiche Bücher zur Entwicklung von Jungen Rat und Hilfe. Ob es sie beruhigt, in einem Buch die Aussage zu finden, dass das Verhalten ihres Sohnes vom Hormon Testosteron bestimmt wird? «Im Alter von vier Jahren bewirkt es einen Aktivitätsschub und macht aus dem Kind einen typischen Jungen», schreibt der Psychologe und Familientherapeut Steve Biddulph in seinem Buch *Jungen – wie sie glücklich heranwachsen* (1998, S. 62).

In der Veröffentlichung einer feministischen Professorin steht dagegen: «Die Sozialisationsforschung der letzten Jahre kommt zum Thema der Geschlechtsunterschiede zu dem Schluss, dass biologische Ursachen dabei keine Rolle spielen» (Klees-Möller, 1998, S. 17).

Beide Bücher berufen sich auf zahlreiche Forschungsergebnisse – und Hella ist verwirrter als zuvor. In einem Buch von Tim Rohrmann findet sie dann folgenden Satz: «Der Junge steht vor der Aufgabe, seine Identität in der Abgrenzung von der Mutter zu entwickeln» (1994, S. 91). Soll das heißen, dass alle ihre Bemühungen umsonst sind, weil Jungen sowieso immer das Gegenteil von dem tun, was ihre Mütter wollen?

Verwirrt fällt ihr Blick schließlich auf die Ankündigung eines Seminars zum Thema «Vater-Hunger». «Junge Männer», steht da zu lesen, «sehnen sich nach einer Vater-Figur, die sie in das Mysterium von Männlichkeit einweiht und ihnen die Geheimnisse und Möglichkeiten des Lebens als Mann zeigt und erläutert» (for! ju:, 2000, S. 11). Es leuchtet ihr ein, dass Pierre der Vater fehlt, den er nie kennen gelernt hat. Aber Hella fragt sich, ob das wirklich bedeutet, dass sie ihrem Sohn gar nichts zu bieten hat. Sie ist nun einmal allein erziehend und kann keinen Mann herbeizaubern! Und die Geheimnisse und Möglichkeiten, die Georg hatte – nun, die sollte Pierre ja gerade nicht übernehmen.

Wenn Hella mit anderen Eltern über ihre Sorgen sprechen würde, könnte sie schnell herausfinden, dass es vielen ähnlich geht. Nicht nur allein erziehende Mütter stellen fest, dass ihre Söhne ständig kämpfen wollen und von großen Helden begeistert sind. Auch Väter machen sich Gedanken um ihre Söhne und finden den ganzen Actionkram fragwürdig, den ihre Kids so toll finden. Allerdings sprechen viele Eltern nicht so gern darüber, wie schwierig es zu Hause manchmal wirklich ist. Denn man (oder frau) will ja nicht als erzieherischer Versager dastehen!

Wenn Hella offen mit anderen Eltern redet, wird sie einerseits feststellen, dass Pierre nicht so anders ist als viele andere Jungs in seinem Alter. Und andererseits, dass sein Verhalten mehr mit ihr selbst zu tun hat, als ihr klar war. Das ist manchmal ziemlich unangenehm. Vielleicht hat sie ihn wirklich zu sehr vor der Welt beschützen wollen – und zu sehr versucht, ihn nach ihren Wünschen zu formen?

Die wirkliche Hella hatte allerdings nicht die Chance, sich solche Gedanken zu machen. Sie lebte in einer Zeit, als es noch nicht üblich war, so viel über das eigene Erziehungsverhalten nachzudenken. Es ist überraschend, wie aktuell die Geschichte von Hella und Pierre immer noch ist, denn sie ist viele Jahrhunderte alt – und eine der bedeutendsten Heldensagen des Mittelalters. Die Mutter, die im Original übrigens vor Kummer starb, nachdem ihr Sohn sie verlassen hatte, hieß Herzeloyde. Ihr Sohn wurde zum berühmten Gralsritter Parzival. Vergebens hatte sie versucht, ihren Sohn vom Kämpfen abzuhalten, nachdem der Vater sie verlassen hatte, um in den Krieg zu ziehen.

Sind Jungen von Natur aus wilder als Mädchen?

Herzeloyde gibt sich Mühe, ihrem ungestümen Jungen Moral beizubringen. Sie erzählt ihm von Gott und warnt ihn vor dem Herrn der Hölle, «lehrt ihn, das Finstere und Lichte zu unterscheiden». Kaum ist sie aber damit fertig, «trieb ihn sein rasches Knabenblut davon», wie es in der Übersetzung von Stapel heißt (1982, S. 64). In seinem jugendlichen Ungestüm meint er sogar, den Teufel besiegen zu können – seine Mutter, meint er, habe nur nicht genügend Mut. Liegt die Wildheit Jungen wirklich im Blut?

Ja, meinen Autoren wie Biddulph, die die Ursachen für geschlechtstypisches Verhalten in den Genen und Hormonen gefunden zu haben glauben. Nein, meinen Autorinnen wie Klees-Möller, die meinen, dass solche Theorien nur der Aufrechterhaltung der bestehenden Verhältnisse dienen, die Mädchen und Frauen benachteiligen.

Die beiden oben genannten Zitate sind Extrempositionen, aber sie machen deutlich, dass man (oder frau) oft nur das sieht, was man (frau) sehen will – und das gilt auch für Wissenschaftler und erfahrene Expertinnen. Vermutlich ist es kein Zufall, dass das eine genannte Zitat von einem Mann stammt, der sich um die Entwicklung von Jungen sorgt, das andere von einer Frau, die die Chancen und Möglichkeiten von Mädchen verbessern will. Was wir wahrnehmen, hat immer auch mit uns selbst zu tun, mit unseren eigenen Erfahrungen, Zielen und Wünschen.

Dies gilt besonders für Eltern. Wenn der Sohn überraschend viel typisches Verhalten zeigt, wird die Biologie dafür verantwortlich gemacht: Ja, ja, die Natur ... Ist er dagegen schüchterner als seine wilde Schwester, wird eher die Psychologie zu Rate gezogen.

Kinder orientieren sich bei der Einordnung von Männern und Frauen stark an biologischen Gegebenheiten – allerdings nicht nur an den primären Geschlechtsmerkmalen, sondern auch an Größe, Stimmtiefe oder Körperbehaarung. So begründeten fünf- bis siebenjährige Kinder ihre Ansicht, dass Frauen netter als Männer seien, mit ihrer zarteren Haut und netteren Stimme (vgl. Ullian, 1981). Im Kindesalter ist dagegen das Ausmaß der tatsächlich feststellbaren Geschlechtsunterschiede gering. Vom Geschlechtsunterschied im engeren Sinn abgesehen, unterscheiden sich siebenjährige Mädchen und Jungen kaum voneinander, auch nicht in ihrer Körperkraft. Selbst mit elf Jahren haben Mädchen im Durchschnitt noch genauso viel oder sogar mehr Muskelkraft als Jungen. Erst in der Pubertät kommt es zu deutlichen Unterschieden in der biologischen Entwicklung.

Dennoch sind viele Kinder und Erwachsene der Ansicht, dass schon im Kindergarten Jungen stärker sind als Mädchen. In einem Projekt in Münchner Kindertagesstätten ließ die Pädagogin Melitta Walter Mädchen und Jungen im Tauziehen gegeneinander antreten. Nicht nur viele Jungen und etliche Mädchen, sondern auch viele Erzieherinnen glaubten, dass die Jungen sich als stärker herausstellen würden als die Mädchen. Ein Mädchen meinte zur Begründung: «Na, die Buben haben viel mehr Muskeln!» Umso größer war die Überraschung, als die Mädchen wiederholt gewannen. Walter stellte fest, dass es den älteren Jungen schwerer fiel als den Kindergartenjungen, eine Niederlage gegen die Mädchen zu akzeptieren. Sie betont, wie wichtig solche Erfahrungen für Jungen wie für Mädchen sind, um eine realistische Wahrnehmung der Möglichkeiten und Grenzen des eigenen Körpers zu bekommen (vgl. Walter 2000, S. 88).

Wie kommt es, dass trotz der geringen körperlichen Unterschiede Jungen stärker wirken als Mädchen? «Männliches» Verhalten von Jungen kann auf dem Bedürfnis beruhen, Eigenschaften anzunehmen und zu zeigen, die sie an erwachsenen Männern wahrnehmen – und dies sind vor allem auch körperliche Attribute wie Größe und Kraft oder der Bartwuchs. Jungen nehmen wahr, dass sie diese Eigenschaften nicht haben. Sie «tun groß» oder «blasen sich auf», malen sich einen Bart oder nutzen jede Gelegenheit, unter Beweis zu stellen, wie stark sie sind.

Vielleicht hat die Wahrnehmung von Jungen als «stärker» auch damit zu tun, wie Jungen sich bewegen. «Jungen haben einen höheren Bewegungsdrang», meinen viele Erzieherinnen und Eltern von Kindern im Kindergarten- und Grundschulalter. Wenn das stimmt, könnte es erklären, warum Jungen mehr herumrennen, Spaß an wilder «Action» haben und sich größere Räume ihrer Umwelt erobern. Es könnte auch ein Hinweis darauf sein, warum Jungen viel häufiger «hyperaktiv» sind als Mädchen – die Schätzungen schwanken zwischen drei- bis zehnmal so häufig.

Was allerdings genau ein «Bewegungsdrang» ist, ist schwierig festzustellen. Neuere biologische und biomedizinische Forschungen suchen Ursachen für Geschlechtsunterschiede in drei Bereichen: den Genen, den neuronalen Strukturen im Gehirn und vor allem den Hormonen.

So spannend die neuen Erkenntnisse von Biologie und Gehirnforschung sein mögen – sie können die Ursache der Geschlechtsunterschiede nicht ausreichend erklären. Gehirnstrukturen und das Zusammenspiel von Hormonen und Verhalten sind bei Mädchen und Jungen unterschiedlich – und außerordentlich kompliziert. Bleiben Sie skeptisch, wenn Wissenschaftler aus biologischen Gegebenheiten eindeutige Erklärungen für menschliches Verhalten ableiten.

Selbst wenn es die Natur ist, die Jungen im Durchschnitt stärker, wilder und aggressiver sein lässt als Mädchen, ist die entscheidende Frage, wie mit den biologischen Voraussetzungen umgegangen wird. Die Biologie legt die Grundlage bei jedem Menschen anders.

Was bleibt, sind die unbestrittenen Unterschiede zwischen den Geschlechtern, die jedes Kind sehen und verstehen kann, auch wenn es Ausnahmen gibt und sich nicht alle Menschen hier eindeutig zuordnen lassen:

- die Anatomie der Geschlechtsorgane – Penis oder Scheide
- die körperlichen Unterschiede zwischen *erwachsenen* Frauen und Männern, insbesondere Größe und Körperkraft
- die unterschiedlichen Anteile von Frau und Mann an der Fortpflanzung.

Was es damit auf sich hat, beschäftigt schon Kindergartenkinder ganz außerordentlich – ganz egal, was die Erwachsenen dazu meinen.

Vielleicht wird sich nie ganz klären lassen, in welchem Ausmaß die größere Kraft und Aggressionsbereitschaft, die bei vielen männlichen Jugendlichen und jungen Männern festzustellen ist, biologisch bedingt ist. Sicher ist aber, dass körperliche Kraft und Aggressionsbereitschaft in unserer modernen Welt zunehmend weniger wichtig ist. Berufe, die körperliche Kraft erfordern, sterben allmählich aus. In den neuen

Dienstleistungsberufen sind Einfühlungsvermögen und Flexibilität wichtiger. Noch deutlicher wird dies im privaten Bereich, in Beziehungen und Familie. Der Mann, der mit der Faust auf den Tisch haut, um Konflikte zu lösen, ist nicht mehr gefragt. Und körperliche Gewalt wird in unserer Gesellschaft zunehmend geächtet.

Die entscheidende Aufgabe besteht darin, Jungen auf dem Weg zum Mann-Sein neue Wege aufzuzeigen, konstruktiv mit den ihnen gegebenen körperlichen Möglichkeiten umzugehen.

Von Mutterglück und Vatersehnsucht

«Aber verstehst du nicht, Ben Ata?
Es gibt in den Dörfern und Städten keine Männer. Dort leben nur alte Männer, Frauen, Kranke und Kinder. Die Jungen wachsen unter Frauen auf; wenn sie zehn oder elf sind, steckt man sie in Kinderkompanien, und sie wenden sich gegen ihre Mütter und Schwestern.

Das begreifst du doch, Ben Ata? Die Jungen müssen sich gegen die Frauen wenden, um überhaupt Männer zu werden, wenn sie nichts anderes kennen – in ihnen ist zuviel von den Frauen ...

Kinder unter Frauen aufwachsen zu lassen heißt, eine Nation von Soldaten heranzuziehen, Männer ohne Verständnis für Frauen, denen sie nur mit Verachtung und Härte begegnen.»

aus dem Roman «Die Ehen zwischen den Zonen Drei, Vier und Fünf» von Doris Lessing

Kommen Jungen schon als Herrscher zur Welt?

Zunächst einmal betreten sie die Welt der Mütter. Immer noch ist die Erziehung in den ersten Lebensjahren in erster Linie Frauensache. Die Mutter ist daher auch für Jungen oft zunächst ihr «Ein und Alles». Mit ihr hat der Junge den ersten engen körperlichen Kontakt, durch ihre Berührung lernt er seinen eigenen Körper kennen und entdeckt seine Gefühle. Mit ihr findet er heraus, welche Gefühle er ausdrücken darf und welche besser nicht. Mit einem Wort: Er wird ihr ähnlich.

Andererseits gibt es Erfahrungen, die Jungen nur mit ihren Vätern oder anderen Männern machen können. Leider sind die oft nicht für ihre Kinder da. *Abwesende Väter – verlorene Söhne* betitelt Guy Corneau eines der vielen im letzten Jahrzehnt erschienenen Bücher zum Thema. Die Väter sind auf der Arbeit (der «Wochenendvater») oder körperlich anwesend, aber gefühlsmäßig für Kinder weit weg. Oft überlassen sie die Erziehung ihren Frauen und nehmen sich nur wenig Zeit für ihre Kinder. Oder sie sind ganz fort. Wie viele Kinder wächst auch Jack, der Held eines englischen Märchens, ganz ohne Vater auf.

Jack und die lange Bohnenranke

Vor langer Zeit lebte einmal eine arme Witwe, die hatte nur einen einzigen Sohn und eine einzige Kuh. Jack hieß ihr Sohn und Weißwiemilch ihre Kuh. Jack und seine Mutter hatten nichts zum Leben, außer der Milch, die die Kuh Weißwiemilch jeden Morgen gab. Sie trugen die Milch zum Markt und verkauften sie. Eines Morgens aber hatte Weißwiemilch keine Milch mehr.

«Oh, was sollen wir nur machen, wovon sollen wir nun leben?», rief die arme Witwe und rang die Hände. «Wir müssen Weißwiemilch verkaufen. Mit dem Erlös können wir einen kleinen Laden aufmachen.»

«Gut, Mutter, wenn du meinst. Heute ist der große Wochenmarkt, ich werde Weißwiemilch verkaufen, und dann sehen wir weiter.»

Jack war noch nicht weit gegangen, als er einem seltsamen alten Mann begegnete, der Jack einen sonderbaren Tausch vorschlug: «Deine Kuh gegen fünf Bohnen!»

«Ach, geh!», rief Jack, «das würde dir so passen!»

«Oh, du weißt nicht, was das für Bohnen sind!», flüsterte der Alte geheimnisvoll. «Wenn man sie abends einpflanzt, werden sie, bevor der Morgen graut, bis zum Himmel gewachsen sein.»

«Wirklich?», fragte Jack neugierig. «Das ist doch gar nicht wahr.»

«Doch, Jack, es ist so! Wenn die Bohnen nicht halten, was ich dir versprochen habe, bekommst du deine Kuh zurück.»

«Gut, abgemacht», sagte Jack, gab dem seltsamen Alten das Halfter seiner Kuh in die Hand und steckte die Bohnen ein. Jack ging zurück nach Hause.

«Schon zurück, Jack?», fragte die Mutter. «Ich sehe, du hast Weißwiemilch nicht bei dir – du hast sie also verkauft! Wie viel hat man dir für sie gegeben?»

«Das rätst du nie, Mutter! Was hältst du von Bohnen? Es sind Zauberbohnen, wenn man sie am Abend einpflanzt und ...»

«Um Himmels willen! Jack!», schrie die Mutter. «Ja, bist du denn ein solcher Schafskopf, ein solcher Depp! Bist du denn total übergeschnappt, du Rindvieh! Da! Nimm das! Und das! Und was deine großartigen Bohnen angeht, mach's Fenster auf – die fliegen raus!»

Jack schlich sich in sein Zimmerchen oben unter das Dach und war mordstraurig. Die Ohrfeigen brannten, seine Mutter tat ihm Leid, und sein Magen knurrte.

Jack schlief spät ein. Als er früh am Morgen aufwachte und an das Dachfenster trat, sah er – die Bohnen waren aufgegangen! Die so teuer eingehandelten Zauberbohnen, die seine Mutter am Abend aus dem Fenster in den Garten geworfen hatte, waren gewachsen und hatten eine Ranke gebildet, die bis zum Himmel reichte. Also hatte der seltsame Alte doch wahr gesprochen.

Jack öffnete das Fenster, machte einen kleinen Sprung und kletterte und kletterte und kletterte und kletterte die Bohnenranke hinauf –

Ist Jack ein verantwortungsloser Springinsfeld? Oder mangelt es seiner Mutter an Verständnis? Eine Kollegin, der ich diese Geschichte erzählte, war sofort auf Seite der Mutter: «Oje, typisch Junge!», meinte sie, «dem kann man gar nichts anvertrauen. Wie kann man nur so verantwortungslos sein?» Mir dagegen war gleich klar, dass Jack sich so verhalten würde. Geheimnisvolle Zauberbohnen – welcher Junge könnte da widerstehen? Und wenn die Himmelsleiter vor seinem Fenster aus dem Boden wächst, dann *muss* er natürlich hochklettern und herausfinden, was da oben los ist. Solche Abenteuer zu erleben ist schließlich viel spannender, als tagaus, tagein mit Mama und Kuh im Haus zu hocken ... Zwei Wahrheiten – aus der Perspektive einer Frau und eines Mannes. Allerdings weist die Tatsache, dass die Mamakuh keine Milch mehr gibt, darauf hin, dass sich für Jack etwas ändern muss: Die Zeit, in der der Junge rundum versorgt wird, ist zu Ende. Er muss sich also so oder so auf den Weg machen, um aus der Welt der Mutter hinauszukommen.

Ein Junge, dem es nicht gelingt, sich von seiner Mutter zu lösen, ist ein «Muttersöhnchen» – es ist klar, dass Frauen mit ihm Probleme haben werden. Vielleicht erwartet er von seiner Partnerin, dass sie die Stelle der Mutter einnimmt. Oder seine Mutter funkt ihm immer wieder dazwischen, wenn er sich auf eine Frau einlassen will. In Macholand Italien, in dem «la mamma» besonders heilig ist, haben manche Frauen so massive Probleme mit den Müttern ihrer Ehemänner, dass inzwischen erste Beratungsstellen zum Umgang mit Schwiegermüttern eingerichtet wurden. Ein «Muttertöchterchen» gibt es übrigens nicht – die Beziehung zwischen Mutter und Sohn ist eben ganz etwas Besonderes!

Im bekannten Märchen *Hänsel und Gretel* ist zu sehen, wie unterschiedlich Mütter mit Töchtern und Söhnen umgehen. Die Rede ist von «Mütterlein Hexe» – denn so heißt die Hexe in der Version von Ludwig Bechstein. Zunächst ist sie ganz Mutter: Freundlich begrüßt sie die beiden Kinder, setzt ihnen Leckereien vor und legt sie zum Schlafen in feine Betten. In einer von I. V. Zingerle mitgeteilten Version hat sie sogar prall mit honigsüßer Milch gefüllte Brüste, aus denen sie aber nur Hänsel ausgiebig zu kosten gibt (nach Mallet, 1995, S. 19). Am nächsten Morgen kommt dann die harte Wirklichkeit. Für Gretel heißt das: von früh bis spät harte Arbeit bei magerer Kost. Hänsel dagegen muss nichts tun, wird verwöhnt und bekommt «das beste Essen». Allerdings muss Hänsel dafür ertragen, dass er eingesperrt ist.

Was hier so drastisch geschildert wird, spiegelt die Wirklichkeit erstaunlich gut wider. Töchter werden mehr als Söhne zur Hausarbeit angehalten, Söhne werden von ihren Müttern oft mehr gehätschelt und verwöhnt. «Und sieht sich der Sohn nach den ersten Mädchen um, möchte so manche Mutter ihn am liebsten in ein Ställchen sperren, ihn ganz für sich allein behalten und schließlich aus lauter Liebe fressen», schreibt Mallet (1995, S. 20f.).

Die Mutter ist «die erste Frau im Leben des Mannes» und seine erste große Liebe. Die starken Gefühle des kleinen Jungen richten sich auf sie, und natürlich richten sich auch die Gefühle der Mutter auf den Jungen. Die Art und Weise, wie sie ihren Sohn anschaut und ihm begegnet, legt die Grundlage dafür, ob er sich geliebt fühlt und sich später als begehrenswert erleben kann (vgl. Olivier, 1989).

Der Gedanke, dass Mütter erotische Gefühle zu ihren Söhnen haben, wirkt provozierend. «Mutterliebe» scheint nur etwas mit Fürsorglichkeit und nichts mit Sexualität zu tun haben. Dennoch ist die Beziehung zwischen Müttern und Söhnen häufiger, als es zunächst den Anschein hat, versteckt sexuell getönt. «Die Haut war für meine Finger da. Sie hielt, was alle kleinen Katzen, alle Blumen versprochen hatten», beschreibt eine Mutter in einem Roman von Colette Auldry ihr Kind (nach Beauvoir, 1968, S. 495). Jungen sind weich, anschmiegsam, zärtlich und voller Liebe – Seiten, die Frauen an ihren Männern oft schmerzlich vermissen.

Die Schwierigkeiten von Mutter und Sohn, sich aus dieser ersten engen Bindung zu lösen, sind oft groß. Für den werdenden Mann ist es nicht einfach, sich von der Person, die er am meisten geliebt hat und von der er am meisten geliebt wurde, abzulösen. Aber auch für die Mutter ist es nicht einfach, auf ihren Sohn zu verzichten – zumal er oft das einzige männliche Wesen war, das ihr nah war. Denn ihr eigener Vater war oft nicht für sie da, und ihr Mann ist meist unterwegs ... Oft sind die Gefühle der Mutter zum Sohn ganz widersprüchlich. Eine Frau, die schlechte Erfahrungen mit Männern gemacht hat, wird die davon herrührende Ablehnung auch manchmal gegen ihren Sohn richten, der ja auch männlich ist – «Er ist genau wie sein Vater, furchtbar!» Oder es wird zwischen dem Jungen und «den Männern» strikt unterschieden, als ob dieser kein Mann wäre.

Andererseits wird der Sohn für manche Mutter zu «ihrem kleinen Mann». In Phasen der Bedrückung wird er als Tröster herangezogen, in anderen Momenten wird er bewundert und idealisiert. Je weniger eine Mutter ihre eigenen Träume verwirklichen kann und in der Gesellschaft einen Platz findet, an dem sie sich selbst wichtig und bedeutsam fühlt, umso größer ist die Wahrscheinlichkeit, dass sie Wünsche nach Bedeutung und Erfolg auf ihren Sohn überträgt. Die «Allmacht der Mütter» in der Erziehung hängt mit ihrer gesellschaftlichen Ohnmacht zusammen.

Im Muttiland

Auch viele gut ausgebildete Frauen entscheiden sich heute ganz bewusst dafür, ihre Kraft und Energie ihren Kindern zu widmen, und verzichten damit auf Chancen im Beruf. Gemeinsam mit anderen engagierten Müttern schaffen sie eine eigene Welt, die um die Entwicklung der ihnen anvertrauten kleinen Jungen und Mädchen kreist. In dieser Welt gelten andere Gesetze als in der Männerwelt «draußen». Fürsorge, Anleitung und Zärtlichkeit stehen an erster Stelle, Geduld und die Bereitschaft, über sich nachzudenken. In dieser Welt müssen sich alle zurechtfinden, die den Alltag mit kleinen Kindern regeln wollen: nicht nur die Jungen und Mädchen, sondern auch berufstätige Mütter und erziehungswillige Väter. Gerade die letzten beiden Gruppen fühlen sich hier allerdings oft nicht am rechten Platz.

Dorothea Dieckmann, berufstätige Mutter, hat eine prickelnde «Schmähschrift» geschrieben, die einen manchmal amüsanten, manchmal zynischen Blick auf diese Welt wirft. «Als hätte ich mit meinem Entschluss, Mutter zu sein, die Beitrittserklärung zu einem Club unterschrieben, ohne das Kleingedruckte zu lesen …», beginnt ihre Schilderung davon, wie sie «unter die Mütter fiel». Die Welt der Mütter ist ein neues Matriarchat, ein Spiel um Macht: «Wie der alte Sonnenstaat funktioniert die Mütterwelt durch interne Mechanismen wie Kontrolle, Konkurrenz, Anpassungsdruck und Einbindung der Beteiligten in normierte Aktivitäten, alles getarnt als Freiwilligkeit» (Dieckmann, 1993, S. 13 f.). Weil Eltern von kleinen Kindern auf gegenseitige Unterstützung angewiesen sind, ist es schwer, sich den damit verbundenen sozialen Verpflichtungen zu entziehen.

Oberste Instanz dieser privaten Welt ist die jeweilige Mutter. In einer merkwürdigen Mischung aus Größenwahn und Genügsamkeit bestimmt sie die Spielregeln, nach denen sich alle zu richten haben. Der Vater hat in dieser Welt nicht allzu viel zu melden, denn er weiß zu wenig vom Alltag der Kinder. Die alte Rolle des patriarchalen «Familienoberhaupts» zieht nicht mehr. Stattdessen ist die Position des Vaters in den meisten Familien heute am Rand. Die Mutter bestimmt den Erziehungsstil, weil unsichere Männer, denen ihre Aufgabe als Vater nicht so klar ist, weder willens noch in der Lage sind, ihren Frauen die Regie streitig zu machen. Viele Väter beschäftigen sich nur wenige Minuten am Tag mit ihren Kindern. «‹Mein Vater? Der kam am Abend heim, wehte wie eine laue Brise durch das Wohnzimmer und war gleich wieder weg.› Wenn erwachsen gewordene Kinder rückblickend ihren Vater beschreiben sollen, dann tritt er in erster Linie als erinnerte Absenz auf», schreiben Cheryl Benard und Edith Schlaffer (1992, S. 22).

Die innere und äußere Beteiligung des Vaters am Alltag mit den Kindern «ist irgendwo zwischen Bequemlichkeit und Bereitwilligkeit angesiedelt» (Dieckmann, 1993, S. 61). Von sich aus kümmert er sich meist nicht viel, aber wenn ihm gesagt wird, was zu tun ist, ist er in der Regel dazu mehr oder weniger bereit. Am meisten Anerkennung bekommt er als Heimwerker und Haustischler, denn da kennt er sich aus – hat aber mit seinen Kindern nicht viel zu tun. Ansonsten ist er Freizeitpapa, der «Mann für gewisse Stunden», der bei besonderen Aktivitäten zum Einsatz kommt. Oder er wird zum weiteren Kind – nicht selten sprechen Mütter von ihrem Mann als ihrem soundsovielten Kind –, das versorgt, betreut und zur Arbeit geschickt werden muss.

Die Berufswelt sorgt dafür, dass Kinder von ihren Vätern nicht viel mitbekommen. Zudem sind zahlreiche Arbeitstätigkeiten für Kinder heute nicht mehr nachvollziehbar. Anders als noch vor zweihundert Jahren haben sie oft keine Möglichkeit, ihren Vater bei der Arbeit zu erleben, und verstehen auch nicht, was er da eigentlich macht. Dass dies gerade Jungen sehr beschäftigt, zeigt sich unter anderem an den Bildern und Spielen von Jungen im Kindergarten. André malt stolz das VW-Werk, nachdem er seinen Vater dort einmal besuchen konnte. Und wenn die Jungs im Kindergarten «an die Arbeit!» rufen, dann wird angepackt – beim Burgenbau in der Sandkiste. Da sieht man wenigstens, was man geschafft hat. Dass die meisten Berufe heute keinen körperlichen Einsatz mehr verlangen, steht auf einem anderen Blatt. Jungen können sich nicht mit etwas identifizieren, wovon sie gar nichts mitbekommen.

Umgekehrt sind Väter oft wenig am Alltag ihrer kleinen Söhne beteiligt. Erziehung, Ernährung, private Problemlösungen sind ebenso weibliche Domänen wie der «Frauengarten» Kindertagesstätte (vgl.

Rohrmann & Thoma, 1998) und die Grundschule. So gingen über 70 % der von Cheryl Benard & Edith Schlaffer befragten Väter nicht zu Elternabenden. «Worum kann es in der Volksschule denn schon gehen?», meinte ein Interviewpartner. «Die Frage ist leicht zu beantworten: In der Volksschule geht es um den Ort, an dem das Kind fünf Stunden seines Tages verbringt; an dem es seine wichtigsten Sozialkontakte knüpft; an dem es mit dem Urteil Fremder über seinen Charakter und seine Intelligenz konfrontiert ist; an dem es grundlegende Aspekte seines Selbstbildes entwickelt» (1992, S. 24).

Viele Frauen finden es ganz in Ordnung, dass Erziehung Frauensache ist. «Kinder brauchen ihre Mutter», meinen sie und unterstützen ihren Mann im Beruf. «Mein Mann wird Karriere machen, das weiß er nur noch nicht», sagt eine durchaus fortschrittlich denkende Mutter hinter dem Rücken ihres Mannes zu einer Freundin. Sie wird sich jedenfalls dafür einsetzen, denn schließlich soll er ihr und den Kindern ein angenehmes Leben ermöglichen. Zwar wird oft darüber geklagt, dass Väter sich zu wenig um ihre Kinder kümmern, aber andererseits trauen viele Mütter ihren Männern in der Kinderstube nicht viel zu, schon gar nicht, wenn es um kleine Kinder geht. Wie ungeschickt sich der Vater anstellt, wenn er das Kleine wickeln oder füttern soll, ist kaum auszuhalten! Und beim Spielen weiß er oft nicht, wann es auch einmal genug ist. Marcel ist mit seinen Eltern im Schwimmbad und mit großer Begeisterung dabei. «Los, noch 'ne Runde!», sagt Papa, und beide stürzen sich ins Wasser. Die Mutter steht ungeduldig am Rand. «Siehst du denn nicht, dass er schon ganz schlapp ist?», murrt sie. Schließlich setzt sie sich durch und strebt mit ihren beiden Schutzbefohlenen dem Ausgang zu. Sie muss es ja wieder ausbaden, wenn Marcel heute Abend ganz fertig und überdreht ist …

Andererseits nehmen Mütter ihre Kinder oft in Schutz, wenn der Vater «zu streng» ist – schließlich wissen sie viel besser, was in der kleinen Kinderseele vorgeht. Viele Aktionen von Müttern haben den Sinn, den Vater aus dem Feld zu schlagen: Mutti weiß doch am besten, was der Junge braucht! Nicht überraschend, dass sich viele Männer da lieber in den Beruf flüchten, auch solche, die zunächst versucht haben, sich intensiver an der Erziehung ihrer Kinder zu beteiligen.

Wenn Mütter zu sehr lieben

Das Bedürfnis von Frauen, Jungen nahe zu sein, sie zu verstehen und sie in ihrer Entwicklung bestmöglich zu unterstützen, scheint manchmal unbegrenzt. Seit es sich herumgesprochen hat, dass Jungen es nicht unbedingt leichter haben als Mädchen, hat dieses Bedürfnis ein neues Ventil gefunden. Bücher über Jungenentwicklung (wie dieses) werden mehr von Frauen gekauft, Elternabende und Fortbildungen zu Jungenentwicklung mehr von Frauen als von Männern besucht. Das öffnet Türen für ein besseres Verständnis für das andere Geschlecht – allerdings oft nur bei dem Geschlecht, das sowieso schon immer für das Verständnis zuständig gemacht wurde. Wenn nach einem Gespräch über die «kleinen Helden in Not» Frauen das Fazit ziehen, dass ihnen die Jungen jetzt richtig Leid tun, schießen sie möglicherweise über das Ziel hinaus. Sicher, sie haben es nicht leicht, die Jungen. Aber es tut ihnen auch nicht gut, wenn ihre Mütter sie nach einschlägiger Lektüre besser verstehen als sie sich selbst. Wer schützt Jungen vor dem Verständnis ihrer Mütter?

Denn viele Mütter wissen *zu* gut, wie ihre Jungen sich fühlen. Seinen Ausdruck findet das in der so genannten «stellvertretenden Gefühlsäußerung»: Bevor das Kind selbst gemerkt hat, wie es sich eigentlich gerade fühlt, hat die Mutter es ihm schon gesagt (vgl. Dieckmann, 1993, S. 55 ff.). Weil sich Mütter mit Gefühlen so gut auskennen, sind sie oft zu schnell und manchmal überwältigend.

Gerry ist von einem anderen Jungen geschubst worden – schon tut er der Mutter so «unheimlich Leid», dass er sich vor ihrem Mitgefühl gar nicht retten kann. Paul sagt, dass er es doof findet, dass Papa heute Abend nicht da ist – gleich spürt die Mutter, dass «der Paul ganz traurig» ist. Dabei wollte er nur sagen, was er doof findet. Manchmal sind sich Mütter über die Gefühle ihrer Söhne so sicher, dass den Jungen nur noch Flucht oder Kapitulation bleibt. «Du hast die Mama doch lieb!», sagt die Mama, als Patrick sich trotzig weigert, mit ihr mitzugehen. Was soll er da sagen? Es stimmt ja … und stimmt nicht … wie soll er das auseinander halten?

Typisch ist es auch, über den Kopf von Kindern hinwegzureden, während sie dabei sind. «Der Sebastian ist ein Kopfmensch, der kann keine Gefühle zeigen. Besonders wenn er traurig ist, fällt ihm das schwer. Stattdessen wird er aggressiv», erzählt eine Mutter in der Erziehungsberatung. Das kann gut sein – solche Interpretationen legt auch dieses Buch nahe. Wie mag es aber dem elfjährigen Sebastian gehen, wenn seine Mutter in seinem Beisein mit einem ihm unbekannten Menschen so über ihn spricht? Es ist verständlich, dass er «keine Lust» hat, über sich zu reden, und seine Gefühle lieber für sich behält.

Natürlich ist es wichtig, dass Eltern sich in ihre Kinder einfühlen und Worte dafür finden, was sie bei ihren Kindern wahrnehmen, denn auf diesem Weg lernen Kinder, ihre eigenen Gefühle zu begreifen und zu benennen. Insbesondere zwischen Müttern und Söhnen ist allerdings oft ein anderes Phänomen zu beobachten: Je mehr die Mutter wissen will oder zu verstehen meint, wie es ihrem Sprössling geht, umso weniger ist er bereit, sich mitzuteilen. Wenn die Gedanken und Gefühle von Müttern zu sehr um ihre Kinder kreisen, tut das weder ihnen noch ihren Kindern gut.

Ganz verständlich also, dass Jack die Bohnenranke erklimmt, um mal etwas anderes zu sehen.

Jack und die lange, lange Bohnenranke – zweiter Teil

Jack kletterte die Bohnenranke hinauf, bis er schließlich den Himmel erreichte. Und als er im Himmel war, lag da eine große, breite Straße vor ihm, die führte schnurgeradeaus. Jack wanderte die sonnenbeschienene Straße entlang. Er lief und lief und lief und lief. Bis er an ein riesengroßes Haus kam, und vor der Haustür stand eine riesengroße Frau.

«Guten Morgen, Mütterchen», sagte Jack höflich. «Wärst du so freundlich, mir etwas zum Frühstück zu geben?»

«Frühstücken willst du?», fragte die riesengroße Frau. «Gefrühstückt wirst du selbst werden, wenn du nicht sofort von hier verschwindest! Mein Mann ist ein Menschenfresser, und sein Leibgericht sind kleine, zarte, in Butter gebackene Buben auf Toastbrot. Lauf lieber schnell weg, er wird bald zurückkommen!»

Aber Jack war schon ganz elend vor Hunger und Durst, und so bettelte und jammerte er, bis die riesige Frau ihn zu sich in die Küche nahm und ihm einen Kanten Brot, ein Stück Käse und einen Becher Milch gab. Jack hatte jedoch noch nicht die Hälfte gegessen, und er aß schnell, als – Rump! Pump! Pump! – das ganze Haus erzitterte und wackelte.

«Verdammt! Da kommt mein Alter!», rief die riesige Frau. «Was um alles in der Welt soll ich nur machen? Wo soll ich dich hinstecken? Komm, Kleiner, geh dort hinein», und sie stopfte Jack gerade noch rechtzeitig in den kalten Backofen.

Die Tür ging auf, und kaum war der Menschenfresser eingetreten, grölte er auch schon: «Weib, was ist das hier für ein appetitlicher Geruch?

Fi – fo – fum,
hier riecht's so gut
nach Menschenblut!
Lebendig oder tot –
den streich ich mir aufs Brot!»

«Dummes Zeug!», sagte die Riesin, «das wird wohl der Geruch von dem Jungen sein, der dir gestern zum Nachtessen so gut geschmeckt hat. Los jetzt, geh! Wasch dich und putz dir die Zähne, und bis du zurückkommst, hab ich dir dein Frühstück gerichtet.»

Nachdem der Riese sein Frühstück verschlungen hatte, ging er zu einer großen Eichentruhe, nahm drei mit Gold gefüllte Beutel heraus, setzte sich an den Tisch und zählte die Goldstücke. Allmählich aber rutschte sein Kopf immer tiefer auf die aufgestützten Arme, fiel auf die Tischplatte, und der Menschenfresser begann zu schnarchen, sodass die Fensterscheiben wackelten und die Tassen klirrten.

Jack aber hatte kaum das Schnarchen gehört, schon kletterte er aus seinem Versteck im Backofen und schlich sich auf Zehenspitzen an ihm vorbei. Im Hinausgehen nahm er einen der drei Beutel vom Tisch und lief, so schnell er konnte, den Beutel unter dem Arm, zur Bohnenranke zurück. Er warf den Beutel runter, kletterte hinterher, die Bohnenranke hinab, kletterte und kletterte – bis er endlich wieder im Garten seiner Mutter stand.

Jack ging ins Haus und zeigte seiner Mutter den Goldbeutel. «Siehst du, Mutter», sagte er, «es war doch ein gutes Geschäft! Es waren echte Zauberbohnen, die ich gegen die Kuh Weißwiemilch eintauschte.»

Nun lebten sie gut und ohne Sorgen, die Witwe und ihr Sohn.

Sorgende Mütter und tobende Väter

Was hat Jack im Himmel gefunden? Er sieht sich in seinem waghalsigen Forscherdrang bestätigt und kann einen Goldbeutel mit zurück zur Mutter bringen. Zudem gab es im Himmel wieder einen Mann – schon der seltsame Alte, der ihm die Zauberbohnen gegeben hatte, war ja einer gewesen. Eine wohlwollende Vaterfigur scheint der dumme Riese jedoch nicht zu sein, sondern nur ein Schreckdämon, der ausgetrickst werden muss. Wer will schon mit einem Menschenfresser zusammenwohnen? Andererseits sind die beiden dummen Riesen ein ganz typisches Elternpaar. Die Riesenmama ist etwas grob, aber wie viele Mütter versorgt sie den Jungen mit Essen und beschützt ihn vor der Gewalt ihres Mannes. Und der Riesenpapa? Auf den ersten Blick wirkt er nicht gerade sympathisch.

Allerdings weiß jeder, der gern mit kleinen Kindern herumtobt, mit welcher Begeisterung Kinder sich gruseln, wenn ein Mann zum

«Monster» wird, um sie zu jagen, zu fangen und aufzufressen. *Fi-fo-fum*-Toben, das geht mit Mama meist nicht so gut. Väter gehen mit ihren Kindern spielerisch-rauer um. In der Sprache der Wissenschaft liest sich das so: «Sie verhalten sich im Umgang mit ihrem Nachwuchs normalerweise eher wie Spielgefährten und Mütter eher wie Pflegepersonen» (Lang, 1988, S. 63f.). Das trifft die Wahrheit natürlich nicht ganz, denn ein verantwortungsvolles «Monster» hat feine Antennen und achtet darauf, Kinder nicht zu überfordern und zu verletzen. Der Vater bleibt also durchaus erwachsen, auch wenn es von außen so aussieht, als ob er zum Kind wird. Das wilde körperliche Miteinander von Vätern und ihren Kindern macht nicht nur Spaß, sondern fördert die Kinder in ihrer Entwicklung und bringt Elemente in ihr Leben, die sonst fehlen würden.

Es gibt noch mehr Parallelen zwischen Jacks Riesen und traditionellen menschlichen Vätern und Müttern. Mütter bedienen ihre Jungen und lassen sich eher ausnutzen. Väter sind strenger und werden eher ärgerlich. Von ihrer Frau lassen sie sich das Essen kochen – aber auch herumkommandieren, denn zu Hause weiß sie besser als er, was zu tun ist. Wie so manche Mutter behandelt auch die Riesenfrau ihren polterigen Gemahl wie ein kleines Kind. Fürsorge ist eben Frauensache.

In der traditionellen Rollenaufteilung in der Familie sind Gefühle und Beziehungen den Frauen und Müttern zugeordnet. Mit ihnen reden Jungen über ihre Sorgen und Nöte. Die Väter sind für Stolz und Strafen zuständig. Sie flößen Angst und Respekt ein und sagen, was Sache ist. Mit ihren Söhnen reden sie über schulische Leistungen, Pläne und Sport.

Väter wenden sich oft Söhnen mehr zu als Töchtern und bestärken sie in geschlechtstypischem Verhalten. Jungen werden zu riskantem Umgang mit ihrem eigenen Körper ermutigt und mehr «abgehärtet». Schon ganz kleinen Jungen bringen Männer so «Männlichkeit» bei, wie in der folgenden Szene. Der zweijährige Michael hat sich beim Spielen in einem steinernen Wasserbecken wehgetan und will rausgehoben werden. Der aufpassende Mann weigert sich und sagt zu ihm: «Ist das ein Junge oder ein Mädchen? – Ach, du heißt Michaela! – Wenn du Micha heißt, kommst du da auch allein raus.» – Verzweifelt steht der kleine Junge im Becken, aber der Mann hilft ihm nicht. Schließlich schafft er es, heulend, herauszuklettern. Der Mann nimmt ihn nun liebevoll zu sich auf die Bank und legt den Arm um ihn: «Wer 'n großer Junge mal werden will – das kann nicht schlimm sein. Bis du heiratest, ist alles wieder weg.» – Etwas später, zwischenzeitlich ist der Junge nochmal hingefallen, kommt die Mutter. Mit einem Schwall von Besorgnis und Mitgefühl: «Micha, mein Junge! Bist du hingefallen? Mein armer Junge! Och, bist du nass! Hast du dir wehgetan?» Die Botschaft ist klar: Männer sind zum Raufen und Toben da, Frauen zum Ausheulen. Was dem Mann an Fürsorglichkeit fehlt, hat die Mutter zu viel.

Manche Väter, die keine Söhne haben, verwirklichen ihre Jungenträume mit ihren Töchtern, aus denen dabei zuweilen «echte Kerle» werden – interessanterweise berichten viele begabte und erfolgreiche Frauen von einer engen Beziehung zum Vater, und in Büchern zur Mädchenerziehung wird die Bedeutung des väterlichen Engagements betont (zum Beispiel von Marone, 1992).

«Mädchenverhalten» von Jungen wird dagegen stärker missbilligt als umgekehrt. Als der fünfjährige Heiko eines Tages mit lackierten Fußnägeln aus dem Kindergarten kam, stand am nächsten Morgen der Vater auf der Matte: «Madame, das ist wider die Natur!» Erst nach und nach kam heraus, dass der Vater befürchtete, sein Sohn könne mit seiner Männlichkeit Schwierigkeiten bekommen und schwul werden. Er war nicht vom Gegenteil zu überzeugen.

Insbesondere Väter befürchten, ihre Söhne könnten homosexuell werden, wenn sie gern mit Puppen spielen, viel schmusen und nichts von ruppigen Spielen halten. Tatsächlich berichten manche schwule Männer, dass sie schon als Jungen wenig typisch waren und mehr Gefallen an mädchentypischen Interessen hatten. Allerdings berichten das auch manche Männer, die später heterosexuell wurden. Und andere Schwule waren als Jungen «richtige Kerle».

Zwar ist bis heute nicht wissenschaftlich geklärt, warum die Mehrheit der Jungen später heterosexuell wird – aber körperliche Abhärtung und das Verbot von Mädchenspielen im Kindesalter sind wohl kaum Voraussetzung dafür, dass in der Pubertät das Interesse am anderen Geschlecht erwacht. Sicher ist dagegen, dass Erwachsene mit solchen Befürchtungen in Jungen das Bild fördern, dass «ein richtiger Junge sein» und «schwul sein» Gegensätze sind. Bei Erwachsenen beschränkt sich das oft auf Andeutungen oder Bemerkungen hinter vorgehaltener Hand. Jungen sind da direkter: Ein Junge, der nicht ins Bild passt, weil er zu dick ist, sich nicht prügeln will oder gern mit Mädchen spielt, wird ruck, zuck als «Schwuli» tituliert. Das erschreckt dann die aufgeklärten Erwachsenen, die doch gar nichts gegen Schwule haben!

So etwas haben natürlich viele Väter als Jungen selbst erlebt. Die davon herrührende Unsicherheit drückt sich besonders darin aus, dass viele Väter unsicher sind, wenn es um körperliche Nähe zu ihren Jungen geht, vor allem, wenn diese älter werden. Wolfgang Friederich fasst von ihm durchgeführte Befragungen von Männern dahin gehend zusammen, dass Väter ihre Töchter weicher, zärtlicher und körperlicher als ihre Söhne behandeln. Sie tun sich besonders bei ihren Söhnen schwer, sie in den Arm zu nehmen, wenn diese weinen oder traurig sind – weil es sie an eigene Ängste, Unsicherheiten und alte, verdrängte Bilder erinnert (1990, S. 45).

Derartige Bedenken tauchen irgendwann oft sogar bei Vätern auf, die sich ihre Söhne zunächst gefühlvoll, sozial sensibel und weniger «leistungsfixiert» oder «mackerhaft» gewünscht hatten. In der anfangs guten Beziehung zum Sohn kommt es dann schon früh zu einem charakteristischen Bruch. Ulrike Schmauch fasst ihre Beobachtungen in einer Krabbelstube folgendermaßen zusammen: «Der Kindlichkeit des Sohnes, die im Erleben des Erwachsenen zur Gefahr geworden ist, (werden) auf einmal energisch ‹die Realität› und ‹der Ernst des Lebens› mit seinen strengen Anforderungen entgegengestellt. Als begänne morgen die Schule und als habe der kleine Junge in der bisherigen Beziehung zum Erwachsenen weder Realität noch Leben kennengelernt» (1987).

Jungen werden so plötzlich mit unerwartet rigiden Leistungsansprüchen konfrontiert. Von bis dahin akzeptierten sensibleren, «weichen» Seiten müssen sie sich abwenden. Da sich Eltern angesichts unsicherer beruflicher Zukunftsperspektiven heute immer früher Gedanken über die «Laufbahn» ihrer Kinder machen, setzt ein solcher Leistungsdruck oft schon im Vorschulalter ein. So begründet ein Vater seinen Wunsch, den Sohn schon im Alter von fünf Jahren einzuschulen, in einem Beratungsgespräch so: «Ja, das wird doch mal ein Mann, wann soll der mal anfangen, Geld zu verdienen?»

Solche Probleme hatte Jack nicht, denn er hatte ja eine Goldquelle gefunden und konnte trotzdem bei Mama bleiben. Als das Gold eines Tages zur Neige ging, beschloss er, sein Glück noch einmal zu versuchen. Diesmal brachte er eine Henne mit, die goldene Eier legte, so oft er es wünschte. Damit hätten Mutter und Sohn nun zufrieden sein können. «Jack aber wurde das faule Leben langweilig», erzählt das Märchen weiter, und er machte sich noch ein drittes Mal auf den Weg in den Himmel. Schließlich kehrte er mit der goldenen Harfe des Riesen zurück, die von allein erklingt. Beim Versuch, dem frechen Bengel zu folgen, stürzte der Riese die Bohnenranke hinunter und brach sich Kopf und Bein. Damit gibt es keinen Mann mehr in der Geschichte. Ob Jack irgendwann doch noch von seiner Mutter loskommt, erfährt der Leser nicht.

(Das vollständige Märchen erzählt Helga Gebert in ihrem wunderschönen Märchenband [1987]: *Phantastische Märchen von Zwergen, Riesen & Drachen, von Meermädchen & Wassermännern.*)

Vaterabwesenheit

Nicht allen Jungen geht es so gut wie Jack. Wer ohne Vater aufwächst, wird eher krank, berichten Wissenschaftler. Der Psychoanalytiker Horst Petri spricht vom «Drama der Vaterentbehrung» und beschreibt, dass für viele Kinder Vaterlosigkeit, Vaterverlust und Vaterabwesenheit zum Trauma werden können. Trotz insgesamt widersprüchlicher Ergebnisse zeigen inzwischen etliche Untersuchungen, dass Kinder, die ohne Vater aufwachsen, in ihrer Entwicklung beeinträchtigt sind. Sie haben mehr gesundheitliche, emotionale und Verhaltensprobleme und mehr Schwierigkeiten in der Schule. Jungen leiden noch mehr darunter als Mädchen. Viele straffällig gewordene Kinder sind vaterlos aufgewachsen. Mangelnder Kontakt zum Vater führt auch zu einem größeren Risiko, als Erwachsener später einmal psychisch oder psychosomatisch krank zu werden (vgl. Fthenakis, 1985, 1999; Petri, 1999; Franz, 2000).

Feministinnen halten dagegen, dass es Kindern nicht automatisch besser geht, wenn ein Vater zur Familie gehört. Sie kritisieren, dass viele Väter sich kaum oder nicht zuverlässig um die Kinder kümmern, lediglich typisches Verhalten von Jungen bestärken oder ihre Kinder sogar schädigen und misshandeln. Benard & Schlaffer zum Beispiel lassen kaum ein gutes Haar an den Vätern. Diese seien an ihren Kindern desinteressiert und in Erziehungsfragen nicht auf dem Laufenden, würden aber gleich die Führungsrolle beanspruchen, wenn sie sich ausnahmsweise einmal beteiligen. Selbst «Assistenzleistungen ... müssen mit unendlichem Taktgefühl und viel Anerkennung aus ihm herausgekitzelt werden» (2000, S. 87). Als «Vollstrecker des Männlichkeitskodex» kritisieren und demütigen sie ihre Söhne und geben ihre eigenen Beschädigungen an sie weiter. Sie verstricken sich eher in Machtkämpfe mit den Heranwachsenden und unterdrücken den Ausdruck von Gefühlen. Wenn sie versuchen, ein männliches Modell zu sein, fällt ihnen nichts Gescheites ein. Da wäre es doch besser, wenn sie sich überhaupt gänzlich heraushalten würden (ebenda, S. 90).

Eine Frau kann einen Mann dagegen in gewisser Hinsicht sogar besser erziehen, meinen die Autorinnen. Sie akzeptieren ihre Söhne eher, wie sie sind, und machen sie nicht nieder, wenn sie sich nicht wie «richtige Jungs» verhalten. Sie wissen aus der Beobachtung erwachsener Männer, wo deren Probleme und Defizite liegen, und wissen als Frauen, wie sie sich einen partnerschaftlichen und familienfähigen Mann wünschen. In persönlichen Fragen und bei Kummer vertrauen sich nicht nur kleine Jungen, sondern auch heranwachsende Jugendliche weit eher ihren Müttern als ihren Vätern an. Je mehr Zuwendung und Unterstützung Kinder von ihrer Mutter erhalten, desto selbständiger und mutiger werden sie (vgl. Benard & Schlaffer, 2000, S. 85).

Nicht dass Frauen wie Benard & Schlaffer prinzipiell dagegen sind, dass sich Männer an der Kindererziehung beteiligen – im Gegenteil. Aber bevor es nur Stress mit ihnen gibt, ziehen sie es vor, die Väter draußen zu halten. Schließlich gibt es auch Untersuchungen, die belegen, dass allein erziehende Mütter oft eine wesentlich gleichberechtigtere Beziehung zu ihren Kindern haben. Forschungsarbeiten bestätigen, dass Kinder von Alleinerziehenden häufig selbständiger, unabhängiger und selbstbewusster als andere Kinder sind. Sie wirken frühreif, verantwortungsvoller und sensibler. Anita Heiliger bezeichnet es in einer Veröffentlichung sogar als Chance, wenn der Vater fehlt: «Alleinerziehung als Befreiung» (1991).

Die Folgen der Abwesenheit des Vaters sind also nicht so eindeutig zu beantworten. Bei den statistischen Angaben zu problematischen Folgen der Vaterabwesenheit ist zu bedenken, dass diese nicht losgelöst von den sozialen und materiellen Lebensbedingungen von Alleinerziehenden sind. Alleinerziehende haben weniger Zeit und weniger Geld. Fast die Hälfte der einen Million Kinder in Deutschland, die von Sozialhilfe lebt, lebt bei allein erziehenden Müttern. Ob niedriges Selbstwertgefühl, überängstliches oder aggressives Verhalten solcher Kinder mit dem Fehlen des Vaters zusammenhängt, mit den Trennungs- und Scheidungskonflikten der Eltern oder mit den schwierigen äußeren Lebensbedingungen, ist nicht klar. Zudem können auch eine zerrüttete Ehe oder ständige Konflikte der Eltern an Selbstwertgefühl und Lebensfreude des Kindes nagen, und auch in vielen so genannten «vollständigen Familien» erziehen die Mütter im Grund allein.

Eltern kritisieren dürfen

Dass Jungen Männer brauchen, bedeutet nicht, dass Frauen keine Söhne erziehen können. An feministischen Lobliedern auf die mütterliche Erziehungskompetenz irritiert aber, dass problematische Aspekte nur bei den Vätern gesehen werden, bei Müttern dagegen kaum. Mag auch manches an der vorgebrachten Kritik an den Vätern stimmen – sie sind wichtig für die Entwicklung ihrer Jungen und Mädchen.

Sind die Mütter also schuld an den Problemen ihrer Kinder? Auf diese Frage gibt es eine klare Antwort: Ja, natürlich. Es ist eher verwunderlich, wie viel Empörung diese schlichte Feststellung immer wieder auslöst. Alles Verständnis für die Schwierigkeiten von Müttern kann die Verantwortung der Eltern für die Entwicklung ihrer Kinder nicht wegwischen. Von *Eltern*, denn natürlich sind die Väter genauso «schuld». Aber warum ist die Klärung der Schuldfrage so entscheidend?

Kritik trifft vor allem Mütter an wunden Punkten, wenn sie sich besondere Mühe geben, alles «richtig» zu machen, und darum bemühen sich viele von ihnen heute mehr denn je. «Das fatale Prinzip, ‹das Beste› für das Kind zu wollen, hat im heutigen mütterlichen Utopia überlebt», schreibt Dieckmann (1993, S. 31). Dieses Prinzip ist deswegen so fatal, weil es keine unterschiedlichen Sichtweisen, Fehler und Schattenseiten zulässt. So schön Harmonie ist – auf Dauer ist sie schwer auszuhalten. Dem Muttiland und seinen Bewohnern bekommt es ganz gut, wenn immer wieder einmal ein frischer Wind hineinweht und Selbstverständlichkeiten durcheinander wirbelt.

Es liegt eine große Chance darin, dass es heute einer ganzen Generation möglich geworden ist, sich gegen Eltern zu wenden, sie öffentlich für Fehlverhalten anzuklagen und sich von ihnen abzuwenden, wenn sie nicht akzeptieren wollen, dass ihre Kinder eigene Wege gehen. Ohne diese Möglichkeit hätte es keine Frauenemanzipation gegeben, keine Bewegung gegen den Krieg, keine Aufdeckung von sexuellem Missbrauch. Dass dabei nicht nur die Väter, sondern auch die Mütter genauer unter die Lupe genommen werden, ist nur selbstverständlich.

Das Problem liegt auf einer anderen Ebene. Die – nicht selten begründete – Ablehnung der Vorstellungen und Verhaltensweisen der älteren Generation führt zunächst in ein Vakuum. Sie hat zur Folge, dass junge Menschen ihr Leben ohne Orientierung durch die Älteren gestalten müssen. Sie versuchen mit mehr oder weniger Erfolg, sich auf diesem Weg aneinander zu orientieren. Werden solche Kinder nun selber Eltern – und heute haben viele Kinder solche Eltern –, stehen sie vor einem Dilemma. Wie sollen sie eine Orientierung geben, die ihnen selbst gefehlt hat? Sie haben die schwierige Aufgabe, Kindern die Möglichkeit zur Verfügung zu stellen, einen eigenen Weg zu finden.

Andererseits hat sich im Verhältnis zwischen Kindern und Eltern in den letzten Jahrzehnten auch viel Positives entwickelt. Kinder und Jugendliche haben heute viel häufiger Vertrauenspersonen, mit denen sie ihre Sorgen und Nöte besprechen können. Viele Eltern gehen zunehmend partnerschaftlich mit ihren Kindern um, und Entscheidungen werden nicht mehr verordnet, sondern ausgehandelt (vgl. Deutsche Shell, 2000, S. 210). Zudem haben sich in den letzten Jahrzehnten nicht nur Frauen, sondern auch Männer verändert – allen Unkenrufen zum Trotz. Viele Väter sind heute nicht mehr so distanziert, abwertend und unzugänglich, wie es ihre eigenen Väter und Großväter oft gewesen waren.

Väter sind heute anders

Mach die Augen zu
Hab keine Angst
Das Monster ist fort
Es ist abgehauen, und dein Papa ist hier
Beautiful boy …

aus einem Lied von John Lennon für seinen Sohn Sean

Während der «neue Mann» in den Medien inzwischen zum Objekt von Spott und Kritik geworden ist, sind die neuen Väter nach wie vor «in». Seit einem Jahrzehnt erfreuen sich Bilder von nackten Männern mit Babys auf dem Arm bleibender Beliebtheit. Sie werben zum Beispiel für Mineralwasser, und entsprechende Postkarten und Poster finden sich in jedem Kaufhaus. Mütter mit Kindern werden dagegen kaum einmal abgebildet – vielleicht sind sie ein so selbstverständlicher Anblick, dass sie dafür nicht interessant genug sind.

Tatsächlich ist das Verhältnis von Vätern zu ihren Kindern einer der wenigen Bereiche, in denen sich bei vielen Männern in den letzten zwanzig Jahren wirklich etwas getan hat. Väter mit ihren Kindern oder der Karre an der Hand sind seit einigen Jahren auf der Straße, im Park und in den Fußgängerzonen keine Ausnahmeerscheinungen mehr.

Schon Schwangerschaft und Geburt sind heute wichtige «Familienthemen» geworden, an denen die Väter in starkem Maß Anteil nehmen. Die Zahl der Männer, die bei der Geburt ihres Kindes dabei sind, stieg in Zentraleuropa von knapp fünf Prozent in den 60er Jahren auf heute über 75 Prozent (vgl. Horx, 2000, S. 86). Auch nach der Geburt übernehmen Väter einen Teil der Aufgaben um das Baby herum. Mit ihren Erstgeborenen verbringen sie heute dreimal so viel Zeit wie in den Nachkriegsjahren (ebenda, vgl. Fthenakis, 1999).

«Ich bin stolz darauf, dass ich mein Kind versorgen kann», meint ein VW-Schichtarbeiter. Damit meinte er nicht etwa das Geld, das er für die Familie verdient, sondern seine Fähigkeit, sich um den Kleinen zu kümmern. Darüber hinaus hat sich das allgemeine Verhalten von Vätern ihren Kindern gegenüber geändert. Sie sind fröhlicher, verständnisvoller, weniger streng und vor allem zärtlicher, als es die eigenen Väter gewesen waren. Dies steht im Zusammenhang mit veränderten Vorstellungen von Erziehung und «guter» Väterlichkeit. Ein Vater, der sein Kind durchprügelt, gilt in vielen Kreisen heute als erzieherischer Versager. Zwar geht nach wie vor brutale Gewalt in Familien oft von Vätern aus, aber heute gilt sie als abweichendes Verhalten und nicht mehr als erzieherische Selbstverständlichkeit.

Die Bedeutung des Vaters

Worin besteht nun die besondere Bedeutung des Vaters, und in welchem Lebensalter ist er für seine Kinder und insbesondere Jungen besonders wichtig? Nach wie vor wird die Auffassung verbreitet, dass die Aufgabe des Vaters in erster Linie darin besteht, den Jungen bei der Ablösung von der Mutter zu unterstützen. Das ist sicher eine wichtige Aufgabe, wenn eine Mutter sehr an ihrem Jungen «klebt» und ihn schlecht loslassen kann. Noch besser wäre es aber, wenn es gar nicht erst dazu käme – und dazu müsste sich der Vater von Anfang an um seinen Sohn kümmern. Und um seine Frau, damit sie nicht nur ihren Sohn im Kopf hat.

Denn der Vater ist vom ersten Moment des Lebens an wichtig, auch wenn für das Neugeborene die Mutter zunächst das einzig wichtige Wesen auf der Welt zu sein scheint. Schon im Mutterleib hört der Fötus Stimmen, und interessanterweise haben Säuglinge im Bereich der menschlichen Stimme die größte Differenzierungsfähigkeit – dem Bereich, in dem sich Mutter und Vater in der Wahrnehmung des Säuglings vermutlich am meisten unterscheiden. Die Beziehung zwischen Vater und Kind beginnt also schon vor der Geburt. Väter, die sich von Anfang an dabei engagieren, haben später eine bessere Beziehung zu ihren Kindern, und die Kinder selbst entwickeln sich besser (vgl. Golant & Golant, 1995, S. 169 ff.).

Untersuchungen zeigen, dass Kinder ihren Vater *gerade* zu Beginn ihres Lebens brauchen und Väter Säuglinge genauso gut «bemuttern» können wie Mütter. Väter können ihren Kindern Wärme und Trost geben, können ihre Selbständigkeit fördern, können sie in die Arme nehmen und küssen – genau wie Mütter. Darüber hinaus beeinflussen sich Vater, Mutter und Kind wechselseitig. Väter wenden sich ihren Söhnen vermehrt zu, wenn die Mutter anwesend ist. Und wenn der Vater die Mutter bei der Bewältigung von Alltagsproblemen unterstützt, füttert diese ihr Baby besser (vgl. Badinter, 1993, S. 204 & 212 f.; Golant & Golant, 1995, S. 67 ff. & S. 168 ff., Olivier, 1994).

Warum können Männer, die eine innige *und* verantwortliche Beziehung zu Säuglingen aufnehmen, in unserem Sprachgebrauch nur als «mütterlich» bezeichnet werden? Die in unserer Gesellschaft verbreitete Vorstellung von «Väterlichkeit» schließt ein solches Verhalten nicht ein. Für Väter ist es ungewohnt, sich in dieser Weise auf ihre Kinder einzustellen, und sie können dabei nicht auf die Erfahrungen von Generationen von Vätern aufbauen. Zudem fehlt ihnen natürlich die Erfahrung des Stillens und damit eine wundervolle Möglichkeit, ein schreiendes Baby zu beruhigen. Es ist daher nicht überraschend, dass es manchmal frustrierend für Väter ist, sich um das Neugeborene zu kümmern, und sie sich zunächst etwas ungeschickt anstellen. Wichtig ist, sich nicht resigniert zurückzuziehen und sich die Fürsorge für das Baby von der Mutter aus der Hand nehmen lassen.

Die Dreiecksbeziehung im eigentlichen Sinn beginnt bereits zwischen dem neunten und vierzehnten Lebensmonat, wenn die ersten aufwühlenden Ablösungskonflikte beginnen. Der Vater kann hier als «Dritter» dem Kind wichtigen Halt geben. Entscheidend ist dabei, dass dem Kind damit zwei voneinander getrennte Menschen zur Verfügung stehen, die es lieben, hassen, die es nachahmen oder von denen es sich abgrenzen kann. Wenn Jungen und Mädchen dann den Geschlechtsunterschied entdecken, ist es gut, wenn sie sowohl einen Mann als auch eine Frau in der Nähe haben, mit denen sie ausprobieren können, was es wohl damit auf sich hat. Zu spüren, dass Papa sich anders anfasst als Mama; mit Papa gemeinsam im Stehen gegen einen

Baum zu pinkeln; Mama für sich allein haben zu wollen und Papa zu hassen, weil er das nicht zulässt – das alles und noch viel mehr sind wichtige Erfahrungen, für die ein Junge seinen Vater braucht.

In der Pubertät wird der Vater dann noch einmal auf andere Weise für den Sohn wichtig. Meist steht er mehr als die Mutter für die Arbeitswelt und das gesellschaftliche Leben, in das Jugendliche jetzt hineinwachsen. Von der Art und Weise, wie er ihnen dabei den Rücken stärkt und sie in die Welt entlässt, hängt entscheidend ab, wie gut sie ihre Lebensaufgaben bewältigen können. Jugendliche Söhne geraten oft in Machtkämpfe mit ihren Vätern. Wenn Väter «alles durchgehen lassen» oder sich aus der Erziehung zurückziehen, weil sie nicht so unnachgiebig und streng sein wollen wie der eigene Vater, haben die Söhne nichts davon, denn für einen guten Kampf braucht es ein starkes Gegenüber. Golant nennt dieses Alter «das des *chronischen Verhandelns.* Verhandlung ist der sicherste Weg, um Fortschritte zu erzielen und Frieden herzustellen» (1995, S. 219) – auch wenn das manchmal sehr aufreibend sein kann.

Auch Säuglinge und Kleinkinder, die überwiegend von Männern aufgezogen werden, können ausgezeichnet gedeihen. Weder die eindeutige Ausbildung ihrer Geschlechtsidentität noch ihre allgemeine Entwicklung ist gefährdet. Nach einer von Lang berichteten Untersuchung sind solche Kinder sehr flexibel. Sie identifizieren sich mit mütterlichen und väterlichen Aktivitäten und bewegen sich mit Leichtigkeit dazwischen hin und her. Die Väter übernehmen in diesen Situationen Funktionen und Bedeutungen für die Kinder, die sonst Mütter innehaben (vgl. Lang, 1988, S. 70). Interessant ist, dass solche «Ausnahmeväter» ihre Situation ähnlich einschätzen wie Hausfrauen in traditionellen Familien. Viele dieser Männer erleben die intensive Beziehung zum Kind als so beglückend, dass sie keine Lust mehr auf die Männernormalität der Vollzeitarbeit haben. Sie entwickeln aber auch Verständnis für die Schattenseiten der Hausfrauenrolle (vgl. auch Ruhl, 2000; Badinter, 1993, S. 205 f.).

Nun ist ein derartiger «Rollentausch» immer noch eine seltene Ausnahme. Alle Väter können aber durch Beschäftigung mit ihren Kindern «mütterliche» Seiten in sich entdecken, und gerade das kann Jungen dabei helfen, ein besseres Verhältnis zu sich und zum eigenen Körper zu gewinnen. Ashley Montagu meinte schon vor über fünfundzwanzig Jahren: «Wenn wir in unserer Kultur lernten, daß es genauso wesentlich ist, wenn der Vater die der mütterlichen entsprechende taktile Befriedigung gibt, gelänge uns ein großer Schritt in der Verbesserung der menschlichen Beziehungen. Es spricht nichts dagegen, daß ein Vater sein Kind badet, abtrocknet, an sich drückt, es streichelt, fest in die Arme nimmt oder auch gelegentlich seine Windeln wechselt, es abputzt, es hält, wiegt, trägt, mit ihm spielt und ihm eine Menge liebevoller taktiler Anregung gibt. (...) Winnicott war der Ansicht, daß das physische Halten eines Kindes eine Form der Liebe, ja vielleicht die einzige Äußerung der Liebe sei, die eine Mutter ihrem Kind erweisen könne. Das gilt nicht weniger für den Vater oder irgendeinen anderen Menschen» (Montagu, 1974, S. 209).

Die Beziehung zwischen Vater und Sohn wird entscheidend davon beeinflusst, wie die Mutter zur Beziehung zwischen Vater und Sohn steht. Übermittelt sie dem Sohn ihre Liebe und Wertschätzung für den Partner, so kann der Vater zu einem positiven Identifikationsmodell für den Sohn werden. Andersherum sind die Väter wichtig, weil sie in der Beziehung zur Mutter ein Modell darstellen: «Aha, so kann man auch mit Mama umgehen!» Ein Vater kann eine starke Schulter zum Anlehnen haben – aber er kann selbst manchmal eine Schulter zum Anlehnen gebrauchen.

Wenn Eltern eifersüchtig auf eine gute Beziehung ihres Kindes zum anderen Elternteil sind, bringen sie das Kind in Loyalitätskonflikte. Je besser sie sich miteinander verstehen, umso mehr profitieren die Kinder. Eltern, denen anzusehen ist, dass sie sich lieben, zeigen ihren Kindern, wie das funktioniert. Dass Kinder sich dabei ausgeschlossen fühlen und in manchen Lebensphasen sehr eifersüchtig auf ein Elternteil sein können, gehört dazu. Ein Junge, der die Konkurrenz mit dem Vater um die Mutter «gewinnt», hat auf Dauer nichts davon. Er kann diesen Platz nicht richtig ausfüllen und hat später Probleme, ihn wieder zu verlassen.

Wenn Väter als liebevolle Bezugspersonen anwesend sind – und als solche werden sie ja auf den oben erwähnten Werbeplakaten und Postern dargestellt – ist das ein Schritt in die richtige Richtung. Die traditionelle Rollenaufteilung wird dadurch aber noch nicht überwunden. Natürlich ist ein großer Teil der Kinderbetreuung langweilige Hausarbeit, und dazu haben auch «neue» Väter oft keine Lust. Den Kindern ist es allerdings egal, wer die Dreckarbeit macht – dies ist ein Konflikt zwischen Mann und Frau, und da werden sich Männer wohl nur selten von allein verändern. Nur wenn die Eltern hier *miteinander* anders umgehen, können sie für die Kinder zu anderen Vorbildern werden.

Männer und Frauen zwischen Beruf und Familie

Das größte Hindernis auf dem Weg zu gleichberechtigtem Umgang von Vätern und Müttern mit ihren Kindern ist die Arbeitswelt. Nach wie vor wird von Männern im Allgemeinen erwartet, dass sie Vollzeit arbeiten und ihre privaten und persönlichen Belange den beruflichen Interessen unterordnen. Viele Frauen stellen ihre Karrierepläne dagegen selbstverständlich hinter die Familienarbeit zurück. In Ostdeutschland wurden durch die Massenentlassungen von Frauen sowie durch große Einbrüche im System der staatlichen Kinderbetreuung viele Frauen aus dem Erwerbsleben verdrängt. Zudem arbeiten Männer oft in besser bezahlten Berufen. Die Entscheidung für eine Berufstätigkeit der Mutter, während der Vater zu Hause bleibt, führt so nicht nur zu einem bislang in der Berufswelt kaum akzeptierten «Knick» in der Karriere des Mannes, sondern auch zu handfesten materiellen Nachteilen. Die Einführung flexibler Arbeitszeiten dient in erster Linie den Interessen der Wirtschaft und soll nicht etwa Vätern ermöglichen, sich mehr an der Kinderbetreuung zu beteiligen. Selbst «Kleinigkeiten» wie das Zuhausebleiben bei Krankheit der Kinder wird Männern nicht ohne weiteres zugestanden.

Hier noch gar nicht angesprochen sind die Auseinandersetzungen, die ein erziehungswilliger Vater mit weniger fortschrittlichen Männern und Frauen (!) in seiner Umgebung und Verwandtschaft führen muss. Zudem gerät er möglicherweise auch mit sich selbst und seinem eigenen Selbstbild als Mann in Konflikt. Als Hausmann mit Babybrei auf der Küchenschürze hat er wenig Gelegenheit, seine «Männlichkeit» zu beweisen. Hier schließt sich also der Kreis: Solange «Männlichkeit» sozial durch Arbeit, Leistung und Kampf definiert wird, orientieren sich in ihrer männlichen Identität unsichere Männer nach außen und sind nicht für ihre Kinder da. Damit können sie ihren Söhnen gerade das nicht geben, was diese bräuchten.

Für viele junge Frauen, insbesondere die besser ausgebildeten, ist es heute selbstverständlich, dass sie sowohl Beruf als auch Familie realisieren wollen. Frauen haben Übung darin, zwischen Familie und Beruf, Partnerschaft und Lohnarbeit zu jonglieren. Sie wollen mit Männern zusammenleben, und sie wollen Zeit und Geld haben, um persönliche Wünsche realisieren zu können. Dazu kann auch gehören, dass starke, emanzipierte Frauen eine Zeit lang aus dem Erwerbsleben aussteigen, um Zeit für Kinder zu haben, ohne ihre beruflichen Ziele ganz aus dem Auge zu verlieren. Dazu brauchen sie natürlich kooperationsbereite und einkommensstarke Männer. Der Zukunftsforscher Horx hat dies in der These von der «Neuen Hausfrau» zusammengefasst: Frauen ziehen sich für eine Weile aus der Tretmühle der Karriere zurück und überlassen den Stress freiwillig den stresssüchtigen Männern. Als «Haushalts-Manager» steuern sie eine Zeit lang die komplexen Abläufe einer modernen Familie, wobei manche Haushaltstätigkeiten delegiert oder dazugekauft werden. Nebenjobs und Hobbys gehören dazu. «Die Lebens- und Berufswelt der Zukunft entspricht genau diesem Bild: Durchdringung von privaten und beruflichen Sphären, Vermischung von gut bezahlten mit eher ‹idealistischen› Jobs, ‹mixed economics› » (Horx, 2000, S. 77).

Mütter, die persönliche Ziele nicht «der Familie opfern», tun damit auch ihren Söhnen etwas Gutes, denn je spannender und abwechslungsreicher ihr eigenes Leben ist, umso weniger sind sie in Versuchung, zu sehr um ihre Söhne zu kreisen. Jungen, die mit berufstätigen Müttern aufwachsen, mögen diese manchmal vermissen. Andererseits ist für sie selbstverständlich, dass Frauen einen eigenen Lebensbereich haben und nicht dazu da sind, den ganzen Tag Kinder und Männer zu bedienen. Klar, dass es dabei auch zu Pannen, Versäumnissen und Enttäuschungen kommt – aber die gehören halt zum Leben.

Die Zukunft der Familie liegt darin, dass sich Mutter und Vater Spaß und Stress des Elterndaseins teilen. Ein Vater, der seine ganze Energie in die Karriere steckt, lässt seine Kinder im Stich, auch wenn er finanziell gut für sie sorgt. Weniger zu arbeiten macht noch keinen neuen Vater – aber es ist die Chance dazu. Nur wer Zeit mit seinen Kindern verbringt, weiß, was sie bewegt, und kann das Zusammensein mit ihnen als Freude und Bereicherung erleben.

Dabei kommt es nicht unbedingt darauf an, *wie viel* Zeit Kinder mit ihren Vätern verbringen, sondern darauf, was in dieser Zeit passiert. Die Psychologen Mitch und Susan Golant haben in ihrem Buch *... Vater sein dagegen sehr* beschrieben, wofür Väter wichtig sind und wie sie mehr Zeit für ihre Kinder finden können. Sie geben viele praktische Anregungen dafür, was Väter tun können, um eine gute Beziehung zu ihren Kindern zu bekommen und Spaß mit ihnen zu haben, auch wenn die Zeit knapp ist (Golant & Golant, 1995).

«Kinder machen Männer stark» hat der Männerberater Ralf Ruhl sein Buch für werdende und junge Väter genannt (2000). Ein aktiver Vater ist ein attraktives Vorbild für seine Kinder. Wenn Jungen erfahren, dass neben der Arbeit auch andere Bereiche dem Leben Sinn geben können, wird das Spektrum ihrer Lebensperspektiven breiter. Für Jungen wie für Mädchen erweitert das Zusammensein mit dem Vater den Horizont vor allem, wenn Väter ihre Aufgabe nicht darin sehen, Jungen zu Männern und Mädchen zu Frauen zu «machen». Es geht nicht in erster Linie darum, dass Väter irgendwie auf besondere Weise mit ihren Jungen umgehen, ihnen zum Beispiel «beibringen, was es heißt, ein Mann zu sein». Wichtiger ist ihr eigener Umgang mit sich selbst. Ein Mann, der sich daran erinnert, wie es ihm selbst als Jungen gegangen ist, kann besser verstehen, wie es seinem Sohn geht. Wer will, dass sein Sohn ein «echter Kerl» wird, war oft selbst keiner. Ist ein Vater seiner selbst sicher und fühlt sich als Mann wohl in seiner Haut, dann wird der Junge von allein kommen und sich holen, was er braucht.

Was tun, wenn der Vater nicht da ist?

Allein erziehende Mütter stehen vor einer schwierigen Aufgabe, insbesondere wenn sie den Eindruck bekommen, dass sie für ihre heranwachsenden Söhne nicht die richtige Ansprechpartnerin sind. Darum ist es richtig, wenn Benard & Schlaffer ihnen Mut machen, sich nicht einreden zu lassen, dass sie als Mütter nur versagen können. Mütter sollten sich nicht aus der Erziehung ihrer Söhne zurückziehen, nur weil sie ihrem Sohn keinen Mann «bieten können», denn dann wäre er doppelt allein gelassen (vgl. Benard & Schlaffer, 2000, S. 86). Der beste Ausweg aus Verhärtung, Verbitterung und einem Missbrauch der Söhne ist es, wenn die Mutter gut für sich selbst sorgt, denn dann ist sie weniger in Gefahr, sich an ihren Sohn anzuklammern. Es ist allemal besser, ohne Vater und mit einer netten und engagierten Mutter aufzuwachsen, als mit einem prügelnden Vater oder in einem Elternhaus, in dem nicht mehr miteinander gesprochen wird. Auch wenn mit der Mutter alles gut läuft, brauchen Jungen ihren Vater.

Jungen, die keinen Kontakt mehr zum Vater haben, fehlt ein Mann, den sie erproben, angreifen und infrage stellen können, der ihnen erzählen kann, wie er mit Rückschlägen und Fehlern zurechtgekommen und mit der Trennung von seiner Familie fertig geworden ist. Leider sind viele Väter nicht bereit oder in der Lage, über diese Dinge zu sprechen. Oft bleiben nur (manchmal heimliche) Idealisierung und offenkundige Sprachlosigkeit zwischen Vätern und Söhnen. Manche Mütter möchten ihren Sohn für sich behalten und verweigern dem Vater aggressiv die Begegnung mit den Kindern oder sind selbst zu durcheinander, um angemessen mit der Trennungssituation umgehen zu können. Andere haben verständlicherweise kein Interesse, sich um Kontakt mit einem Mann zu bemühen, der sie verletzt und die Kinder im Stich gelassen hat. Aber selbst wenn der Vater ein mieser Kerl ist, löst der Abbruch des Kontakts die Probleme nicht, denn er macht es dem Sohn unmöglich, sein Bild des Vaters selbst zu überprüfen und in der Auseinandersetzung mit ihm erwachsen zu werden.

Einen Vater kann man allerdings nicht herbeizaubern. Wenn Jungen (und Mädchen) ohne Vater aufwachsen oder der Kontakt zum Vater schlecht ist, brauchen sie andere männliche Ansprechpartner. Helfen können Verwandte, Freunde und Geschwister – «Ersatzväter», die zur Anlehnung taugen, Abgrenzung unterstützen und alternative Vorbilder werden können – auch für den Umgang zwischen Männern und Frauen.

Viele Mütter hoffen, mit einer neuen Beziehung auch einen neuen Vater für ihre Kinder zu finden. Die Situation von neu zu den «Restfamilien» hinzugekommenen Männern ist allerdings oft schwierig. Viele Kinder sind nicht so ohne weiteres bereit, auf die neuen Partner ihrer Mutter zuzugehen, vor allem, wenn die Beziehung der Erwachsenen zueinander noch instabil ist. Andererseits kann die nahe Beziehung zwischen Mutter und Sohn zur Eifersucht des Partners auf den «kleinen Liebhaber» der Mutter führen. Zu hohe Erwartungen der Mutter oder des Partners, er solle Freund oder gar Ersatzvater für den Jungen werden, werden oft enttäuscht, besonders bei schon älteren Kindern. Wenn auch der leibliche Vater noch Kontakt zum Jungen hat, kann es für diesen verwirrend sein, wer denn nun sein «richtiger» Vater ist, und eine schwierige Frage, auf wen er sich denn wirklich verlassen kann. Die entscheidende Frage ist, wie es den Erwachsenen gelingt, ihr Miteinander zu regeln. Im Idealfall sind beide Männer für den Jungen ansprechbar, und er kann sich von beiden jeweils das holen, was er gerade braucht.

Helfen können auch Erzieher, Lehrer, Sporttrainer und andere Pädagogen, wenn sie bereit sind, sich auf Jungen und sich selbst einzulassen. Männer, die Ansprechpartner für Jungen sein können, gibt es an den erstaunlichsten Orten. Nicht immer gefällt Müttern, welche Männer für ihre Söhne interessant sind. Und nicht immer halten sich Männer dafür geeignet, im Leben eines Jungen eine wichtige Rolle zu spielen. Aber das macht nichts. In seinem hinreißenden Roman *About a boy* beschreibt Nick Hornby, wie es trotzdem funktionieren kann: «Will wollte damit nichts zu tun haben. Ihm war es gleichgültig, ob

Marcus einen Mann in seinem Leben brauchte oder nicht. (...) außerdem war er fast sicher, falls Marcus einen Mann brauchte, dann keinen wie ihn. Aber als er Fiona jetzt zuhörte, wurde ihm bewusst, dass er Marcus in mancher Hinsicht zumindest besser verstand als sie – möglicherweise, gestand er sich widerstrebend ein, weil er ein Mann war und Fiona nicht.» (Hornby, 1998, S. 151).

Die Entdeckung des Geschlechtsunterschiedes

Jonas (gerade 4 geworden) und Annika (5) spielen Familie. Jonas sagt: «Wenn ich groß bin, werde ich eine Mama und bekomme auch ein Baby!» Annika klärt ihn auf: «Du kannst keine Mama werden, nur ein Papa.» Jonas will das nicht glauben. Aufgeregt erzählt er später seiner Mama, was Annika behauptet hat – ob das stimme? Die Mutter muss Annika Recht geben, bietet ihm aber einen Ausweg an: «Du kannst dann ja zusammen mit Annika ein Baby haben, dann gehört es zu euch beiden, wie du zu Mama und Papa.» Jonas überlegt eine Weile. Schließlich verkündet er: «Dann soll aber Annika der Papa sein, und ich bin die Mama!»

Jonas weiß, dass er ein Junge ist. Aber Jonas weiß noch nicht, dass nur Mädchen Kinder bekommen können. Und er will auch gar nicht glauben, dass er keine Mama werden kann. Mama ist die Beste und ein Baby zu bekommen überhaupt das Allergrößte! Was Papa macht, weiß Jonas dagegen nicht so recht, denn Papa ist nicht so oft da. Und für das meiste, was im Leben von Jonas wirklich wichtig ist, ist sowieso die Mama zuständig …

Kinder wissen, ob sie ein Junge oder Mädchen sind, sobald man sie danach fragen kann. Und Zweijährige können Erwachsene überwiegend richtig nach Geschlecht zuordnen (vgl. Hagemann-White, 1984). Aber sie haben noch nicht alle Konsequenzen verstanden, die damit verbunden sind. Zwei- bis dreijährige Mädchen und Jungen glauben noch, dass ihnen alle Möglichkeiten, die sie später als «männlich» oder «weiblich» begreifen lernen, offen stehen. Warum soll in ihrem Jungenbauch nicht später einmal ein Baby wachsen? Und der Penis, der bei den Mädchen «fehlt», wächst bestimmt noch irgendwann. Vielleicht sogar bei Mama – das sagte jedenfalls ein Junge, um diese zu beruhigen, als er den «Mangel» entdeckte. Möglicherweise musste er vor allem sich selbst beruhigen, denn die Entdeckung des Unterschiedes kann für Kinder erschreckend und enttäuschend sein. «Jeder stellt mit nicht geringer Betrübnis fest, dass ihm etwas fehlt, was der andere hat», schreibt die Psychoanalytikerin Christiane Olivier. «Daher auch die Spiele, bei denen – je nach Geschlecht des Kindes – Kissen oder Bälle zur Korrektur herhalten müssen (1989, S. 26).» Jungen wie

Mädchen müssen feststellen, dass sie bestimmte Eigenschaften und Fähigkeiten, die das andere Geschlecht hat, nicht haben und nie haben werden.

Im Kindergartenalter lernen Jungen und Mädchen dann, dass für die Geschlechter unterschiedliche soziale Regeln gelten. Viele Jungen dürfen sich zum Beispiel eher schmutzig machen als Mädchen, und ihnen werden wildere Spiele erlaubt. Wenn sie aber Kleider und Röcke tragen wollen, reagiert ihre Umwelt auch heute noch irritiert – trotz aller verbaler Bekenntnisse für Gleichberechtigung. Ein vierjähriger Junge darf vielleicht noch im Kleid in den Kindergarten gehen, wenn er das möchte. Ein Fünfjähriger, der manchmal Mädchensachen anzieht und im Rollenspiel gern weibliche Rollen übernimmt, irritiert schon eher. Seine Mutter muss damit rechnen, hinter vorgehaltener Hand besorgt gefragt zu werden, ob sie nicht Angst habe, dass er «schwul werden könne».

Ganz vorbei ist es, wenn die Schule anfängt. Siebenjährige Jungen wollen in der Regel kein Mädchen sein – im Gegenteil! Bei Drei- bis Fünfjährigen kann das noch anders sein. Es ist nicht ungewöhnlich, dass Kinder in dieser Phase mit Irritation oder Protest reagieren, mit Verleugnung des Geschlechtsunterschiedes oder mit einem betonten Interesse an den Möglichkeiten des anderen Geschlechts – wie Jan im Beispiel zu Beginn dieses Kapitels. Jungen brauchen dabei etwas länger als Mädchen, um sich ihrer Geschlechtsidentität sicher zu sein. Wenn allerdings ein Fünfjähriger behauptet, ein Mädchen zu sein, muss das nicht unbedingt heißen, dass er den Geschlechtsunterschied noch nicht richtig verstanden hat. Mit der gleichen Überzeugung könnte er sich möglicherweise auch in einen Tiger oder einen Riesen verwandeln.

Neid auf die tatsächlichen oder phantasierten Möglichkeiten des anderen Geschlechts gibt es bei beiden Geschlechtern. Dass Mädchen auf Jungen neidisch sein können, erscheint einleuchtend – zum Beispiel auf den Penis, mit dem sich besser im Stehen pinkeln lässt. Hinweise auf Neidgefühle bei Jungen und auch bei Männern werden dagegen oft weniger bemerkt. Das liegt unter anderem daran, dass Männer in unserer Gesellschaft oft bevorzugt und viele typisch «männliche» Eigenschaften höher bewertet werden als typisch «weibliche». Daher entsteht der Eindruck, dass Männer und auch Jungen es «besser haben» – warum also sollten sie Mädchen und Frauen beneiden?

Enttäuschung und Neid äußern sich indirekt und nicht selten durch die Abwertung dessen, was man(n) selbst nicht haben kann – oder meint, nicht tun zu dürfen. Das kann manche blöden Sprüche erklären, mit denen Jungen über Mädchen herziehen. Manche Jungen stören lieber Mädchen stundenlang beim Spielen, als zuzugeben, dass sie selbst gern mitmachen würden.

«Ich selbst werden»

Die Entdeckung des eigenen Junge- oder Mädchenseins ist ein Meilenstein auf dem Weg zu *Identität*. Dies ist ein vieldeutiger und magischer Begriff – der Einfachheit halber können wir ihn mit der Frage umschreiben: «Wie werde ich ‹ich selbst›?» Dieser lebenslange Weg bewegt sich zwischen zwei Polen: zwischen Ähnlichkeit und Anderssein, zwischen Verbundenheit und Abgrenzung.

In der ersten Lebenszeit entdecken Kinder sich selbst und lernen die Bedeutung ihrer zunächst diffusen Gefühle genauer kennen. Ähnlichkeit und Verbundenheit sind dabei Grundlage der ersten Lebenserfahrungen. Das Neugeborene und seine nächsten Bezugspersonen – meist die Mutter – stimmen sich intensiv aufeinander ein. «Mama lächelt auch ... sie fühlt dasselbe, findet dasselbe toll, möchte dasselbe tun.» So wie Kinder, wenn sie sprechen lernen, auch die Stimmfärbung ihrer Eltern übernehmen, übernehmen sie bei dieser Einstimmung auch die «Färbungen» der Gefühle ihrer Eltern, besonders der Mutter. Später ahmen Kinder ihre Eltern nach, orientieren sich an ihnen, nehmen sie zum Vorbild. Sie finden auch heraus, wo sie anderen Kindern ähnlich sind, finden Gemeinsamkeiten heraus und stellen sie aktiv her.

Aber auch Abgrenzungen und Unterschiede sind von Beginn an wichtige Themen. Ein Neugeborenes dreht sich weg, wenn es etwas nicht mag oder sich nicht dafür interessiert. Bald entdeckt es, wo es sich von anderen unterscheidet. Wenn es laufen lernt und sich probeweise immer weiter fortwagt oder wenn es den Mund nicht mehr für den nächsten Löffel Brei öffnen will, erprobt es seine Eigenständigkeit. Später gibt es die «Trotzphase», die Kämpfe mit anderen Kindern und in der weiteren Entwicklung immer wieder Auseinandersetzungen, in denen Kinder Grenzen ausloten und aushandeln wollen.

Beide Seiten gehören zusammen. Nicht nur Kinder, auch wir als Erwachsene brauchen das Gefühl von Zugehörigkeit und Menschen, an denen wir uns orientieren können. Aber nur zu sein wie andere (oder wie andere es wollen) führt zu totaler Anpassung. Daher ist Unabhängigkeit und «Eigensinn» genauso wichtig. Im Extrem wiederum kann dies zu Isolation und Einsamkeit führen.

In ihrer Entwicklung bewegen sich sowohl Mädchen als auch Jungen zwischen beiden Polen hin und her. Aber im weiteren Verlauf lernen Jungen oft besser, ihren eigenen Weg zu gehen und sich durchzusetzen, Mädchen dagegen, sich in andere einzufühlen und Beziehungen zu pflegen. Am Ende sieht es dann so aus, als ob Männer vom Mars kommen und Frauen von der Venus, wie es ein Bestsellertitel beschreibt. Unabhängigkeit scheint «männlich» zu sein, Verbundenheit und Fürsorglichkeit «weiblich». Überzeichnet finden sich diese Pole in den Bildern des «lonesome cowboy», des einsamen Helden, der immer seinen eigenen Weg geht und auf niemanden angewiesen ist, und der «sich aufopfernden Mutter», die nur für ihre Kinder da ist und keine eigenen Bedürfnisse hat. Beide Extreme sind ein Problem, denn die Fähigkeit, sich abzugrenzen, ist eine wichtige Voraussetzung für gute Beziehungen – und umgekehrt sind Erfahrungen von Nähe und Verbundenheit eine wichtige Grundlage für wirkliche Eigenständigkeit.

Wie kommt es zu dieser unsinnigen Aufteilung? Ein entscheidender Faktor ist dabei, dass die meisten Jungen und Mädchen die grundlegenden Erfahrungen der ersten Lebenszeit überwiegend mit ihren Müttern machen. Obwohl Väter auch Säuglinge genauso gut «bemuttern» können wie Mütter, sind nach wie vor Frauen für den größten Teil der Kindererziehung zuständig. Das bedeutet, dass Jungen wie Mädchen sowohl die intensive Nähe als auch die aufwühlenden Abgrenzungskonflikte in viel stärkerem Ausmaß mit Frauen erleben.

Und das wird in genau dem Moment zum Problem, in dem Jungen den Geschlechtsunterschied verstehen. Sie müssen mit der Tatsache fertig werden, dass die Mutter – wie auch die Erzieherinnen und viele andere Menschen, mit denen sie es im Alltag zu tun haben – einem anderen Geschlecht angehören als sie selbst. Die bis dahin ungebrochene Identifikation mit der Mutter erhält hier einen entscheidenden Knick. In den folgenden Jahren erscheinen viele Jungen labiler als gleichaltrige Mädchen. Sie müssen nicht nur damit leben, dass sie keine Mutter werden können, sondern fragen sich möglicherweise, ob Eigenschaften, die sie mit ihrer Mutter gemeinsam hatten und bis dahin ganz selbstverständlich fanden, jetzt vielleicht nicht mehr zu ihnen «gehören».

Was ist das, dieses geheimnisvolle Männlichsein?

Im Stehen pinkeln!

Ihr Penis ist Jungen in dieser Zeit sehr wichtig, und sie probieren aus, was sie damit anfangen können. Bedauerlicherweise legen viele Frauen einen beträchtlichen Ehrgeiz darein, ihnen anzugewöhnen, sich beim Pinkeln *immer* hinzusetzen. Stehpinkeln will gelernt sein, wie tausend andere Dinge auch, und wenn man(n) es kann, ist man stolz darauf. Peinlich ist es dagegen, wenn eine Erzieherin einem achtjährigen Jungen beim Waldausflug zeigen muss, wie man den Penis festhält, damit man sich nicht auf die Füße pinkelt. Fatalerweise wird dieses Thema oft nur unter dem Gesichtspunkt der Kloreinigung diskutiert. Jungen können nichts dafür, dass die meisten Männer den Frauen das Kloputzen überlassen. Männer, die ihr Klo selbst sauber machen müssen, setzen sich eher hin, ohne dass man lange mit ihnen diskutieren muss. Es macht Sinn, Jungen möglichst früh einen Putzlappen in die Hand zu geben, aber dazu muss man ihnen nicht verbieten, im Stehen zu pinkeln. Das macht nämlich einfach Spaß – und sonst sind wir doch auch dafür, dass Kinder mit den Möglichkeiten ihres Körpers experimentieren … Wie wäre es mit einem Pissoir im Jungenklo des Kindergartens? Es finden sich bestimmt ein paar Männer, die es anbauen, denn als Männer wissen sie, wofür es zu gebrauchen ist.

Der Penis ist aber nicht nur zum Pinkeln gut, sondern hat auch eine symbolische Bedeutung. Er gibt Jungen in diesem Alter Sicherheit über ihr Männlichsein, denn es gibt ja ansonsten kaum Merkmale, die ihnen eine solche Sicherheit verschaffen könnten! Weder körperlich noch psychisch sind Jungen so wie die Männer, die sie später einmal werden sollen. In vielem sind sie stattdessen Frauen ähnlicher und näher als Männern. Dazu gehören die hohe Stimme, die weiche Haut und die geringere Kraft, aber auch die Offenheit, mit der Jungen ihre Gefühle zeigen, weinen oder zärtlich sind. Der Weg wäre in manchem leichter, wenn Jungen Frauen werden müssten und nicht Männer!

Jungen suchen männliche Vorbilder

Vierjährige ahmen im Rollenspiel noch oft die Erzieherin nach oder möchten die Mutterrolle übernehmen. Die meisten Fünfjährigen werden das nicht mehr tun: Sie suchen stattdessen nach einer anderen Rolle. Im klassischen Familienspiel ist die Mutterrolle aber die spannendste, denn die Mutter hat das Sagen. Was bleibt den Jungen?

Sie können die Rolle des Vaters übernehmen. Das sieht dann so aus:

Nach dem kurzen «Frühstück» geht Lukas, der den Vater spielt, «zur Arbeit». Lukas verlässt also die Rollenspielecke, während die anderen Kinder den familiären Alltag weiterspielen. Wenige Minuten später ist er schon wieder da: «Es ist Abend! Ich komme nach Hause!» Damit stößt er allerdings nicht auf Begeisterung bei den anderen Kindern, deren Spiel ja gerade erst begonnen hat: «Nein, es ist noch zu früh!» Dies kann sich ein paar Mal wiederholen, denn natürlich ist es für Lukas langweilig, «weg» zu sein – er will ja auch mitspielen!

Er kann stattdessen das Kind spielen – muss dann allerdings möglicherweise aushalten, dass Mädchen nicht nur die angenehmen Seiten ihrer Mütter im Rollenspiel nachmachen. Vielleicht wird er barsch herumkommandiert. Oder er wird von vorn bis hinten «bemuttert» – für ältere Jungen, die ja schließlich kein «Baby» mehr sein wollen, auch keine attraktive Alternative. Schließlich bleibt ihm noch die Rolle des Hundes, der wenigstens ordentlich bellen kann, wenn er schon nichts zu sagen hat ...

Angesichts dieser Wahlmöglichkeiten ist es für viele Jungen natürlich interessanter, mit anderen Jungen «nach draußen, an die Arbeit» zu gehen, zum Beispiel in die Sandkiste. Oder zu kämpfen und zu toben – da ist was los, da können sie Helden sein, die groß und stark und mächtig sind!

Auf ihrer Suche nach Männlichkeit werden Jungen an verschiedenen Orten fündig. Sie suchen Kontakt zu Männern in ihrer Umgebung: in erster Linie zum Vater, weiter zu den Großvätern, Onkeln und Freunden der Eltern. Erwachsene Männer und besonders Väter gewinnen in dieser Zeit eine neue und wichtige Bedeutung. Von ihnen können Jungen erfahren, was es bedeutet, männlich zu sein. Nur im Zusammensein mit Männern können Jungen konkret erleben, dass bestimmte Eigenschaften nicht «weiblich» sind, sondern sowohl zu Männern als auch zu Frauen «gehören» können.

Jungen suchen auch Gemeinsamkeiten mit anderen Jungen. Sie bestätigen sich gegenseitig in dem, was sie vom Geschlechtsunterschied verstanden haben. Für viele Jungen ist das ungestörte Zusammensein in der Jungenbande oder Clique wichtig. Hier ist es in Ordnung, Junge zu sein, und das ist gerade in den von Frauen dominierten Bereichen, in denen Kinder im Vor- und Grundschulalter einen großen Teil ihrer Zeit verbringen, wichtig. Zwar wissen die anderen Jungen ebenfalls nicht so genau, was «männlich» ist – aber sie haben wenigstens dasselbe Problem. Und: «Gemeinsam sind wir stark!» – vielleicht sogar stärker als die Erzieherin!

Jungen orientieren sich auch an Mädchen und Frauen. Natürlich wollen sie wissen, wie sie bei ihnen «ankommen». Andererseits macht es auch unsicher, vom weiblichen Urteil abhängig zu sein. Also tun sie vielleicht so, als ob ihnen «egal» sei, wie Mädchen und Frauen sie finden.

In Wirklichkeit möchten die meisten Jungen Frauen gefallen, zumindest manchmal, und darum versuchen sie herauszufinden, wie die sich Jungen und Männer vorstellen und wünschen. Es ist schön, Mamas «kleiner Mann» zu sein. Und wenn der sechsjährige Dennis merkt, dass er mit einem charmanten Augenaufschlag bei der Erzieherin gut ankommt, wird er das ausnutzen. Weil Jungen im Alltag oft zu wenige männliche Bezugspersonen haben, sind sie auf die Beurteilung ihrer Männlichkeit durch die Mutter, die Erzieherin, die Lehrerin und die Mädchen besonders angewiesen (vgl. Schnack & Neutzling, 1997, S. 24).

Die Bilder, die Frauen von «normalem» Jungenverhalten haben, sind allerdings verzerrt von den Wünschen und Ängsten, die Frauen in Bezug auf Männer empfinden, und daher oft widersprüchlich. Kinder orientieren sich dabei nicht in erster Linie an dem, was wir sagen, sondern an dem, was wir tun. Oft bekommen wir gar nicht mit, wie wir Kindern stereotype Bilder vermitteln, weil diese uns selbst nicht bewusst sind. «Ich brauche mal ein paar starke Jungs!», ruft eine Erzieherin, die Hilfe beim Tischerücken braucht. Sie bemerkt nicht, dass sie Kindern hier etwas über den Geschlechtsunterschied beibringt. Kinder verstehen die Botschaft trotzdem: Jungs sind stärker! Es nützt oft nicht viel, sich vorzunehmen, Jungen und Mädchen «gleich zu behandeln», oder ihnen zum Beispiel zu erzählen, «dass es ganz normal ist, wenn ein Mann weint». Kinder lassen sich nichts vormachen. Die Chance besteht stattdessen darin, mehr auf das eigene Verhalten und die eigenen inneren Bilder zu achten – nur so lassen sie sich möglicherweise auch verändern.

Je weniger reale Vorbilder Jungen haben, umso eher werden sie sich an stereotypen Bildern von Männlichkeit orientieren. Diese finden sie vor allem in den Medien: in Fernsehen und Werbung, Büchern, Comics und Kinofilmen, in Videospielen und Action-Spielwelten. Insbesondere die Männlichkeitsbilder in populären Action-Spielwelten haben den Vorteil, dass sie einfache und eindeutige Antworten darauf geben, was männlich ist – Antworten, die vielen Erwachsenen oft ganz und gar nicht gefallen, Jungen aber Sicherheit geben können, die sie in dieser Lebensphase manchmal sehr nötig haben.

Jungen wollen nicht «weiblich» sein

Dem Versuch, Vorbilder für «Männlichkeit» zu finden, steht die Abgrenzung von «Weiblichkeit» gegenüber. Ein Junge ist nicht weiblich – also ist alles abzulehnen, was «weiblich» ist, zum Beispiel: freiwillig abwaschen, sich schminken und Fensterbilder basteln. Ein Junge ist kein Mädchen – also sind Mädchen «doof» oder «albern» und Mädchenspiele «nichts für Jungs». Wenn Jungen zu wenige Vorbilder und positive Modelle vorfinden, kann es sein, dass sie ihre «Männlichkeit» durch besonders starke Abgrenzung von Mädchen und Frauen hervorheben. Für sie ist es auch «weiblich» und damit inakzeptabel, zu weinen, wenn man sich wehgetan hat, darüber zu reden, wenn es einem schlecht geht, oder ein Schulheft ordentlich zu führen. «Männlich» ist dagegen, was Mädchen und Frauen nicht tun oder was sie sogar aufregt und ärgert: laut «schlimme Wörter» durch den Raum rufen, im Stuhlkreis oder im Unterricht stören und andere verbotene Dinge tun.

Die Vorstellung, dass «ein Junge sich von seiner Mutter abgrenzen muss, um ein Mann zu werden», ist inzwischen fast ein Allgemeinplatz geworden. Dieser Satz steht in so vielen Büchern über Jungen, dass gar nicht mehr klar ist, wer ihn eigentlich von wem abgeschrieben hat. Obwohl diese Aussage nicht ganz falsch ist, wird sie manchmal etwas überstrapaziert. Sie könnte dahin gehend missverstanden werden, dass Söhne ihre Mütter ablehnen und sich von ihnen zurückziehen *müssen* und nur Männer sie auf ihrem Weg zum Mann-Sein unterstützen können. Und das stimmt so sicher nicht, schon gar nicht für alle Jungen:

- Es ist in erster Linie das Fehlen greifbarer männlicher Vorbilder, das dazu führt, dass manche Jungen «Männlichkeit» vor allem durch Abgrenzung von allem Weiblichen herzustellen versuchen.
- Jungen brauchen nicht einfach irgendwelche Männer, sondern Männer, die für sie da sind – und für sich selbst gute Wege finden, als Mann zu leben. Von einem Vater, der sie prügelt oder vernachlässigt, haben sie wenig.
- Jungen lernen nicht nur von Männern, was Männlichkeit bedeutet.

Sie orientieren sich auch an den Erwartungen und Bildern von Männlichkeit, die ihnen Frauen vermitteln.
- Natürlich können allein erziehende Mütter Jungen auf dem Weg zum Mann-Sein unterstützen. Wichtig ist nur, dass sie Männer nicht grundsätzlich ablehnen und ihrem Sohn Kontakt zu Männern ermöglichen.

Entscheidend ist also, was für ein Männerbild die Männer und Frauen haben, mit denen Jungen aufwachsen.

Das Erlernen der Geschlechtsstereotype

Wie kommt es, dass Kinder im Vorschulalter trotz aller Veränderungen heute noch oft sehr nachdrücklich die Meinung vertreten, dass Frauen fürs Kochen zuständig sind und Männer fürs Autofahren, obwohl Mama sie jeden Tag mit dem Auto aus dem Kindergarten abholt und Papa jeden Sonntag kocht? Dies hat damit zu tun, auf welche Weise Kinder lernen, was in unserer Gesellschaft als typisch männlich und weiblich gilt. Auch wir haben irgendwann einmal gelernt, dass Männer «stark» und Frauen «schwach» sind, «Gefühle» im Allgemeinen weiblich, «Aggression» aber männlich ist – auch wenn wir diese Stereotype kritisch sehen und gern verändern möchten.

Wenn Kinder beginnen, diese grundlegenden Zuordnungen zu verstehen, vereinfachen sie zunächst. Im Alter von fünf bis sieben Jahren haben Kinder daher oft extreme Ansichten vom «richtigen» und angemessenen Verhalten von Männern (arbeiten!) und Frauen (Kinder hüten!). Solche stereotypen Bilder werden deutlich, wenn man Kindergartenkinder Bilder von Männern und Frauen malen lässt: Autos, Technik, Kampf und Waffen sind «männlich», lange Haare, Schmuck, betonte Augenpartien und Schönheit sind «weiblich» (vgl. Thoma et al., 1996). Psychologen sprechen von einer Phase der *Rigidität.* Wenn im Alter von acht bis zehn Jahren das Wissen von Kindern über Geschlechtsstereotype gefestigt ist, werden sie in der Beurteilung der Möglichkeiten der Geschlechter flexibler (vgl. Trautner et al., 1988; Rohrmann, 1994, S. 57).

Dies bedeutet, dass wir es nicht zu hoch bewerten sollten, wenn insbesondere Jungen bis zum Schulalter starre Ansichten darüber vertreten, wie Jungen und Mädchen, Männer und Frauen zu sein haben. Besonders rigides Verhalten von Erstklässlern bedeutet nicht, dass hier eine Horde neuer «Machos» heranwächst, sondern ist zumindest zum Teil eine normale Entwicklungsphase.

Allerdings haben viele stereotype Zuordnungen einen wahren Kern. Kleine Jungen und Mädchen nehmen ihre Umwelt im Rahmen ihrer Möglichkeiten genau wahr. Zum Beispiel das Autofahren: Zwar ist es heute selbstverständlich, dass Frauen Auto fahren, aber wenn die Familie am Wochenende oder in den Ferien gemeinsam unterwegs ist, sitzt oft doch der Mann die längere Zeit am Steuer. Er ist auch meist für die Erklärung von «komischen Geräuschen» und vor allem für Reparaturen zuständig, denn viele Frauen tun sich schwer mit der Technik und «Schmiere, Öl und Dreck an den Händen» (vgl. Grabrucker, 1985, S. 112). Lkw und große Baumaschinen werden meist von Männern gesteuert. Und schließlich: Welche Mutter setzt sich mit ihrer Tochter vor den Fernseher, um fasziniert ein Formel-1-Rennen zu verfolgen? Das Kinder zum Schluss kommen, dass Autofahren «männlich» ist, ist so unverständlich nicht.

Kinder lernen im Vor- und Grundschulalter, was in ihrer Umwelt als «männlich» und «weiblich» gilt. Sie lernen dabei, was für Mädchen und Jungen – und damit auch für sie selbst – angemessen ist. Ein Problem ist dabei, dass Männer und «männliche» Tätigkeiten in unserer Gesellschaft höher bewertet werden. «Weibliche» Eigenschaften und Interessen werden insbesondere bei Jungen abgewertet und stellen ihre «Männlichkeit» infrage. Oder sie werden gar nicht bemerkt. Verständlicherweise sind sie für Jungen, die gern Männer werden wollen, nicht mehr so attraktiv. Hier kann der Beginn einer Entwicklung liegen, die Jungen zunehmend auf «männliche» Eigenschaften und Tätigkeiten beschränkt und ihnen andere Erlebensbereiche verschließt.

So schenken Erwachsene der Frage, wie fürsorglich ein kleiner Junge ist, selten Beachtung. Im Spiel mit einigen Mädchen bringt ein Junge seine *Power-Ranger*-Puppe ins Bett und deckt sie zu. Eine beobachtende Erzieherin meint daraufhin zu einer Kollegin, dass der Junge die Mädchen «nachgemacht» hätte. Dass ein Junge von selbst auf die Idee kommt, seine Puppe zu Bett zu bringen, kann sie sich offenbar nicht vorstellen. Sie nimmt nicht wahr, dass er sich fürsorglich verhält, und kann ihn daher auch nicht in diesem Verhalten bestärken. Eigenschaften, die an Kindern nicht wahrgenommen werden, entwickeln sich aber oft nicht weiter. Das kann dazu führen, dass aus der Sicht von Kindern die Geschlechter sich nicht nur im Ausmaß unterscheiden, in dem bestimmte Eigenschaften auf sie zutreffen («Frauen sind fürsorglicher als Männer»), sondern unterschiedlich im Wesen zu sein scheinen («Fürsorge ist weiblich», vgl. Bem, 1983, S. 604).

Die Zuordnung von Verhaltensweisen als «männlich» oder «weiblich» liegt auch manchen Ansätzen zugrunde, die das Verhaltensrepertoire von Jungen und Mädchen erweitern möchten, zum Beispiel Aussagen wie der, dass Jungen oder Männer «weibliche Anteile» entwickeln sollen. Damit wird die Vorstellung aufrechterhalten, dass manche Eigenschaften dem «eigentlich Männlichen» entgegengesetzt seien und nur zur Vervollständigung hinzugewonnen werden müssten. Aber auch Eigenschaften wie Angst, Hilflosigkeit oder Fürsorglichkeit gehören zu Männern dazu und werden von ihnen in spezifisch männlicher Weise erlebt.

Dies lässt sich am Beispiel der Hilflosigkeit illustrieren. In der frühkindlichen Abhängigkeit von der Mutter sind Jungen und Mädchen gleichermaßen hilflos. In der weiteren Entwicklung wird der Ausdruck von Hilflosigkeit bei Jungen aber von Erwachsenen weniger wahrgenommen oder sogar unterdrückt und bestraft. Das Verbot, Ängste und Bedürfnisse auszudrücken, macht natürlich noch hilfloser! Je mehr der Ausdruck dieser Gefühle verboten wird, umso mehr wird Hilflosigkeit generell abgelehnt und bei anderen verachtet. Obwohl also Hilflosigkeit als «typisch weiblich» angesehen wird, scheinen Jungen mehr und vor allem anders damit kämpfen zu müssen.

In Wirklichkeit sind Gefühle oder Eigenschaften nicht «männlich» oder «weiblich». Sie werden aber von Jungen und Mädchen, von Männern und Frauen unterschiedlich erlebt. Und zum Glück sind die meisten Menschen nicht so «typisch», wie die Theorien behaupten.

Den «typischen Jungen» gibt es nicht

Immer wieder machen Untersuchungen deutlich, dass es zwischen Jungen und Mädchen mehr Ähnlichkeiten als Unterschiede gibt. Dies gilt nicht zuletzt dann, wenn Jungen und Mädchen über sich selbst nachdenken. Als die Sexualpädagogin Petra Milhoffer und ihre Kollegen Jungen und Mädchen an Bremer Grundschulen nach ihren Wunsch- und Selbstbildern fragte, fanden sie viele Gemeinsamkeiten: *sportlich, klug, witzig, mutig* und *gut aussehend* zu sein standen bei beiden Geschlechtern hoch im Kurs. *Stark* zu sein wünschte sich zwar weniger als die Hälfte der Mädchen. Aber trotz aller Stereotype war es auch nur etwa die Hälfte der Jungen, die besonders gern stark sein wollte.

Und *durchsetzungsfähig* wollten deutlich *mehr* Mädchen als Jungen sein. *Hilfsbereit* zu sein spielt im Wunschbild der Mädchen eine größere Rolle als bei Jungen – aber die Unterschiede waren bei den Grundschulkindern deutlich geringer, wenn sie einschätzen sollten, wie sie wirklich sind (vgl. Milhoffer, 1999, S. 21 ff.).

Schon kleine Kinder wissen, dass reale Menschen den stereotypen Zuordnungen nicht immer entsprechen. Wenn es um sie selbst, ihre Freunde oder ihre Eltern geht, sehen sie vieles anders. Die stereotypen Männer- und Frauenbilder stellen eher ein Raster dar, vor dessen Hintergrund Mädchen und Jungen sich selbst und andere einordnen – genau wie wir es tun, wenn wir vom «typischen» oder «untypischen» Verhalten eines Jungen sprechen. Kinder übernehmen nicht einfach Stereotype, sondern experimentieren und spielen mit ihnen. Im Rahmen ihrer Möglichkeiten gestalten sie ihr Jungen- oder Mädchensein selbst. Gleichzeitig beeinflussen sie damit das Bild, das in ihrer Lebenswelt für Jungen und Mädchen als normal gilt – «doing gender» nennt das die Wissenschaft.

Das macht auch möglich, die Grenzen der Geschlechtsstereotype zu überschreiten. Allerdings sind es eher die Mädchen, die sich im Laufe der Grundschulzeit «männlichen» Domänen annähern, sich für Spiele der Jungen oder für meist von Männern ausgeübte Berufe interessieren. Sie werden dazu auch ermutigt, denn heute sind starke Mädchen gefragt, die sich gleiche Chancen in der Gesellschaft erobern und nicht von den Jungen in die zweite Reihe verbannen lassen sollen.

Viele Jungen bevorzugen dagegen weiterhin geschlechtstypische Interessen, Tätigkeiten und Spielpartner. Ein Mädchen zu sein, können sie sich zumeist nicht vorstellen. «Blöd!», rief sofort der momentane «Anführer» der Jungen, «Mädchen sein ist ja langweilig!», als Melitta Walter in einer Münchener Hortgruppe den 6- bis 10-jährigen Kindern vorschlug, im Rollentausch eine Stunde lang das Geschlecht zu wechseln. Die Gruppe führte das Experiment trotzdem durch, und der Pädagogin fiel auf, dass sich die Jungen schwerer taten, sich in Mädchen hineinzuversetzen. Sie tänzelten durch den Raum, als ob sie Stöckelschuhe anhätten, wackelten mit den Hüften und sprachen mit hoher, piepsiger Stimme – aber als sich ein Mädchen, das nun «Leo» hieß, den Fußball nahm, protestierten sie sofort. Die Mädchen, die mit geradem Rücken und weit ausladenden Bewegungen durch den Raum gegangen waren, protestierten: «Wir sind jetzt die Buben, der Ball gehört uns, spielt doch mit der Puppe!» Aber damit waren die wirklichen Jungen nicht einverstanden: Sie nahmen den Mädchen den Ball ab, bis die Pädagogin eingriff. Abschließend erklärten alle Kinder den Versuch, sich in das andere Geschlecht hineinzuversetzen, für gescheitert: «Die Mädchen fanden, dass die Buben ‹Spielverderber› seien. Die Buben fanden, dass die Mädchen ‹keinen Spaß verstehen›» (Walter, 2000, S. 48).

Bis zum Ende der Grundschulzeit haben Jungen bereits oft erfahren, dass sie als Jungen mehr Raum einnehmen können und mehr Aufmerksamkeit bekommen als Mädchen. Dass sie darauf nicht verzichten möchten, ist nicht überraschend – doch Mädchen fordern zunehmend ihren Teil ein. Jungen brauchen viel Platz – aber Mädchen auch. Wer die Situation aus Sicht von Mädchen betrachtet, betont daher, dass Jungen Grenzen gesetzt werden müssen. Eine Sichtweise, die in erster Linie Jungen in die Schranken weisen will, ist allerdings weder für Jungen noch für Pädagogen, die mit ihnen arbeiten, eine ermutigende Perspektive. Die Frage ist also: Wie können verständliche Wünsche und Bedürfnisse von Jungen aufgegriffen werden, ohne dass es auf Kosten der Mädchen geht? Helfen können ihnen dabei eigene Räume und Angebote, in denen sie unter sich sein können: Jungenstunden und Mädchenstunden, eigene Ecken und Nischen, besondere Aktionen. Ziel ist, das Verhaltensrepertoire und die Möglichkeiten beider Geschlechter zu erweitern. Viele gute Anregungen, wie solche Ideen in der Grundschule verwirklicht werden können, gibt das Handbuch «Mädchen sind besser – Jungen auch» (Welz & Dussa, 1998).

Es ist wichtig, Jungen zu vermitteln, dass sie nicht nur «richtige Jungen» sind, wenn sie wild und laut sind, sondern auch, wenn sie sich schön machen, weinen, tanzen – oder schüchtern in der Ecke sitzen. Was sie außerdem brauchen, sind vor allem mehr Männer, die in ihrem Alltag für sie da sind – und selbstbewusste Frauen, die auf sie eingehen, ihnen aber auch ihre Grenzen zeigen.

Ein Mann muss sich beweisen!

> *Männlichkeit wird also nicht als natürlicher Zustand begriffen, der spontan durch biologische Reife eintritt, sondern vielmehr als unsicherer oder künstlicher Zustand, den sich die Jungen gegen mächtige Widerstände erkämpfen müssen.*
>
> *David Gilmore*

Ob in den Straßen von New York, auf der südpazifischen Insel Truk, bei den Eskimos oder in einem kleinen spanischen Dorf: Überall auf der Welt stehen Jungen vor ähnlichen Herausforderungen, wenn sie älter werden. Nachdem sie ihre ersten Lebensjahre überwiegend unter Frauen verbracht haben, wird die Welt allmählich «größer». Jugendliche wachsen in Bereiche hinein, in denen Männer mehr zu sagen haben, und lernen sowohl die Aufgaben als auch die tatsächlichen und vermeintlichen Vorteile von Männern kennen. Vom Erwachsensein, von rechtlicher «Volljährigkeit» und materieller Selbständigkeit sind sie allerdings noch weit entfernt. Wie sich zeigt, ist es keine einfache Aufgabe, ein Mann zu werden.

Was macht einen «echten Mann» aus?

Der Anthropologe David Gilmore hat in seinem ausgezeichneten Buch *Mythos Mann* (1991) eine große Anzahl sowohl westlicher als auch indigener Kulturen beschrieben.

> *Mit* indigenen *Kulturen sind die meist als «primitiv» bezeichneten Kulturen eingeborener Völker gemeint. Viele dieser angeblich «primitiven» Kulturen sind hoch differenzierte Gemeinwesen, die nicht nur besser mit ihrer Umwelt harmonieren als unsere Gesellschaft, sondern auch beeindruckende Kulturleistungen erschaffen haben. Deshalb ist auch die Bezeichnung «Naturvölker» irreführend. Der Begriff* indigen *(veraltet für* eingeboren*) ist zwar etwas seltsam – schließlich sind auch wir Deutschen «Eingeborene» in unserem Land –, hat sich aber inzwischen durchgesetzt und wird auch von Vertretern der entsprechenden Völker selbst verwendet (engl.* indigenous*).*

Er stellte fest, dass die gesellschaftlichen Erwartungen, die Männer erfüllen müssen, auf der ganzen Welt um drei Bereiche kreisen, um die «imperative Triade» *Erzeuger-Beschützer-Versorger.* Damit sind positive, für den Erhalt und die Weiterentwicklung der Gesellschaft wichtige und allgemein anerkannte Aspekte von Männlichkeit gemeint.

- Von «echten» Männern wird erwartet, dass sie Kinder zeugen und aktive und potente Liebhaber sind – der *Erzeuger*
- Sie müssen Tapferkeit beweisen und Abhängige vor Gefahren beschützen, notfalls unter Einsatz ihres eigenen Lebens – der *Beschützer*
- Und sie müssen arbeiten oder erfolgreich wirtschaften, um den Erhalt ihrer Familie und nicht selten ihrer gesamten Verwandtschaft zu sichern – der *Versorger.*

In diese Traditionen einer «guten» Männlichkeit wächst der Junge aber nicht von allein hinein. Weltweit wird davon ausgegangen, dass wahre Männlichkeit *erworben* werden muss und nicht mit anatomischer Männlichkeit gleichzusetzen ist. Dazu gehört, dass die Unabhängigkeit des Mannes schon früh erzwungen werden muss. Deshalb werden Jungen von der Mutter und der Welt der Frauen getrennt. Kindliche Gefühle und Verhaltensweisen müssen sie ablegen. Nur dann, so wird angenommen, ist ein Mann in der Lage, seine ganze Kraft in den Dienst der Gemeinschaft zu stellen.

So ganz abwegig ist das nicht, denn Mann zu sein ist anstrengend. In einer aktuellen Jungenstudie stellten Reinhard Winter und Gunter Neubauer fest, dass das erwachsene Mann-Sein von männlichen Jugendlichen «keineswegs als etwas Attraktives gesehen wird, sondern eher mit Mühe, Verpflichtung, eintöniger Routine und tristem Alltag verknüpft» (1998, S. 153). Vom Risiko, im Einsatz für andere verletzt oder getötet zu werden, noch ganz abgesehen.

In manchen Gesellschaften beginnt die Einübung geschlechtstypischen Verhaltens früh, in anderen sind die ersten Lebensjahre in dieser Hinsicht noch nicht festgelegt, und Kinder haben viele Freiheiten. Diese Freizügigkeit setzt sich aber auch hier nicht bis ins Erwachsenenalter hinein fort. In fortgeschrittenem Alter werden Kinder und Jugendliche zunehmend den Vorschriften und Tabus unterworfen, die das Leben einer Gemeinschaft regeln.

Männlichkeit entsteht Schritt für Schritt, mehr noch, bleibt vielleicht für immer infrage gestellt und muss täglich erneut demonstriert werden. Der ständigen Selbstdarstellung in der Öffentlichkeit kommt dabei zentrale Bedeutung zu. Öffentliche Räume sind männlich dominiert, weil Männer hier unter dem kritischen Blick nicht nur von Frauen, sondern vor allem ihrer Geschlechtsgenossen ihre «Männlichkeit» unter Beweis stellen müssen. Dazu reicht gutes Aussehen keineswegs aus. Im Männlichkeitspoker zählt jeder Trumpf: Erfolg bei Frauen, Fitness und Kampfbereitschaft, Geld und beeindruckende Besitztümer. Viele Gesellschaften verlangen von jungen Männern das Bestehen von Gefahren oder harten Konkurrenzkämpfen. «Sie verurteilen die Männer zu Risiken auf dem Schlachtfeld, auf der Jagd oder in der Auseinandersetzung mit ihren Gefährten. (...) Und weil die Jungen sich für solche Kämpfe stählen müssen, bereitet man sie durch verschiedene Abhärtemaßnahmen darauf vor» (Gilmore, 1991). Tapferkeitsbeweise in Form von riskanten Unternehmungen und/oder körperlichen Auseinandersetzungen sind häufig Elemente formaler Anerkennung. In vielen Kulturen ist eine Kampfverwundung oder -narbe ein Männlichkeitsemblem. Manchmal müssen junge Männer ihren Mut auch durch lebensgefährliches Tiefseetauchen oder Erlegen eines Tieres demonstrieren.

In vielen Gesellschaften, so auch in unserer, ist der Weg zum Mann-Sein ein allmählicher Prozess, in dem jeder Junge seinen eigenen Stil finden muss. Andere Kulturen haben Rituale, die «Jungen zu Männern machen». *Initiationsriten* trennen Jungen auf oft gewaltsame Weise von der «Welt der Mütter». Über zum Teil sehr schmerzhafte und ängstigende Grenzerfahrungen werden sie dann in die «Welt der Männer» eingeführt. Die Initiation sorgt dafür, dass ein initiierter Jugendlicher eine gewisse Sicherheit darüber hat, nun ein Mann zu sein – schließlich hat er alle dazu notwendigen Prozeduren überstanden (mehr dazu im nächsten Kapitel).

Mann-Sein im Umbruch

Die strikten Verhaltensvorschriften, die in vielen Gesellschaften das Erwachsenwerden und das Zusammenleben von Männern und Frauen regeln, sind aus unserer Sicht oft befremdlich. Bei uns hat sich das Ideal durchgesetzt, dass Kinder und Jugendliche sich ihren individuellen Bedürfnissen gemäß entwickeln sollen. Unsere Kinder sollen ihren eigenen Weg gehen und nicht zu allem ja sagen, was Erwachsene meinen. Und schon gar nicht sollen sie durch geschlechtstypische Erwartungen in der Entfaltung ihrer Möglichkeiten behindert werden!

Es ist jedoch nicht so eindeutig, wo die Grenzen dieser neuen «Freiheiten» liegen. Mit dem Verlust der Grenzen sowohl zwischen den Geschlechtern als auch zwischen den Generationen sind klare Orientierungen verloren gegangen. Kinder werden «ernst genommen», was manchmal bedeuten kann, dass ihnen Entscheidungen zugemutet werden, für die sie noch nicht reif genug sind. Für Erwachsene wiederum ist «jung zu bleiben» ein Ideal, und manche Eltern konkurrieren mit ihren Kindern um die aktuellste Mode oder Musik. Jungen und Mädchen klar zu sagen, wo es langgeht, fällt Eltern ungleich schwerer. Darum haben Erziehungsratgeber wie *Kinder brauchen Grenzen* Hochkonjunktur (um nur einen der empfehlenswerteren zu nennen; Rogge, 2000). Und die Frage danach, wie Frauen und Männer denn in Zukunft sein sollen, löst Ambivalenz und Verunsicherung aus – bei beiden Geschlechtern. Insbesondere für Jungen stellt sich die Frage, wie viel «Männlichkeit» es denn braucht, um als richtiger Junge und Mann Anerkennung zu finden. Das ist in unserer heutigen Gesellschaft schwieriger denn je.

«Mein Sohn soll kein Macho werden», lautet der Titel eines aktuellen Buches zur Jungenerziehung (Kaiser, 1999). Viele Eltern wollen heute alles andere, als dass ihre Jungen typische Männer werden. Denn der traditionelle Mann alten Stils hat ausgedient. Schon 1987 schrieb die französische Philosophin Elisabeth Badinter: «dem patriarchalen System (ist) während der letzten beiden Jahrzehnte der Todesstoß versetzt worden» (S. 164). Und der Zukunftsforscher Matthias Horx meint: «Generell ist die Sache klar: Das 21. Jahrhundert scheint die Männer als das ‹überflüssige Geschlecht› zu sehen.» Als Beleg zitiert er die Zeitschrift Economist: «Abgesehen davon, dass sie gewalttätiger sind und anfälliger für Krankheiten, dass es wahrscheinlicher ist, dass sie an schlechter Ernährung, Drogen oder Selbstmord sterben – dass ihr Verhalten also in jeder Hinsicht sozial unerwünscht ist –, sind Männer wahrscheinlich auch dümmer als Frauen. In allen Schulen der westlichen Welt schneiden Jungen schlechter als Mädchen ab, vom Handwerken bis zur Mathematik» (Horx, 2000, S. 76; Schnack & Neutzling bestätigen alle diese Angaben für Deutschland, 2000, S. 119 ff.).

Wenn Jungen den großen Hecht markieren, können sie vielleicht andere Jungen und einige Mädchen damit beeindrucken – bei vielen Erwachsenen gewinnen sie damit keinen Blumentopf. Im besten Fall wird ihnen ein «sozialer Trainingskurs für Jungen» verabreicht im Sinne von «Was Sandkastenrocker von Heulsusen lernen können» (so der Name eines Projekts in Nordrhein-Westfalen). Im schlimmsten Fall fliegen sie von der Schule.

Die feministische Kritik hat mit den vermeintlichen Stärken des männlichen Geschlechts gründlich aufgeräumt. So genannte «männliche» Eigenschaften wie Aggressivität, Stärke, das Verbergen von Gefühlen und Rationalität werden heute als grundsätzlich problematisch betrachtet. Fürsorge, Einfühlungsvermögen, Rücksichtnahme und die Fähigkeit, Gefühle auszudrücken, also Eigenschaften, die traditionell als «weiblich» angesehen wurden, stehen dagegen hoch im Kurs.

Das alte Bild des *Versorgers* hat seine objektive Grundlage – die alleinige Ernährerfunktion des Mannes – weitgehend verloren. Zwar besetzen Männer nach wie vor die obersten Positionen der Gesellschaft – so gab es Mitte 2000 in den Vorständen der 100 größten deutschen Unternehmen nur eine (!) Frau (Die Tageszeitung, 9./10. 9. 2000). Aber: «Die Zukunft der Erwerbswelt liegt ihnen nicht zu Füßen», wie Horx schreibt. Nur noch in einem Drittel aller europäischen Haushalte geht der Mann zur Arbeit, während die Frau am heimischen Herd bleibt. Ein Fünftel der berufstätigen Frauen verdient mehr als ihre Ehemänner. Die vier Berufe mit den schnellsten «Untergangsraten» sind Bauarbeiter, Lastwagenfahrer, Bergwerksarbeiter und Metallarbeiter – klassische Männerberufe also, durch die das Bild aufrechterhalten bleibt, dass Arbeit etwas mit körperlicher Kraft zu tun hat. Die größten Wachstumsraten haben dagegen Berufe, in denen riskanter Körpereinsatz und aggressives Durchsetzungsvermögen weit weniger gefragt sind: ambulante Betreuungsdienste, Programmierer und Programmiererinnen, Gesundheits- und Unternehmensdienstleistungen.

Eine gute Berufsausbildung wird heute von Jungen wie von Mädchen angestrebt. Wenn sich aber die Frage nach eigenen Kindern konkret stellt, sind junge Frauen wesentlich eher bereit, ihre Berufsorientierung zugunsten der Familie aufzugeben. Bei jungen Männern steht dagegen die Berufsorientierung in der Lebensplanung weiter an erster Stelle (vgl. Deutsche Shell, 2000, S. 345 f.). In der Tat wird trotz aller Veränderungen von Männern nach wie vor (und in Zeiten zunehmender Flexibilität noch verstärkt) erwartet, dass sie ihr Leben in erster Linie auf die Anforderungen der Arbeitswelt abstimmen. Die Widersprüchlichkeit individueller und gesellschaftlicher Anforderungen an Männer wird am Gegensatz zwischen Berufsleben und Familie besonders deutlich. Obwohl soziale Fähigkeiten als «Schlüsselqualifikationen» für die Arbeitswelt der Zukunft angesehen werden, wird im Alltag nach wie vor von Männern erwartet, dass sie Gefühle und persönliche Bedürfnisse den beruflichen Notwendigkeiten unterordnen. Als Partner und Väter sollen sie dagegen Gefühle zeigen und sich für Beziehungen engagieren (vgl. Schnack & Gesterkamp, 1996).

Männer, denen dieser Spagat nicht gelingt, müssen zunehmend damit rechnen, verlassen zu werden. Der Familienernährer alten Stils, der sich «für seine Familie totschuftet», aber gefühlsmäßig unerreichbar bleibt, meint selbst, dass er «für die Kinder da ist» – Frau und Kinder erleben das aber möglicherweise ganz anders. Mancher Mann findet sich dann plötzlich als «allein gelassener Vater» wieder, der zwar Unterhalt zahlen darf, aber die persönliche Beziehung zu seinen Kindern verliert – wenn er denn jemals eine hatte.

Auch das traditionelle Leitbild des *Erzeugers* passt nicht mehr zu unserer gesellschaftlichen Wirklichkeit. Die Betonung sexueller Potenz hat ihren Ursprung darin, dass in vielen Gesellschaften das Zeugen vieler Kinder, insbesondere Söhne, die Grundlage der materiellen Absicherung der Familie ist. Kinder stellen die Versorgung der Eltern im Alter und bei Krankheit sicher. In vielen Ländern der Erde tragen sie durch Kinderarbeit zum Familieneinkommen bei. Familieneinkommen und öffentliche Positionen werden an sie weitergegeben – vor allem an die Jungen als «Stammhalter». Die Fähigkeit zum Kinderzeugen muss der Mann daher durch ein aktives Sexualverhalten unter Beweis stellen.

In unserer Gesellschaft ist es dagegen kein Privileg mehr, viele Kinder zu haben – im Gegenteil. Dennoch bleibt das Bild des starken, sexuell aktiven und attraktiven Mannes für Männer wie Frauen nach wie vor lebendig. In der traditionellen Form ist dies Ursache der Doppelmoral, die von Männern sexuelle Erfahrungen, von Frauen Treue und Jungfräulichkeit verlangte. Heute spiegelt diese sich allerdings mehr im Geprahle junger Männer über (nicht selten erfundene) sexuelle Abenteuer wider als im wirklichen Verhalten Jugendlicher, zumindest der deutschen, denn der «Frauenheld» alten Typs ist in Verruf geraten. An seine Stelle ist das Bild des einfühlsamen Liebhabers getreten, der nicht nur an sich selbst denkt, sondern auch der Partnerin zum Orgasmus verhilft. Und obwohl Mädchen und junge Frauen viel selbstbewusster geworden sind, wird nach wie vor von männlichen Jugendlichen erwartet, dass sie die Initiative übernehmen. Leichter ist es also nicht geworden!

Ganz zwiespältig sieht es mit dem Leitbild des *Beschützers* aus.

Harte Männer sind heute weniger gefragt, und ehemals friedensbewegte Eltern gehen davon aus, dass ihr Sohn den Kriegsdienst doch hoffentlich verweigern wird. Dennoch wird selbstverständlich akzeptiert, dass es junge *Männer* sind, die in Bosnien und im Kosovo «den Frieden sichern». Angesichts rechtsextremer Gewalttaten wird erwartet, dass die Polizei «eingreift» – das heißt: dass Männer gewalttätigen männlichen Jugendlichen und Jungmännern das Handwerk legen. Und zur Standardszene jedes Action-Films oder Krimis gehört nach wie vor, dass eine Frau sich verstört an die Schulter eines Mannes anlehnt und von diesem getröstet wird.

Andererseits spielen in vielen Krimis toughe Kommissarinnen trottelige Männer an die Wand. Wen-Do-Kurse zur Selbstverteidigung sind fester Bestandteil von Mädchenaktionstagen. Starke Mädchen und Frauen sollen es nicht nötig haben, sich von Männern beschützen zu lassen! Und in den letzten Jahren haben sich Frauen auch den Weg in die Armeen der meisten westlichen Länder erkämpft und damit eine der letzten Bastionen ungestörter Männerwelt aufgebrochen.

Neue Leitbilder für Männer?

Alternative Leitbilder von Männlichkeit haben allerdings eine schlechte Presse. Der «Softie» wurde schnell zur Witzfigur, der «neue Mann» bald totgesagt, und der Hausmann mit Babybrei an der Schürze mag zwar anfänglich Bewunderung bei anderen Müttern einheimsen, wird sich aber Skepsis von allen Seiten einhandeln, wenn sein Ausflug in die Kinderwelt mehr wird als eine kurze Episode. Und was Jungen angeht, sind sich auch Fachleute alles andere als einig darüber, ob es ein neues «Leitbild Männlichkeit» überhaupt geben sollte. Eine diesbezügliche Befragung zahlreicher Experten für Jungenentwicklung und Jungenarbeit ergab ein Spektrum von «wohl kaum» über «weiß ich doch nicht» bis zu «ja, unbedingt!» (vgl. Sturzenhecker, 1996). Einig waren sie sich, wenn überhaupt, darin, dass Männer darüber nachdenken sollten, was für ein Vorbild sie selbst seien.

Unter dem Strich bedeutet dies, dass es für Jungen (und auch für Eltern!) heute keine eindeutige Vorstellung erwachsener Männlichkeit mehr gibt. Die individuellen Einstellungen und Lebensläufe von Männern sind nicht mehr klar an bestimmten Männlichkeitsbildern ausgerichtet, sondern zunehmend widersprüchlich. Die neueste Shell-Jugendstudie kam zu dem Schluss, dass es bei deutschen Jugendlichen keine typisch «weiblichen» und typisch «männlichen» Lebensentwürfe mehr gibt. Eher traditionelle stehen neben eher modernen Mustern von Weiblichkeit und Männlichkeit. Schon die Begriffe «traditionell» und «modern» bedeuten zum Beispiel für türkische und deutsche Jugendliche etwas ganz anderes. Die Unterschiede zwischen Jungen (bzw. Mädchen) aus unterschiedlichen Lebenswelten sind oft größer als die zwischen Mädchen und Jungen, die in ähnlichen Verhältnissen leben (vgl. Deutsche Shell, 2000, S. 345 f.).

Das bedeutet aber nicht unbedingt, dass Jungen nun alle Wege offen stehen und sie sich ihren individuellen Weg zum Mann-Sein «aussuchen» können. Denn die Veränderungen des Mann-Seins betreffen unterschiedliche Milieus in ganz unterschiedlichem Ausmaß. In den tonangebenden Gruppen der westlichen Gesellschaften dominiert eine an «Sachverstand» orientierte Männlichkeit technokratischen Stils, die trotz Gleichstellungsrhetorik die Vorherrschaft von Männern über Frauen beibehält. In gehobenen Herrenclubs, aber auch in der älteren Generation von Facharbeitern wird traditionelle Männlichkeit weiter als fraglose Gegebenheit akzeptiert. In der Ideologie der Neuen Rechten, die Frauen wieder zurück an Heim und Herd verbannen will, erleben überholte Männlichkeitsbilder eine Renaissance.

Das größte Ausmaß an Verunsicherung, aber auch an Veränderungsbereitschaft wird in den Mittelschichten sichtbar. Während manche Jungen Väter erleben, die sich sehr um die Vereinbarkeit von Familie und Beruf bemühen und ihren Gefühlen mehr Raum im Leben geben, ziehen andere Väter sich verunsichert zurück und sind für ihre Söhne wenig greifbar. In anderen Familien prägen pragmatisch partnerschaftliche Arrangements den Alltag, zum Beispiel, wenn beide Eltern berufstätig sind. Manche Väter, die niemals eine Männergruppe besuchen würden, sind in ihrem alltäglichen Verhalten viel eher «neue Männer» als andere, die ständig über ihr Mann-Sein nachdenken.

Am wenigsten Bereitschaft, die traditionelle Dominanz des Mannes infrage zu stellen, zeigt sich an den Enden des gesellschaftlichen Spektrums. Während es am «oberen Rand» des Spektrums dabei um den Erhalt von Privilegien geht, steht am «unteren Rand» mehr der generelle Kampf gegen weitere soziale Verluste und Ausgrenzung dahinter (zur neueren Männerforschung vgl. Zulehner & Volz, 1998; Brandes & Bullinger, 1996; Meuser, 1998; Connell, 1999; Brandes, 2000).

Ausländische Jungen

Von den Umbrüchen des Mann-Seins bislang weniger beeindruckt sind viele Ausländer- und Aussiedlerfamilien, in denen das traditionelle Männerbild noch kaum infrage gestellt wird. In einem Hort haben wir ausländische Kinder dazu befragt. Jungen und Männer haben es besser, meinten viele Jungen und Mädchen übereinstimmend: «Ein Mann darf immer nach draußen gehen», während Frauen «im Haus bleiben, sauber machen, essen kochen und auf die Kinder aufpassen müssen.» Der Mann hat die Aufgabe, Frau und Kinder zu beschützen. Oft ist der Mann unangefochtener Familienvorstand und setzt seine Vorstellungen mit Gewalt durch (vgl. das Kapitel zu Gewalt in diesem Buch). Die Shell-Jugendstudie fand insbesondere bei türkischen Jugendlichen große Unterschiede zwischen Jungen und Mädchen sowie eine starke Orientierung an von den Eltern vermittelten Vorstellungen. Viele Jugendliche versuchen zwar im Alltag, elterliche Anweisungen zu unterlaufen und Freiheiten zu erlangen, die sie bei ihren deutschen Altersgenossen wahrnehmen. Dennoch übernehmen sie grundlegende Werte und Normen ihrer Kultur, insbesondere wenn es um ihre «Ehre» geht.

Für die meisten türkischen Jugendlichen, auch aus weniger religiösen Familien, ist es nach wie vor selbstverständlich, dass eine Frau als Jungfrau in die Ehe zu gehen hat, während Männern sexuelle Erfahrungen zugestanden werden (vgl. Deutsche Shell, 2000, S. 14 ff.). Männer haben die Aufgabe, die Ehre der Mädchen und Frauen zu schützen und zu verteidigen. Sie müssen daher ihre Schwestern überwachen und auf Angriffe sofort reagieren.

Auf den Straßen und in den pädagogischen Einrichtungen deutscher Großstädte begegnen sich inzwischen manchmal Kinder aus zehn oder noch mehr Nationalitäten. Manchmal sind nur noch wenige deutsche Kinder darunter. Unterschiede zeigen sich zum Beispiel in Bekleidung, dem Umgang mit Nacktheit und Sexualität oder im Konfliktverhalten (vgl. Gluszczynski, 1999). Ohne das Wissen über solche kulturellen Zusammenhänge – und ohne ein gewisses Basisvokabular in den Muttersprachen dieser Kinder und Jugendlichen – bleiben manche ihrer Verhaltensweisen unverständlich. Warum hält sich der achtjährige Muharrem die Augen zu, als in der Jungengruppe einer Grundschulklasse ein selbst gemaltes Bild herumgezeigt wird, auf dem eine nackte Frau abgebildet ist? Er ist doch sonst so ein «kleiner Macho», ärgert die Mädchen und übertritt ständig die Regeln! Muharrem ist streng religiös erzogen und geht regelmäßig in die Koranschule. Bilder von nackten Menschen anzusehen, ist *günah* – ein Wort, das sich nicht direkt ins Deutsche übersetzen lässt, es liegt irgendwo zwischen Tabu und Schande. Etwas hilflos, weil die deutschen Erwachsenen es nicht verstehen, erklärt Muharrem es mit «schmutzig ... eklig ... schwul ... Gott straft». Das hindert den Jungen allerdings nicht daran, in der Pause einem Jungen auf Türkisch «Deine Mutter ist eine Hure» hinterherzurufen. Der Lehrer, der nur sieht, wie sich der andere auf ihn stürzt, bekommt diese Vorgeschichte in der Regel gar nicht mit.

Aus den Begegnungen von Jungen und Mädchen, Männern und Frauen aus unterschiedlichen Kulturen ergeben sich manchmal neue, manchmal allerdings auch altbekannte Spannungen zwischen den Geschlechtern. Gerade Erzieherinnen und Grund- und Hauptschullehrerinnen haben es seit längerem mit Jungen aus Kulturen zu tun, in denen männliche und weibliche Macht sehr viel traditioneller verteilt ist als bei uns. Zwar übernehmen die Mütter dort die Kindererziehung, aber Entscheidungsmacht steht allein den Vätern zu. Daher ist es zum Beispiel für manche türkische Jungen schwierig, zu akzeptieren, dass sie im Kindergarten abwaschen müssen und den Anweisungen einer Frau zu folgen haben. Die Erzieherinnen wiederum finden es schwer auszuhalten, wenn ein kleiner Junge seine ältere Schwester herumkommandiert, sie ihm die Tasche tragen und die Schuhe zubinden muss. Wenn muslimischen Jungen die Aufgabe übertragen wird, ihre Schwester zu beschützen, ist das in ihren Augen Übernahme von sozialer Verantwortung. Deutsche Kinder und Erwachsene nehmen es als Kontrolle und Dominanz wahr.

Verständigungsversuche zwischen den Kulturen sind eine Gratwanderung zwischen dem Eintreten für die eigenen Werte und Respekt und Toleranz für das Fremde. Weder das konservative Gefasel von einer «Leitkultur in Deutschland» noch die Idealisierung des multikulturellen Miteinanders wird der Wirklichkeit gerecht. Deutschland ist längst ein Einwanderungsland, und das führt zu massiven Konflikten, deren Akteure auf beiden Seiten meist Jungen und männliche Jugendliche sind. Nicht nur die rechtsextreme Gewalt, sondern auch die nicht unerhebliche Gewalt, die von ausländischstämmigen Jugendlichen ausgeht – auch und gerade von hier geborenen und aufgewachsenen, längst eingebürgerten Jugendlichen –, zeigt die begrenzte Wirkung bisheriger Integrationsbemühungen auf. Manche ausländische Jugendliche bilden Banden, mit denen sie ihrem Status als «illegitime Kinder» der deutschen Gesellschaft offensiv entgegentreten können. Das «Beweisen von Männlichkeit» durch Beleidigungsduelle, Mutproben, gemeinschaftlich begangene Straftaten sowie Anmache von Frauen hat dabei einen zentralen Stellenwert (vgl. Tertilt, 1996).

Jugendliche aus anderen Kulturkreisen brauchen sichere Perspektiven in Deutschland – und das ist in erster Linie kein pädagogisches, sondern ein politisches Problem. Ausländische Jungen benötigen besondere Unterstützung bei ihrem Balanceakt auf dem Weg zum Mann-Sein zwischen der deutschen und der Herkunftskultur. Dazu müssen die unterschiedlichen Männerbilder zunächst einmal überhaupt zum Thema werden. Anknüpfen lässt sich dabei sowohl an den positiven Aspekten traditioneller Männlichkeit als auch an der Suche der Jungen nach einem bedeutsamen und wichtigen Platz in unserer Gesellschaft.

Wenn Kinder und Jugendliche in Kindertagesstätten, Schulen und Freizeiteinrichtungen zusammenkommen, prallen unterschiedlichste Männerbilder aufeinander. Besonders schwierig ist es, wenn die den Kindern im Elternhaus vermittelten Werte nicht zu den Vorstellungen der in den Einrichtungen arbeitenden Erzieher und Erzieherinnen, Lehrer und Lehrerinnen und Pädagogen und Pädagoginnen passen. Manche Jungen erleben in der Familie, dass Männer das Sagen haben und Konflikte mit Gewalt gelöst werden, und sind irritiert, wenn sie plötzlich einer Frau gehorchen und über alles reden sollen. Wenn Pädagogen ihnen nicht klar sagen, wo es langgeht, nehmen sie sie nicht ernst. Andererseits gibt es Jungen, denen zu Hause eingeprägt wird, sich «nie zu prügeln», während in der Schule von ihnen erwartet wird, dass sie sich «nicht alles gefallen lassen sollen».

In diesem Zusammenhang ist erstaunlich, in welch großem Ausmaß «typische Jungenverhaltensweisen» von Jungen in ganz unterschiedlichen Kulturen und Lebenswelten berichtet werden. Trotz der Vielfalt heutiger Männerbilder und der Bemühungen vieler Eltern, ihre Söhne nicht zu «Mackern» zu erziehen, scheinen die althergebrachten Vorstellungen von Männlichkeit noch eine enorme Kraft zu haben.

Jungen setzen sich mit Männerbildern auseinander

Was macht nun also einen «richtigen Jungen» aus? Wenn er sich zu wenig durchsetzt, ist er ein «Weichei», wenn er zu aggressiv auftritt, ist er ein «Macker». Zwischen den unterschiedlichen Erwartungen, die in ihrer Umwelt festlegen, wie ein Junge zu sein hat, können sie sich sehr zerrissen fühlen. «Es sollte halt nicht so sein, dass – dieses Macho-Gehabe und so. Also, das sollte man nicht haben. Was man jetzt unbedingt haben sollte, ähm – weiß ich nicht», meint ein Jugendlicher (in: Winter & Neubauer, 1998, S. 150).

Für Jungen ist ein besonderes Problem, dass «weibliche» und «kindliche» Eigenschaften oft nahe beieinander, «männliche» und «kindliche» Eigenschaften dagegen häufig entgegengesetzt zu sein scheinen. Junge Männer, die den Anforderungen ihrer Umwelt an männliches Verhalten nicht nachkommen, werden oft verächtlich entweder als «kindisch» oder als «weibisch» bezeichnet. «Männliches» Verhalten von Jungen beruht auf dem Bedürfnis, Eigenschaften anzunehmen und zu zeigen, die sie mit Männlichkeit in Verbindung bringen. In diesem Sinne wird «mackerhaftes» Verhalten von Jungen gerade dadurch verständlich, dass sie noch keine Männer sind und weder psychisch noch körperlich die gesellschaftlichen Erwartungen an Männlichkeit erfüllen können.

Denn die angesprochenen Leitbilder des *Versorgers*, *Beschützers* und *Erzeugers/Liebhabers* sind für Jungen noch Zukunftsmusik. Sie *werden* versorgt, und es wird *für sie* gearbeitet. Dabei erleben sie, dass die alltäglichen Versorgungsaufgaben überwiegend von Frauen ausgeführt werden. Nicht selten verstehen sie das so, dass Mann-Sein bedeutet, für so etwas nicht zuständig zu sein. Weil Kinder in unserer Gesellschaft oft wenig an der Welt der Erwachsenen teilhaben, bleibt das Bild des männlichen Versorgers – «Papa geht arbeiten» – für Jungen dagegen viel weniger fassbar. Sie erfahren meist gar nicht mehr, was ihre Väter tun und ob ihnen ihre Arbeit Sinn gibt. Aus Sicht der Jungen erscheint die Arbeitswelt zumeist als etwas, was die Väter von ihnen fern hält.

Auch als Beschützer sind Jungen denkbar ungeeignet – vielmehr brauchen sie selbst Schutz. Gerade kleine Jungen erleben dabei viel häufiger Frauen als Beschützerinnen: Mütter schützen ihre Kinder vor Fremden oder dem strengen Vater, Erzieher und Erzieherinnen und Lehrer und Lehrerinnen greifen in Konflikte unter Kindern ein, um Verletzungen zu vermeiden. «Vielleicht wird von Jungen schon früh erwartet, andere oder sogar die Mutter zu beschützen. Nur: Eine starke Schulter zum Anlehnen haben kleine Jungen noch nicht. Sie müssen also selbst darauf kommen, was «beschützen» wohl bedeuten kann» (Rohrmann & Thoma, 1998, S. 145). In vielen Ländern werden Jungen zwar durch Kinderarbeit, Vertreibung und Krieg schon früh zu Beschützern und Versorgern ihrer Angehörigen – das trifft auch für manche Kinder von Flüchtlingen in Deutschland zu, die zum Beispiel bei allen Behördengängen dabei sein müssen, weil sie als Einzige in der Familie Deutsch sprechen. Aber diese Umkehrung ihrer natürlichen Bedürfnisse ist nicht sinnstiftend, sondern eine aus Verzweiflung geborene Notlösung.

Wie schließlich der Beitrag von Männern zu Erotik, Sexualität und Fortpflanzung aussieht, ist für Jungen oft unklar. Mädchen «machen sich schön» und erproben damit früh ihren Part im Spiel der Geschlechter. Jungen üben stattdessen das «Cool-Sein» ein, das Erwecken des Eindrucks, man(n) wisse über alles Bescheid, obwohl man keine Ahnung hat. Die sexuelle Potenz des Mannes taucht in Kindergarten und Grundschule meist nur in Form von «schmutzigen» Witzen auf, die Jungen oft nicht einmal richtig verstehen.

Nach Untersuchungen von Renate Volbert wissen noch zwei Drittel der sechsjährigen Kinder nicht, welche Bedeutung die Zeugung hat. Stattdessen vermuten sie, dass die Mutter «heiraten» oder «ins Krankenhaus gehen» müsse, wenn sie ein Kind bekommen wolle. Was ein Vater tun muss, um ein Baby zu bekommen, ist noch weniger klar. Ein Viertel der befragten Vorschulkinder nannte soziale Aufgaben, insbesondere, dass er das Geld verdienen müsse (vgl. Volbert, 1998, S. 6). Die Fruchtbarkeit der Frau – die Schwangerschaft – ist für Kinder sicht- und spürbarer als der Anteil von Männern an der Fortpflanzung. Ein Mädchen kann so eher erahnen oder erspüren, was es selbst vielleicht einmal als Mutter erleben kann. Jungen erfahren viel weniger davon, was es heißt, Vater zu werden – weil man es nicht so sehen kann, und weil sie viel seltener mit Männern zusammen sind, die ihnen davon erzählen.

Dass Mädchen sich schon im Kindergartenalter konkret mit den Träumen, Phantasien und Ängsten beschäftigen, die mit dem Kinderkriegen verbunden sind, legt vielleicht die Grundlage dafür, dass viele junge Frauen mögliche Kinderwünsche konkret in ihre Lebens- und Berufsplanung einbeziehen (und sich eventuell auch gegen ein Kind entscheiden). Zwar wollen auch viele junge Männer einmal Kinder haben, aber das wirkt sich nur wenig auf ihre Lebensplanung aus, die in erster Linie um den Beruf kreist. Sie haben ja auch schon als kleine Jungen den Eindruck gewonnen, dass Männer damit im Grunde wenig zu tun haben.

Ihr Penis schließlich, dieses herausragende Organ, ist nicht nur Gegenstand von Bewunderung, sondern auch von Sorge und Spott. Noch bevor Sex mit Mädchen für Jungen zum Thema wird, werden ihre «empfindlichen Teile» Zielscheibe von Schimpfworten: «Weichei» und «Schlappschwanz». Jungen verstehen nicht genau, was eigentlich dahinter steckt, aber es scheint so zu sein, dass harte Schwänze und Eier (?!) einen richtigen Mann ausmachen. Besonders zu Beginn der Pubertät kommen Ängste über den «zu kleinen Penis» und phantasierte und reale Vergleiche unter Jungen dazu. Sie spielen eine größere Rolle als die tatsächlichen Kontakte zum anderen Geschlecht.

Trotz allem können die angesprochenen Leitbilder für Jungen wichtig sein. In der aktiven Auseinandersetzung mit ihnen suchen Jungen nach Antworten auf die Bedeutung ihres Männlich-Seins. In diesem Zusammenhang sind auch die Männerbilder zu sehen, die Jungen von den Medien nahe gelegt werden. Sie sind ebenfalls ein – wenn auch oft «platter» – Ausdruck traditioneller «guter» Männlichkeit.

Die Orientierung an stereotypen Männerbildern verspricht Sicherheit und ist manchmal der einzige Ausweg aus Situationen, in denen Jungen nicht wissen, wer sie sind und wohin sie gehören. Manche Verhaltensweisen von Jungen lassen sich als Versuch verstehen, gesellschaftliche «Imperative» von Männlichkeit nachzuahmen. Und manche junge Männer versuchen, traditionelle Vorstellungen von Männlichkeit in einer Welt zu verwirklichen, die dafür keine Verwendung mehr hat. Fatal ist es, wenn vom Beschützen nur noch der Kampf gegen fiktive Bedrohungen bleibt, wie es viele Actionserien zeigen, oder Ausgrenzung und Gewalt gegen Menschen mit anderer Hautfarbe und Kultur. Fatal ist es auch, wenn sich männliche Jugendliche als Versager fühlen, weil sie keine Arbeit finden, und ihre Ratlosigkeit in Liebesdingen durch sexuelle Anmache zu überwinden versuchen.

Andere Jungen gehen sehr kreativ mit diesen Bildern um. Die wildesten Kämpfer können im nächsten Moment schmusig sein, begeistert beim Essenkochen mitmachen oder sich hingebungsvoll um ihre kleine Schwester kümmern. Je älter Jungen werden, umso mehr distanzieren sich die meisten von ihnen von klischeehaften Männlichkeitsbildern. «Kein Jugendlicher antwortet etwa spontan auf die Frage, wie ein Junge oder Mann sein soll, ‹so wie Schwarzenegger›», fassen Winter & Neubauer die Ergebnisse ihrer Befragung von Jungen zusammen. «Klassische» Männlichkeitsbilder berichteten sie nur aus den Medien, «dann aber in ‹Reinform›»: Krieger, Stärke, Beschützerfunktion – vor allem gegenüber Frauen, Held, knallhart gegen das Böse vorgehen, unverwundbar und zäh bis zum Umfallen (...)» (Winter & Neubauer, 1998). Solche Bilder trennen sie klar von der eigenen Wirklichkeit.

Dennoch sind diese Bilder attraktiv, nicht nur für Jungen, die ihre Eltern mit entsprechenden Fernseh- und Spielzeugwünschen nerven, sondern auch für manche Männer, die in Heldensagen und Männlichkeitsritualen neue Kraftquellen für Jungen und Männer entdecken. Grund genug, ein Kapitel diesen Mythen und Überlieferungen zu widmen.

Märchen, Mythen, Rituale

Die Suche nach den Wurzeln der Männlichkeit

Haben uns Märchen und Mythen heute noch etwas zu sagen? Können sie Jungen und Männern dabei helfen, lebensbejahende und ausgeglichene Männer zu werden, oder transportieren sie nur die klischeehaften Bilder von Mann und Frau, die wir überwinden wollen, ins neue Jahrtausend? Ist es «durchgeknallte Männlichkeit», wenn Männer in der Wildnis trommeln, kämpfen und in der Schwitzhütte die Ahnen anrufen, wie der Pädagoge Reinhard Winter meint (1996, S. 389), oder liegt in den alten Geschichten und Ritualen eine Quelle verborgen, die unserer heutigen Zeit verloren gegangen ist?

In unserer Kultur gibt es weder Initiationsriten wie in manchen indigenen Kulturen noch allgemein akzeptierte Kriterien, die Jungen Sicherheit darüber verschaffen, «Mann» geworden zu sein. Dies halten manche Männer für eine wesentliche Ursache heutiger Probleme von Jungen und Männern. Eine mögliche Lösung sehen einige Autoren und Männertherapeuten im Rückbezug auf archaische Mythen und Märchen. Der amerikanische Poet Robert Bly fordert Männer daher auf, mit dem «Wilden Mann» Kontakt aufzunehmen und den Begriff der Initiation neu zu überdenken. Damit meint er an zehn- bis zwanzigtausend Jahre alte Traditionen anzuknüpfen. Sein 1991 auch in Deutschland veröffentlichter Bestseller *Eisenhans* greift das bis dahin eher unbekannte gleichnamige Märchen der Brüder Grimm als Metapher für die Entwicklung von Männern auf. Es hat eine ganze Bewegung von Männern ausgelöst, die sich auf die Suche nach mythischen Wurzeln der Männlichkeit machten. Mit *Archetypen* wie «König, Krieger, Magier, Liebhaber» (Moore & Gillette, 1992) wollen sie Männern und Jungen neue Orientierung geben.

Der Eisenhans

Ein König fängt einen *wilden Mann*, den Eisenhans, und sperrt ihn auf seinem Schlosshof ein. Eines Tages rollt dem achtjährigen Sohn des Königs seine goldene Kugel in den Käfig. Als er den wilden Mann bittet, sie wieder herauszugeben, verlangt dieser, befreit zu werden. Nachdem der Junge ihn herausgelassen hat, bekommt er Angst, weil er das Gebot seines Vaters missachtet hat. Daraufhin nimmt ihn der wilde Mann und trägt ihn in den Wald. Die ihm dort auferlegten Proben besteht der Junge zwar nicht, gewinnt dabei aber goldenes Haar – und das Hilfeversprechen seines Mentors.

Der Junge muss «hinaus in die Welt» und an einem Schloss Dienste zunächst als Küchenjunge und dann als Gärtnerjunge annehmen. Hier kommt die Königstochter ins Spiel, der er sich zunächst aber nicht zu erkennen gibt. Nachdem er – mit Hilfe des Eisenhans – eine Schlacht für den König allein für sich entschieden und bei einem anschließenden Wettkampf inkognito drei von der Königstochter geworfene Äpfel gefangen hat, deckt sie seine wahre Identität auf. Zur Hochzeit kommt der nun erlöste Eisenhans als stolzer König.

In diesem Märchen wird tatsächlich die Entwicklung eines Jungen geschildert, mitsamt seinen Beziehungen zu Mutter und Vater. Es gehört zum Märchentyp vom Wilden Mann, in dem ein junger Mensch unter Anleitung eines Mentors mit dämonischen Zügen seine Selbständigkeit findet. Nur wenn er den Wilden Mann freilässt, bekommt der kleine Königssohn seine goldene Kugel zurück, heißt es im Märchen – was die Frage aufwirft, ob nicht auch heutige Jungen den Wilden Mann rauslassen müssen, wenn sie Männer werden wollen. Wäre er brav geblieben, hätte er sich manchen Ärger erspart – doch die Prinzessin hätte sich wohl einen anderen gesucht. Das Märchen gibt so manche Geheimnisse des Jungenlebens preis – so zum Beispiel, dass der Schlüssel für den Käfig des Wilden Mannes unter dem Kopfkissen der Mutter liegt (!).

Die Suche nach dem «männlichen Wesen» in Märchen und Mythen bezieht sich auf die Jung'sche Lehre von den *Archetypen*. In ihr wird vom «männlichen» und «weiblichen» Prinzip im *kollektiven Unbewussten* gesprochen, die sich auf mysteriöse Weise im Leben des einzelnen Menschen auswirken sollen. Die Nähe dieser Vorstellungen zu gängigen Stereotypen ist allerdings nur allzu offensichtlich. «Gefühle» sind genau so wenig «weiblich» wie «Mut» und «Durchsetzungskraft» «männlich» sind. Zu Recht wird kritisiert, dass mit solchen Begriffen unreflektierte geschlechtstypische Zuordnungen wieder eingeführt werden – der Mann als Krieger, die Frau als Mutter. Und oft bleibt schwammig, ob und inwieweit mit diesen Bildern Unterschiede erklärt und beibehalten werden («Jungen und Mädchen sind nun einmal verschieden!») oder aber angestrebt wird, dass beide Geschlechter «Eigenschaften des anderen Geschlechts» entwickeln sollen («Männer müssen ihre weibliche Seite entwickeln!»).

Inzwischen werden auch in Deutschland Seminare angeboten, die zum Ziel haben, Männer und Frauen «in der Wahrnehmung archetypischer männlicher Dimensionen zu schärfen» und die Männer (nicht die Frauen!) zu befähigen, Jungen in das «Mysterium der Männlichkeit einzuweihen». Eine Ausbildung zum «Crossroads Instructor» soll die Teilnehmer zu «Initiationsmentoren» entwickeln und sie in die Lage versetzen, «initiatorische Naturerfahrung sicher und gekonnt zu inszenieren, durchzuführen und anzuleiten» (vgl. das Programm von for: ju!®, 1999).

Alles Humbug – und nur eine effektiv als fortschrittliche Pädagogik verkaufte Inszenierung traditioneller Männlichkeit? Es ist sicher eine gute Sache, Jungen vom PC loszueisen und mit ihnen raus in die Natur zu gehen. Die Suche nach Orientierungsmöglichkeiten für verunsicherte Männer und Jungen in archaischen Ritualen treibt aber manchmal recht seltsame Blüten.

Andererseits: Sie sind seltsam interessant, die fremdartigen Riten anderer Völker. Heldenmythen sind nicht auszurotten, sondern erleben eine Renaissance in Actionfilmen, Fantasyromanen und Adventurespielen. Und Märchen üben nicht nur auf Kinder nach wie vor einen geheimnisvollen Zauber aus …

Märchen – nichts für Jungen?

Wölfe sind auch nur Menschen

Carl-Heinz Mallet

Erinnern Sie sich noch an das Lieblingsmärchen ihrer Kindheit?

Märchen sind nicht nur schöne Geschichten, die viele von uns als Kinder begleitet haben. Sie sagen auch etwas über unsere Sehnsüchte und Wünsche aus, über Menschen, die wir gern wären. Erst im 19. Jahrhundert wurden die Märchen ganz den Kindern überlassen; bis dahin hatten sie sich an alle Altersgruppen gerichtet. Obwohl viel Kritik an Märchen geübt wurde – nicht nur wegen der rüden Gewalt, mit der viele Märchenhelden zu Werke gehen, sondern auch wegen des stereotypen Bildes von der empfindsamen Prinzessin, die auf die Erlösung durch den sprichwörtlichen Märchenprinzen warten muss –, erfreuen sie sich bleibender Beliebtheit. Das Motto «Kinder brauchen Märchen» (Bettelheim, 1980) hat sich weitgehend durchgesetzt. Sie ermöglichen die Auseinandersetzung mit bedrohlichen Gefühlen, sie zeigen beispielhaft, wie sich allgemein-menschliche Probleme schöpferisch lösen lassen. «Und indem wir uns mit dem Märchenhelden identifizieren, überträgt sich diese Hoffnung, dass Probleme lösbar sind, dass es immer wieder schöpferische Wandlungen gibt, auch auf uns», schreibt Verena Kast (1989, S. 9).

Aber stellen Märchen Jungen tatsächlich derartige Identifikationsmöglichkeiten zur Verfügung?

Ein Überblick über die bekanntesten Grimm'schen Märchen zeigt, dass in ihnen Frauengestalten oftmals die Hauptrolle spielen. In vielen weit verbreiteten Märchen kommen Jungen oder Männer gar nicht oder nur am Rande vor (*Frau Holle, Rotkäppchen, Der Wolf und die sieben Geißlein*). Der Wolf lässt sich als männliche Figur interpretieren, steht aber symbolisch für das Böse. Der sprichwörtliche Märchenprinz bleibt oft schemenhaft, über seine eigene Entwicklung wird nichts bekannt (*Schneewittchen, Dornröschen, Aschenputtel*). Auch *Rumpelstilzchen* oder *Die sieben Zwerge* kommen als Identifikationsfiguren wohl kaum in Betracht. In all diesen Märchen geht es um die Entwicklung von Mädchen. Haben Märchen zu Jungen nichts zu sagen?

Wir können zwischen zwei Arten von Märchen unterscheiden:

In *Kindermärchen* ziehen die Helden aus und erleben aufregende Abenteuer, in denen es oft um Gefressen- oder Vernichtetwerden geht. Am Ende kehren sie wieder ins Elternhaus zurück. Die Helden der Kindermärchen sind meist kleine Kinder, sowohl Mädchen als auch Jungen, manchmal aber auch kleine Tiere.

Zaubermärchen bestehen aus zwei Teilen. Im ersten Teil ziehen die Hauptgestalten von zu Hause aus, um ihren eigenen Weg zu gehen. Im zweiten Teil müssen sie Abenteuer bestehen oder besondere Aufgaben erfüllen, damit Frau und Mann zueinander finden können. Diese Märchen handeln von den Loslösungskonflikten der Jugend (vgl. Scherf, 1987, S. 17f.).

In Märchen, in denen Mädchen die Hauptfiguren sind, erfahren wir dabei oft viel über ihr Aufwachsen im Elternhaus. Zaubermärchen, die von Jungen handeln, beginnen dagegen oft erst in der Jugend, wenn der Junge von zu Hause fortzieht, sind also eigentlich eher Märchen von Männern. Eine Ausnahme ist das schon erwähnte Märchen vom *Eisenhans*. Aber es gibt noch viele andere Märchen, die Jungen und Männern etwas zu sagen haben.

Die Überlistung des Dämons

Der Märchenforscher Walter Scherf hat festgestellt, dass sich in den Kindermärchen die Helden mit «menschenmordenden, verschlingenden, grausig und blutig vernichtenden Dämonen» auseinander setzen müssen (1987, S. 256). Sie werden im Sack von zu Hause verschleppt, im «Dämonenland» ausgesetzt oder ziehen selbst aus, um den Dämonen ihre Schätze zu rauben. Zu den Märchen, die von kleinen Jungen handeln, gehören auch die *Däumlingsmärchen,* in denen ein winziger Junge nach wilden schwankhaften Abenteuern als Held wieder zu seinen Eltern zurückkehrt. All diese Märchen sind eine phantastische Spiegelung der Situation von Kindern, die die Welt als sehr gefährlich erleben können. Insbesondere fühlen sie sich ihren Eltern gegenüber oft klein und ohnmächtig. Mit den Märchen lernen Kinder, «im Grausen und Gelächter über die schlimmen und bedrohlichen Seiten ihrer Mütter und Väter hinwegzukommen», schreibt Scherf (ebenda, S. 261).

Sowohl Helden als auch Dämonen können in männlicher und in weiblicher Gestalt auftreten. Dennoch fällt auf, wie viele verschlingende Dämonen weiblich sind. Die Vermutung, dass dies etwas mit der übermächtigen Position der Mutter im Leben kleiner Kinder zu tun hat, liegt nahe.

So wird im norwegischen Märchen *Butterbauch* ein kleiner Junge von einer Trollhexe verschleppt. Die Mutter verhindert es nicht. Zum Glück sind Trolle ziemlich dumm. Zweimal gelingt es dem kleinen Butterbauch, aus ihrem Sack zu entkommen. Beim dritten Mal entkommt er nicht. Die Tochter der Trollin soll ihn schlachten und kochen. Aber sie weiß nicht, wie sie das anstellen soll. Da bietet Butterbauch an, es ihr zu zeigen. Sie solle nur ihren Kopf auf den Hackklotz legen. Er nimmt das Schwert … «und hackt ihr den Kopf ab!», platzt der fünfjährige Volker heraus, der dem Märchen gespannt und mit leuchtenden Augen zuhört, als wir es in einer Kindergruppe erzählen. Natürlich, genau so ist es. Auch die Trollhexe wird am Ende umgebracht, und Butterbauch kehrt wohlbehalten und reich zu seiner Mutter heim.

Erwachsene sind von der «Grausamkeit» solcher Märchen oft mehr schockiert als Kinder. Nach dem Erzählen dieses Märchens mussten wir sowohl mit Erzieherinnen als auch mit besorgten Eltern darüber reden, ob solche Geschichten Kindern nicht «unnötig Angst machen». Aber der Umgang mit Angst und Schrecken ist für Kinder wichtig, und daher macht es keinen Sinn, sie davor beschützen zu wollen. Der Dämon wird vom kindlichen Helden herausgefordert und – das ist die Hauptsache – schließlich überwunden.

Manche Frauen waren von den «bösen» Frauengestalten irritiert, sowohl von der bösen Hexe als auch von der Mutter, die ihren Jungen nicht schützt. Die Hexe stellt den bedrohlichen Aspekt der Mutter und anderer wichtiger Frauen im Leben von Jungen dar. Das Bild des Gefressen- und Verschlungenwerdens steht weniger für «Grausamkeit». Es ist der symbolische Ausdruck für die Angst kleiner Kinder, die gerade erst gewonnene Eigenständigkeit neben der übermächtigen Mutter wieder zu verlieren. Wenn Jungen beginnen, sich mit der Bedeutung ihres Männlich-Seins zu beschäftigen, gehört ein Stück Abgrenzung dazu. Das Märchen erlaubt durch die Trennung von Hexe und Mutter, die ‹gute› Mutter zu bewahren, aber die ‹böse› zu überwinden (das Märchen ist in den meisten Sammlungen norwegischer Volksmärchen sowie mitsamt einer Interpretation in Rohrmann & Thoma, 1998, zu finden).

Das Gegenstück zur Märchenhexe ist der «böse Mann», der Kinderschreck, mit dem Generationen von Kindern zum Gehorsam erzogen werden sollten: «Dann kommt der schwarze Mann und nimmt dich mit!» Nach dem Erzählen des folgenden westfälischen Märchens wird diese Drohung allerdings möglicherweise nicht mehr sehr wirksam sein …

Im Sack des Unholds

Hänschen langweilt sich. Nach dem Abendbrot hat Mama noch zu tun. In seinem Zimmer ist es ungemütlich. Im Fernsehen gibt es auch nichts Besonderes. Und ins Bett zu gehen, hat Hänschen auch noch keine Lust.

«Mama, darf ich noch raus?», fragt Hänschen. «Ne, Hänschen, es ist schon so spät, bleib lieber drinnen», sagt seine Mutter. «Och, Mama, lass mich doch noch ’n bisschen raus!», bettelt Hänschen. «Na gut», sagt seine Mutter. «Aber nur bis sieben Uhr, sonst kommt der Unhold, der all die kleinen Kinder mitnimmt, stopft dich in den Sack und nimmt dich mit.» – «Nee, hab keine Angst», sagt Hänschen, «ich bin rechtzeitig wieder da!»

Hänschen geht auf die verschneite Straße. Er wirft heimlich ein paar Schneebälle an die Hauswand von dem blöden Nachbarn. Dann fängt er an, große Schneekugeln zu rollen, um einen Schneemann zu bauen. Die Zeit hat Hänschen dabei ganz vergessen. Als er die letzte Kugel für den Kopf aufsetzt, ist es sieben Uhr geworden, und Hänschen hat gar nicht ans Nachhausegehen gedacht. Wer kommt da über die Straße?

Der Unhold, der all die kleinen Kinder mitnimmt! Ehe Hänschen weglaufen kann, hat der ihn schon gepackt und – schwupp! – in seinen Sack gesteckt. Der Unhold bindet den Sack zu, nimmt den Sack auf den Rücken und zieht los. Im Sack ist es dunkel. Das findet Hänschen ziemlich unheimlich.

Unterwegs kriegt der Unhold so einen argen Durst. Da kommt er an einem Gasthaus vorbei, vor dem ein Mann gerade dabei ist, eine große Dornenhecke zu schneiden. Der Unhold fragt den Mann: «Kann ich den Sack vielleicht einen Augenblick hier stehen lassen?» – «Ja», sagt der Mann, «lass ihn da stehen.» Da geht der Unhold in das Gasthaus und lässt den Sack draußen stehen.

Hänschen hört, wie der Unhold weggeht, und fängt an, im Sack umherzustrampeln. Der Mann, der beim Heckenschneiden ist, sieht, dass sich was im Sack bewegt. Er wird neugierig und packt den Sack an, und Hänschen schreit: «Au!» Da macht er ihn auf und fragt überrascht: «Ja, Junge, wo kommst du denn her?» – Hänschen sagt: «Der Mann, der all die kleinen Kinder mitnimmt, der hat mich in den Sack gestopft. Lass mich rasch zu meiner Mutter nach Hause laufen!» – «Dann aber schnell!», sagt der Mann. Aber vorher stopfen sie noch den ganzen Sack voll Dornen und Gestrüpp und binden ihn wieder zu.

Als der Unhold wieder aus der Wirtschaft kommt, nimmt er den Sack wieder auf den Rücken und zieht los. Unterwegs stechen ihn die Dornen in den Rücken, da ruft er: «Hänschen, was stichst du mich?» – Hänschen meldet sich aber nicht. Aber die Dornen stechen immer mehr in seinen Rücken. Da ruft er noch einmal: «Hänschen, was stichst du mich?» – Hänschen meldet sich aber immer noch nicht. Schließlich nimmt er den Sack vom Rücken und schaut hinein. Da ist kein Hänschen mehr drin, bloß lauter Dornen! Als er das sieht, wird der Unhold fuchsteufelswild. Laut schimpfend und fluchend läuft er hinter Hänschen her. Und weil er viel längere Beine hat als Hänschen, bekommt er ihn auch zu fassen, als der erst die halbe Strecke bis nach Hause geschafft hat. Er stopft ihn wieder in den Sack, bindet den Sack zu, nimmt ihn auf den Nacken und zieht los. Nun wird es Hänschen doch etwas mulmig zumute!

Aber nach einer Weile bekommt der Unhold nochmal so einen Durst. Da kommt er wieder zu einem Gasthaus, vor dem ein Mann beim Schneeschippen ist. Er fragt den Mann: «Kann ich den Sack vielleicht einen Augenblick hier stehen lassen?» – «Ja, lass ihn da stehen!», sagt der Mann. Er geht ins Gasthaus und trinkt sich einen. Der andere Mann ist auch neugierig, beguckt sich den Sack und sieht, dass sich darinnen etwas bewegt. Er packt den Sack an, und drinnen sitzt Hänschen und schreit: «Au!» Da bindet der Mann den Sack auf und fragt: «Ja, Junge, wo kommst du denn her?» Hänschen antwortet: «Der Mann, der all die kleinen Kinder mitnimmt, der hat mich in den Sack gestopft. Lass mich rasch zu meiner Mutter nach Hause laufen!» – «Dann aber rasch!», sagt der Mann. Aber vorher schaufeln sie noch den ganzen Sack voller Schnee und binden den Sack zu.

Der Unhold kommt aus dem Gasthaus, packt sich den Sack auf den Nacken und zieht wieder los. Unterwegs fängt der Schnee an zu schmelzen und tröpfelt ihm am Nacken herunter. Da ruft der Unhold: «Hänschen, was beträufelst du mich?» – Hänschen meldet sich aber nicht. Der Schnee fängt immer noch mehr an zu schmelzen, und dem Unhold rinnt das Wasser den Nacken herab. Da sagt er: «Hänschen, was bepisst du mich?» – Hänschen antwortet aber immer noch nicht. Der Unhold nimmt endlich den Sack vom Rücken und guckt hinein. Aber da ist kein Hänschen mehr drin, nur lauter Schnee!

Der Unhold wird nun so zornig, dass er fast platzt vor Wut. Sein Gesicht läuft rot und grün an, und so schnell er kann, läuft er hinter Hänschen her. Hänschen ist unterdessen schon fast zu Hause angelangt. Aber da kriegt der Unhold ihn doch noch zu fassen, schnappt ihn und steckt ihn wieder in den Sack. Oje! Der Unhold bindet den Sack zu, nimmt ihn auf den Rücken und zieht wieder los.

Aber nach einer Weile bekommt der Unhold wieder so einen Durst. Wieder kommt er zu einem Gasthaus, vor dem steht ein Mann und wendet gerade den Misthaufen um. Er fragt den Mann: «Kann ich den Sack vielleicht einen Augenblick hier stehen lassen?» – «Ja, lass ihn da stehen!», sagt der Mann. Der Unhold verschwindet im Gasthaus und löscht seinen Durst. Hänschen strampelt im Sack herum. Auch dieser Mann wird neugierig, guckt sich den Sack an und fasst zu, um herauszufinden, was darin ist – da schreit Hänschen: «Au!» – Der Mann bindet den Sack auf und fragt: «Ja, Junge, wo kommst du denn her?» – Da sagt Hänschen: «Der Mann, der all die kleinen Kinder mitnimmt, der hat mich in den Sack gestopft. Lass mich rasch zu meiner Mutter nach Hause laufen!» – «Dann aber rasch!», sagt der Mann. Aber vorher schaufeln sie noch gemeinsam den ganzen Sack voller Mist und binden den Sack zu.

Der Unhold kommt wieder aus dem Gasthaus, nimmt den Sack wieder auf und zieht los. Unterwegs fällt der Mist dem Mann auf den Nacken. Da ruft der Unhold: «Hänschen, was bekleckerst du mich?» – Hänschen meldet sich aber nicht. Immer mehr Mist quillt aus dem Sack, rutscht dem Unhold den Rücken runter und stinkt. Da sagt er: «Hänschen, was bescheißt du mich?» – Hänschen antwortet immer noch nicht. Der Unhold nimmt endlich den Sack vom Rücken und guckt hinein. Aber da ist kein Hänschen mehr drin, nur lauter Mist!

Da wird der Unhold so fürchterlich zornig, dass es gar nicht zu beschreiben ist. Er brüllt, schreit und tobt. Wutschnaubend rennt er los, um Hänschen doch noch zu fangen, aber er kriegt ihn nicht mehr zu fassen. Da regt er sich so auf, dass er vor Wut platzt! Später kommt ein Mann, fegt zusammen, was von ihm übrig geblieben ist, und wirft es auf den Misthaufen.

Hänschen aber sitzt längst schon bei seiner Mutter und isst dicken Reisbrei!

(Vom Autor frei erzählt nach Henßen, 1961, und Scherf, 1995, S. 611 ff.).

Dieses Märchen mit den «schmutzigen» Bildern ist für kleine Jungen ein besonderer Spaß. Soll man es der Mutter übel nehmen, dass sie nicht besser auf ihren Jungen aufgepasst hat – oder sollte man ihr nicht eher dankbar sein, dass sie Hänschen die Chance gegeben hat, den Unhold auszutricksen? Er hat ja Helfer gefunden, die ihn immer wieder auf seine eigenen Füße gestellt haben. Hänschen kann sich jedenfalls als echter Held fühlen.

Männermärchen

«... und rissen der schönen Jungfrau die Kleider vom Leib», hat Carl-Heinz Mallet sein anregendes und amüsantes Buch über Männlichkeitsmodelle im Märchen genannt (1995). «Ausgerechnet anhand von Märchenhelden soll man sich ein Bild über Männer machen können? So ist es», beginnt er sein Buch, aus dem ich am liebsten ganze Kapitel abschreiben möchte, so witzig, provokativ und treffend ist es geschrieben. Unterschiedlichste Männergestalten bevölkern die Märchenwelt: gute und böse Brüder, Könige und arme Bauernsöhne, gutgläubige Tölpel und gerissene Halunken, einsame Außenseiter und verschworene Gefährten. Manche Männer lassen sich von schönen Frauen oder alten Hexen einwickeln, andere lehren Frauen das Fürchten.

In vielen Zaubermärchen müssen die Jungen bzw. Männer schwierige und gefährliche Aufgaben erfüllen, um dann anschließend Freiheit und eine besondere Belohnung zu erhalten und die Prinzessin zu gewinnen. Ein häufiges Motiv sind die drei Brüder, wobei sich oft der Jüngste und scheinbar Dümmste (der «Dummling») zum Helden der Geschichte mausert. Bei den zu erfüllenden Aufgaben handelt es sich oft um wahre Großtaten, die die Helden der Geschichte ohne Hilfe von besonderen Freunden gar nicht bewältigen könnten. Das Motiv der scheinbar unlösbaren Aufgaben als Voraussetzung für Freiheit und Liebesglück findet sich auch in Mädchenmärchen. Die Aufgaben für Jungen und Mädchen sind aber oft sehr geschlechtstypisch: Mädchen müssen spinnen, in der Küche arbeiten und Betten aufschütteln – Jungen und Männer ziehen aus, um magische Gegenstände zu beschaffen, müssen Ungeheuer töten und gegen die Feinde des Königs kämpfen.

Darüber hinaus fällt ins Auge, dass die Helden mancher Männermärchen eher eine lächerliche Figur abgeben. So besteht *das tapfere Schneiderlein* all seine Abenteuer nur mit Glück, weil keiner merkt, wie schwach er in Wirklichkeit ist. Verena Kast fragt: «Soll man sich freuen über so viel Selbstvertrauen des Schneiderleins, soll dieses Selbstvertrauen zum Nacheifern anregen, oder soll man das tapfere

Schneiderlein einen Hochstapler nennen?» Als Frau ist Kast zudem nicht davon begeistert, «daß es sein Maß für das Maß aller Dinge hält, sich nicht in Frauen einfühlen mag» (1989, S. 55f.). Mit List und Größenwahn gelingt es ihm, andere Menschen einzuschüchtern – aber um die Prinzessin, die er dabei gewinnt, bemüht er sich nicht sonderlich. Die hätte ihn denn auch gern um die Ecke gebracht.

Ähnlich wie das Schneiderlein bringt *der gestiefelte Kater* einen einfachen Müllerssohn durch List, Betrug und Einschüchterung zu Reichtum, Macht und einer schönen Prinzessin. Ein noch extremeres Beispiel für männliche Tapferkeit, die auf tönernen Füßen steht, sind *die sieben Schwaben*. Dieses Märchen schildert die Blödheit im Schutz der Männergruppe, die sich an einem «recht langen und starken Spieß» festhält, um «Abenteuer zu suchen und große Taten zu vollbringen». «Der Schwabenbund trägt die Wahrzeichen der Männerbünde: Verbrüderung, Verdummung, gemeinsames Starksein», schreibt Sonja Ruettner-Cova (1988, S. 36). Die sieben Schwaben sind Antihelden, das Märchen ist eine Parodie auf männliche Tapferkeit und Geltungssucht und geht am Ende auch noch schlecht aus. Vielleicht gibt das Märchen ein treffendes Bild herrschender Männlichkeit ab – zur Identifizierung lädt es nicht ein.

Wenn es um Frauen geht, verlieren viele Märchenhelden den Verstand. «Mit Verlaub, dieser Mann ist ein Dummkopf», sagt Mallet vom Prinzen in *Dornröschen*, dem «Märchenprinz par excellence», der nicht auf guten Rat hört und ohne zu zögern durch eine Dornenhecke voll toter Kollegen schreitet, ohne Plan und nur auf ein vages Gerücht hin (Mallet, 1995, S. 71; im Original heißt es tatsächlich: «die Jünglinge blieben darin hängen, konnten sich nicht wieder losmachen und starben eines jämmerlichen Todes»). Nur der Zufall, dass die hundert Jahre gerade um sind, retten ihn, und dazu hat weder er etwas beigetragen noch die Prinzessin, denn die hat ja geschlafen. In der Tat lassen sich viele Märchenhelden (und nicht nur die) von nackten Nixen, schlafenden oder flehenden Prinzessinnen oder manchmal nur dem Bild einer Schönen oft völlig durcheinander bringen. Mallet meint: «(...) wie wenig ist erforderlich, Männer derart zu entflammen, daß sie fortan auf jedwede weitere Überlegung verzichten, die unsinnigsten Dinge tun und ihr Leben gering achten?» (S. 72).

Vom tapferen Schneiderlein allerdings, das Verena Kast für beziehungsunfähig hält, ist der Mann Carl-Heinz Mallet dagegen beeindruckt. Für ihn ist er ein realistischer und friedfertiger Held. Ein schlechtes Licht wirft das Märchen vom (Auf-)Schneider, der es fertig bringt, von aller Welt für einen Helden gehalten zu werden, eher auf seine Gegner, die sich als typische Vertreter blinder männlicher Gewalttätigkeit gegenseitig totschlagen oder als bedenkenlose Realpolitiker gegebene Versprechen brechen. «Von vielen wirklichen Männern unterscheidet ihn, dass er sich selbst treu ist und niemals eine andere Rolle spielt als seine eigene» (1995, S. 242).

Die «richtige» Interpretation eines Märchens gibt es also nicht. Märchen, die von Jungen und Männern handeln, können aber Frauen einiges über die Nöte und Ängste des anderen Geschlechts verraten. Männern halten sie einen Spiegel vor und weisen sie auf Seiten hin, die sie an sich selbst zu wenig beachten. Jungen können in der Identifikation mit Märchenhelden wichtige Entwicklungsschritte auf dem Weg zur Selbständigkeit gehen. Jeder Hörer, jede Hörerin findet im Märchen seine oder ihre eigene Geschichte. Und so sollte es auch sein.

Heldensagen

Der Burgherr sagte seinem Gast:
«Ihr redet wie ein kleines Kind.
Wann schweigt Ihr endlich von der Mutter
und geht auf andere Themen ein?»

Gournemans zum jungen Parzival (nach Kühn, 1986)

Übermenschliche Heldentaten und die Bewältigung unlösbarer Aufgaben finden sich auch in manchen Heldensagen und -legenden, in denen sich Jungen- und Männerphantasien mehr austoben können als in Märchen für Kinder. Dies gilt sowohl für die «klassischen Sagen des Altertums», das von den Humanisten geschätzte kulturelle Erbe der Griechen und Römer, als auch für die germanischen Götter- und Heldensagen, die von der Romantik wieder entdeckt und auch vom Nationalsozialismus aufgegriffen wurden. Hier steht der Mann als Kämpfer bzw. Krieger, der Feinde zu überwältigen und schwierige Aufgaben zu lösen hat, im Vordergrund. Der Held ist stark, beinahe unbesiegbar, trotzt allen Gefahren, kämpft gegen das Böse und unterwirft es mit List oder Gewalt.

Obwohl auch in Heldensagen magische und symbolische Elemente eine wichtige Rolle spielen, sind sie realitätsnäher. Männer kämpfen gegeneinander, so wie sie es auch in der damaligen Wirklichkeit taten. Viele Heldensagen sind zum Teil ins Zauberhafte gesteigerte Berichte über tatsächliche geschichtliche Ereignisse. Im Gegensatz zu Märchen spielen sie meist in Männerwelten. Werte wie Gehorsam und Treue, auch der herrschenden Ordnung gegenüber, aber auch Mut und Einsatzbereitschaft stehen im Vordergrund. Heldensagen geben «politisch ordentliche Antworten auf Lebensfragen» und zielen auf die Einhaltung der «Staatsmoral» (Reichertz, 1997, S. 158 f.).

Beispiele für ein enges oder kameradschaftliches Verhältnis von Vätern und Söhnen gibt es in Mythen und Heldensagen dagegen selten. Und anders als in vielen Märchen tauchen Frauen in vielen Sagen und Mythen nur am Rande auf (es gibt Ausnahmen, wie *Brunhild* in der *Nibelungensage*!), obwohl sie oft genug Anlass für Kampf und Krieg sind (zum Beispiel der Raub der schönen *Helena* als Auslöser des Trojanischen Krieges in der *Ilias,* der Raub der *Gudrun* in der *Gudrunsage* oder der Brautraub der *Sidrat* in der *Ortnitsage*). Die Frauen winken als Belohnung für bestandene Prüfungen. Sie sind nicht direkt am Geschehen beteiligt, sondern werden geraubt und wieder befreit oder warten zu Hause auf ihre stolzen und tapferen Helden.

Die Grenzen zwischen Märchen, Sagen und Mythen sind fließend. Große Sagenkreise wie die um Herakles oder König Artus haben immer auch einen mythologischen Aspekt. Viele moderne Heldenbilder, wie sie in Actionfilmen und Fantasyromanen und als Spielfiguren aus Plastik auch in vielen Kinderzimmern zu finden sind, knüpfen an derartige Überlieferungen an. Insbesondere die klassischen Heldensagen haben das Bild geprägt, das viele Menschen heute mit dem Begriff des Helden verbinden. Die Abenteuer von Helden wie Herakles, Odysseus oder Sindbad dem Seefahrer werden in Trick- und Spielfilmen für Kinder neu aufbereitet. Fantasywelten wie im Bestseller «Der Herr der Ringe» sind voll von Anleihen aus keltischen, nordischen, griechischen oder auch außereuropäischen Mythologien. Die modernen Helden folgen den Spuren ihrer mythischen Vorgänger, wenn sie geheimnisvolle Abenteuer erleben, gegen das Böse kämpfen und die Welt retten.

Der Weg des Helden

Der Heldenmythos kann aber auch in einem anderen und weiteren Sinn verstanden werden: als Symbol für die Entwicklung des Menschen zu innerer und äußerer Reife. Joseph Campbell sieht die Funktion des Mythos darin, «die Weisheit der Überlieferung in der Sprache machtvoller Bilder weiterzugeben» (1978, S. 248). In seinem Grundlagenwerk *Der Heros in tausend Gestalten* beschreibt er die allgemeine Symbolsprache des Mythos und den Weg des Helden. Er entdeckt dabei, dass viele (Zauber-)Märchen, Mythen und Initiationsrituale einem ähnlichen Grundmuster folgen. Auch die Lebens- und Erkenntniswege der Begründer und Propheten der Hochreligionen entsprechen oft dieser Struktur. Elemente des Mythos sind schließlich im Traumerleben des Menschen zu entdecken.

Was im Kindermärchen der Dämon ist, ist im Mythos – und in der Wirklichkeit! – der Tyrann. «Die Figur des tyrannischen Ungeheuers ist allen Mythen, Sagen, Legenden und selbst Angstträumen der Welt geläufig, und im wesentlichen sind ihre Züge überall gleich. Der Tyrann ist der, der den Reichtum des Ganzen an sich rafft, der gierig auf Besitzrechte aus ist. Die Verheerung, die er anrichtet, (...) ist absolut» (ebenda, S. 24). Der Held hat die Aufgabe, das Land oder die Welt zu befreien – mit der Kraft des Schwertes, mit Magie aus der Anderswelt oder mit Erkenntnis und Weisheit. Um dazu fähig zu sein, muss der Held einem inneren Ruf folgen und sich den Abenteuern stellen, die ihn erwarten.

Die Abenteuerfahrt des Helden beginnt damit, dass er die normale Welt verlässt – entweder zieht er aus eigenem Antrieb aus, oder er erhält einen Ruf oder Auftrag. Er gelangt in einen Bereich übernatürlicher Wunder und Kräfte und muss dort Schwierigkeiten bewältigen oder in magischen Kämpfen bestehen. Schließlich erringt er einen entscheidenden Sieg und kehrt mit neuer Kraft, Segnungen oder einer wichtigen Gabe, die die Welt benötigt, von seiner geheimnisvollen Fahrt zurück (vgl. Campbell, S. 36, 40).

Der Held (Heros) ist eine außergewöhnliche Gestalt. Oft ging es schon bei seiner Geburt übernatürlich zu. Nicht selten ist er ein Außenseiter, manchmal geehrt, oft verachtet oder ausgestoßen – der *Dummling* in den Drei-Brüder-Märchen; die biblischen Propheten; auf die niemand hören will; die *Turtles*, die als mutierte Schildkröten-Superhelden in der Kanalisation leben. Ausgangspunkt der Heldenfahrt ist ein «symbolischer Defekt», an dem er und seine Welt, oder nur diese Welt, leidet. «Im Märchen kann dieser Mangel so geringfügig sein wie das Fehlen eines bestimmten goldenen Rings, während in apokalyptischen Visionen die gesamte körperliche oder geistige Welt als verheert oder der Verheerung bestimmt erscheint» (ebenda, S. 42). Nicht selten weigert sich der Berufene zunächst, den Auftrag anzunehmen, hier für Abhilfe zu sorgen. Der biblische Prophet *Jona* weigert sich, auf Gottes Stimme zu hören – und auch die fünf amerikanischen College-Schüler, die in der Action-Serie *Power Ranger* den Auftrag übernehmen sollen, folgen diesem Ruf zunächst nicht.

Nach dem Überschreiten der Schwelle in die andere Welt wird der Held nicht nur vor große Herausforderungen gestellt, sondern findet auch übernatürliche Hilfe und unerwarteten Beistand. Der kleine Zwerg, der plötzlich am Wegrand auftaucht, gibt dem Märchenhelden den entscheidenden Hinweis – aber nur, wenn dieser ihm von seinem Brot abgibt. Oder die Winde tragen den Helden ans Ende der Welt, wo ihn die eigentliche Aufgabe erwartet.

Es folgt die Initiation, der «Weg der Prüfungen». Dies ist die Zeit der Drachenkämpfe und unmöglichen Aufgaben, vor denen der Held manchmal verzagt. Aber er bekommt Hilfe: Er erinnert sich an die Ratschläge des kleinen Zwergs, ihm begegnen unverhofft geheime Helfer, oder die Tochter des Tyrannen verrät ihm, wie er ihren Vater austricksen kann. Denn der Held begegnet auch der Königin und/oder dem König der Anderswelt. Die Königin kann die zukünftige Braut sein oder die große Göttin, aber auch die verführerische Geliebte oder böse Mutter. Der König kann der lang gesuchte Vater sein oder der Mentor, aber auch der Tyrann oder der finstere Dämon.

Schließlich erreicht der Held sein Ziel, und was bleibt, ist Rückweg «mit der Trophäe, die das Leben verwandeln soll» (ebenda, S. 188). Nicht alle Helden kehren zurück – manche entziehen sich ihrer Verantwortung und bleiben im Paradies der Anderswelt. Insbesondere wenn Nymphen sie «becircen», wie Circe den Griechen *Odysseus*, oder schöne Frauen ihnen ein sorgloses ewiges Leben im Land der Seligen versprechen, fällt es den Helden schwer, sich zu lösen. Aber meist macht sich der Held auf den Rückweg, auf dem er oft noch weitere Abenteuer und Kämpfe bestehen muss, und findet zurück über die Schwelle in die alltägliche Welt.

Während der Sieg des Märchenhelden oft im Nahraum bleibt – der Held triumphiert über seine persönlichen Bedrücker –, bringt der Mythenheld von seinen Abenteuern die Mittel mit, seine ganze Welt zu regenerieren. Der Märchenheld bringt seinem Vater das Wasser des Lebens und findet seine Prinzessin – der Mythenheld bringt der Menschheit das Feuer, wie der griechische Held *Prometheus*, oder die Botschaft Gottes, wie *Moses* nach seinem Aufstieg auf den Berg Sinai.

Nicht jede Überlieferung enthält alle diese Elemente, aber Märchen, Mythen und Riten aus aller Welt entsprechen diesem Ablauf in erstaunlicher Weise. Zweck und Wirkung der Mythen ist, so Campbell, dem Menschen über die schwierigen Lebensschwellen hinwegzuhelfen, die allein mit dem bewussten Verstand nicht zu bewältigen sind. «Immer hatten Mythen und Riten vor allem die Funktion, die Symbole zu liefern, die den Menschen vorwärts tragen, und den anderen, ebenso konstanten Phantasiebildern entgegenzuwirken, die ihn an die Vergangenheit ketten wollen» (S. 20). Vielleicht ist es dies, was den fortbestehenden Reiz von Märchen und Mythen ausmacht.

Campbell bezieht sich in seinen philosophischen Betrachtungen immer wieder auf den Buddhismus und andere hoch entwickelte religiöse Überlieferungen. Psychotherapeuten greifen archaische Symbole und den Weg des Helden bei der Interpretation von Träumen und der Analyse der Lebensgeschichten ihrer Patienten auf. Filmemacher und Erfinder von Computerspielen bedienen sich aus dem reichhaltigen Fundus der mythischen Bilder, um ihren Produkten Dramatik und geheimnisvollen Zauber zu verleihen.

Märchen und Mythen wirken auf einer Ebene jenseits des bewussten Verstehens. Das Bedürfnis nach Heldensymbolen wird dann größer, wenn unser bewusstes Ich Unterstützung braucht, weil es eine Aufgabe nicht ohne die Kraftquellen im Unterbewussten lösen kann (vgl. Henderson, 1968/1982, S. 124). Die Begeisterung von Jungen und jungen Männern für Heldensymbole und -geschichten ist ein Ausdruck dafür, dass sie auf dem Weg zum Mann-Sein Unterstützung benötigen, die ihnen der Verstand allein nicht geben kann. Im Miterleben tragen sie innere Konflikte auf einer symbolischen Ebene aus.

König und Königin, Hexen und Dämonen können für die dunkle und lichte Seite der eigenen (verinnerlichten) Eltern stehen, mit denen man sich auseinander setzen muss. Sie stehen aber auch für die Begegnung mit existenziellen Fragen nach Gut und Böse, Glauben und dem Göttlichen. Weibliche Figuren können in Märchen und Mythen mit männlichen Helden auch die «andere Seite» im Mann symbolisieren, die der Analytiker Jung «Anima» genannt hat. Sie steht für Eigenschaften und Erkenntnisse, die so genannte «weibliche Seite», die der Mann in seine Persönlichkeit integrieren muss.

Diese Sichtweise des Heldenmythos kann dabei helfen, auch moderne Actiongeschichten in anderem Licht zu sehen. Um welche Bedrohung geht es, was ist das Ziel des Helden, welche Mittel setzt er ein – und was hat all das mit den inneren und äußeren Realitäten der Jungen zu tun, die sich dafür begeistern? Was ist die Moral der Geschichte, was sind die Alternativen – und hätten wir bessere Ideen, das Ausgangsproblem zu lösen?

Auch Götter sind (manchmal) nur Menschen

Märchen, Sagen und Mythen befassen sich jedoch nicht nur mit allgemeinen Fragen menschlicher Entwicklung. Sie sind Spiegel der Gesellschaften, in denen sie entstanden sind. Insbesondere Sagen sowie Mythologien einzelner Völker sind auch geschichtliche Erzählungen. Daher ist es nicht überraschend, dass in der Form, in der sie heute überliefert sind, meist Männer das Geschehen bestimmen. Es gibt deutliche Parallelen zwischen Heldensagen und Männlichkeitsideologien. In vielen Kulturen müssen Jungen sich im Kampf bewähren und schwierige Aufgaben lösen, um zu Männern zu werden. Zwar sind in vielen Sagen und noch mehr in mythologischen Erzählungen und Märchen Spuren einer Zeit zu entdecken, in der die Frau eine weit bedeutendere Stellung einnahm und die Muttergöttin und andere weibliche Gottheiten über allem standen (vgl. Goettner-Abendroth, 1993), aber solche Hinweise erschließen sich oft nur durch eine genaue Analyse.

Mythopoetisch orientierte Autoren und Therapeuten machen immer wieder Anleihen in der Mythologie, um die Entwicklung von Jungen und Männern zu erklären. So beklagt Bly den Verlust von Autorität und Integrität des Vaters und der älteren Männer, die er nach dem Göttervater der griechischen Mythologie «Zeus-Energie» nennt. Das antike Griechenland war die Wiege des Patriarchats, und daher ist es eine interessante Frage, welches Männerbild die griechischen Mythen vermitteln. Die zahlreichen Götter und Göttinnen des griechischen Pantheons sind eine wahre Fundgrube von unterschiedlichsten Persönlichkeiten. Viele von ihnen sind weder weise Mentoren noch grausame Dämonen, sondern wirken erstaunlich menschlich – sie können freundlich, großzügig und genial sein, aber auch launisch, nachtragend und brutal. Das gilt auch und gerade für ihren obersten Chef Zeus.

Überraschenderweise ist Zeus' Familiengeschichte nicht von unterstützenden Beziehungen zwischen Vätern und Söhnen geprägt, sondern voll von grausamen Vater-Sohn-Konflikten. Sein Großvater, der Himmelsgott Uranos, warf seine aufständischen Söhne, die Zyklopen, in die finsterste Unterwelt. Die anschließend gezeugten Titanen wurden von der auf Rache sinnenden Mutter Erde (Gaia) dazu angestiftet, den Vater anzugreifen. Mit einer steinernen Sichel, die seine Mutter ihm gegeben hatte, entmannte ihr Anführer Kronos seinen Vater. Kronos wiederum verschlang die Kinder, die ihm seine Frau und Schwester Rhea gebar, wegen der Prophezeiung, dass er durch einen seiner eigenen Söhne entthront würde. Voll Zorn verbarg Rhea ihren dritten Sohn Zeus vor dem Vater. Mit ihrer Hilfe gelang es ihm, seinen Vater zu besiegen und zu verbannen und sich selbst auf rücksichtslose Weise zum Herrscher zu machen. Später begann er mit einer Vergewaltigung seiner Mutter die lange Reihe seiner Liebesabenteuer und Verführungen. Er zeugt dabei so viele Kinder, dass er kaum dazu kommt, sich um alle zu kümmern. Mit seiner eifersüchtigen Frau Hera steht er im Dauerstreit. Verärgert über seine ständige Untreue, erniedrigt sie ihn oft oder bekämpft seine unehelichen Söhne. Wenn sie dabei allerdings zu weit geht, muss sie damit rechnen, dass er sie peitschen oder seinen Blitz gegen sie schleudern würde (vgl. Ranke-Graves, 1984).

Von den möglichen mythologischen und geschichtlichen Deutungen einmal abgesehen – dies ist nicht gerade ein Beispiel «positiver männlicher Energie» oder guter Vater-Sohn-Beziehung. Eher als positive Männlichkeit spiegelt sich in den Mythen die typische Situation von Müttern und Söhnen im Patriarchat wider: Die Frauen rächen sich über ihre Söhne an dem durch Männer erlittenen Unrecht, diese kompensieren die unbewältigte frühkindliche Abhängigkeit von der Mutter, indem sie Frauen erniedrigen und unterdrücken.

Natürlich gibt es ganz andere mythische Helden, auch bei den Griechen. Orpheus zum Beispiel überwarf sich mit seinem Vater, weil er lieber die Leier spielen wollte, als Krieger zu werden, und zog sogar in die Unterwelt, um seine geliebte Eurydike zurückzugewinnen. Mit seiner Musik bezauberte er Menschen, Tiere und grausame Monster. Berichtet wird auch, dass er gegen das Übel der Menschenopfer eintrat.

Ein anderes Beispiel für eine Abenteuerfahrt, in der die Helden Hilfe für ihren in Not geratenen Stamm suchen, ist das folgende indianische Märchen. Die vier Brüder stehen für unterschiedliche Männerbilder. Und wie die Geschichte deutlich zeigt, haben alle Brüder für das Zusammenleben der Gemeinschaft ihre Bedeutung.

Die vier Brüder

Viele Mitglieder des Stammes waren krank geworden, und viele starben. Da machten sich vier Brüder aus dem Stamm auf, um bei dem alten, in der Einsamkeit lebenden Mann Hilfe zu holen. Nach langer Wanderung kamen sie dort an. Der alte Mann hieß sie willkommen und fragte: «Was wollt ihr von mir?»

Der zweitälteste Bruder antwortete: «Ich möchte groß werden. Ich möchte der Größte auf der Welt sein.» Da verwandelte ihn der alte Mann in einen Baum.

«Und was möchtest du?», fragte der den Drittältesten der Brüder.

«Ich möchte stark werden. Ich möchte der Stärkste auf der Welt sein.» Da verwandelte der alte Mann ihn in einen Stein.

«Und was möchtest du?», fragte der den Jüngsten der Brüder.

Der Jüngste antwortete: «Ich möchte das, was mein älterer Bruder für mich für richtig hält.»

«Und du, was möchtest du?», fragte der alte Mann schließlich den Ältesten der Brüder.

Dieser antwortete: «Ich möchte lernen, zu heilen, denn mein Volk ist sehr krank, und ich möchte ihm helfen.»

Der alte Mann sagte: «Meine Tochter wird dir zehn Tage lang die Pflanzen und ihre Heilkräfte zeigen und erklären. Lerne von ihr. Nach diesen zehn Tagen, aber nicht früher, schlafe mit ihr und nimm sie zur Frau.»

Und so geschah es. Die Tochter des alten Mannes ging mit dem Ältesten der Brüder durch die Wälder und Wiesen und zeigte ihm die verschiedenen Heilpflanzen und ihre Anwendung. Nach einigen Tagen aber erwachte in ihm die Begierde, mit ihr zu schlafen. Und obwohl der Jüngste ihn warnte und zurückzuhalten suchte, schlich er sich in der neunten Nacht hinüber in ihr Zelt und schlief mit ihr.

Am nächsten Morgen war sie verschwunden. Die beiden Brüder suchten überall nach ihr, vergebens, sie konnten sie nirgendwo finden. Schließlich gingen sie zum alten Mann und erzählten ihm, was vorgefallen war. Sie baten um Verzeihung und dass er ihnen seine Tochter zurückgeben möge.

Der alte Mann sagte: «Nehmt euren Bruder, den Baum, und euren Bruder, den Stein, und kehrt zu eurem Volk zurück. Aus dem Baum macht ein Feuer und legt den Stein hinein. Wenn der Stein heiß ist, legt ihn in ein kleines, mit Fellen abgedichtetes Zelt, in welchem ihr Menschen sitzt. Wenn ihr dies tut, wird mein Geist bei euch sein und darüber wachen, dass ihr aufrichtig seid.»

So wurde den Menschen die Schwitzhütte gegeben.

Märchen der Salish-Indianer Nordamerikas
(übersetzt von Stephan Marcks, 1993)

Initiation

Bei vielen Völkern werden Jungen durch überlieferte Rituale zu Männern «gemacht». In den von Männern für Jungen durchgeführten Initiationsritualen geht es um die Trennung von der kindlichen Vergangenheit, das Ausmerzen weiblicher Anteile und die «Wiedergeburt» als Mann. Die konkreten Inhalte der Rituale können sehr unterschiedlich sein und wirken auf uns oft bizarr (vgl. ausführlicher dazu Gilmore, 1991; Rohrmann, 1994). Auch das türkische Beschneidungsfest steht in diesem Zusammenhang.

In vielen Gesellschaften funktioniert das System der Initiation gut. Meist scheint es zu gelingen, die Jungen aus der Verbundenheit mit der Mutter zu lösen und in der Gemeinschaft der anderen Männer zu verankern. Dies gilt auch für Völker, deren «Männlichkeitsproben» von jungen Männern aggressives und unsoziales Verhalten erwarten. In der Regel «werden sie vernünftig», wenn sie älter werden, und übernehmen dann als «Erzeuger, Beschützer und Versorger» ihre Aufgaben in der Gemeinschaft.

Auch die abendländische Zivilisation kennt Übergangs- und Initiationsrituale. Im 14. und 15. Jahrhundert wurde an den Universitäten Deutschlands und Frankreichs den «Neuen» ihre «Unreife» bei der Aufnahme durch Schläge und gewalttätige Schikanen ausgetrieben, die gelegentlich von sexuellen Ausschweifungen begleitet waren. Insbesondere gehörten auch ausgedehnte Trinkgelage dazu. Zur «Universität» gingen damals auch männliche Jugendliche, da das Schulsystem und die Gliederung nach Altersklassen damals noch nicht entwickelt waren. Ariès schreibt über den Sinn der Rituale: «Die Schikane brach den Willen des Mannes, sie demütigte ihn und lieferte ihn der Gnade seiner Besieger aus; er wurde gezähmt und gehörte von nun an unwiderruflich der Gemeinschaft an, die ihn in solcher Weise niedergezwungen hatte. Gleichzeitig wurde er dank der gemeinsamen Mahlzeit zum Bruder seiner Folterknechte» (1975, S. 349 u. 353).

Im viktorianischen England wurden die Söhne der Oberschicht in zartem Alter von Mutter und Heim entfernt und in Internaten schmerzvollen Prüfungen unterworfen, wie Gilmore berichtet: «(...) eine Art Feuerprobe ..., die mit physischer Gewaltanwendung und Terrorisierung durch die älteren Jungen verbunden war und einen Übergang zu einem sozialen Zustand von Männlichkeit bewirkte, den die Eltern auf keine andere Weise für erreichbar hielten» (1991, S. 19).

Auch die Aufnahmerituale der Burschenschaften – die heute wieder mehr von sich reden machen – haben initiatorische Bedeutung. Die Duell-«Schmisse» der preußischen und österreichischen Studenten im 19. und frühen 20. Jahrhundert waren wie die Kampfverwundungen und -narben der Männer in indigenen Kulturen Männlichkeitsembleme, die stolz zur Schau getragen wurden. Ähnlich fand der von Theweleit (1980b) beschriebene «Umbau des Leibes in der Kadettenanstalt», der deutschen Offiziersschule, in den ersten Jahrzehnten dieses Jahrhunderts statt. Der Jüngling kam mit zwölf Jahren in die Anstalt. Hier war er völlig von Frauen isoliert. Nach endlosen Schindereien, Abhärtungen und sinnlosen und grausamen Bestrafungsritualen fand der Drill seinen Höhepunkt in der «Äquatortaufe», bei der jungen Kadetten die letzten Milchzähne gezogen wurden. Dabei sind die so Misshandelten oft nur allzu bereit, all diese Torturen über sich ergehen zu lassen, weil ihnen dies als «Beweis ihrer Männlichkeit» dient und ihr Recht auf Zugehörigkeit in der Gruppe garantiert.

Derartige Rituale im Militär sind auch heute noch gang und gäbe. Norwegische junge Männer, die ihren Wehrdienst im nordnorwegischen Winter absolvieren, müssen bei Temperaturen weit unter dem Gefrierpunkt in ein Eisloch springen – in voller Montur natürlich. Nach außen dringen Berichte über derartige Quälereien nur selten.

In weniger extremer Form finden sich solche Rituale noch heute zum Beispiel in Vereinen. Insbesondere sind Alkoholexzesse in diesem Zusammenhang als Proben der Männlichkeit zu begreifen. Die Konfirmation, einst das «offizielle» Aufnahmeritual in die Erwachsenenwelt, ist dagegen oft nur noch ein leeres Ritual, bei dem es den Jugendlichen nicht zuletzt um die oft nicht unerheblichen Geldsummen geht, die sie dabei erwarten können – wie beim Beschneidungsfest die türkischen Jungen.

Der Mangel an sozial akzeptierten Möglichkeiten, «Männlichkeit» zu erleben und zu «beweisen», kann dazu führen, dass Situationen initiierende Bedeutung bekommen, denen eine solche symbolische Überfrachtung nicht gut bekommt – zum Beispiel der erste Geschlechtsverkehr, der für Jungen oft mit viel Unsicherheit und Versagensängsten verbunden ist. Zwar gibt es Männer, die ihr «erstes Mal» als aufregend und schön erinnern. «Ich kam mir dann richtig toll vor, erwachsen, reif.» (Venturi & Thums, 1987, S. 57). Häufiger aber ist es enttäuschend, frustrierend oder kompliziert. Die Erwartung, sich als «richtiger Mann» erweisen zu müssen, führt dazu, dass das erste Mal oft für beide Beteiligten eher unbefriedigend ist. Sex ist keine günstige Gelegenheit für männliche Jugendliche, ihre Männlichkeit unter Beweis zu stellen!

Stattdessen erfinden Jugendliche ihre Initiationsriten selbst. In einem norddeutschen Internat wird jeder Neuling geduscht – voll bekleidet natürlich, nachdem ihm zuvor eindrücklich erzählt worden ist, wie furchtbar sich das anfühlt. Wer nicht mitmacht *und* den Älteren entwischt, gilt als Spielverderber und *wird* ausgegrenzt. Beispiele für Mutproben Berliner Jugendgangs sind U- und S-Bahnsurfen, Straßenraub oder das Schlagen des Neulings durch drei Bandenmitglieder, ein Ritus, den die betreffende Gang aus einem Film übernommen hatte (vgl. Seiden-Pielen, 1991). Das Ausprobieren von Alkohol, Ecstasy und anderen *Drogen* wird zur Eintrittskarte, um in der Welt der Gleichaltrigen «dazuzugehören». Oder Schüler sehen sich mit Freunden Horrorfilme an – je blutiger, desto besser. Wer dabei Angst zeigt, wird als «Memme» verlacht (vgl. Klosinski [Hg.], 1991, für weitere Beispiele).

Von traditionellen Initiationsriten indigener Kulturen unterscheiden sich diese Beispiele dadurch, dass sie keinen gesellschaftlich akzeptierten Zweck haben. In indigenen Kulturen tun die Initianden etwas für die Gemeinschaft, zum Beispiel gehen sie auf die Jagd, um ihre Gruppe zu versorgen, und die Älteren begleiten die Jugendlichen auf ihrem Weg. In unserer Zeit bringen stattdessen manche Versuche der «Selbstinitiation» die Jugendlichen sogar in Konflikt mit dem Gesetz. Bly weist darauf hin, dass die Mitglieder von Straßengangs in den USA oft keinerlei Kontakt zu älteren Männern haben. «Mitglieder einer Gang versuchen verzweifelt, Mut, Loyalität und Disziplin, statt in der Familie, voneinander zu lernen. Bei einigen wenigen funktioniert das, doch bei den meisten nicht» (1991, S. 56).

Brauchen Jungen Initiation?

Bedeutet dass nun aber, dass auch Jungen in unserer Gesellschaft Initiation gebrauchen und Männer ihnen als «Mentoren» auf dem Weg zum Mann-Sein «über die Schwelle helfen» müssen? Oder würden damit nur traditionelle Geschlechtsstereotype erneut festgeschrieben werden?

Nach Blys Ansicht ist in erster Linie unsere Nichtbeachtung der Initiation und der Verleugnung ihres Wertes dafür verantwortlich, dass es in unserer Gesellschaft «so viele Jungen und so wenig Männer gibt». Und die Initiations«mentoren» von for: ju! wollen Jungen in eine «erwachsene und reife Männlichkeit» initiieren, ihr persönliches Wachstum anregen und sie auf den Weg führen, auf dem sie ihren «persönlichen Mythos» finden können (jedenfalls steht es so im Prospekt) – in Anlehnung an den «Weg des Helden», wie Campbell ihn beschrieben hat.

Natürlich sind es nicht schmerzhafte Rituale und gewaltsame Maßnahmen zur Abhärtung, die den Autoren und Therapeuten dabei vorschweben. Stattdessen stehen positive Erfahrungen männlicher Stärke und Solidarität im Vordergrund. Modell gestanden haben ihnen eher Indianerjungen, die von ihrem Lehrer allein auf einen Berg geschickt werden, um dort ihrem Schutzgeist zu begegnen, als afrikanische Jungen, die zur Abhärtung mit Dornen blutig geprügelt werden und bei der Beschneidung nicht mit der Wimper zucken dürfen, wenn sie nicht als unmännlich gelten wollen. Für Bly ähnelt der Wilde Mann als «männliche Mutter» eher einem Meditationslehrer. «Es ist die Aufgabe des Wilden Mannes, *dem* jungen Mann beizubringen, wie reich, mannigfach und vielseitig seine Männlichkeit ist. (...) Die Aufgabe des Initiators (...) ist es, dem Jungen (...) zu beweisen, dass er oder sie mehr ist als nur Fleisch und Blut. Ein Mann ist keine Maschine, die nur dazu bestimmt ist, zu beschützen, zu jagen und sich fortzupflanzen (...)» (1991, S. 84).

So verstanden, können alte Märchen, Mythen und Rituale Jungen und Männern möglicherweise wirklich dabei helfen, einen erweiterten und nicht einen eingeschränkteren Zugang zu ihrer eigenen Lebendigkeit und Männlichkeit zu finden. Das Zusammenhocken in einer selbst gebauten Schwitzhütte oder eine Woche in der Wildnis mit Männern, die sich auf sie einlassen, sind für Jugendliche spannende Erfahrungen. Gemeinsames Trommeln und Singen erhält eine besondere Note, wenn die Trommeln laut und afrikanisch, die Lieder archaisch und beschwörend klingen. Alte Geschichten anderer Völker enthalten nicht nur überraschende Einsichten, sondern sind auch ein Weg zur Verständigung in einer multikulturellen Welt. Und auf dem Raubzug ins Dämonenland lassen sich ungeahnte Schätze entdecken.

Andererseits ist es unsinnig, wenn zum Beispiel Bly die vielen Verletzungen, die Jungen sich zuziehen, als die Folgen von Versuchen interpretiert, «den Wilden Mann aus dem Käfig zu lassen» (S. 52). Eher sind es die Folgen misslungener Versuche, den «starken Mann» auch dann zu markieren, wenn sie das überfordert. Denn von Jungen wird ja auch in unserer Gesellschaft erwartet, dass sie mutig und robust sind. In Anspielung auf einen australischen Ritus meint Bly, dass wohl die meisten von uns für eine lebendige Beziehung zum Ur-Mann Adam einen Zahn opfern würden. Ich glaube dagegen nicht, dass Verletzungen und das Erleiden von körperlichen Schmerzen Jungen zu glücklichen Männern macht. Wenn in den Initiationsriten indigener Völker Jungen gegen Schmerzen und «kindliche» Gefühle abgehärtet und teilweise grausam unterworfen werden, geht es mit Sicherheit nicht um die Entfaltung ihrer Persönlichkeit, sondern um Anpassung an die starren Normen ihrer Gesellschaft.

Zudem muss zwischen Jungen und erwachsenen Männern unterschieden werden. Obwohl Bly und seine «mythopoetischen» Kollegen viel über Jungen schreiben, richten sich ihre Bücher und Seminarangebote doch zumeist an Männer, wie auch die in den USA noch mehr als in Deutschland verbreitete *Wild-men-Bewegung* mit ihren Trips in die Wildnis. Männer können auf diesem Weg vielleicht Zugang zu unentdeckten eigenen Seiten gewinnen und positive Erfahrungen mit anderen Männern machen, für die es in ihrem Leben ansonsten kaum Gelegenheit gibt. Pubertierende Jugendliche haben dagegen auf Psychoseminare und Selbsterforschung keinen Bock. Sie suchen sich ihre «mythischen» Vorbilder eher in Actionfilmen (Rambo lässt grüßen) als in der Hausmärchensammlung.

Die Probleme unserer Zeit lassen sich nicht mit den traditionellen Formeln indigener Kulturen beantworten. Wir leben in einem Supermarkt der Möglichkeiten, in der die Weisheit der australischen Ureinwohner neben der neuesten Hiphop-Botschaft aus dem New Yorker Underground im Regal liegt – und die eine ist nicht unbedingt «wahrer», nur weil sie Jahrtausende älter ist. Und ein als Warenzeichen geschütztes Sammelsurium von psychologischen Techniken mit aus ihrem kulturellen Kontext gerissenen Mythen ist bestenfalls ein ganz normales Seminarangebot – schlimmstenfalls eine unseriöse Verkaufsstrategie.

Was Jungen brauchen, sind Männer, die sie auf ihrem Weg zum Mann-Sein unterstützen und begleiten – ob das nun Initiation heißt oder nicht. Dass sie Männer sind, werden sich Jungen auf jeden Fall zu beweisen versuchen. Von den Männern hängt ab, wie.

Harte Schale, weicher Kerl

Das Auge der Taube ist lieblich, mein Sohn, aber der Himmel ist für den Habicht gemacht. Verbirg also deine taubengleichen Augen und lasse dir Krallen wachsen.

Sprichwort der Paschtunen (nach Gilmore, 1991)

Jungenkörper fühlen sich anders an als Männerkörper, und Jungen gehen anders mit ihrem Körper um. Kleine Jungen haben oft unglaublich viel Power, sind aber auch sehr empfindsam – und empfindlich. Sie weinen, wenn ihnen etwas wehtut oder wenn man sie grob anfasst. Jungen haben zarte Haut, einen offenen Blick und kaum einmal einen so verspannten Rücken wie viele Erwachsene. Mit einem Wort: Sie sind weich.

Wie wird nun aus so einem weichen Kerl ein harter Mann? Er legt sich eine Schale zu, mit der er seine verletzlichen und empfindsamen Teile schützt. Dabei stehen Jungen heute verschiedene Modelle zur Auswahl. Da wäre zum Beispiel das Modell «hart wie Kruppstahl»: ein durch intensives körperliches Training «gestählter» Muskelmann, dem nichts mehr wehtut und der mit seiner überlegenen Kraft nur einmal zuzuschlagen braucht, um Widersacher in die Ecke zu schleudern. Bekannte Ausführungen dieses Modells sind zum Beispiel der von Arnold Schwarzenegger dargestellte *Terminator* oder der *Star-Trek*-Android *Data* (beide werden im Kapitel *Helden für junge Männer* vorgestellt). Diese Maschinenmenschen haben zwar meist ziemliche Probleme mit ihren Gefühlen, sind aber zumindest mehr oder weniger unverwundbar. Jungen, die ein solches Modell nachahmen, sind manchmal erfolgreich darin, ihre Schmerzschwelle zu senken – manche Grundschüler demonstrieren stolz, dass sie nahezu schmerzunempfindlich sind. Was dicke Muskeln angeht, müssen sie sich allerdings ziemlich ins Zeug leben, denn die bekommt man nur durch ständiges Training im Kraftraum. Das ist vielen Jungen zu anstrengend, und außerdem bringen nicht alle die richtige Statur dafür mit – wer schmal oder zierlich gebaut ist, wird auch durch noch so viel Training kein Schwarzenegger.

Der körperbetonte Supermann wird zudem heute von vielen Menschen eher für etwas beschränkt gehalten («viel Muskeln, wenig Hirn!»). Eine Alternative ist daher das Modell *Experte*. Wer körperlich nicht mitkommt, zieht sich in technische oder geistige Welten zurück. Experten sind in unserer Welt sehr gefragt. Sie sind wichtig und haben einen hohen Status, und ihr Körper und ihre Gefühle spielen nicht so eine Rolle. Hinter der Fassade eines Experten kann man sich ausgezeichnet verstecken. Die Modellvariante *kluger Kopf* kommt allerdings nur für Jungen infrage, die ein ausreichendes intellektuelles Kapital mitbringen. Andere suchen sich ihre Nischen in den heutigen Computer-, Technik- und Medienwelten. Jan zum Beispiel, elf Jahre alt, etwas dick und motorisch ungeschickt, kennt nicht nur sämtliche *Pokémon* auswendig, sondern auch alle dazugehörigen Eigenschaften, Erweiterungen und Regeln. Wenn man den ansonsten unauffälligen und zurückgezogenen Jungen darauf anspricht, öffnet sich eine wandelnde Bibliothek. Situationen, in denen er körperlich mit anderen mithalten muss, weicht er dagegen in der Regel aus. Auch seine Ängste hat er gut verborgen, vielleicht auch vor sich selbst.

Das beliebteste Modell für die «Schale» von Jungen ist heute der *coole Typ*. Cool kann jeder sein, denn dazu muss man weder besonders schlau noch besonders stark sein, und besonders gut aussehen muss man auch nicht unbedingt. Wer cool ist, ist gut drauf und halbwegs beliebt, weiß, was angesagt ist, und lässt sich nicht durch dumme Sprüche provozieren. Cool sein hält überbehütende Mütter, nervige Lehrer und Lehrerinnen und unerfreuliche Klassenkameraden gleichermaßen auf Distanz. Cool sein ist eine hervorragende Methode, um sich Unsicherheit nicht anmerken zu lassen, inneren Aufruhr «abzukühlen» und «weiche» Seiten zu verbergen. Leider wird daraus noch kein klares Profil.

Wir können allerdings etwas über die Eigenschaften des *coolen Typs* erfahren, wenn wir seine Gegenbilder betrachten: den *warmen Bruder* und den *Warmduscher*. Der *warme Bruder* ist natürlich schwul und für viele Jungen daher grundsätzlich abzulehnen. Das bedeutet oft auch, dass Nähe und zärtliche Gesten unter Jungen (und Männern!) abgewehrt werden müssen: «Ich bin doch nicht schwul!» Auch viele sich für tolerant haltende erwachsene Männer (und Frauen) haben solche Phantasien, wenn sie sich zum Beispiel vorstellen, mit einem anderen Mann Händchen haltend in der Öffentlichkeit herumzulaufen. Der *Warmduscher* wiederum verweist darauf, dass die Vorstellung, dass Jungen durch angenehme Körpererfahrungen «verweichlicht» werden könnten, nach wie vor in den Köpfen herumspukt. Die «Abhärtung» des Körpers ist nicht nur Bestandteil von Initiationsritualen indigener Völker oder militärischer Bünde, sondern auch in aktuellen Werbespots für kleine Jungen zu finden. So macht eine Jungenstimme beschwörend klar: «Nichts für Warmduscher!», um zu suggerieren, dass ein neues Videospiel außerordentlich aufregend sei. Schade eigentlich, dass Jungen es nicht warm haben dürfen!

Jeder Junge wählt das «Modell», das am besten zu ihm passt und ihm in seiner Umwelt am meisten Erfolg verspricht. Der Muskelmann, der Experte, der coole Typ: Sie haben gemeinsam, dass sie den «weichen Kern» von Jungen verbergen und schützen und andere Menschen auf Distanz halten. Das kann zwar manchmal einsam machen, aber beruht auf durchaus nachvollziehbaren Motiven, denn ein Junge, der sich zu empfindsam zeigt, muss in dieser Welt mit Schwierigkeiten rechnen. Leider führt das dazu, dass Jungen wichtige Erfahrungen verloren gehen – insbesondere ein zärtlicher, freundlicher und entspannter Umgang mit dem eigenen Körper. Viele Jungen und Männer sind weniger in ihrem Körper «zu Hause», sie kennen ihren Körper nicht sonderlich gut und achten wenig auf seine Signale. Dabei gilt, in Umkehrung eines weiteren Männersprichworts: «Was hart macht, tötet ab» – wer nicht auf seinen Körper achtet, schadet sich selbst.

Eine Szene aus dem Alltag

Ein Sommernachmittag an der Rollschuhbahn. Acht Jugendliche im Alter von etwa zwölf bis sechzehn Jahren, ein kleinerer Junge ist noch dabei, sind mit ihren Skateboards an der Rampe. Es ist Sommer, angesagt sind Jeans und «oben ohne». Zwanzig-, dreißig-, vierzigmal versuchen die Jungs, die Rampe hinaufzukommen, oben hoch zu springen, das Skateboard in der Luft zu wenden und wieder hinunterzusausen. Selten gelingt es. Geredet wird dabei wenig. Wenn es gelingt, kommt eine beifällige Bemerkung der anderen.

Ein Junge stürzt und segelt die Rampe hinunter, fällt hart auf die Knie. Er liegt am Boden und krümmt sich vor Schmerzen. Niemand hilft dem Verletzten auf. Als die anderen ihn schließlich bemerken, lacht einer laut. Ein anderer ruft von weitem: «Aufstehen, aufstehen! Mitgefühl ist nicht angesagt.»

Schließlich rappelt er sich allein hoch. Laut «Scheiße!» rufend schleudert er das Rollbrett an den Rand und geht fluchend zur Bank am Rande der Rollbahn. Dort sitzen die anderen im Kreis. Der Kleine, vielleicht zehn Jahre alt, kommt dazu und erzählt: «So ging es mir auch mal.»

Das war's. Mehr wird dazu nicht gesagt. Echte Kerle?

Was ist mit diesen Jungen los? Warum gehen sie so rücksichtslos miteinander und mit ihrem eigenen Körper um? Und warum kümmert sich niemand um den am Boden liegenden Kumpel? Vermutlich hat der verletzte Junge gedacht: «Weinen hat eh keinen Zweck. Nur nichts anmerken lassen – sonst denken die anderen, ich bin eine Memme. Also, Zähne zusammenbeißen, Augen zu und durch!» So kommt nur noch ein wütender Fluch über seine Lippen.

Es ist kein Zufall, dass es in der geschilderten Szene der jüngste Junge ist, der noch am meisten Anteilnahme zeigt und von sich erzählt. Je älter Jungen werden, desto weniger sprechen viele von ihnen über Schmerz und Versagen. Der alte Spruch wirkt noch immer: «Indianerherz kennt keinen Schmerz.»

Drei Dinge bräuchten der verletzte Junge und seine Kumpane auf der Rollschuhbahn:

- Zuwendung – jemanden, der kommt und seine Verletzung begutachtet, ohne übermäßig aufgeregt zu sein, der ihn fragt, wo es wehtut und wie es ihm geht, der ihm aufhilft und zur Bank begleitet. Jemand also, der tröstet, ohne den Jungen wie ein Kleinkind zu behandeln.
- Anregung – jemanden, der den anderen zeigt, wie man mit einem Verletzten umgeht und Hilfestellung gibt, damit so etwas nicht wieder passiert.
- Grenzen – jemanden, der nach einer Verletzung Schonung anordnet, vor Langzeitschäden warnt und für Schutzmaßnahmen bei gefährlichen Sportarten sorgt. Und der einschreitet, wenn andere Jungen einen Jungen, der sich verletzt hat, lächerlich machen.

Anregungen brauchen diese Jugendlichen auch über den Moment hinaus: Ideen, was sie anfangen können mit all diesen Nachmittagen, an denen sie sich langweilen; was sie mit ihrem Körper anstellen können, ohne ihm zu schaden; wie sie Anerkennung von anderen bekommen können, ohne dabei allzu heftig auf die Fresse zu fallen.

Eine häufige Antwort auf diese Forderungen lautet «Sportverein!». Wunderbar – wenn ein Trainer dabei ist, der respektvoll mit Jungen umgeht und sie ermutigt und unterstützt. Trainer, die ihre Schützlinge zusammenschreien, wenn sie «versagt» haben, sie abhärten oder ständig über ihre Leistungsgrenzen hinaus treiben, helfen Jungen dagegen weniger, ein gutes Gefühl zu sich und ihrem Körper zu bekommen.

Andererseits sind beim Sport viele der sonstigen Verbote, die das Gefühlsleben von Jungen und Männern einschränken, aufgehoben.

Egal, ob Jungen selbst auf dem Fußballfeld stehen oder im Stadion ihre Helden anfeuern: Hier dürfen sie laut jubeln und schreien, aber auch heulen und verzweifelt sein. Auch Männer dürfen wieder zu Jungen werden. «Verspielt sein und Kreativität sind erlaubt: Er darf sich mit lächerlichen Hüten und Hemden ausstaffieren, sich Plakate, Reime und Schlachtrufe ausdenken und sich eben wie ein rechter Kindskopf aufführen» (Zilbergeld, 1996). Daneben gibt es reichlich Gelegenheit zum Körperkontakt: Man klopft sich auf die Schulter und den Hintern, umarmt sich oder wirft sich übereinander. Und niemand sagt, man sei schwul!

Dass Sport eine zwiespältige Angelegenheit ist, zeigt nicht zuletzt ein Blick auf die Welt des Leistungssports.

«Der absolut Stärkste hat gesiegt!»

Wenn Jungen nach ihren Vorbildern befragt wenden, stehen Sportler oft an erster Stelle. In einer Befragung von 1760 13- bis 17-jährigen Jungen an Dortmunder Schulen nannten über 40 % einen Sportler als Vorbild (Zimmermann, 1998, S. 92). Auch Neubauer & Winter berichten aus ihrer Jungenbefragung, dass von 8- bis 13-jährigen Jungen Sportler am häufigsten genannt wurden. Die Jungen bewundern sie für ihre Erfolge, Beliebtheit und sportlichen Leistungen oder auch aufgrund bestimmter Einstellungen und Charaktereigenschaften, zum Beispiel weil Jürgen Klinsmann nicht nur als Fußballer erfolgreich ist, sondern auch «ein vernünftiger Mann ist» und sich im Interview als «witzig» zu erkennen gibt (Neubauer & Winter, 1998, S. 194).

Die Sporthelden sind den Jungen oft nur aus den Medien bekannt. Es ist also oft nicht die Person des Sportlers und auch nicht oder zumindest nicht nur das sportliche Ereignis, sondern seine mediale Vermarktung, die einen Sportler zum Idol werden lässt. Die drei erfolgreichsten internationalen Sportevents sind dabei Olympia, die Fußball-WM und die Formel 1. Sie produzieren die meisten bekannten Sporthelden. Während bei Olympia auch Frauen zu Heldinnen werden können und zunächst alle die gleichen Chancen haben, sind Fußball und Formel 1 im Wesentlichen Männerwelten. An Olympia ist außerdem besonders, dass auch Unbekannte eine Chance haben, plötzlich als Helden im Rampenlicht der Öffentlichkeit zu stehen.

Olympia

«Der absolut Stärkste hat gesiegt!», schwärmten Sportler und Funktionäre, als der Radprofi Jan Ullrich überraschend das Straßenrennen bei den Olympischen Spielen 2000 in Sydney gewann. Interessanterweise ist Ullrich durchaus kein «harter Kerl», der seinen Körper rücksichtslos bei Wind und Wetter zum Einsatz bringt. Weil Ullrich im Winter angeblich zu viel isst und zu wenig trainiert und immer wieder einmal durch Erkrankungen und Verletzungen ausfällt, wird er auch schon einmal als Weichei bezeichnet. Als er kurz vor der Olympiade bei der großen Spanientour einen Schnupfen (!) bekam, hatte er das Rennen abgebrochen – um sich für die Spiele in Sydney zu «schonen». Jan Ullrich hatte Glück – die Schonung in Spanien zahlte sich aus, und er gewann in Sydney Gold. Denn der schonende Umgang mit dem Körper wird nur geduldet, wenn er mit Erfolg belohnt wird. Hätte Ullrich nicht gewonnen, wäre er wohl nicht so gut weggekommen. Denn bei «Versagen» werden Krankheiten, Trainingsmängel und persönliche «Schwächen» als «Gründe» für das Scheitern medial aufbereitet.

Nils Schumann, Überraschungssieger im 800-m-Lauf, hatte eine andere Zeit hinter sich als Ullrich. Nachdem er in den vergangenen Jahren einige Rückschläge hatte wegstecken müssen, hatte ihn sein Trainer Zeitungsberichten zufolge mit unnachgiebiger Härte zur Umkehr gezwungen: «Wenn du in Sydney eine Medaille holen willst, musst du dich brutal quälen.» Er selbst meinte dazu, dass er ein Typ sei, der «ab und zu einen Tritt in den Arsch brauche». Solche Sporthelden vermitteln die Illusion, dass man auch selber so erfolgreich sein könnte, wenn man sich nur genügend dafür ins Zeug legen würde. Sie sind keine «Überflieger», denen der Sieg in den Schoß fällt, sondern normale Menschen – «einer von uns». Weil sie offensichtlich bis an ihre Grenzen und darüber hinaus gehen, um Erfolg zu haben, sind sie sympathisch. Dies hatte sich 1996 in Atlanta gezeigt, als der Zehnkämpfer Frank Busemann bei der Olympiade Silber gewann und anschließend zum «Sportler des Jahres» gewählt wurde – vor dem immer erfolgreichen Automaniac Michael Schumacher und trotz Jan Ullrich, der damals gerade bei der Tour de France Zweiter geworden war.

Zehnkampf ist eine harte Sportart. Mal ist es ein lädierter Knöchel, mal zwickt die Hüfte, einmal reißt gleich ein ganzes Bündel von Muskelfasern – Busemanns Körper «ist lädiert wie der eines Kohlenarbeiters kurz vor der Rente», schreibt Sportreporter Jan Feddersen (2000,

S. 5). Busemann, schlank, muskulös und wenig bullig, war selbst erstaunt, es so weit gebracht zu haben. Er erinnerte eher an einen Freizeitsportler als an einen der hochgezüchteten Stars, gerade weil nicht klar war, ob er es noch einmal ganz nach oben schafft. Als sein Credo ist überliefert: «Wer nichts spürt, ist tot» – im Sinne von «wem nichts wehtut, der lebt nicht». «Sätze wie diese wirken peinlich», meint Feddersen, «weil sie ein soldatisches Bild kultivieren, nach dem nur ein zerschundener Körper Anspruch auf öffentliche Umarmung hat.» Genau das ist es aber – und hier spiegeln die medialen Inszenierungen der Sportwelt die brutalen Männlichkeitsrituale von indigenen Völkern und abendländischen Männerbünden wider. Dass viele Sportler mit den Folgen von Verletzungen bis an ihr Lebensende zu kämpfen haben, wird ausgeblendet.

Wenn der Held gewonnen hat, darf er sogar weinen: «Wenn du ganz oben stehst, dann heulst du ohne Rücksicht auf Verluste», berichtet Busemann. «Bei Silber kam schon ein bisschen» (nach Feddersen, 2000). In Sydney gelang es ihm aber nicht, die «Tränen von Atlanta» zu übertreffen: Statt auf dem obersten Treppchen landete er nur im Mittelfeld. Keine Medaille – und aus ist's mit dem Helden.

Fußball: Die Mannschaft

Gibt es Situationen, in der unterschiedslos alle Männer weinen dürfen, ohne sich zu blamieren? Es gibt sie: «Deutschland weint», titelte die Bildzeitung an einem Tag im Frühjahr 2000, weil die deutsche Nationalmannschaft bei der Europameisterschaft die in sie gesetzten Erwartungen nicht erfüllt hatte. Geweint wurde am Ende nicht nur, weil Deutschland aus der EM geflogen war, sondern vor allem, weil die deutsche Mannschaft so «kläglich» versagt hatte. Die Botschaft lautet: «Wir» haben versagt, weil «wir» nicht gekämpft haben – wenn «wir» gekämpft hätten, bräuchten wir nicht zu weinen. Denn wer verloren hat, obwohl er gekämpft hat, wer vielleicht sogar ungerecht behandelt worden ist, kann auch – oder gerade – im Verlieren noch ein Held sein – «Größe in der Niederlage».

Die Welt des deutschen Fußballs steht für eine Ideologie von Kampf, Stärke und Sieg. Im Vordergrund steht dabei der «Mannschaftsgeist»: Disziplin, Teamfähigkeit und gemeinsame Kampfbereitschaft. Hinter diesen «deutschen Tugenden» tritt zurück, dass die deutsche Nationalmannschaft schlicht nicht so gut Fußball *spielen* kann. Nicht dies wurde den erfolglosen EM-Fußballern zum Vorwurf gemacht, schmerzlich vermisst wurde vielmehr der fehlende kämpferische Einsatz. «Wenn ihr Männer seid, dann steht auf und kämpft», hatte die Bildzeitung gefordert. Mann sein heißt eben, zu kämpfen.

Fußballer sind dabei meist keine heldenhaften Einzelkämpfer, denn von Ausnahmen abgesehen, steht hier Unterordnung unter das gemeinsame Ziel im Vordergrund. Fußballer werden selten über längere Zeit zu Helden stilisiert. Über Helden diskutiert man nicht – über Fußballer dagegen schon. Dabei sind die meisten Spieler weitgehend austauschbar. Auch wenn sie im Großformat die Zimmerwände vieler Jungen zieren, haben nur die wenigsten über längere Zeit eine größere persönliche Bedeutung für Jungen. Nicht die einzelnen Spieler werden zum Idol, sondern die Mannschaft. Sie kämpft und gewinnt, oder sie scheitert, wenn sie denn scheitert, möglichst heroisch – und die Fans kämpfen, gewinnen und scheitern mit. An vorderster Stelle stehen dabei einerseits die regionale Mannschaft, wenn sie von Bedeutung ist, andererseits die aktuellen Spitzenreiter der Bundesliga und damit immer wieder Bayern München.

Dass der regionale Club an oberster Stelle steht, hat Tradition. Meist hat die Verbundenheit mit dem Vater, Onkel oder Kumpel begonnen, die den Jungen mit ins Stadion genommen haben, oder mit der Clique, die sich dabei traf. Dahinter steht das Bedürfnis nach Zugehörigkeit: zur Clique, zur Nachbarschaft, zur eigenen Region. Und es ist das gemeinschaftliche Erlebnis, das den Grund für die Identifikation mit der «eigenen» Mannschaft legt, solange sie nicht allzu sehr enttäuscht. Wenn das Spiel und die Stimmung im Stadion gut sind, geht es halt unter die Haut!

Etwas anderes ist die Begeisterung vor allem jüngerer Jungen für überregionale Clubs. Warum sind Grundschüler in ganz Deutschland Bayern-Fans? Bayern München ist als dauerhafter Spitzenreiter wichtig, weil man sich damit sicher und dauerhaft identifizieren kann: «Ich bin stark! Wir werden siegen!» – dasselbe Thema, das Jungen auch in anderen Lebensbereichen beschäftigt. Aber der mächtige Verein ist auch wichtig, weil man sich daran abarbeiten kann. «Der Stärkste wird auch einmal bezwungen» – manchmal sogar vom «Underdog», einer Außenseitermannschaft oder einem ewigen Verlierer.

Neben Bayern München stehen andere Mannschaften zur Verfügung, die für bestimmte Jungen als Projektionsfläche interessant sein können, wenn sie einen bestimmten «Ruf» haben, der ihnen Profil verleiht. Welchen Verein sich ein Junge aussucht, hat zudem nicht nur mit seinen individuellen Vorstellungen zu tun, sondern auch mit den Strukturen in der Jungengruppe, zu der er gehört oder gehören möchte.

Fußballhelden

Außerdem ragen natürlich einige Spieler besonders aus dem breiten Feld heraus. In der Nachkriegsgeschichte des deutschen Fußballs sind das Namen wie Fritz Walter, Uwe Seeler oder der «Bomber der Nation», Gerd Müller. Und natürlich «Kaiser Franz», der die deutsche Mannschaft 1974 als Spieler, 1990 als Trainer zur Weltmeisterschaft führte – und mit etwas Glück die WM 2006 nach Deutschland holte. Anders als viele andere herausragende Fußballer war Beckenbauer keine «Kämpfernatur». Er konnte so gut spielen, dass er das Kämpfen nicht unbedingt nötig hatte. So erscheint er eher als magische Figur, als «Lichtgestalt» des deutschen Fußballs, und damit als echter Held im Sinne des klassischen Mythos. Heute steht «Kaiser Franz» jenseits von gut und böse und ist in Deutschland nicht mehr zu übertreffen. Mangels Alternative machte er 1990 Lothar Matthäus zu «seinem» Helden, einen dynamischen Kämpfer, diszipliniert und willensstark. Matthäus wurde ein Jahrzehnt lang gebraucht und konnte damit zum Idol einer ganzen Generation von Grundschülern werden.

Heute gibt es immer weniger Spieler, die sich als Idole eignen. Sie haben auch selbst weniger Interesse daran, zu Helden zu werden. Stefan Effenberg, engagierter Kämpfertyp und nach Ansicht vieler Kommentatoren zurzeit Deutschlands bester Fußballer, wurde 1994 mit dem gegen das Publikum gerichteten «Effe-Finger» berühmt, dem «Stinke-Finger», mit dem anschließend zahllose Jungen ihre Lehrer und Lehrerinnen provozieren konnten – Effe hatte es doch auch gemacht. Der «Rebell» Effenberg nahm nicht nur in Kauf, dafür aus der Nationalmannschaft gefeuert zu werden, sondern weigerte sich sogar, wieder einzusteigen, als er später darum gebeten wurde. Die Mannschaft war ihm nicht gut genug. Damit verweigerte er sich der größten Ehre, die ein Fußballspieler in Deutschland gewinnen kann, gleichermaßen rebellisch und gut begründet. Weil er so gut spielt, kommt er in der Öffentlichkeit sogar damit durch. Gleichzeitig verkörpert er damit einen individualistischen «Helden», der sich nicht der «nationalen» Pflicht unterwirft und für die Gemeinschaft aufopfert, sondern seine

Prioritäten selbst setzt. Ein Held lässt sich heute nicht mehr nur durch Pflicht und Ehre motivieren!

Nur wenige Spieler werden heute noch über längere Zeit von den Medien hervorgehoben. Auch herausragende Spieler stehen oft nur für kurze Zeit im besonderen Licht der Öffentlichkeit. Durch die zahlreichen Wechsel, auch in das und aus dem Ausland, wird dies noch verstärkt. Sponsorenwechsel führen dazu, dass die vertrauten Spieler auf dem Spielfeld immer wieder anders aussehen. Gleichzeitig untergraben diese Wechsel regionale und nationale Identitäten. Was sollen Fans davon halten, wenn der stärkste Spieler des langjährigen «Feindes» plötzlich in der eigenen Mannschaft spielt – oder umgekehrt? Oder wenn nach dem spektakulären Rücktritt des englischen Nationaltrainers Kevin Keegan öffentlich diskutiert wird, einen Franzosen oder Italiener zum Trainer der Nationalmannschaft im Geburtsland des Fußballs zu machen (schließlich wurde es ein Schwede)?

Die Welt des Fußballs bietet immer weniger Ansatzpunkte für patriotische Gefühle und nationale Gesinnung. Selbst bei den Länderkämpfen der Weltmeisterschaft geraten die «Feindbilder» durcheinander, denn oft treten dabei Spieler gegeneinander an, die sonst im selben Verein kämpfen. Zahlreiche ausländische, zum Teil sogar außereuropäische Spieler und Trainer haben die Fußballwelt längst zu einer multikulturellen Veranstaltung gemacht, die rassistischen Haltungen bei Fans die Argumentationsgrundlage entziehen und auch ausländischen Jungen Idole anbieten kann. An die Stelle des eisernen Helden, der die Tugenden deutscher Männlichkeit verkörpert, ist ein buntes Gemisch von individuellen Gestalten getreten, aus dem sich Jungen herausgreifen können, was ihren momentanen Vorlieben und Bedürfnissen entspricht.

Die Welt des professionellen Sports erscheint also widersprüchlich. Einerseits werden hier traditionelle «männliche» Tugenden betont. Zu Helden werden starke und erfolgreiche Männer, die ihren Körper bis an die Grenzen zum Einsatz bringen. Verletzungen und ein rücksichtsloser Umgang mit dem eigenen Körper oder dem des Gegners, trotz aller Foulregeln beim Fußball, gehören dazu.

Andererseits spiegeln sich im Leistungssport auch die Veränderungen gesellschaftlicher Männerbilder. Den Helden alten Stils, der immer bereit ist, sich für Verein oder Nation aufzuopfern, gibt es im deutschen Sport kaum noch. Erfolgreiche Sportler haben es nicht mehr nötig, sich dem alten Männlichkeitsmodell zu unterwerfen. Radrennstars nehmen nicht an einer WM teil, weil es ihnen im Oktober zu kalt ist. Fußballstars wechseln ins Ausland, wenn ihnen dort gute Bedingungen geboten werden. Boris Becker entscheidet sich, seine Karriere zu unterbrechen, um sich um sein Kind zu kümmern. All das ist in Ordnung, wenn die Karriere danach weitergeht – aber auch, wenn das Publikum sich später von ihnen abwendet, werden die Profis ihre individuellen Entscheidungen treffen. Als Modell sagen diese Vorbilder aus: «Ich mache mich doch nicht nur für andere, (meinen Verein, mein Land, meinen Chef ...) kaputt. Ich gehe meinen eigenen Weg!»

Verändert hat sich zudem die öffentliche Darstellung des männlichen Körpers im Leistungssport. Die Berichterstattung ist voll von Berichten über Verletzungen, Erkrankungen und Befindlichkeiten von Männern. Ein Profi kann es sich heute nicht mehr leisten, Erkrankungen und Verletzungen zu ignorieren, denn der Körper ist sein kostbarstes Gut, sein «Kapital», und muss daher pfleglich behandelt werden. Eine Armada von Sportärzten, Masseuren und anderen Helfern steht dazu bereit. Dass zu dieser Pflege auch Medikamente und Dopingmittel mit zum Teil sehr problematischen Neben- und Folgewirkungen gehören, ist die Schattenseite des modernen Leistungssports. Dennoch bleibt als Gesamteindruck, dass es zunehmend selbstverständlich für Männer ist, sich um ihren Körper zu kümmern.

Etwas für den Körper tun

Etwas für ihren Körper zu tun, ist für viele Jungen heute wichtig. Auch die Jungen aus dem Beispiel am Anfang dieses Kapitels sind ja auf der Rollschuhbahn, um sich körperlich auszuprobieren und ihre Geschicklichkeit zu trainieren. Und nicht immer gehen sie dabei so grob mit sich um wie im geschilderten Beispiel. Reinhard Winter & Gunter Neubauer haben sich in einer breit angelegten Untersuchung ausführlich mit Jungen über ihren Körper, über Gesundheit und Krankheit unterhalten. Dabei waren sie nicht selten von den Ansichten und Einsichten der Jungen überrascht (vgl. Winter & Neubauer, 1998).

Die wichtigsten Bereiche, in denen Jungen ihren Körper erleben und sorgsam mit ihm umgehen können, sind Sport und Körperpflege. Viele der Befragten hatten durchaus ein differenziertes Bild von ihrem Körper, gaben an, aktiv etwas für ihre Gesundheit zu tun, und sprachen selbstverständlich vom Kranksein. Allerdings ist mit «Kranksein» eher «richtig krank» gemeint. «Lappalien» wie Husten, Schnupfen oder kleinere Verletzungen werden dagegen weggesteckt. Verletzungen gehören für viele Jungen einfach zum Alltag dazu.

Dies gilt insbesondere für den Sport. Sport scheint deutlich gefährlicher zu sein als andere Lebensbereiche, die im Alltagsverständnis viel eher als riskant angesehen werden: «Von – teilweise erheblichen – Sportverletzungen wird viel häufiger berichtet als von Verletzungen durch Prügeleien oder körperliche Kämpfe» (ebenda, S. 219). Manche Jungen können sogar ganze «Sportkrankheitslitaneien» aufzählen. Beim Sport geht es oft in erster Linie um Konkurrenz und Leistung, um Kämpfen, Durchhalten und Gewinnen. Das «Leitbild Sportlichkeit» setzt einen durchtrainierten, leistungsfähigen und belastbaren Körper voraus. Für die Jugendlichen steht dabei trotzdem Spaß und Geselligkeit im Vordergrund. Verletzungen und das «Einsteckenmüssen» mindern den Spaß nicht. Sensible Körperwahrnehmung, einfühlsames Miteinander und Verständnis für Schwächen kommen dabei allerdings oft zu kurz.

Ein sorgsamer Umgang mit dem eigenen Körper ist eher im zweiten wichtigen Körperthema von Jungen zu finden, Körperhygiene und Körperpflege. Sich zu pflegen und schön zu machen ist für Jungen heute sehr viel selbstverständlicher als früher. Dabei hängen Sauberkeit, Schönheit und Styling oft zusammen. Natürlich gibt es Jungen, die sich nicht waschen mögen und wenig auf Reinlichkeit achten. Andere genießen es sehr, ausgiebig ungestört zu duschen (nebenbei auch eine gute Möglichkeit, sich ungestört selbst zu befriedigen …). Für viele Jugendliche ist die Verwendung von Kosmetikartikeln – in der Regel aus der «for men»-Abteilung – und Produkten für das «Styling» eine Selbstverständlichkeit.

Die intensive Beschäftigung mit dem eigenen Körper und Aussehen ermöglicht schöne Erfahrungen, hat aber auch Schattenseiten. Dass der «Mythos Schönheit» für viele Mädchen und Frauen ein Problem darstellt, ist inzwischen hinlänglich bekannt. Der Versuch, den gängigen Schönheitsnormen zu genügen, führt oft genug zu einem überkritischen Blick auf den eigenen Körper und nicht selten zu Essstörungen wie Magersucht und Bulimie. Heute müssen sich auch Jungen und Männer an Schönheitsidealen messen lassen. Etliche Jungen finden sich zu dick, und das ist vermutlich ein Grund dafür, dass in den letzten Jahren auch männliche Jugendliche und Männer Essstörungen entwickeln (vgl. Stahr, Barb-Priebe & Schulz, 1998). Jungen, die wirklich dick sind, müssen mit massiver Ablehnung rechnen und werden als «Fettsack» oder «Schwabbel» gehänselt und lächerlich gemacht.

Natürlich ist es für Jungen und Männer nicht erstrebenswert, so dünn wie möglich zu sein. Das Ideal ist stattdessen der durchtrainierte «Waschbrettbauch»: ein zwar schlanker, dabei aber muskulöser Körper. Entscheidend ist dabei «das richtige Maß»: Der ideale Junge soll ein möglichst «normales» Körpergewicht haben, er soll nicht schwach sein, aber auch nicht zu dick. Und: Anders als bei Frauen ist es fast ein moralisches Gebot, mit seinem Körper «zufrieden zu sein». Das Gefühl, ein Problem mit dem Körper zu haben, könnte sonst als Minderwertigkeitsgefühl oder «Komplexe» verstanden werden (vgl. Winter & Neubauer, 1998, S. 227).

Nach Untersuchungen von Petra Milhoffer und ihren Kollegen und Kolleginnen steht «sportlich» zu sein im Selbstbild und im Selbstideal von acht- bis vierzehnjährigen Jungen an erster Stelle. Deutlich häufiger als Mädchen ist es Jungen auch wichtig, «stark» zu sein – und dieser Unterschied nimmt mit dem Alter zu: Während in der Gruppe der 8- bis 10-Jährigen 40 % der Jungen und 26 % der gleichaltrigen Mädchen angaben, dass sie besonders gern stark sein würden, waren es in der Gruppe der 13- bis 14-Jährigen 59 % der Jungen, aber nur noch 13 % der Mädchen (vgl. Milhoffer et al., 1999, S. 22 ff.). Vor allem ausländische Jungen wären gern größer und stärker, als sie sind (vgl. Gluszczynski, 1999, S. 59 f.).

Schon im Kindergarten ist es Jungen wichtig, «Muskeln zu haben». «So füllt sich Björn noch eine zweite Riesenportion Müsli auf den Teller und isst sie ganz allein auf, während die anderen Kinder schon spielen – weil man von Müsli angeblich ‹Muskeln bekommt›. Anschließend demonstriert er sowohl einer Mitarbeiterin als auch anderen Jungen wiederholt, wie ‹stark› er ist, und fordert sie auf, seine Oberarmmuskeln anzufassen» (Thoma et al., 1996, S. 115). In der Rangordnung von Jungen im Vor- und Grundschulalter spielen Körperkraft und sportliche Fähigkeiten eine entscheidende Rolle. Das gilt auch für Jungenhelden wie den kleinen und dürren Brillenträger Harry Potter: Erst als er beim «Quidditch» beweist, was für eine Sportskanone er ist, erringt er die ungeteilte Begeisterung seiner Schulkameraden.

Später trainieren Jungen mit Hanteln oder anderen Fitnessgeräten, um dem geltenden männlichen Körperideal näher zu kommen. «Extreme» Muskeln zu haben, ist bei den meisten Jugendlichen allerdings nicht angesagt. Übertriebene Bodybuilding-Typen wie Schwarzenegger und Stallone kommen nicht mehr so an. Denn ein sehr körper- und kraftbetontes Auftreten wird eher mit intellektueller Unterlegenheit in Verbindung gebracht: «Wer's nicht im Kopf hat, hat es in den Muskeln», «Der kann sich nicht anders behaupten», «Der peppt so sein geringes Selbstwertgefühl auf». Wenn sich herausstellt, dass ein «Muskelmann» auch noch intelligent und gut ausgebildet ist, löst das in vielen Kreisen eher Erstaunen aus. Dennoch bleibt das Bild des durch seine Muskelkraft imponierenden Mannes im Hintergrund bestimmend – nicht zuletzt wegen der Wirkung, die es auf Frauen hat. «Es gibt genug Frauen, die drauf stehen», meint der inzwischen 20-jährige Arnim, schränkt dann aber ein: «Für die Frauen, die für mich interessant sind, dominiert das nicht. Aber es ist trotzdem so, dass es fast alle Frauen – und auch die, die es bestimmt nie zugeben würden – irgendwo anmacht.»

Ob das stimmt, sei dahingestellt. Aber dass es Mädchen und Frauen alles andere als egal ist, wie ein Junge oder junger Mann aussieht, ist klar – und dass ein dynamischer Sportler besser ankommt als ein magerer Hänfling, ist nicht von der Hand zu weisen. «Schon aus optischen Gründen» gehen Jungen daher ins Fitnesscenter – oder nehmen es sich zumindest vor (und sind mit sich unzufrieden, wenn sie die Energie dafür nicht aufbringen).

Men's Health: Der Echte Kerl 2000

Das neue Leitbild einer gleichzeitig sportlichen, körperbewussten und leistungsorientierten Männlichkeit wird vom Männermagazin *Men's Health* präsentiert. Durchaus erfolgreich zeigt es jeden Monat wieder einen durchtrainierten Mann, gut drauf und muskulös, auf der Titelseite. In immer wieder ähnlichen Abwandlungen kreist das Blatt um die Themen Fitness, Sport, Gesundheit, Sex, Lifestyle und Männlichkeit.

«Sind Sie ein echter Kerl?», fragte das Magazin in einer Aktion im April 2000 und bot den Lesern dazu einen Test mit 29 Fragen an, hinter dem trotz der amüsant-ironischen Übertreibung einige Wahrheit steckt. Klar, dass ein echter Kerl keine Narkose verlangt, wenn der Zahnarzt heftig bohren will («Nein, das ist was für Muschis. Es geht doch nichts über ein bisschen stumm ertragenen Schmerz»), und auch zur Arbeit geht, wenn er am Morgen mit Halsweh und Kopfschmerzen aufwacht («Betütern lassen Sie sich dann nach Feierabend» – von einer Frau, ist anzunehmen). Klar auch, dass er seine freie Zeit fürs Joggen nutzt, eine Einladung zum Bungee-Jumping nicht ausschlägt und sich im Notfall auch allein durch den Urwald kämpfen kann, wenn es ihn dorthin verschlägt. Wenn es dagegen Ärger mit einem Kumpel oder randalierenden Jugendlichen gibt oder wenn jemand seine Freundin «anbaggert», dann ist der «echte Kerl» sachlich und höflich: Er vermeidet körperliche Auseinandersetzungen und regelt seine Konflikte freundlich, cool und bestimmt. Und weil er sorgsam auf seine Wirkung auf Frauen bedacht ist, tritt er ihnen gegenüber nicht allzu markig auf, sondern charmant und souverän.

Wer im Test versagt, ist ein «Warmduscher». Wer Sport und Bier mag, Spaß an Frauen und am Ausgehen mit den Kumpels hat, kommt schon eher als echter Kerl infrage. Ganz nach oben kommt man nur, wenn man den Mut hat, «die Muskeln nicht nur spielen zu lassen, sondern auch mal zuzuschlagen». Als Belohnung winkt ein Traumwochenende, an dem es um Mut, Fitness, Geschmackssicherheit in Garderobefragen und um Flirtqualitäten geht (vgl. *Men's Health*, 4/2000, S. 196ff.).

So ironisch, wie es zunächst klingt, ist das alles nicht. Denn mit einem gut aussehenden Körper, dem richtigen Outfit und Erfolg beim anderen Geschlecht machen Jugendliche tatsächlich Punkte in ihrer Clique. Ein richtiger Kerl kann etwas ab und kommt gut bei Frauen an. Und er schlägt auch einmal zu, wenn es sein muss (aber noch besser ist es, wenn er es gar nicht nötig hat).

Raufen, Toben und Kämpfen

Vier Jungen beim Kämpfen im Kindergarten … Während Moritz einen «Scheinkampf» ohne Berührung inszeniert, schlägt und tritt der motorisch unbeholfenere Andreas richtig zu. Dennoch bleibt es zunächst spielerisch. Mehr Jungen kommen dazu. Sie springen kämpferisch durch die Gegend und stellen sich in Kampfposen. Es kommt zu Püffen und Stößen, Rufe wie «Ich mach dich fertig!» und «Attacke!» ertönen. Asiatische Kampfhaltungen werden eingenommen. Es wird herumgehüpft, gestoßen und getreten. Kinder, die unbeteiligt hier hineingeraten, bekommen einige Püffe ab. Jonas schiebt seine kleine Schwester fort: «Geh mal lieber wieder in den Gruppenraum.» Er ist immer sehr fürsorglich um sie bemüht und meint wohl, dass die Halle für sie zu gefährlich ist. Zwischendurch stehen die Jungen freundschaftlich zusammen, reden und lachen.

Toben und Kämpfen ist eine Lieblingsbeschäftigung von Jungen bis zur Pubertät – und einer der wichtigsten Bereiche, in denen sie ihren Körper erleben. Das «raue Tummelspiel» (so die Übersetzung des englischen Begriffs *rough and tumble play*) von Jungen in Kindergarten und Grundschule wird von Erwachsenen oft irrtümlich mit Aggression in Verbindung gebracht. Meist geht Toben und Raufen mit viel Spaß einher, mit gegenseitigem Necken und spielerischem Ärgern. Vor allem bei kleineren Jungen gehen zärtlicher Körperkontakt und spielerisches Raufen oft ineinander über. Schreien, Brüllen und Schimpfwortorgien gehören dazu.

Natürlich kann es beim Herumjagen und Kämpfen dann und wann dazu kommen, dass Kinder sich wehtun. In erster Linie ermöglicht es ihnen aber wichtige Bewegungserfahrungen und spannenden Körperkontakt. Sie lernen ihren Körper kennen und einzusetzen und können ein Gespür für seine Signale entwickeln. Andererseits ist die Tatsache, dass derartige Spiele auch «entgleisen» können, gerade etwas, was sie besonders spannend macht. Raue Spiele sind umso länger prickelnd, je enger sie sich auf dem schmalen Grat zwischen Spaß und Ernst bewegen: Sie sind «Spiele auf der Grenze» (vgl. Krappmann & Oswald, 2000, S. 7).

Auch Mädchen sind dabei, manchmal sogar sehr aktiv. Wenn das Gerangel so richtig losgeht, sind die Jungen dann allerdings meist unter sich. Ihr Spiel ist «rauer» als das der Mädchen, der Körperkontakt oft härter und kräftiger. Dann kommt es auch einmal zu Tränen und blauen Flecken. Nahezu alle Untersuchungen beobachteten das «raue Tummelspiel» viel weniger bei Mädchen. Das liegt nicht zuletzt daran, dass Erwachsene bei Mädchen deutlich negativer darauf reagieren (vgl. Wegener-Spöhring, 1993). Viele Mädchen werden eher gebremst, wenn sie wild spielen. Zärtlicher und fürsorglicher Körperkontakt passt dagegen besser zu den Klischees, das trotz aller Ideale von starken Mädchen in den Hinterköpfen sitzt.

Wie wäre es, wenn in unserer Gesellschaft Fürsorglichkeit als «männlich» gelten würde? Bornewasser (1993) berichtet von Untersuchungen, nach denen in Kulturen, in denen Jungen für ihre jüngeren Geschwister zu sorgen haben, das körperbetonte Tobespiel eindeutig bei den Mädchen überwiegt. Das wilde Spiel der Jungen hat also auch mit den in unserer Gesellschaft verankerten Bildern von Männlichkeit zu tun, die Jungen eher als kleine Rabauken und zukünftige Beschützer sehen denn als fürsorgliche Pfleger.

Im Alltag mit anderen Jungen stehen viele Jungen unter großer körperlicher Spannung, die sich nicht lösen kann, weil die Auseinandersetzung um die eigene Stellung in der Jungengruppe oft keine Pausen kennt. Sie wissen nicht, wie sie «aussteigen» und einmal zur Ruhe kommen können. Der Übergang in tatsächliches körperliches Gerangel, Herumgerolle und der direkte körperliche Kampf hilft ihnen, «Dampf abzulassen». Aber auch Heulen kann die Spannung lösen. Kleinere Jungen weinen noch schnell, wenn es zu Verletzungen kommt – stürzen sich dann allerdings oft schnell wieder in den Kampf, um zu beweisen, dass sie keine «Heulsusen» sind.

Wenn Jungen allein versuchen, mit diesen Konflikten fertig zu werden, tun sie das oft, indem sie die Schmerzen und Gefühle wegdrängen und ihren Körper anspannen. Ungehemmter Körperausdruck, vor allem aber auch der Ausweg des Heulens werden im Laufe der weiteren Entwicklung von Jungen zunehmend tabuisiert. Zwar heißt es heute seltener, «ein Junge weint nicht». Aber dass Männer weinen, bekommen Jungen tatsächlich kaum einmal mit. Fast die Hälfte der von Zimmermann befragten Jugendlichen hatte ihren Vater noch nie weinen sehen (1998, S. 99). So bleibt die Vorstellung erhalten, dass Weinen und Männlichkeit nichts miteinander zu tun haben. Stattdessen steht die Kontrolle des Körpers mehr und mehr im Vordergrund. Den Körper beherrschen zu können, übt (nicht nur) auf Jungen eine große Faszination aus, was sich zum Beispiel in der – gesellschaftlichen – Bewunderung von Sportlern, Tänzern und Akrobaten widerspiegelt. Der harte und beherrschte Umgang mit dem eigenen Körper ist allerdings auch etwas, was Jungen und Männern auf die Dauer nicht gut tut, weil es Wahrnehmung und Ausdruck der eigenen Gefühle und den zärtlichen Umgang miteinander verbaut.

Toben und Raufen und der spielerische Kampf sind jungentypische Spielformen, die zunächst nicht mit realer Aggressivität zusammenhängen und in der Regel auch nicht zu Konflikten führen. Von aggressivem Verhalten unterscheidet sich das Spiel durch freundliche Mimik, größere Vielfalt des Körperausdrucks und vor allem dadurch, dass es mit Freunden gespielt wird und die Beteiligten auch nach dem Spiel zusammenbleiben.

Manchmal allerdings kann «aus Spaß Ernst werden», und die Übergänge zu «bösem Streit» sind fließend. Dann sollten Erwachsene eingreifen und den Jungen helfen, Regeln für ihr Toben zu finden und mit auftretenden Konflikten anders umzugehen.

Asiatische Kampftechniken: Kampfkunst oder brutale Gewalt?

Typisch für Kämpfe unter Jungen ist die Nachahmung asiatischer Kampfsporttechniken. Die Herkunft der Posen ist recht eindeutig: Sie stammen zumeist aus dem Fernsehen. Es gibt allerdings bedeutsame Unterschiede zwischen den realen Kampfkünsten, den Fernsehbildern und den Nachahmungen der Jungen. In der Ausbildung von Kampfsportarten steht Körperbewusstsein an oberster Stelle. Die Bewegungsformen sind sehr kontrolliert, und die Regeln für erlaubte Techniken sind klar und eindeutig. Mit dem Erlernen der Technik ist zumindest eine ethische Grundhaltung der Fairness verbunden, auch wenn der spirituelle Hintergrund der Kampfkünste insbesondere in Europa oft kaum noch eine Rolle spielt.

In Action-Filmen hat Kampfsport meist zwei Aspekte. Einerseits werden die Techniken dazu eingesetzt, Gegner auf höchst effektive Weise «fertig zu machen». Ein traditioneller «Schläger» hat gegen einen im Kampfsport ausgebildeten Helden kaum eine Chance. Dabei werden teilweise Techniken verwandt, die in Deutschland aufgrund ihrer Gefährlichkeit verboten sind, wie zum Beispiel das *Ninja* der *Turtles*. Andererseits haben kämpferische Begegnungen in Actionfilmen einen manchmal sehr ausgeprägten künstlerischen Aspekt. So ähneln die auf den ersten Blick «brutal» wirkenden Auseinandersetzungen der *Power Ranger* bei näherer Betrachtung eher einem spielerischen Tanz, sie erinnern an Breakdance und Ballett. Auch die Kämpfe der *Catcher* sind Inszenierungen, die vor allem Körperbeherrschung voraussetzen. Insbesondere in Sendungen für Kinder kommen die Kämpfenden oft nicht wirklich zu Schaden. Reale Brutalität findet sich eher in Filmen für junge Männer.

Wenn Jungen nun solche Bewegungen nachahmen, kommt es zu sehr unterschiedlichen Ergebnissen. Nicht selten hüpfen die Jungen allein herum und nehmen entsprechende Positionen ein. Beim «Schattenboxen» berühren sich manche Jungen kaum, bei anderen kommt es zu schmerzhaften Treffern, nicht zuletzt auch wegen unterschiedlicher Fähigkeiten der Körperbeherrschung, also nicht immer absichtlich. Die Tritte und Schläge werden natürlich auch dann ausprobiert, wenn Jungen aggressiv sind oder mit anderen streiten. Häufiger werden sie aber nur als Drohgesten eingesetzt. Wenn es Ernst wird, gehen die Jungen ohne solche Technik direkt aufeinander los. Sie merken ja, dass sie beim Probieren der eindrucksvollen Tritte allzu oft aus dem Gleichgewicht geraten ... Kleinen Jungen ist oft nicht klar, dass die so «leicht» aussehenden Bewegungen ein Höchstmaß an Körperkontrolle verlangen. Da in den Filmen auch oft «nichts» passiert, das heißt, kein Ausdruck von Schmerz sichtbar wird, haben sie keine Vorstellung davon, wie verletzend solche Tritte tatsächlich sein können.

Kann ein geregeltes Üben von Judo, Karate oder anderen fernöstlichen Kampfsportarten Jungen in ihrer Entwicklung unterstützen? Sicher ist es sinnvoll, wenn kleine Jungen einmal von einem Trainer erfahren, worum es dabei wirklich geht. Während Jungen damit zumeist ein unkontrolliertes Austoben verbinden, geht es beim Training auch um Achtsamkeit und Regeln. Im Toben der Jungen fehlen außerdem Phasen von Konzentration und Entspannung, die im Kampfsport eine entscheidende Rolle spielen. Das Üben einer Kampfkunst kann das Körpergefühl von Jungen verbessern und unsicheren Jungen Selbstvertrauen geben. Wilde und unruhige Jungen können lernen, wie wichtig Konzentration und Ausdauer sind.

Ältere Jungen und Jugendliche lernen Kampfsport nicht zuletzt, um sich besser verteidigen zu können. Natürlich ist es problematisch, wenn sie Kampfsporttechniken dazu einsetzen, andere zu bedrohen und zu verletzen. Allerdings bringen aggressive Jugendliche oft nicht die Geduld auf, die erforderlich ist, um die Techniken wirklich zu beherrschen, und aggressive Gewalt hat oft eher etwas damit zu tun, dass Jugendliche die Beherrschung *verlieren*. Ob Kampfsport für Jungen gut oder schlecht ist, lässt sich nicht einfach beantworten. Schauen Sie sich mögliche Angebote genau an. Wenn es nur um Leistung und das möglichst schnelle Lernen effektiver Techniken geht, seien Sie skeptisch. Auch wenn am Anfang alles sehr spielerisch aussieht: In manchen Vereinen werden Konkurrenz und Leistungsdruck immer größer, je länger man dabei ist. Sprechen Sie daher mit den Jungen darüber, wie es ihnen in der Gruppe, mit dem Trainer, mit dem Verlieren und Gewinnen geht – denn manchmal geht darüber der Spaß an der Sache völlig verloren.

In manchen Städten gibt es Angebote, die Kampfsport mit einem sozialen Gruppenangebot verbinden. Dabei wird das Kämpfen nach klaren Regeln mit Gesprächen, Konflikttraining und anderen Formen der Körpererfahrung verbunden.

Dies kann sowohl für jüngere Jungen als auch für Jugendliche eine sinnvolle Möglichkeit sein, ihr Körperbewusstsein zu verbessern, ihr Selbstwertgefühl zu erhöhen und gleichzeitig andere Formen des sozialen Miteinanders kennen zu lernen.

Viele Jugendliche lehnen Prügel ab

Wenn Jungen älter werden, verliert das spielerische Kämpfen für viele von ihnen an Bedeutung. Zwar gehen sie weiterhin oft recht rau miteinander um, begrüßen sich kräftiger als Mädchen, und kleine Rangeleien sind normal. Oft sind dies Formen, Nähe und freundschaftliche Gefühle auszudrücken, ohne dass es «schwul» wirkt.

Richtige Kämpfe und das Austragen von Konflikten durch Schlägereien lehnen viele männliche Jugendliche aber ab. Nur für eine kleinere Gruppe gehört dies zur durchaus üblichen Form der Körperlichkeit, nämlich bei einem Teil (!) der männlichen Unterschichtsjugendlichen und jugendlichen Migranten. Schlägereien sind eine Form, «Spaß (zu) haben, sie stellen Spannung und ‹Action› her, erlauben, sich zu bewähren», und ermöglichen ihnen, sich selbst und gegenseitig zu spüren (Winter & Neubauer, 1998, S. 236). Dabei gibt es in der Regel unausgesprochene Absprachen, die die Verletzungsgefahr verringern, auch wenn ein gewisses Maß an Verletzungen von den Jugendlichen als «normal» in Kauf genommen wird. «Man muss mithalten können, sich wehren können und wissen, wie das geht» (ebenda). Winter & Neubauer weisen darauf hin, dass die Festlegung «Schlägerei ist immer Gewalt» die Jugendlichen in eine Ecke drängt, in der sie sich selbst gar nicht sehen. Sie selbst unterscheiden durchaus zwischen «Spaß»-Prügeleien und wirklich bedrohlichen Situationen und aggressiven Auseinandersetzungen, in denen sie Unterstützung und Hilfe benötigen. Manchmal wird diese ihnen dann verweigert, weil Lehrer oder andere Erwachsene aus anderen Lebenswelten diese Unterschiede gar nicht wahrnehmen: «Warum kommt er sich jetzt beschweren? Er fängt doch selbst ständig Prügeleien an!»

Zu berücksichtigen ist zudem, dass diese Jugendlichen in sozialen Welten leben, die tatsächlich gefährlich sind oder zumindest von ihnen als bedrohlich wahrgenommen werden. Dabei geht es sowohl um körperliche Bedrohungen als auch um die «Ehre», deren tatsächliche oder phantasierte Verletzung ein häufiger Anlass für Schlägereien ist. Körperlich fit zu sein, sich wehren zu können und Kampftechniken zu beherrschen, ist im «Überlebenskampf» auf der Straße für diese Jugendlichen eine selbstverständliche Notwendigkeit. Die Zeit der wilden Schlägereien ist für viele dieser Jugendlichen dagegen nur eine Episode: Wenn sie ihre Ausbildung abgeschlossen oder eine Familie gegründet haben, ist sie vorbei.

Lust und Liebe

> Ein Mann, der seinen Schwanz mag, mag sich selbst. Und ein Mann, der seinem Schwanz nicht trauen kann, kann sich selbst nicht trauen. Und keiner Frau. Und keinem anderen Mann.
>
> *Erica Jong*

Kleine Kinder erleben Lust am ganzen Körper. Lust, Neugier, Sinnlichkeit, Zärtlichkeit, Kuscheln und Geborgenheit liegen für kleine Kinder dabei nahe beieinander. Unser größtes Sinnesorgan ist die Haut. Im ersten Lebensjahr werden Jungen noch genau wie Mädchen gehalten, gestreichelt und geküsst. Ihren Körper und ihre Gefühle lernen sie meist im nahen Kontakt mit der Mutter kennen. Dies schließt auch erotische und sexuelle Gefühle mit ein.

Wie wird es einem Jungenbaby gehen, das seine Mutter anschaut, während es lustvoll an seinem Penis spielt, wenn sie da peinlich berührt wegschaut oder ihm die Hand wegreißt? Ihren Penis entdecken viele Jungen nämlich sehr früh. Gesunde Kinder spielen mit ihrem Körper und verschaffen sich selbst lustvolle Erlebnisse. Schon kleine Kinder onanieren, manchmal bis zum Orgasmus, und manche Jungen haben sogar mehrfache Orgasmen (vgl. Rohrmann, 1994, S. 119 ff., S. 136 ff.; Hartmann & Fithian, 1990). Wenn Eltern mit ihrem Jungen zärtlich sind, wenn sie auch seine sexuellen Regungen akzeptieren können, ohne allzu sehr erschreckt zu sein oder aber selbst mitspielen zu wollen – dann kann ein Junge diese Gefühle als etwas Schönes erfahren.

Schon ab dem zweiten bis dritten Lebensjahr behandeln viele Erwachsene allerdings Jungen etwas anders als Mädchen, meist ohne dass ihnen das bewusst ist. Nicht selten werden sie weniger selbstverständlich in den Arm genommen oder getröstet, sondern eher abgelenkt und ermuntert, etwas zu tun, wenn sie unruhig oder traurig sind. Außerdem erleben viele Jungen Schmusen, Streicheln und Zärtlichkeit, wichtige Aspekte von Sexualität, die Frauen bei Männern oft vermissen, nur oder überwiegend mit der Mutter und anderen Frauen. Wenn sie den Geschlechtsunterschied entdeckt haben, werden oft auch die Jungen selbst zurückhaltender beim Kuscheln und Schmusen.

Möglicherweise kommen sie auf die Idee, dass diese schönen Dinge «weiblich» oder «nur etwas für Babys» sind und sie deshalb darauf verzichten müssen, wenn sie ein Mann werden wollen. Sie beginnen, sich von der Mutter und anderen Frauen abzugrenzen, und kommen nicht mehr so oft, um sich auf den Schoß zu setzen. Manchmal scheinen ihnen zärtliche Berührungen geradezu lästig zu sein. Zu Hause wird vielleicht noch manchmal ausgiebig geschmust, aber in der Öffentlichkeit sind vielen Jungen Mamas Abschiedsküsse zunehmend unangenehm. Bloß kein Mamasöhnchen sein!

Hier stellt sich natürlich die Frage, was für Erfahrungen Jungen mit ihren Vätern machen. Lassen sie sich anfassen? Mögen sie schmusen? Jungen orientieren sich in ihrem Verhältnis zum eigenen Körper an ihren Vätern. Einstellungen wie die, dass Jungen mehr abkönnen, weniger empfindlich und immer aktiv sind, haben natürlich eine große Bedeutung für das sexuelle Erleben. Jungen entwickeln rauere und aggressivere Formen des körperlichen Kontakts und lernen weniger, auf ihre Gefühle und körperlichen Empfindungen zu achten. Väter können Jungen zeigen, dass Zärtlichkeit kein weibliches, sondern ein menschliches Verhalten ist. Ein Männerkörper fühlt sich anders an als ein Frauenkörper, doch er ist darum noch lange nicht «hart wie Stahl». Viele Männer haben aber Angst, dass Berührungen unter Männern «schwul sein» bedeuten, und das hindert sie auch an einem unbefangenen körperlichen Umgang mit ihren Söhnen.

Wenn schon die Väter Schwierigkeiten haben, zärtliche Nähe und genitale Sexualität auseinander zu halten – wie mag es erst den Jungen gehen? Sie lernen ja erst, diese vielfältigen Gefühle zu unterscheiden. Der fünfjährige Martin sitzt wohlig bei seiner Erzieherin auf dem Schoß und genießt es sehr, sich an sie zu schmiegen. Da ziehen ihn die anderen Jungen auf. «Du bist ja verliebt!» Sofort versteift sich der Junge. Die Erzieherin will beruhigen: «Es ist doch nichts Schlimmes, wenn man verliebt ist.» Da hat sie natürlich Recht. Warum soll Martin nicht für seine Erzieherin schwärmen?

Aber er hat gar nicht «geflirtet», sondern vermutlich nur kuscheln wollen und sich nichts weiter dabei gedacht. Dies ist ein Beispiel für die «Sprachverwirrungen», die die Verständigung über Sexualität oft so schwierig machen. Schon 1933 sprach der Psychoanalytiker Sandor Ferenczi davon, dass es wichtig sei, die «Sprache der Leidenschaft» und die «Sprache der Zärtlichkeit» zu unterscheiden. Es verwirrt Kinder, wenn ihre sexuellen Ausdrucksformen als reife sexuelle Wünsche interpretiert werden. Genauso wenig tut es ihnen gut, wenn sie tabuisiert oder verboten werden. Es ist Aufgabe der Erwachsenen, hier genau hinzuschauen und Kindern dabei zu helfen, unterschiedliche Gefühle und Bedürfnisse unterscheiden zu lernen. Jungen wie Martin können sonst den Eindruck bekommen, dass Nähe und Zärtlichkeit bei Jungen und Männern immer etwas mit Liebe und Sexualität im engeren Sinn zu tun hat. Wenn es um Mädchen und Frauen geht, sind sie «verliebt», wenn Jungen und Männer berührt werden, sind sie «schwul».

Während Mädchen häufiger miteinander schmusen und zärtlich sind, tarnen Jungen ihre Lust aufeinander durch aggressives Verhalten. Ein Beispiel dafür ist das «Eiergrabschen»: Beim Toben auf dem Schulhof versuchen Jungen, den anderen Jungen zwischen die Beine zu greifen. Das ist aufregend und unangenehm zugleich, Angst und Lust verbinden sich dabei. Was steckt dahinter? Dieter Schnack & Rainer Neutzling machen deutlich, dass hinter diesen Spielen zunächst der Wunsch nach körperlicher Nähe und Lust mit anderen Jungen steht: «In der Regel tun sie sich dabei nicht wirklich weh und schreien und lachen viel. Im Grunde demonstrieren sie sich gegenseitig, dass sie alle miteinander einen Penis haben» (1993, S. 71). Erektionen bei spielerischen Raufereien sind keine Seltenheit! Solche Kämpfe können jedoch manchmal schnell umschlagen – entweder in echte Verletzungen und wütende Aggression, weil es ja sehr wehtut, wenn die «empfindlichen Teile» getroffen werden, oder in die verächtliche Abgrenzung vom anderen, wenn es «zu heiß» wird: «Ey, fass mich nicht an!» Dabei benutzen Jungen Schimpfworte, mit denen Nähe zwischen Männern sexualisiert wird, wie «Schwuler» und «Arschficker». So werden diese Begriffe mit Abwertung verbunden, noch bevor die Jungen eine Vorstellung von gleichgeschlechtlicher Sexualität entwickelt haben.

Dass körperliche Nähe, die nicht kämpferisch und aggressiv getönt ist, von Jungen oft mit Sexualität im engeren Sinn in Verbindung gebracht wird, ist ein Hindernis bei der Entwicklung eines guten Körpergefühls und schönen Sexuallebens. Es hat zur Folge, dass das Bild entsteht, dass Männer «immer nur das eine wollen». «Männer sprechen von Liebe, um Sexualität zu bekommen, Frauen haben Sex, um Liebe zu bekommen» – diese Redewendung ist vielleicht irreführend, denn ohne Sex würden manche Männer vermutlich gar keine Zärtlichkeit erleben. Die Vermeidung von zärtlichem Körperkontakt, insbesondere mit anderen Jungen und Männern, wirkt sich im Laufe der Entwicklung auch auf ihr Sexualleben aus: Sie sind einfach ungeübt.

Die Morgenlatte und andere Peinlichkeiten

«Weißte, was ein richtiger Kerl ist? Einer, der richtige Eier hat und eine Frau glücklich macht, die ganze Nacht.» Das meint jedenfalls ein Mann in einem Tatort-Krimi, der gerade läuft, als ich dieses Kapitel schreibe. Jungen (und Männer) haben eine Menge unsinniger Vorstellungen davon, wie Sexualität funktioniert und wie sie «körperlich ausgestattet» sein müssen, damit sie dabei Spaß haben können. Vor allem kommt es dabei natürlich auf «ihn» an: «Er ist einen halben Meter lang, hart wie Stahl, allzeit bereit und haut dich aus den Socken» – so oder ähnlich lauten die Mythen, die mit dem empfindsamsten Körperteil des Mannes verbunden sind.

Wenn Jungen in der Pubertät ihren Penis und die Lust, die man mit ihm bereiten kann, neu entdecken, stoßen sie allerdings zunächst auf ein Paradox: Es ist der erigierte Penis, der Phallus, in dem die Lust zu spüren ist und an dem sich Ängste und Phantasien entzünden. Aber in der Öffentlichkeit ist der steife Schwanz tabu. Hans-Peter Duerr schreibt, dass in allen menschlichen Kulturen eine Erektion in der Öffentlichkeit das «Nonplusultra der Peinlichkeit» ist, das unter allen Umständen vermieden werden muss (vgl. Duerr, 1993, S. 183). Das befremdliche «Eigenleben» des Penis war schon im Mittelalter ein viel beschriebenes Thema, und noch heute fühlen sich insbesondere männliche Jugendliche davon irritiert. Eine Erektion macht ihre Erregung deutlich sichtbar, selbst wenn es völlig unangebracht ist, dieses deutlich Sichtbare auch zu zeigen.

Zudem haben Jugendliche manchmal Erektionen, ohne dabei sexuelle Gedanken zu haben. Was die Ursache dafür ist, ist manchmal nicht zu bestimmen. Dass Erektionen nicht unbedingt etwas mit Sexualität zu tun haben müssen, zeigt nicht nur die bei männlichen Jugendlichen und Männern verbreitete «Morgenlatte», sondern auch die Tatsache, dass der Penis jede Nacht mehrere Male steif wird – in den Traumphasen nämlich. Vielleicht hat gerade diese Tatsache Freud auf die irrige Annahme gebracht, in Träumen ginge es immer um Sex? Selbst wenn bei der Selbstbefriedigung sexuelle Phantasien eingesetzt werden, geht es dabei nicht selten eher um körperliche Spannungsabfuhr und weniger um erotische Gefühle.

Bekannt ist weiter, dass bei Jungen und Männern in Angst- und Spannungssituationen Erektionen und sogar Ejakulationen auftreten können (vgl. Duerr, 1993; Zilbergeld, 1996). Auch aggressive Gefühle können dazu führen, dass der Penis steif wird. Jutta Gassner berichtet in ihrem Buch über den *Phallos als Abwehrzauber*, dass von verschiedenen Affenarten das Präsentieren des erigierten Genitals als Imponier- und Drohgeste bekannt ist. «Wuterektionen» und aggressives «Aufreiten» auf rangniedere Artgenossen finden sich nicht nur bei Primaten, sondern zum Beispiel als «Strafvergewaltigung» in Gefängnissen auch beim Menschen. Vergewaltiger berichten nicht selten, dass es ihnen nicht um Lust, sondern um Erniedrigung und Demütigung des Opfers ging (vgl. Duerr, 1993; Gassner, 1993).

Andererseits fließt das Blut manchmal einfach in den Penis, weil mann sich wohl fühlt oder von etwas sehr berührt ist. Der Penis ist keine Sexmaschine, sondern ein sehr sensibles Organ, das auf feinste Stimmungen reagiert. Die Entfaltung eines reichen Gefühlslebens wird behindert, wenn jeder Blutzufluss in den Penis, jedes «Kribbeln» als Bedürfnis nach sofortiger und unaufschiebbarer sexueller Entladung interpretiert wird.

Trotz all dieser verwirrenden Erfahrungen: In erster Linie macht Sex Spaß. «Sich einen runterzuholen» ist eine angenehme Möglichkeit für Jungen, sich selbst etwas Gutes zu tun. Schade ist nur, wenn Jungen es sich dabei nicht gemütlich machen können – zum Beispiel, weil es nur heimlich auf dem Klo stattfindet. Die Tatsache, dass männliche Selbstbefriedigung ab der Geschlechtsreife Spuren hinterlässt, ist für viele Jungen ein großes Problem. Ein Mann berichtet von seiner ersten Ejakulation:

«Jetzt war ich wirklich verängstigt. Ich hatte das alles in meinem Bettzeug, und ich weiß nicht mehr, was mich mehr erschreckt hat: der Gedanke, daß ich mich selbst verletzt haben könnte, oder die Angst, dass meine Mutter etwas merken würde. (...) Als ich das zweite Mal ejakulierte, benutzte ich einen Kopfkissenbezug und stopfte ihn ganz unten in den Wäschekorb. Ich frage mich jetzt noch manchmal, was meine Mutter wohl über alle diese Kopfkissenbezüge gedacht hat. Doch mir gegenüber hat sie niemals ein Wort darüber verloren.» – «Ich fühlte mich richtig schuldig deswegen. Das ist merkwürdig, weil mir nie jemand gesagt hatte, daß es schlecht sei. Doch es hat mir auch keiner gesagt, daß es gut war» (in Hartmann & Fithian, 1990, S. 42).

Ein anderer Mann vermied es, Spuren zu hinterlassen, weil seine Mutter nichts merken sollte: «Ich wußte nicht, wie sie darüber dachte, doch ich stellte mir vor, daß sie dagegen sein würde, und ich wollte mich nicht ausschelten lassen.» – «Ich habe Kleenex benutzt – Unmengen davon, und dann mußte ich mir überlegen, was ich mit all dem Papier machen sollte. Also tat ich es unter der Dusche oder in der Toilette über dem Becken» (ebenda, S. 73).

Weil Selbstbefriedigung nur im Verborgenen stattfinden kann, müssen auch Geräusche und heftige Bewegungen unterdrückt werden, die zu intensiver Lust dazugehören. Wie mir ein Mann erzählte: «Ich schlief mit meinem Bruder in einem Etagenbett. Bei jeder Bewegung knarrten die Bettfedern ... Mein Bruder sollte nichts hören, also versuchte ich, dabei so still wie möglich zu bleiben.» Da findet Lust nur noch im Penis statt; der Rest des Körpers wird «beherrscht», damit keiner etwas mitbekommt. Wenn Selbstbefriedigung etwas ist, was möglichst unbemerkt bleiben soll, dann ist es oft auch etwas, was möglichst schnell gehen muss: ruckzuck auf dem Klo, abwischen, runterspülen, fertig, nichts gewesen. Viel Gefühl kann dabei natürlich nicht entstehen. Dies ist wohl eine der entscheidenden Ursachen für verbreitete sexuelle Probleme von Männern wie frühzeitiger Orgasmus und mangelnde Intensität des Lusterlebens.

Während viele Jungen ihren Penis ganz gut kennen, haben sie oft nur sehr unklare Vorstellungen vom Inneren ihres Körpers. Interessanterweise liegt im «dunklen Kontinent» des männlichen Leibes ein weiteres hoch sensibles Organ: die Prostata. Dieses männliche Sexualorgan, das durch den Anus mit dem Finger leicht zu erreichen ist, entdecken heterosexuelle Männer meist erst, wenn es zu spät ist: Wenn sie Beschwerden verursacht – Prostatakrebs ist die häufigste Krebserkrankung bei älteren Männern.

Sexuelle Begegnungen mit anderen sind zunächst oft eine schwierige Angelegenheit. Der Sexualtherapeut Zilbergeld beschreibt in seinem Klassiker über Männersexualität sehr treffend die «Mythen», die die Vorstellungen vieler Männer von Sexualität prägen: «Jede Berührung ist sexuell und sollte zum Sex führen», «Männer können und wollen jederzeit», «beim Sex zeigt ein wirklicher Mann, was er kann» und «lässt seine Partnerin ein Erdbeben erleben», und «echte Männer haben beim Sex keine Probleme» (vgl. Zilbergeld, 1996). Weil das alles mit der Realität wenig zu tun hat, beschränken sich die Gespräche von Jungen über Sexualität oft auf Witze, «heiße» Andeutungen und mehr oder weniger ernst vorgetragene Sprüche darüber, was für tolle Erfahrungen sie schon gemacht haben. Es ist klar, dass es dabei um Sex mit Frauen geht. Zwar machen viele Jungen auch sexuelle Erfahrungen miteinander, aber offen dazu zu stehen, dass es schön ist, den Körper eines anderen Jungen zärtlich oder lustvoll zu berühren, ist tabu. Schon Arm in Arm mit einem guten Freund herumzulaufen, sich vielleicht noch in aller Öffentlichkeit zu küssen, was für viele Mädchen normal ist, machen viele Jungen natürlich nicht: «Ich bin doch nicht schwul!»

Dabei sind Kontakte mit anderen Jungen durchaus eine Möglichkeit für Jungen, Neugier zu befriedigen und Unsicherheit abzubauen. Dies kann sowohl über den Austausch von Erfahrungen erfolgen als auch über gemeinsame Selbstbefriedigung. Mit der Entwicklung einer homosexuellen Orientierung haben sexuelle Spielereien pubertierender Jungen nicht viel zu tun, obwohl natürlich entsprechende Ängste der Eltern und Einstellungen der Jungen selbst dazu führen können, dass solche Erfahrungen Angst auslösen oder von vorneherein vermieden werden. Ein Mann berichtet: «Im Hinterhof verglichen wir unsere Schwänze und onanierten gemeinsam. Das Gefühl, schwul zu sein, hatte ich dabei nicht; ich empfand uns eher als verschworene kleine Gemeinschaft. Da aber auch jüngere Kinder dabei waren, hatte ich Angst, dass sie es ihren Eltern erzählen könnten und ich als ‹Verführer› dastehen könnte. Noch lange danach war ich unsicher, wenn ich den Eltern begegnete.»

Solche Erfahrungen miteinander zu machen bedeutet nicht, auch miteinander reden zu können. Und Gespräch ist nicht gleich Gespräch. Oft, gerade in der Öffentlichkeit, sind die Gespräche von männlichen Jugendlichen mehr ein Geprahle von Erfahrungen mit Mädchen, die sie nicht gemacht haben. Dahinter verbirgt sich große Unsicherheit, über die zu sprechen ihnen sehr viel schwerer fällt.

Bei Begegnungen mit Mädchen stehen Jungen im Zwiespalt zwischen mangelndem Wissen und der nach wie vor verbreiteten Vorstellung, dass in der Sexualität der Mann die Initiative übernehmen sollte. Wenn das nicht so klappt wie erwartet, erleben männliche Jugendliche und Männer das als «Versagen». Dabei spiegeln sexuelle Probleme oft ihre tatsächlichen Gefühle wider, denn insbesondere bei ihren ersten sexuellen Erfahrungen sind sie in der Regel unsicher und nervös. Dass männliche Sexualität oft auf den Penis reduziert wird («Schwanzfixierung»), ist dabei nicht gerade hilfreich. Populäre Filme wie «Er und Ich» erwecken den Eindruck, dass der Penis ein Eigenleben führt, das mit den Gefühlen des Mannes nicht viel zu tun hat. Auch in Pornographie wird vom Penis oft geredet, als ob er ein eigenes Wesen sei – oder das einzig Wesentliche des Mannes: «seine pulsierende Männlichkeit» oder einfach nur «sie fand *ihn*». «So entsteht eine unglaubliche Verwirrung von Persönlichkeit oder Identität und Sexualorgan», meint Zilbergeld (1996, S. 37).

Sexualität hat damit ein doppeltes Gesicht. Sie ist ein Bereich, in dem Jungen und junge Männer schöne Körpererfahrungen mit sich und anderen machen können. Wenn es aber vor allem darum geht, dass sie sich in der Sexualität als «echter Kerl» beweisen müssen, wird sie dagegen zum Stress, der durch die Erwartung, dabei auch noch einfühlsam und rücksichtsvoll zu sein, nicht geringer wird. Obwohl Winter & Neubauer in ihrer Befragung ein sehr vielfältiges Bild der Sexualität von Jungen entdeckten, kommen sie zu dem Schluss, dass Jungen zwar klare Vorstellungen davon haben, was sie *nicht* machen sollen – übergriffig sein, Mädchen zum Sex zwingen, die Verhütung vergessen –, aber es «nur wenig gibt, was sie sich unter den schönen Seiten der Sexualität vorstellen können» (1998, S. 277).

Ein Lob der Empfindsamkeit

Sport, Styling, Kämpfen und Sex: So werden Jungenkörper gemacht. Dagegen ist nichts einzuwenden, wenn Jungen dabei auch ein Gespür für die Grenzen ihres Körpers entwickeln und nicht unter ständigem Leistungsdruck stehen.

Als im Film *Last Action Hero* der Held aus der Leinwand heraus ins wirkliche Leben tritt, muss er überrascht feststellen, dass sich hier Windschutzscheiben nicht mit der bloßen Faust einschlagen lassen. Stattdessen tut nach dem Versuch seine Hand verdammt weh. Viele Actionfilme, insbesondere die für kleinere Jungen, erwecken dagegen den Eindruck, dass der Einsatz des Körpers als Werkzeug (zum Beispiel, um Türen einzutreten) oder Waffe (in wüsten Prügeleien) an Männerkörpern eher spurlos vorübergeht. Zumindest macht es sie meist nicht handlungsunfähig.

Zwar wissen Jungen in der Regel, dass dies im realen Leben nicht so ist. Dass viele Jungen aber auch die Grenzen des eigenen Körpers nicht kennen oder sie missachten, zeigt sich am deutlich höheren Anteil von Jungen bei Verletzungen und Unfällen. «Etwas abzukönnen», ist für viele Jungen wichtig, empfindlich zu sein eher ein Makel. Auch Männer spielen körperliche Verletzungen meist herunter – im Gegensatz zu

Verletzungen an ihren Besitztümern, zum Beispiel, wenn ihr neues Auto einen Kratzer im Lack hat! Benard & Schlaffer fragen: «Warum jammern Männer, wenn ihr Auto eine Delle oder einen Kratzer hat, aber beim eigenen Körper tun sie so, als sei es ihnen egal?» (2000).

Viele Frauen würden den Autorinnen hier allerdings widersprechen. Männer, so heißt es, würden sich zwar nicht so sehr um ihren Körper kümmern, aber wenn sie einmal verletzt oder krank seien, seien sie nicht selten empfindlicher als Frauen und oft geradezu wehleidig. In einer aktuellen Umfrage der Zeitschrift GEO Wissen stand Wehleidigkeit an der Spitze der Eigenschaften, die Frauen Männern zuschrieben: 63 % der Frauen fanden sie typisch männlich, wogegen zum Beispiel Mut von 45 % und Humor nur von 40 % genannt wurden. Interessanterweise sah es ganz anders aus, wenn die Frauen aufgefordert wurden, an Männer in ihrem Bekanntenkreis zu denken. Dann wurden nur noch 29 % als wehleidig bezeichnet. Bei keiner (!!) anderen der 22 erfragten Eigenschaften war in den Antworten der Befragten der Unterschied zwischen Klischee und realer Erfahrung so groß (vgl. Piel, 2000, S. 56). Frauen berichten auch häufiger von «weinerlichen» Jungen, die «sich schon bei Kleinigkeiten anstellen». Diese Äußerungen stehen in seltsamem Kontrast zum Wunsch, dass Jungen (und Männer) mehr Gefühle zeigen und weinen «sollen».

Körperliche Verletzungen sind ein auffälliges Element vieler Märchen und Mythen: Ein verletzter Finger steht für das Übertreten eines Verbots, eine Narbe ist das Zeichen, an dem der Held wiedererkannt wird. In vielen Initiationsritualen wird Jungen eine Wunde beigebracht, manchmal sehr brutal, manchmal eher symbolisch. Verletzungen oder riskante Aktionen, die zu Verletzungen führen können, sind auch Bestandteil von Mutproben, die Jungen selbst erfinden.

Sind dies alles Relikte einer Zeit, in der Jungen zu Jägern und Kriegern erzogen werden sollten? Schmerzen aushalten zu können, ist kein gutes Erziehungsziel für Jungen. Und wer eigene Schmerzen nicht wahrnimmt, wird auch mit anderen entsprechend umgehen. Andererseits gehören Verletzungen zum Leben dazu. Der Dorn im Fuß, das zu heiße Teewasser, der Sturz vom Fahrrad: Die Spuren, die sie an unserem Körper hinterlassen, erzählen ein Stück von unserer Geschichte. Übervorsichtiges Verhalten, das kleine Kinder vor derartigen Verletzungen bewahren will, geht nach hinten los, denn Kinder, die in ihren Bewegungs- und Experimentierwünschen zu sehr gebremst werden, verletzen sich leichter als Kinder, die viel mit ihrem Körper ausprobieren und ihn daher besser kennen.

Die symbolischen Wunden in den Geschichten und Ritualen lassen sich aber auch anders verstehen. Sie können für die Wunden stehen, die Jungen in unserer Gesellschaft so oder so bereits empfangen haben – körperliche wie seelische. Denn nicht alle Wunden, die das Leben uns schlägt, bleiben am Körper sichtbar. Auch verbale Gewalt, Demütigung und Hänseleien in Elternhaus und Schule hinterlassen Narben in unserer Seele. Und selbst in der besten Kindheit gibt es Enttäuschungen und Verletzungen, die sich nicht vermeiden lassen. Jungen brauchen daher Gelegenheiten, Schmerz auszudrücken und sich mit ihren körperlichen und seelischen Wunden anderen anzuvertrauen, ohne dass ihr Männlich-Sein dadurch infrage gestellt wird.

Über Verletzungen sprechen

Auch Klagen und Jammern will gelernt sein, ebenso wie Anteilnahme und Trost. Dazu gehört sowohl Wissen über den eigenen Körper als auch die Möglichkeit, mit Verletzungen verbundene Gefühle zum Ausdruck zu bringen.

Viele Jungen kennen ihren Körper nicht sonderlich gut. Körperliche Verletzungen sind eine wichtige Gelegenheit, dieses Wissen zu erweitern: Warum sind die «empfindlichen Teile» so empfindlich? Warum tut es weh, einen Stoß auf das Sonnengeflecht zu bekommen? Warum müssen die Nieren besonders geschützt werden? Älteren Jungen und Jugendlichen können auch differenzierte Zusammenhänge vermittelt werden, insbesondere die Gefahr, dass es beim Ignorieren von Verletzungen (zum Beispiel Brüche, Zerrungen) zu Langzeitschäden kommen kann. Weil die «Fitness» des eigenen Körpers vielen Jungen wichtig ist, ist dies für sie durchaus ein Thema.

Die damit verbundenen Gefühle anzusprechen, ist eine andere Angelegenheit. Je jünger Kinder sind, umso leichter fällt es ihnen noch: Jungen im Kindergarten weinen, wenn ihnen etwas wehtut, und suchen Trost. Eher sind es die Erwachsenen, die genervt reagieren und die Jungen schnell «beruhigen» wollen, damit es wieder ruhig ist. Je älter Jungen werden, umso eher «verkneifen» sie sich Tränen und Klagen. Besonders schwer fällt es ihnen, seelischen Kummer auszudrücken, der keine «sichtbare» Ursache hat.

Um empfindsame Seiten zu zeigen, braucht es den richtigen Rahmen: einen ruhigen, ungestörten Ort – einen Platz, an dem man sich wohl fühlen kann (der allerdings nicht immer so aussieht, wie Frauen es sich vorstellen: Es kann auch am Kicker sein!). Und es braucht andere Menschen, die einfach nur da sind und zuhören. Jungen, die sich selbst das Weinen abgewöhnt haben, sind schnell verunsichert, wenn bei anderen zu viele Gefühle hochkommen. Gerade in der Gruppe fallen daher schnell Bemerkungen, mit denen ein Junge, der sich Schmerz oder Traurigkeit anmerken lässt, bloßgestellt und lächerlich gemacht wird. In solchen Momenten ist ein klarer Eingriff von Seiten der Erwachsenen angesagt.

Es muss nicht auf ein Unglück gewartet werden, um Anteilnahme zu üben. Hier zwei Vorschläge zum Sprechen über Verletzungen:

Wunde Punkte

Die Spuren von Verletzungen sind quasi in den Körper «eingeschrieben». Mit dieser Übung, die gut in Jungengruppen durchgeführt werden kann, können sie sichtbar gemacht werden. Dazu werden am besten Pflaster bereitgestellt. Die Jungen markieren mit einem Pflaster oder auch mit einem Filzstift alle Stellen, die eine Verletzung haben (blaue Flecke, Narben, Brüche usw.). In der Runde können sie erzählen, wie sie sich die Verletzung(en) zugezogen haben. Anschließend kann ein Gespräch darüber beginnen, wie Jungen mit Verletzungen umgehen und wann es ihrer Ansicht nach «okay» ist zu weinen. Wichtig ist auch, bei welchen Verletzungen Folgeschäden zu befürchten sind und man unbedingt einen Arzt aufsuchen sollte (Idee nach Benard & Schlaffer, 2000, S. 166).

Ein Heilungsritual

Für Jungen ist es beeindruckend, von Wunden und Narben zu erfahren, die Männer mit sich herumtragen. Felix Rohner greift dies in einem Heilungsritual auf. Es ist Bestandteil eines «Initiationsseminars» für katholische Firmlinge, das er für zwölf- bis dreizehnjährige Jungen und ihre Paten veranstaltet. Jungen und Männer sitzen dazu im Zelt zusammen. «Wenn du stirbst, begegnest du der Alten Hexe, und sie isst deine Narben», zitiert der Leiter den Indianer Lame Deer. «Wenn du keine Narben hast, isst sie deine Augäpfel, und du wirst in der anderen Welt blind sein.» Darauf markieren alle Anwesenden mit rotem Band die Stellen an ihrem Körper, an denen sie körperliche oder seelische Narben tragen. Dies dauert eine Weile.

Die Männer ordnen sich dem Alter nach. Während ein rituelles Lied gesungen wird, setzt sich der Älteste in die Mitte. Dann erzählt er von seinen Wunden und Narben, soweit es ihm in der Gruppe möglich ist. Anschließend wird wieder gesungen, und drei Männer gehen zu ihm und legen ihre Hände auf die gekennzeichneten Wunden. Danach kehrt er zu seinem Platz zurück, und nacheinander kommen die anderen an die Reihe. Wichtig ist dabei, dass alles, was passiert, freiwillig ist, auch die Berührung (vgl. Rohner, 1998, S. 49 f.).

Es ist klar, dass die Durchführung eines solchen Rituals einer besonderen Atmosphäre bedarf. Dann kann es eine sehr intensive und heilsame Erfahrung werden. Das bedeutet nicht, dass der Austausch über derartige Erfahrungen auf solche besonderen Momente beschränkt bleiben muss.

Schöne Körpererfahrungen

Was bei vielen Jungen zu kurz kommt, sind angenehme, sanfte und zärtliche Körpererfahrungen. Jungen brauchen Möglichkeiten, ihren Körper ohne Angst vor Bewertungen spüren zu können. Sie brauchen auch Gelegenheiten zu schönem Körperkontakt mit anderen Menschen, ohne dass es immer um Sexualität geht. Möglichkeiten dafür sind zum Beispiel Tanz und Trommeln, Entspannungsübungen und Phantasiereisen, Vertrauensspiele und Massage. Jungen brauchen Unterstützung dabei und müssen ermutigt werden, wenn andere Jungen oder Männer sich über sie lustig machen, weil sie Freude an etwas haben, was nicht ins Bild des «harten Mannes» passt. Sie müssen natürlich auch erleben, dass die Männer, mit denen sie es zu tun haben, solche Dinge schön finden und Spaß daran haben, sich selbst etwas Gutes zu tun.

Viele Pädagogen haben die Befürchtung, dass sich Jungen auf Angebote zu sanfter Körpererfahrung nicht einlassen. Oft zeigt sich aber, dass Jungen begeistert davon sind, wenn sie die erste Hürde genommen und es einmal ausprobiert haben. In Gruppen mit verhaltensauffälligen, zum Teil aggressiven Kindern habe ich erlebt, wie schön Jungen es finden, mit einem Igelball massiert zu werden – als sie erst einmal wussten, wie schön das ist, konnten sie gar nicht mehr genug bekommen.

Nicht selten fällt es Jungen leichter, sich auf solche Erfahrungen einzulassen, wenn sie unter sich sind. So haben wir in einer gemischten Gruppe von Neunjährigen erlebt, dass Jungen begannen, mit den Igelbällen herumzuwerfen, während die Mädchen sich gegenseitig mit den Bällen massierten. In reinen Jungengruppen beobachteten wir das nicht – hier stehen die Jungen weniger unter Druck, beweisen zu müssen, was für tolle Kerle sie sind, und können sich (wenn es ihnen in der Gruppe gut geht) leichter auf ungewohnte Erfahrungen einlassen. Wenn ihnen solche Dinge vertrauter geworden sind, fällt es ihnen auch im gemischten Alltag leichter. So berichtet Ute Wasserbauer, Leiterin eins Kinderhauses, die seit Jahren psychomotorische Gruppen getrennt für Jungen und Mädchen im Grundschulalter anbietet: «Seit sie an der Jungengruppe teilgenommen haben, kommen einige Jungen, die vorher nie zur Ruhe kamen, manchmal zu mir, wenn sie besonders aufgeregt und unruhig sind, und bitten mich, sie ‹abzuigeln›.» Sie konnten im sicheren Rahmen der Jungengruppe erleben, was ihnen gut tut, und übertragen diese Erfahrung nun auf den Alltag.

Körperorientierte Angebote sind ein wesentliches Element aller Ansätze geschlechtsbewusster Jungenarbeit. Dabei geht es vor allem darum, dass es Spaß macht und Jungen sich wohl in ihrer Haut fühlen. Ideen dafür gibt es genug (vgl. zum Beispiel Krabel, 1998; Welz & Dussa, 1998).

Eine 2. Klasse übt ein Frühlingsballett nach Musik von Vivaldi ein. Der achtjährige Dennis ist mit grünem Rock und buntem Kranz als Blume verkleidet. Hingebungsvoll wiegt er sich hin und her.

Je näher die Aufführung rückt, desto unsicherer wird er aber. Schließlich gesteht er der Lehrerin: Er schämt sich, wenn sein Freund ihn so sieht, und hat Angst, der könne sich über ihn lustig machen: «Der ist schon dreizehn!»

Die Lehrerin: «Dann gehst du einfach zu ihm hin und sagst zu ihm: ‹Du Spargeltarzan, du würdest dich ja nicht mal auf die Bühne trauen.›» – «Das mach ich!», sagt der Junge begeistert und erleichtert, und selig tanzt er weiter.

Mitteilung einer Lehrerin

Gewalt: Die Schattenseite der Männlichkeit

Aufgeregt kommt ein Mädchen und berichtet, Marius habe soeben Swantje ganz doll gewürgt. Der Lehrer holt die beiden zum Gespräch und fragt, was geschehen ist.
Marius: «Swantje hat mich gekniffen.»
Swantje: «Ich hab dich nur beim Fangen gekniffen. Das ist so passiert.»
Marius: «Ich habe Swantje gefangen. Da hat sie mich gekniffen. Da hab ich zu ihr gesagt, wenn sie mich nicht in Ruhe lässt, dann pack ich sie am Hals.»
Swantje: «Ich hab doch ganz normal Fangen gespielt. Ich hab ihn doch gar nicht gekniffen.»
Marius: «Ich hab sie ja nur leicht gewürgt.»
Swantje: «Mir hat es sehr wehgetan.»

berichtet von Gebauer (1996)

Wo Mädchen heulen, schlagen Jungen zu

Alltag in der Grundschule … Ist so eine Szene noch Spiel, oder geht es hier um Gewalt? Diese Frage stellt sich bei vielen kleinen Situationen am Rande des Alltags. Einen anderen Jungen zur Seite zu drängen; mal eben im Vorbeigehen ein Mädchen ein wenig an den Haaren zu ziehen; laut Schimpfworte durch den Raum zu rufen: Für viele Mütter, Erzieher und Erzieherinnen und Lehrer und Lehrerinnen sehen Situationen wie diese nach Aggression oder sogar Gewalt aus. Die beteiligten Jungen und Mädchen selbst bewerten sie unterschiedlich: Was für die einen noch Spaß und Spiel ist, ist für die anderen Stress, Kränkung oder Bedrohung. Was allerdings klar ist: Solches Verhalten geht häufiger von Jungen aus. Immer wieder sind es Jungen, die schlagen, treten und ausrasten, wenn sie nicht mehr weiterwissen. Und oft fällt es ihnen schwer, zuzugeben oder überhaupt wahrzunehmen, dass sie andere damit verletzen.

Dass Jungen sich aggressiver verhalten als Mädchen, gehört zu den wenigen wissenschaftlich gut belegten Unterschieden zwischen den Geschlechtern. Schon bei Einjährigen lässt sich das beobachten: Jungen beginnen mehr Konflikte – und sind häufiger deren Opfer. Sie zeigen in der weiteren Entwicklung mehr körperliche Aggression, wogegen schon kleine Mädchen eher «nervöse Gewohnheiten» wie Nägelkauen, Daumenlutschen oder ängstliches Verhalten zeigen. Aggressives Verhalten beschränkt sich bei ihnen eher auf verbale und symbolische Formen. Bei vielen Jungen ist die Bereitschaft oder Fähigkeit, Konflikte durch Reden zu lösen, dagegen gering. Stattdessen schlagen sie eher zu.

Aggressives Verhalten sowie das so genannte «hyperaktive Syndrom» sind häufig Anlass, Jungen in Beratungsstellen und bei Ärzten vorzustellen. Das Geschlechterverhältnis beträgt bei aggressiven Verhaltensauffälligkeiten drei zu eins, bei Hyperaktivität je nach Untersuchung drei bis neun zu eins (vgl. Schnack & Neutzling, 2000, S. 125). Manche Grundschullehrer und -lehrerinnen haben den Eindruck, dass die Hälfte der Jungen in ihrer Klasse «hyperaktiv» sei. Das ist sicher übertrieben. Der Anteil von Jungen mit hyperkinetischen Störungen liegt aber immerhin bei fünf bis zehn Prozent. Wenn das Problemverhalten stark ausgeprägt ist, geht es nicht selten mit aggressivem und oppositionellem Verhalten einher (vgl. Döpfner, 1997, S. 2 f.). Oft werden sie dann mit Psychopharmaka wie dem umstrittenen Ritalin ruhig gestellt (vgl. ebenda, S. 14). Bis zur Pubertät werden Jungen mehr Schmerz-, Schlaf- und Beruhigungsmittel verschrieben als Mädchen.

Erstaunlicherweise werden diese deutlichen Unterschiede nur selten in den Blick genommen. Nach wie vor wird nicht nur von Pädagogen und Pädagoginnen, sondern auch in vielen Fachbüchern neutral von «Kindern und Jugendlichen» gesprochen, wenn es um aggressives Verhalten und Gewalt geht. Erst in den letzten Jahren wird zunehmend diskutiert, dass es dabei meist um Jungen geht. Oft wird vermutet, dass Jungen aus biologischen Gründen aggressiver sind als Mädchen. In der Tat haben männliche Jugendliche ein möglicherweise hormonell bedingtes höheres motorisches Aktivitätsniveau, und aufgrund ihrer körperlichen Überlegenheit haben sie bessere Chancen als Mädchen, sich in Konflikten mit Gewalt durchzusetzen. Selbst wenn es ein angeborenes motorisch-aggressives Potenzial gibt, ist die entscheidende Frage jedoch, wie es durch den Einfluss von Erfahrungen, Lernprozessen und Vorbildern so gelenkt werden kann, dass es keine zerstörerischen Wirkungen entfaltet. Petri schreibt: «Wie geradezu heroisch diese Aufgabe besonders bei Jungen ab der Pubertät wegen ihres ungleich höheren, biologisch verankerten Aggressionspotenzials ist, lässt sich an dem häufigen Scheitern dieser Bemühungen ablesen» (Petri, 2000, S. 7).

Allerdings sprechen einige Beobachtungen gegen die Annahme, dass das nach außen gerichtete Problemverhalten von Jungen in erster Linie biologisch bedingt ist. Jungen im Grundschulalter sind nicht stärker als Mädchen. Die mit hyperaktivem Verhalten verbundene motorische Unruhe, was sie auch immer für Ursachen haben mag, lässt in der Regel in der Pubertät deutlich nach, trotz des höheren Testosteronpegels. Und es sind oft gerade nicht die körperlich überlegenen Jungen, die besonders aggressiv sind. Viele Gründe sprechen stattdessen dafür, dass Aggressionen von Jungen entscheidend mit geschlechtstypischen Erwartungen sowie mit Unsicherheiten von Jungen auf dem Weg zum Mann-Sein zu tun haben.

«Ich bin einer mit Pipi, also muss ich wohl kämpfen!»

So brachte eine Erzieherin auf den Punkt, wie Männlichkeit und Kampf in den Augen vieler Jungen zusammenhängen. Diese Botschaft ist – in ganz ähnlichen Worten – auch in manchen Actionfilmen zu finden (vgl. S. 244 ff.). Aggression und Gewalt sind «männlich» – und nicht nur Jungen haben das Bild, dass ein gewisses Maß an aggressivem Verhalten einfach zum Junge-Sein dazugehört.

Aggressives Verhalten ist in Zusammenhang mit «normalem» Jungenverhalten zu sehen. Es sind eher Jungen, die laut und impulsiv sind, wilde und raue Spiele spielen und ihren Mut durch riskante Aktionen unter Beweis stellen. Das macht sie für aggressives Verhalten und Regelverstöße anfälliger. Meist wird übersehen, dass Jungen nicht nur oft Initiatoren, sondern auch häufiger Ziel bzw. Opfer von Attacken sind als Mädchen. Dies trifft sowohl auf Scheinkämpfe und Frotzeleien als auch auf ernsthafte Konflikte zu. Eine besondere Bedeutung haben die Gruppen der Jungen, in denen Dominanz, Konkurrenz und die «Hackordnung» wichtige Themen sind. Dabei behaupten Jungen ihre Position durch direkte Kommandos und körperliche Angriffe. Auch wenn viele Jungen eigentlich unsicher und vorsichtig sind und man im Einzelkontakt gut mit ihnen sprechen kann, dominieren in der Gruppe oft Jungen, die bestimmt und zum Teil aggressiv auftreten. Wer da nicht mithält, wird an den Rand gedrängt. Mädchen gehen dagegen behutsamer miteinander um und mehr aufeinander ein.

Die Unterschiede zwischen Mädchen und Jungen spiegeln sich ebenfalls in ihrer Sprache wider. Mädchen haben – wie ihre Mütter – gelernt, «nett» zu sein und Konflikte zu vermeiden. Ein «richtiges» Mädchen ist nicht laut und haut! Jungen dagegen gehen in Konflikten eher direkt aufeinander los. Schon im Kindergarten verwenden Jungen eher «Kraftausdrücke», nicht zuletzt, um Frauen damit zu provozieren und sich stärker zu fühlen, frei nach dem Motto: «Ich bin zwar unsicher und schwächer als du, aber ich kann dich schockieren, indem ich Worte ausspreche, die du nicht über die Lippen bringst.»

Oft wird die Ansicht vertreten, dass Mädchen genauso aggressiv seien wie Jungen, nur äußere sich das anders. Oder es heißt sogar: «Die Mädchen sind noch viel schlimmer! Die sind so zickig und hinterhältig!» Tatsächlich äußern sich bei Mädchen Streit und das Bedürfnis nach Abgrenzung eher indirekt und «hintenrum» durch «Petzen», «Liebesentzug» («Dann bist du nicht mehr meine Freundin!») oder eine «Schmolllippe». Sie erfüllen damit die häufig geäußerte Erwartung der Erwachsenen, Konflikte «verbal» anzugehen – und zeigen so, dass mit Worten manchmal genauso verletzt werden kann wie mit Fäusten. An der scharfen Ablehnung solchen Verhaltens wird allerdings vor allem eines deutlich: Der Ausdruck von Aggressionen wird bei Mädchen noch negativer bewertet als bei Jungen – gerade von Frauen. Das ist nicht überraschend, denn die meisten Frauen haben selbst erlebt, dass sie abgewertet, abgelehnt oder «in ihre Schranken verwiesen» worden sind, wenn sie versucht haben, sich mit aggressiven Mitteln durchzusetzen und Positionen zu behaupten. Mit den so genannten «weiblichen Waffen» – Charme, Einfühlsamkeit, taktischer Unterwürfigkeit oder auch dem «Drücken auf die Tränendrüse» – haben Mädchen und Frauen dagegen nicht selten mehr Erfolg.

Zu aggressivem Verhalten und körperlicher Gewalt kommt es oft dann, wenn Jungen nichts mit sich anzufangen wissen oder ihre Kontaktversuche keinen Erfolg haben. Vor allem in Jungengruppen gelten oft eigene Regeln, die manche Formen der Aggression tolerieren und ermutigen. Zudem tun sich besonders aggressive Jungen oft zusammen. Weil aggressive Jungen besonders auffallen und manchmal auch das Miteinander in der Gruppe beherrschen, wird allerdings manchmal übersehen, dass die Mehrheit der Jungen kein auffällig aggressives Verhalten zeigt. In vielen Jungengruppen werden Konflikte erfolgreich geregelt und Auseinandersetzungen innerhalb akzeptabler Grenzen gehalten.

Jungen auf der Gratwanderung zwischen «Schläger» und «Weichei»

Für heranwachsende Jungen ist es schwierig, die an sie herangetragenen Erwartungen zu erfüllen und Aggressivität und Durchsetzungsvermögen so zu dosieren, dass sie «männlich» erscheinen, ohne mit den geltenden Normen und Regeln allzu sehr in Konflikt zu geraten. Impulsive und «hyperaktive» Jungen sind oft unbeliebt und sozial isoliert, weil ihnen das nicht gelingt. Manchmal versuchen sie, Anerkennung durch besonders «mutige» Taten zu erlangen, oder sie lassen ihren Frust an Schwächeren aus. Wer aber zu oft zuschlägt, bekommt Ärger, nicht nur mit den Erwachsenen, sondern auch mit anderen Jungen und Mädchen. Wenn sich solche Muster verfestigen, sind Jungen gefährdet, in ihrer weiteren Entwicklung mit Gewaltproblemen auffällig zu werden.

Auf der anderen Seite müssen Jungen, die sich Mutproben und Kämpfen entziehen wollen, damit rechnen, als «Feigling» oder «Weichei» lächerlich gemacht zu werden. Wenn Jungen ihre ersten Lektionen über «Männlichkeit» verstanden haben, wissen sie: Angst haben gilt nicht! Ein «richtiger Junge» geht auch nicht «petzen» – das heißt, er holt sich keine Hilfe, auch wenn ihm Unrecht getan wird. Kritisiert wird das Hilfe-Holen allerdings oft ausschließlich von den Stärkeren, die um ihre Machtposition fürchten müssen, wenn Erwachsene eingreifen.

Das «richtige Maß» an Aggression ist von Lebenswelt zu Lebenswelt sehr verschieden. In vielen Familien, vor allem aber in öffentlichen Institutionen für Kinder und Jugendliche wie Kindergarten, Schule und Jugendzentren steht das Gebot, Konflikte möglichst durch Reden zu lösen, an oberster Stelle, und körperliche Gewalt wird eher abgelehnt. Jungen, die durch aggressives Verhalten auffallen, werden zu «kleinen Rambos» erklärt, die in die Schranken verwiesen werden müssen. Damit wird sowohl den Jungen Unrecht getan, die weder so stark noch so zerstörerisch sind wie *Rambo*, als auch dem Filmhelden, der sich ja immerhin für positive Ideale und Ziele einsetzt. Die meisten Erwachsenen, die kleinen Jungen dieses Etikett anhängen, haben die Rambo-Filme nie gesehen (vgl. daher das Kapitel *Helden für junge Männer*).

Andererseits gibt es Gegenden, in denen Gewalt auf der Straße zum Alltag gehört und schon Grundschüler sich bewaffnen, um für etwaige Vorfälle vorbereitet zu sein. Die Gewalterfahrungen der Kinder und ihr ständiges Bemühen, aus körperlichen Auseinandersetzungen als Sieger hervorzugehen, legt die Grundlage für gewalttätiges Verhalten in der Jugendzeit. Es nur als Problemverhalten anzusehen, trifft allerdings nicht den Kern der Sache, denn in ihrer Lebenswelt sind sie darauf angewiesen, sich auch körperlich wehren zu können.

Für Kinder und Jugendliche aus den mediterranen Kulturen wiederum, insbesondere für türkischstämmige Jungen, steht das Konzept der Ehre an erster Stelle. Auch für ansonsten zurückhaltende Jungen ist klar, dass sie die Ehre ihrer Gruppe oder insbesondere der weiblichen Verwandten «verteidigen» müssen. Das bedeutet nicht zuletzt, auf Angriffe sofort zu reagieren: «Wenn mich einer beleidigt, dann gehe ich gleich in die Luft. Es geht um die Ehre. Man hat viel mehr Ehre und Stolz – bei uns Türken ist das so. Wenn jemand in der Klasse einem Türken, der viel Ehre und Stolz hat, die Mutter beleidigt, dann kann man nicht zum Lehrer gehen und sagen, der hat das und das gesagt. Sondern man geht gleich drauflos, man schnappt sich den nach der Schule» (Deutsche Shell, 2000 [2], S. 12).

Wie reagieren Erwachsene auf aggressives Verhalten?

Mit Wut, Ärger und Aggressionen von Kindern wird heute anders umgegangen als vor einigen Jahrzehnten. Ein autoritärer, auf Gehorsam bedachter Erziehungsstil wird von vielen Eltern und Pädagogen und Pädagoginnen abgelehnt. Es wird nicht mehr erwartet, dass Kinder in Gegenwart von Erwachsenen still und zurückhaltend sind. Stattdessen steht im Vordergrund, dass sie sich frei entfalten und ihre Bedürfnisse offen zum Ausdruck bringen sollen. Eltern versuchen, so gut wie möglich für Kinder da zu sein, und haben Verständnis dafür, wenn Kinder sehr wütend werden, weil ihnen etwas nicht passt. Andererseits erwarten sie dafür von ihren Kindern, dass diese «von sich aus» einsehen, «wann es genug ist» – aber dazu sind nicht alle Kinder bereit. Manchmal kommt es Eltern daher so vor, als ob Kinder ihre Gutmütigkeit «ausnutzen». Kinder, heißt es, würden immer egoistischer und seien weniger bereit, einmal zurückzustecken und sich an andere anzupassen – «kleine Tyrannen». Oft sind es Jungen, die schon im zarten Alter von drei Jahren ihre Mütter herumkommandieren und in ohrenbetäubendes Geschrei ausbrechen, wenn etwas einmal nicht nach ihrem Kopf geht.

Der größere Freiraum, der Kindern heute beim Ausdruck ihrer Gefühle zugestanden wird, verbindet sich damit, dass bei Jungen lautes, wildes und aggressives Verhalten von jeher als normaler angesehen wird. Am Ende kommen allerdings manchmal Jungen dabei heraus, die «keine Grenzen mehr kennen». Woher auch? Sie wissen in der Tat nicht, wo es langgeht, und testen daher unsere Grenzen massiv aus. Wütende und provozierende Kinder können Erwachsene wütend und hilflos machen. Vielen Erwachsenen, die keine Gewalt in der Erziehung anwenden wollen, fällt es schwer, wilden und aggressiven Kindern – und das heißt oft: Jungen – Grenzen zu setzen. Oft haben sie das Gefühl, ein Kind zu «vergewaltigen», wenn sie es festhalten, obwohl es sich wehrt, flucht und tobt. Jungen können aber nur zu «kleinen Tyrannen» werden, wenn Erwachsene sich zu ihren Untertanen machen – und in der Regel haben beide Seiten nicht viel davon.

Wie solche Verhaltensweisen «bei uns ankommen», hängt stark mit unseren eigenen Einstellungen und Lebenserfahrungen zusammen. Was bei manchen noch als ein durchaus «normales» Verhalten von Jungen durchgeht, ist für andere schon nicht mehr akzeptabel: Gleiche Verhaltensweisen werden unterschiedlich bewertet. Vor allem haben wir als Frauen und Männer aufgrund unserer unterschiedlichen Lebenserfahrungen oft ein unterschiedliches Verständnis von Aggression und Gewalt. Was in den Augen von Erzieherinnen und Lehrerinnen eine wüste Prügelei ist, ist für männliche Kollegen (und viele Jungen!) noch ein spielerisches Raufen. Väter erwarten eher, dass ihre Söhne sich wehren. Mütter und Erzieherinnen sind dagegen eher als Männer bereit, Jungen zu trösten, wenn sie sich bei Kämpfen wehgetan haben.

Provozierende, ballernde oder schreiende Jungen können in uns Erinnerungen an respektloses Verhalten von Männern oder Ängste vor Bedrohung durch Jungen oder Männer wachrufen, die wir selbst als Mädchen oder Jungen erlebt haben. Dann besteht die Gefahr, dass wir in den Jungen vor allem Männer und keine kleinen Jungen mehr sehen. Wenn Jungen sich überhaupt nicht mehr bremsen lassen und die Situation «aus dem Ruder läuft», nehmen Hilflosigkeit und Wut überhand. Dann werden Jungen auch und gerade von Frauen manchmal sehr massiv in die Schranken gewiesen, denn wer will schon einen kleinen Macho heranziehen?

Andererseits halten viele Frauen in ihrem Bemühen, für Kinder da zu sein, oft erstaunlich viele Zumutungen aus. Sie lassen sich beschimpfen, manchmal schlagen und treten. Anstatt klare Grenzen zu setzen und die Jungen in ihre Schranken zu weisen – was körperlich bei kleineren Jungen ja durchaus noch möglich ist –, denken sie darüber nach, was mit den Jungen bloß los ist. Derweil provozieren die Jungen weiter. Mit aggressivem Rempeln oder einer «vulgären» Ausdrucksweise können Jungen sich von Frauen abgrenzen und ihre «Männlichkeit» beweisen – «du altes Biest» ist noch harmlos, «du alte Fotze» weniger.

Bei manchen Frauen treffen sie dabei genau ins Schwarze: Vor allem sexuelle Schimpfworte gehören zu den besten Methoden, Frauen auf die Palme zu bringen – und hilflos zu machen. Viele Frauen, von ihren eigenen Lebenserfahrungen geprägt, gestatten sich nicht, darauf massiv zu reagieren oder entsprechend zurückzuschimpfen (was manchmal verblüffende Wirkungen zeigt). Selber wütend zu werden passt weder zum weiblichen Idealbild als verständnisvoll und einfühlsam noch zur vorherrschenden Ideologie einer «gewaltfreien» Erziehung. So kann es dazu kommen, dass Jungen das «Monopol» für Schimpfworte und aggressives Verhalten bekommen – und dies damit zu einem wesentlichen Bestandteil ihres Bildes von Männlichkeit wird: «Mädchen und Frauen trauen sich so etwas nicht.»

Erstaunlicherweise werden immer wieder gerade die wildesten Jungen als besonders sympathisch und liebenswert beschrieben: «Ich mag ihn einfach» oder «eigentlich ist er ein ganz lieber Kerl», heißt es dann. Sind sie nicht auch faszinierend, die «kleinen Rabauken», die sich nehmen, was sie wollen, Verbotenes ausprobieren und hinterher so charmant lächeln, dass man (frau!) ihnen gar nichts übel nehmen kann? «Brave» Jungen wirken daneben eher langweilig!

Männern wird nachgesagt, dass sie besser mit Konflikten und Aggression umgehen können. Tatsächlich setzen sich Männer besser durch, und ihre Entscheidungen werden von Kindern oft eher akzeptiert. «Bei mir macht er solche Mätzchen nicht», meinen Väter in der Erziehungsberatung, und Erzieherinnen und Lehrer und Lehrerinnen berichten, dass männliche Kollegen viel selbstverständlicher als Autorität akzeptiert werden – selbst wenn es nur der Zivi ist. Als Männer lassen sie sich möglicherweise nicht so sehr vom aggressiven Gehabe der Jungen beeindrucken und nehmen eher dahinter verborgene Unsicherheiten wahr – sie wissen ja aus eigener Erfahrung, was davon zu halten ist!

Aggression gehört zur «Grundausstattung» des Menschen, Wut ist «zupackendes Interesse» und eine wichtige Lebenskraft. Zerstörerisches aggressives Verhalten ist dagegen wie der Rückzug in Verzweiflung und Hilflosigkeit nur eine *Möglichkeit* menschlichen Verhaltens. Es sind mehr oder weniger geeignete «Bewältigungsformen» von Problemen, von denen nicht eine «natürlicher» als die andere ist. Wo Frauen heulen, schlagen Männer zu. Wo ein Mädchen sich an die Mutter klammert, tobt ein Junge vielleicht durch die Gegend, weil er kein «Mamasöhnchen» mehr sein will und ein solch «kindisches» Verhalten nicht zu seiner Vorstellung von «Männlichkeit» passt.

Aggressives Verhalten von Jungen ist nicht einfach «unsoziales Verhalten», sondern kann mit verschiedenen Ursachen und Absichten zusammenhängen. Fast immer suchen sie damit einen Weg, etwas für sie Wertvolles zu erreichen oder zu schützen. Manchmal ist es gerade ein Versuch, soziale Anerkennung zu erlangen, manchmal ist es ein verzweifelter Ausdruck von Hilflosigkeit. Bewusste Verstöße gegen Verbote oder riskante Aktionen können Mutproben sein, mit denen Jungen ihre «Männlichkeit» unter Beweis stellen. Diese Versuche sind *innerhalb der Jungengruppe* manchmal durchaus erfolgreich. Dass sie in Bezug auf die Erwachsenenwelt manchmal völlig danebengehen, liegt nicht zuletzt daran, dass Jungen in ihrer Entwicklung von «Mamas Liebling» zum unklaren Bild des «richtigen Mannes» zwischen allen Stühlen stehen.

Wildes und aggressives Verhalten von Jungen hängt also nicht zuletzt entscheidend mit den Einstellungen und Gefühlen der Erwachsenen zusammen, mit denen sie leben. Widersprüche bekommen sie auch dann mit, wenn ihre Eltern und Pädagogen und Pädagoginnen vordergründig ganz andere Vorstellungen vertreten oder sich überhaupt nicht zu diesem Thema äußern. Jungen sehen das bewundernde Funkeln in den Augen einer Erzieherin, wenn sie mal wieder «über die Stränge geschlagen haben». Auch wenn sie dafür bestraft werden: Sie haben unter Beweis gestellt, dass sie ganze Kerle sind.

Jungen als Täter und Opfer von Gewalt

Mit zunehmendem Alter werden Kinder nicht unbedingt «vernünftiger». Viele Jungen lernen allmählich, Konflikte zu vermeiden oder verbal zu lösen, aber für manche Jungen und männliche Jugendliche bleibt es normal, sich miteinander zu prügeln und Konflikte körperlich auszutragen. Dabei überschreiten sie immer wieder einmal die Grenze zu Gewalt. Andere Formen von Gewalt und abweichendem Verhalten wie Erpressung, Mobbing, Diebstahl oder Vandalismus kommen hinzu. Je härter die Gewalt wird, umso wahrscheinlicher sind die Täter männlichen Geschlechts.

Feministinnen wissen schon lange, dass Gewalt Männersache ist. «Die Täter sind Jungen, die Opfer Mädchen und Lehrerinnen», überschreibt die Zeitschrift EMMA einen Schwerpunkt zum Thema *Gewalt in der Schule* (EMMA 9–10/2000). Was nicht nur die Journalistinnen, sondern auch manche groß angelegte Kampagnen gegen Männergewalt übersehen: Der größere Teil der von Jungen und Männern ausgeübten Gewalt richtet sich gegen andere Jungen und Männer. Denn Jungen lernen früh den Satz: «Du darfst Mädchen nicht schlagen!». Ein «richtiger Kerl» wird stattdessen ein Mädchen, das angegriffen wird, beschützen und den Angreifer in die Schranken weisen. «Bei gewalttätigen Übergriffen sollen Jungen eingreifen, wenn ein Mädchen bedroht wird», berichtet EMMA aus einem Projekt im Rahmen der von feministischen Frauen initiierten Münchner Kampagne «Aktiv gegen Männer-Gewalt». Weiter sollen sie «Jungen ausgrenzen, die Männergewalt ausüben» (ebenda, S. 77). Ganz davon abgesehen, dass den Autorinnen hier die durchaus bedeutsame Unterscheidung von *Jungen* und *Männern* abhanden gekommen ist: Was hier fortschrittlich daherkommt, ist ganz traditionelle Männermoral. Ein Junge, der ein Mädchen schlägt, ist ein Feigling – ein Junge, der einem Kampf mit einem anderen Jungen ausweicht, auch. Und wer andere beschützen soll, muss das natürlich beizeiten üben.

Daher ist es nicht erstaunlich, dass Jungen häufiger in aggressive Auseinandersetzungen verwickelt sind als Mädchen – als Täter *und* als Opfer.

Statistiken und Befragungen ergeben übereinstimmend, dass männliche Jugendliche bei Körperverletzungen, Sachbeschädigung, Diebstahl, Nötigung, Erpressung und sexueller Belästigung öfter in Erscheinung treten, und viele geben das auch zu, wenn man sie danach fragt. Sie besitzen häufiger Waffen als Mädchen und organisieren sich eher in Cliquen, in denen Gewalt akzeptiert wird. Gleichzeitig sind Jungen und männliche Jugendliche auch häufiger Opfer von Gewalt als Mädchen. Insbesondere von körperlicher Gewalt sind Jungen mehr betroffen. Nur sexuelle Gewalt wird von Mädchen häufiger berichtet. Allerdings werden auch zahlreiche Jungen Opfer von sexuellen Übergriffen und sexueller Gewalt. Dazu gehörten zum Beispiel die sexuelle Ausbeutung von Jungen, die als Stricher arbeiten, sowie sexuelle Übergriffe auf Jungen durch Mütter und andere Frauen.

Jungen reden allerdings oft nicht darüber, dass sie Opfer von Gewalt geworden sind. Selbst schwere und gefährliche Verletzungen, Vergewaltigungen oder sexuelle Nötigung werden kaum einmal angezeigt. Oft sprechen Jungen noch nicht einmal mit ihren Eltern, wenn sie erpresst oder massiv körperlich misshandelt worden sind. Vielleicht befürchten sie zu Recht die Frage: «Warum hast du dich nicht gewehrt?»

Stattdessen lernen manche (nicht alle!) Jungen zurückzuschlagen. Stark sein und sich zu prügeln lässt Jungen «männlich» erscheinen, auch wenn sie sich damit eine Menge Probleme einhandeln.

Gewalt, insbesondere Jugendgewalt, ist in Deutschland seit langem ein Dauerthema. Stimmt es, dass Gewalt in Deutschland in den letzten 15 Jahren massiv zugenommen hat, wie sensationelle Presseberichte immer wieder behaupten? Trotz allen Medienrummels ist es nach wie vor umstritten, inwieweit die Gewaltbereitschaft von Kindern und Jugendlichen in den letzten Jahren dramatisch angestiegen ist oder nicht. Vor zehn Jahren bezeichnete Detlef Berentzen die damalige Berichterstattung als «Märchen von der Jugendgewalt» (1991). Viele Experten waren der Ansicht, dass die Täter immer jünger und die Gewaltformen brutaler werden, aber verlässliche Langzeitstudien gab es nicht.

Heute stehen auf der einen Seite immer wieder Gewalttaten mit rechtsextremem Hintergrund und Gewaltexzesse jugendlicher Banden im Vordergrund von Medienberichten, auf der anderen Seite wird davon gesprochen, dass an den Schulen die Gewalt explodiert. Inzwischen liegen aktuelle Untersuchungen vor, die ein genaueres Licht auf diese Entwicklungen werfen, und sie erbrachten widersprüchliche Ergebnisse.

Gewalt in der Schule

Untersuchungen zur Gewalt an der Schule zeigen, dass von einem massiven Anstieg des Gewaltverhaltens bei Schülerinnen und Schülern keine Rede sein kann. «Den Typus des gewalttätigen Jungen haben wir (...) nur als Randerscheinung wahrnehmen können», fasst Zimmermann die Ergebnisse einer Befragung von 1760 13- bis 17-jährigen Jungen zusammen (1998, S. 111). Sowohl das Bielefelder Forschungsprojekt «Gewalt in der Schule» als auch die Untersuchungen der «Forschungsgruppe Schulevaluation» an der Technischen Universität Dresden haben ergeben, dass nur ein kleinerer Teil der Schüler und Schülerinnen in der Mittelstufe mit Gewalt zu tun hat. Die «Forschungsgruppe Schulevaluation» gibt den «harten Kern» der «Täter» mit etwa 3–4 %, die Gruppe der «Opfer» mit etwa 7–10 % aller Schüler und Schülerinnen an. Und die Bielefelder geben unter Bezug auf frühere Forschungen an: «Die übergroße Mehrheit der Schüler(innen) beteiligte sich weder 1972 noch 1995 an Schlägereien, vandalistischen Aktionen und Diebstählen» (Tillmann et al., 1999, S. 151). Was nach Ansicht vieler Lehrkräfte vor allem zugenommen hat, sind Störungen und Defizite des Sozialverhaltens. «Kurz: Mehr Gewalt gäbe es nicht, aber die Kinder und das Unterrichten seien schwieriger geworden» (Tillmann ebenda; vgl. Melzer & Darge, 2000).

Allerdings ist die Minderheit der gewaltbereiten Jugendlichen etwas größer geworden, und die verschiedenen Schulformen sind in unterschiedlichem Ausmaß betroffen. Während an Gymnasien das Ausmaß der Gewalt gering geblieben ist, hat es in Haupt- und Sonderschulen deutlich zugenommen. Dies hat nicht zuletzt damit zu tun, dass heute viel weniger Schüler und Schülerinnen die Hauptschule besuchen als vor 25 Jahren. Sie ist als «Restschule» Auffangbecken für diejenigen, die den Sprung auf die höheren Schulen nicht schaffen. «Die meisten dieser Jugendlichen haben ihre bisherige Schullaufbahn als eine Aneinanderreihung von Niederlagen erlebt» (Tillmann et al., 1999). Sie kommen oft aus den unteren Sozialschichten, und ihre Familien konnten sie nur wenig unterstützen. Den meisten von ihnen ist klar, dass sie mit dieser Schullaufbahn auf dem Arbeits- und Ausbildungsmarkt keine Chancen haben werden. Für Sonderschüler und Sonderschülerinnen gilt dies in noch stärkerem Maße.

In bestimmten Schulformen und auch in einzelnen Schulen konzentrieren sich die Probleme massiv, und hier ist es dringend notwendig, etwas zu verändern. Die Untersuchungen belegen deutlich, dass Schulversagen, Schulvermeidung, Ausgrenzung und Gewalt eng miteinander zusammenhängen. Bei den durch Gewalt auffälligen Jugendlichen kommen viele ungünstige Bedingungen zusammen: In der Familie erhalten sie weniger Zuwendung, in der Schulklasse sind sie schlecht integriert, von den Lehrkräften werden sie wenig akzeptiert.

Diese Jugendlichen fühlen sich weder zu Hause noch in der Schule sonderlich wohl. So ist es verständlich, dass sie einen großen Teil ihrer Zeit in ihren Cliquen verbringen, in denen allerdings autoritäre Strukturen und aggressive Werte bestimmend sind. Besonders bedeutsam ist in diesem Zusammenhang das häufige Sehen von Gewalt-, Horror- und Pornofilmen. Es greifen gerade die Haupt- und Sonderschüler zu solchen Filmen, die sowieso aggressive Modelle bewundern und ihnen nacheifern.

Besonderes Aufsehen erregte in den letzten Jahren eine Reihe von Gewaltvorfällen mit Waffeneinsatz an Schulen. Eine gründliche Untersuchung in Berlin kommt zu dem Schluss, dass es sich hierbei um Einzelfälle handelt und die Einschätzung einer zunehmend bewaffneten Jugend in der Schule nicht zutrifft. Dennoch sollte nicht zur Tagesordnung übergegangen werden. «Die Angst vor Waffen ist ernst zu nehmen», meinen Bettina Schubert & Wilfried Seiring von der Berliner Schulverwaltung, denn die dramatischen Vorfälle «werden von Schülern, Lehrern und Eltern ohne Zögern als Spitze eines Eisberges menschlicher Kälte und zunehmender Brutalität gedeutet (...)» (2000, S. 60). Und Angst ist für manche Kinder und Jugendliche, zumeist männlichen Geschlechts, wiederum ein Grund dafür, sich zu bewaffnen, um sich gegebenenfalls verteidigen zu können. Gleichzeitig wird durch den Waffenbesitz das geringe Selbstwertgefühl aufpoliert. Schubert fragte Schüler, die wegen Waffenbesitzes verurteilt worden waren, warum Jugendliche sich bewaffnen. «Die wollen sich präsentieren, die haben Angst» – «Es gibt Schüler, die denken, der macht mich dann nicht mehr an» – «Die bilden sich ein, bei einer kleinen Auseinandersetzung macht er sein Image damit her» (ebenda).

Sowohl an Haupt- und Sonderschulen als auch in den aggressiv auftretenden Cliquen überwiegen männliche Jugendliche. Schon an der Grundschule sind es überwiegend Jungen, die durch Stören und aggressives Verhalten auf sich aufmerksam machen. Entweder haben sie von Anfang an Leistungsschwierigkeiten, oder sie rutschen ab, weil sie so oft in Konflikte verwickelt sind und nicht zum Lernen kommen. Beim Übergang in die weiterführenden Schulen ist ihre Ausgangssituation dann denkbar schlecht. Sie müssen nicht nur die Erfahrung machen, dass viele Mädchen in der Schule besser zurechtkommen als sie, sondern haben auch in der Konkurrenz um Berufschancen zunehmend schlechtere Karten – da bleibt vom Mythos männlicher Überlegenheit nichts mehr übrig.

Um diesen wiederherzustellen, gibt es mehrere Möglichkeiten. Jungen können entscheiden, dass ihnen die Schule «völlig egal» ist. Streber waren noch nie sonderlich beliebt, und zu lesen, ordentlich zu schreiben und immer die Hausaufgaben zu machen ist was für Mädchen ... ein echter Kerl hat es nicht nötig, sich in der Schule anzupassen! Jungen können auch versuchen, den Alltag im Unterricht zu bestimmen, indem sie ständig stören, die Lehrer und Lehrerinnen provozieren und das Wort ergreifen, obwohl sie nichts zu sagen haben. Davon bekommen sie zwar meist auch keine guten Noten, aber zumindest haben sie das Terrain besetzt. Schließlich können sie Gewalt gegen Schwächere ausüben, um sich wenigstens irgendwo überlegen zu fühlen.

Insofern ist es nicht schwer zu erklären, dass Jungen sich deutlich mehr als Mädchen an Gewalthandlungen beteiligen. Allerdings relativieren die Ergebnisse der aufgeführten Untersuchungen die Annahme, dass Gewalt an Schulen ein «Jungenphänomen» sei. Zwar stimmt es, dass körperliche Gewalt deutlich häufiger von Jungen ausgeübt wird und Jungen auch deutlich häufiger Opfer sind. Allerdings sind längst nicht alle Jungen in Gewalthandlungen verwickelt, und die Beteiligung von Mädchen kann nicht als verschwindend gering bezeichnet werden. Wenn der Gewaltbegriff weiter gefasst wird und auch verbales, abwertendes und provozierendes Verhalten mit erhoben wird, treten Mädchen weitaus häufiger in Erscheinung. Viele Mädchen hänseln Mitschülerinnen und Mitschüler oder beschimpfen sie lautstark. Manche Mädchencliquen stellen Jungen durch Auslachen und verächtliche Bemerkungen über ihr Geschlecht und ihr Aussehen bloß und verhöhnen sie als «Schwächlinge» und «Müttersöhnchen» (vgl. Popp, 1997). Möglicherweise spielen sie außerdem eine Rolle, die bei Untersuchungen zu aggressivem Verhalten in der Regel übersehen wird: als «Drahtzieherinnen» oder «Beifallsbekunderinnen» im Hintergrund. Die Bielefelder Forschungsgruppe fand heraus, dass viele Mädchen gern zuschauen, wenn Jungen sich prügeln – «Stimmt ganz genau!», antwortete ein Viertel der befragten Sonderschülerinnen, und für ein weiteres Viertel stimmte es «überwiegend» oder «teilweise». Selbst mehr als ein Viertel der befragten Gymnasiastinnen gab an, dass diese Aussage zumindest teilweise auf sie zuträfe. Manche Mädchen fühlen sich geschmeichelt, wenn Jungen sich ihretwegen schlagen – durch alle Schulformen hinweg standen mehr als ein Drittel der Befragten dieser Haltung zumindest nicht ganz ablehnend gegenüber. Möglicherweise finden diese Mädchen starke, aggressive Jungen besonders interessant und erwarten, dass sie in Schlägereien «ihren Mann stehen». Jungen lernen dabei, dass sie nur dann gut ankommen, wenn sie zuschlagen können und in der Lage sind, Mädchen zu beschützen.

Jugendgewalt und Kriminalität

Viel deutlicher ist das Überwiegen des männlichen Geschlechts, wenn der Begriff Gewalt enger gefasst wird. 1998 war die Differenz zwischen Männern und Frauen in der Kriminalstatistik so groß wie nie zuvor, berichtete Professor Christian Pfeiffer vom Kriminologischen Forschungsinstitut Niedersachsen (KFN) in einem Vortrag zu Jugendgewalt in Braunschweig. Mit Bezug auf Beispiele aus aller Welt meinte er: «Die männliche Dominanz ist das Hauptproblem für das Überleben der Menschheit.» Und daher: «Frauen sind die besseren Menschen ...» – großer Beifall im mit weit über tausend Zuhörer und Zuhörerinnen überfüllten Saal – «... könnte man sagen» (Pfeiffer, 2000).

Was hier eher amüsant daherkommt, hat seinen Hintergrund in den aktuellen Untersuchungen des KFN zu Jugendgewalt. Im Gegensatz zu den Untersuchungen an Schulen zeigt sich in den Auswertungen der Kriminalstatistiken der letzten fünfundzwanzig Jahre ein deutlicher Anstieg der Gewaltkriminalität im letzten Jahrzehnt – der in erster Linie männliche Jugendliche betrifft. In ihrer Studie über «Ausgrenzung, Gewalt und Kriminalität im Leben junger Menschen» fassen die Autoren Untersuchungsergebnisse aus der polizeilichen Kriminalstatistik, Strafverfolgungsstatistik, Aktenanalysen und Dunkelfeldbefragungen (Schülerbefragungen in mehreren Bundesländern) im Zeitraum von 1973 bis 1997 zusammen. Sie stellen fest: «Hell- wie Dunkelfelddaten zeigen eindeutig, dass Jugendgewalt in Täter- wie in Opferperspektive ein primär männliches Problem ist. (...) Dies gilt auch für die Gewalteinstellungen, wo sich über Regionen und Ethnien hinweg eine deutlich höhere Gewaltbereitschaft männlicher Jugendlicher feststellen lässt» (Pfeiffer et al., 1998).

Der erhebliche Anstieg der Kriminalität im Zeitraum von 1985 bis 1997 betrifft in erster Linie männliche Jugendliche – als Opfer und Täter! –, wobei der Anstieg bei den 14- bis 18-Jährigen noch massiver ausfällt als bei den 18- bis 21-Jährigen. Der Anstieg des Opferrisikos bei Gewaltkriminalität betrifft männliche Jugendliche in weit stärkerem Maße als weibliche Jugendliche. In der Gruppe der 14- bis 18-Jährigen stieg es bei den männlichen Jugendlichen um das Sechsfache, bei den weiblichen Jugendlichen nur um das Zweieinhalbfache, sodass die Opferziffer der männlichen Jugendlichen im Jahr 1997 die der weiblichen um das 3,7fache überstieg (1451 zu 394, ebenda, S. 6). Entsprechendes gilt für Raubdelikte.

Auf der Täterseite stiegen zwar die Tatverdächtigtenziffern auf Seiten der Mädchen und Frauen in stärkerem Ausmaß an, liegen aber, absolut betrachtet, dennoch weiterhin weit unter den Zahlen der Jungen und Männer. Im Vergleich der Jahre 1984 und 1997 stieg der Anteil männlicher Jugendlicher, die als Tatverdächtige einer Gewalttat registriert wurden, von 0,52 % auf 1,65 %, der Anteil der Mädchen dagegen nur von 0,06 % auf 0,26 %. Die Autoren schlussfolgern: «Der Anstieg der Jugendgewalt ist zu 84,6 % den Jungen zuzurechnen, zu 15,4 % den Mädchen» (ebenda S. 17). Im Gegensatz zu dem, was in der Öffentlichkeit diskutiert wird, hat die durchschnittliche Tat*schwere* polizeilich registrierter Gewaltkriminalität zwischen 1990 und 1996 allerdings erheblich abgenommen. Dies wird damit in Zusammenhang gesehen, dass sowohl Täter als auch Opfer immer jünger geworden sind.

In der Öffentlichkeit wird immer wieder die Behauptung vertreten, dass am Anstieg der Jugendgewalt zu einem großen Teil ausländische Jugendliche schuld seien. Die Analysen des KFN zeigen, dass diese Annahme nicht nur ein Vorurteil von Ausländerfeinden ist, denn die Gewaltbereitschaft ist in manchen Gruppen Nichtdeutscher in der Tat deutlich höher. Auf der Opferseite überwiegen die deutschen Opfer, aber auf der Täterseite sind ausländische Täter sowohl in den offiziellen Statistiken als auch in den Dunkelfelddaten deutlich überrepräsentiert, obwohl absolut gesehen nach wie vor die einheimischen Deutschen immer noch die größte Gruppe der Täter stellen. Auch eine Befragung der Jugendlichen selbst ergab, dass insbesondere türkische Jugendliche häufiger Gewalt ausüben als deutsche.

Dabei wirken Armut und soziale Ausgrenzung, geringes Bildungsniveau und das Misslingen von Integrationsbemühungen zusammen. Eine Aktenanalyse erbrachte, dass die starke Zunahme der Angeklagten aus nichtdeutschen Ethnien zu fast 90 % auf Jugendlichen und Heranwachsenden beruht, die entweder in Deutschland geboren oder vor mehr als fünf Jahren zugewandert sind – also nicht auf neu Zugewanderten und schon gar nicht «den Asylanten». Je länger die Eingebürgerten in Deutschland leben, desto mehr nimmt die berichtete innerfamiliäre Gewalt und die Gewaltrate der Jugendlichen zu. Außerdem zeigen die Analysen, dass sozial benachteiligte Jugendliche und Heranwachsende unter den Tätern bzw. Tatverdächtigten extrem überrepräsentiert sind. Am deutlichsten gilt das für türkische Schüler.

Gewalt in der Familie

Die meiste Gewalt wird in der Familie erfahren und gelernt. Jugendliche werden wesentlich häufiger Opfer elterlicher Gewalt als Opfer oder Täter von Jugendgewalt! Über Gewalterfahrungen in der Familie teilen sie sich aber kaum mit, sodass das Dunkelfeld als riesig groß eingestuft werden muss (vgl. Pfeiffer et al., 1999).

Bis zum Ende des letzten Jahrhunderts glaubten viele Eltern und insbesondere Väter, dass sie ihrem Sohn etwas Gutes tun, wenn sie ihn verprügelten – getreu dem Spruch Salomos: «Wer seine Rute schont, der hasst seinen Sohn; wer ihn aber lieb hat, der züchtigt ihn beizeiten.» Dabei macht schon ein weiterer Bibel-Spruch deutlich, um wessen Wohlbefinden es dabei in Wirklichkeit geht: «Züchtige deinen Sohn, so wird er dir Freude machen und deine Seele erquicken.» Kinder beiderlei Geschlechts wurden von Vätern und Müttern brutal geschlagen. Besonders verwickelt ist es, wenn sich Eltern selbst als Leidtragende der Misshandlungen erleben, die sie Kindern «gegen den eigenen Willen» zufügen «müssen»: «Ich muss dich jetzt schlagen, weil du nicht brav warst» (vgl. DeMause, 1977). Zwar wurde die brutale Misshandlung von Kindern schon im Mittelalter kritisiert, aber erst im 18. Jahrhundert kam es zu einem stärkeren Rückgang des Schlagens, und erst im 19. Jahrhundert kam das Auspeitschen von Kindern in den meisten Teilen Europas und Amerikas aus der Mode. In manchen Einwanderergruppen aus traditionellen Gesellschaften, die heute in Deutschland leben, ist massive körperliche Gewalt als Erziehungsmittel aber nach wie vor selbstverständlich.

Nachdem bereits in zahlreichen Ländern körperliche Strafen in der Erziehung verboten wurden (Schweden 1979, Österreich 1989, Dänemark 1997), wurde nun vor kurzem auch in Deutschland das Recht der Eltern auf körperliche Züchtigung ihrer Kinder abgeschafft. «Jede Ohrfeige dauert nur ein paar Sekunden. Der Schmerz darüber ein Leben lang», mahnt ein Fernsehspot des Bundesjugendministeriums. Das Problem dabei ist, dass Eltern, die mit ihren Kindern nicht fertig werden, damit noch keine Alternative angeboten wird. Im Einzelfall kann das Verbot körperlicher Strafen sogar nach hinten losgehen: Weil Eltern nicht schlagen wollen, lassen sie Kindern erst einmal «mehr durchgehen». Wenn diese sich dann «zu viel herausnehmen», werden die Eltern hilflos – und schlagen am Ende möglicherweise doch zu, weil sie nicht wissen, wie sie die Situation anders bewältigen könnten.

Zwar werden von vielen Eltern inzwischen Durchprügeln und das Schlagen mit dem Rohrstock als Kindesmisshandlung angesehen. Dennoch wächst noch nicht einmal die Hälfte aller Kinder ohne körperliche Strafen auf. In den Schülerbefragungen des KFN erklärten 40 Prozent der Jugendlichen, innerhalb des vorherigen Jahres von ihren Eltern geschlagen worden zu sein. Auf etwa 15 Prozent schätzte der Kriminologe Peter Wetzels den Anteil der Neuntklässler in Hannover, die massiv und nicht nur gelegentlich unter der Gewalt ihrer Eltern leiden müssen. Dabei ist die Rate der von elterlicher Gewalt betroffenen *Jugendlichen* noch vergleichsweise niedrig. Zwei Drittel der Befragten gab an, sie seien als *Kinder* geschlagen worden. Jedes zehnte Kind war von seinen Eltern misshandelt, das heißt, zumindest manchmal geprügelt, zusammengeschlagen oder getreten worden (vgl. Pfeiffer et al., 1999). Andere Untersuchungen geben an, dass zwei Drittel aller Eltern ihre Kinder zumindest gelegentlich körperlich strafen. Nur ein Fünftel schlägt seine Kinder nie – irgendwann «rutscht doch einmal die Hand aus» oder gibt es «einen kleinen Klaps». Eltern, die ihre Kinder schlagen, waren in der Regel auch geprügelte Kinder, und Jungen werden tendenziell häufiger geschlagen als Mädchen (vgl. Sommerfeld, 1999).

Jugendliche mit Gewalterfahrungen in Kindheit und Jugend greifen häufiger selbst zu Gewalt als Jugendliche, die niemals Opfer elterlicher Gewalt waren. Wie zahlreiche Untersuchungen belegen, werden Kinder und Jugendliche, die von ihren Eltern geschlagen und misshandelt werden, aber nicht nur häufiger *Täter*, sondern auch häufiger *Opfer* von Gewalt und Ausgrenzung in anderen Situationen, zum Beispiel in der Schule. Problematisch ist es auch, wenn sie mitbekommen, wie Eltern untereinander gewalttätig werden. Weil es sich dabei häufiger um vom Vater ausgeübte Gewalt handelt, erleben Jungen ein sehr problematisches Modell. Identifiziert der Junge sich mit dem Vater, kann er selbst zum Täter werden. Bleibt er auf Seite der Mutter, geht die Beziehung zum Vater in die Brüche, und dieser geht ihm als Vorbild verloren. Die Botschaft für Mädchen lautet Ohnmacht und Unterwerfung.

Gewaltbereitschaft und Gewalthandeln von Jugendlichen und Heranwachsenden hängen darüber hinaus in großem Ausmaß mit den *Einstellungen* ihrer Eltern zusammen. Die Untersuchungen des KFN bestätigen, dass Eltern Mädchen und Jungen unterschiedlich behandeln: «Die elterliche Ablehnung von Gewalthandeln ist ... gegenüber Mädchen deutlich stärker ausgeprägt als bei Jungen. Es sind also geschlechtsspezifische Bewertungen des Verhaltens Jugendlicher durch die Eltern nachweislich, die zumindest partiell die Unterschiede in der Gewaltbefürwortung bei Mädchen und Jungen erklären können» (Pfeiffer et al., 1998, S. 77). Nach Auffassung der Jugendlichen selbst lehnen Mütter Gewalt stärker ab als Väter, und Mädchen müssen für den Fall aktiven Gewalthandelns stärker mit Ablehnung rechnen als Jungen. Das Fehlen Gewalt ablehnender elterlicher Normen wirkt sich zudem bei Jungen viel stärker aus als bei Mädchen. Kurz: Ob Jugendliche zur Gewalt greifen, hängt in starkem Ausmaß damit zusammen, wie ihre Eltern und andere nahe stehenden Bezugspersonen zu Gewalt stehen. Wenn der Großvater dem neunjährigen Frank erzählt, dass er «sich wehren soll», wenn ihn ein Schulkamerad ärgert, ist es nicht erstaunlich, dass Lars in der Schule zuschlägt – ein Grund findet sich immer.

Besonders viel Gewalt, einschließlich der Gewalt von Eltern untereinander, gibt es in den Familien junger Migranten, insbesondere der Türken – und zwar auch und insbesondere eingebürgerter Türken. 24,8 % der eingebürgerten türkischen Jugendlichen berichteten von Misshandlungen, weitere 16,5 % von schwerer Züchtigung in ihrer Kindheit – dagegen «nur» 7,1 % bzw. 16,7 % der deutschen Jugendlichen. Vergleichbare Unterschiede zeigen sich auch bei der von Eltern gegenüber Jugendlichen ausgeübten Gewalt. 21,5 % (!) der eingebürgerten türkischen Jugendlichen beobachteten zudem häufig Gewalt zwischen ihren Eltern – dagegen nur 5 % der deutschen Jugendlichen. Die Angaben für andere ethnische Gruppen liegen zwischen diesen Extremen, aber in allen untersuchten Gruppen höher als in der deutschen Vergleichsstichprobe. Die innerfamiliäre Gewalt von Eltern hängt eng mit der sozialen Lage der Familien zusammen und nimmt deutlich zu, wenn sie von Arbeitslosigkeit betroffen sind. Die ethnischen Unterschiede bleiben jedoch ausgeprägt. Deutsche Kinder und Jugendliche, deren Familien von Arbeitslosigkeit betroffen sind und/oder Sozialhilfe beziehen, erleben im Durchschnitt immer noch weniger Gewalt als türkische Jugendliche, deren Familien nicht mit solchen Schwierigkeiten konfrontiert sind (vgl. Pfeiffer et al., 1999, S. 18ff.).

Diese Ergebnisse unterstreichen die Bedeutung der Familienerfahrungen, wenn es um Gewalt geht. Je weniger Gewalt Kinder in der Familie erleben und je mehr positive Zuwendung Jugendliche in der Kindheit bekommen haben, umso weniger wahrscheinlich ist es, dass sie selbst aktiv gewalttätig werden. Umgekehrt gilt, dass Jugendliche, die in der Familie Gewalt erfahren haben, sich häufiger in gewaltbereiten und kriminell aktiven Cliquen zusammenfinden, ein Ergebnis, das auch die Untersuchungen zur Gewalt in der Schule gefunden hatten. Die Freunde und Cliquen männlicher Jugendlicher finden Gewalt oft weniger problematisch als die Eltern. Das Zusammenwirken von Familienerfahrungen und Gewalt befürwortenden Cliquen ist der Boden, aus dem Gewalt erwachsen kann. Dies bedeutet nicht, dass die am schwersten misshandelten Jungen zwangsläufig am aggressivsten werden. Und auch umgekehrt stimmt nicht immer, dass jugendliche Gewalttäter als Kinder besonders viel geschlagen und misshandelt wurden. Für Jungen wird Gewalt aber viel eher als für Mädchen zu einem Ventil, wenn sie mit alltäglichen Konflikten oder auch schwer wiegenden Belastungen wie Misshandlung, Ausgrenzung oder sexuellen Übergriffen nicht fertig werden.

Der Kreislauf der Gewalt kann durchbrochen werden, wenn Jugendliche Bezugspersonen finden, zu denen sie eine positive emotionale Bindung aufbauen können. Vor allem aber muss sich die Erkenntnis durchsetzen, dass körperliche Gewalt nicht in die Erziehung gehört.

Körperliche Strafen sind bequem, weil sie zunächst schnell funktionieren. Aber auch «gelegentliche» Ohrfeigen demütigen Kinder. Sie lernen dabei körperliche Gewalt als «normales» und scheinbar legitimes Mittel in Auseinandersetzungen kennen. Wer Kinder schlägt, lehrt sie, dass Schlagen erlaubt ist, wenn man die Macht dazu hat. Vor allem Jungen übernehmen dieses Muster, und ein Grund für aggressives Verhalten findet sich immer – und sei es, dass jemand sie schräg von der Seite angeguckt hat. Was Kinder, die geschlagen werden nicht lernen, ist, mit Konflikten zu leben und sich konstruktiv zu streiten. Wut gehört zum Leben dazu, manchmal auch ein lautstarker Ausbruch – aber der Einsatz von körperlicher Gewalt gegen Schwächere ist kein Erziehungsmittel!

Eltern haben die Möglichkeit, aus dem Kreislauf der Gewalt auszubrechen. Wie sie die Hilflosigkeit überwinden können, die oft zu körperlichen Strafen führt, und lernen können, mit Aggressionen zu leben, beschreibt Verena Sommerfeld in ihrem empfehlenswerten Buch über *Trotz, Wut, Aggressionen* (1999).

Gewalt macht Jungen zu Männern

In der Geschichte ist es nichts Neues, dass männliche Jugendliche durch Gewalt auf sich aufmerksam machen. In den fünfziger Jahren erregten die Krawalle randalierender Jugendlicher ein derartiges Aufsehen, dass in der Massenpresse von «Terror» und sogar einer «Diktatur der Halbstarken» die Rede war. Schon damals wurden als Ursachen u. a. Entwurzelung, fehlende Vor- und Leitbilder und Verunsicherung aufgrund veränderter Werte diskutiert. Heute werden Armut, gesellschaftliche Ausgrenzung und gesellschaftlich-strukturelle Gewalt ebenso wie ungünstige Familienverhältnisse als Ursachen von Gewalt angesehen. Politikverdrossenheit, Ohnmachtserfahrungen, Orientierungslosigkeit und Vereinzelung durch Individualisierungsprozesse, insbesondere in den neuen Bundesländern, werden als Ursachen vermutet. Dies ist die populäre «Desintegrationsthese». Auch die stark angestiegene Gewalt im Fernsehen und in Computerspielen wird angeführt. Das ist alles nicht ganz falsch – aber Mädchen reagieren auf die gleichen Belastungen ganz anders, und das wird bis heute nicht nur von vielen Untersuchungen und Theorien zur Entstehung von Gewalt, sondern auch von Programmen zur Gewaltprävention vernachlässigt.

Der Kriminologe Joachim Kersten stellt Orientierungslosigkeit eher bei den Gewaltforschern fest sowie bei den Sozialarbeitern, die die gewaltbereiten Jugendlichen betreuen sollen. Viele rechtsradikale Jugendliche sind alles andere als orientierungslos. In vielen Ländern Europas, besonders im Osten, sind Rechtsextremismus und Antisemitismus auf dem Vormarsch – in manchen Ländern sogar bis in die Regierung hinein. Im Osten Deutschlands sprangen die schlagkräftigen Jungmänner in die Lücken, die der Zerfall der staatlichen Ordnung und der Niedergang der privaten Netzwerke in der ehemaligen DDR zur Folge hatte. Die Gleichberechtigung, die in der DDR zumindest den Arbeitsmarkt kennzeichnete, verschwand binnen kurzem nach dem Mauerfall. Frauen wurden in großem Ausmaß entlassen, das zuvor umfassende Kinderbetreuungsangebot reduziert und Frauen damit in die private Welt von Familie und Haushalt zurückgeschickt. Gleichzeitig trat die Männlichkeit von «Beschützern» auf den Plan: Junge

Männer besetzten die nicht mehr kontrollierten Räume und machten und machen sich zu Ausführenden von fremdenfeindlichen Einstellungen, die (nicht nur) im Osten breite Zustimmung finden. Kersten schreibt: «Die rechte Jugendgewalt kommt aus einem kollektiven Lebensgefühl, und man wird sie nur erfolgreich eindämmen können, wenn man ihren Symbolgehalt demontiert und den Jungen neue Orientierungen gibt» (2000, S. 50).

Die Gewalt jugendlicher Banden lässt sich als öffentliche Inszenierung von Männlichkeit begreifen. Dazu gehört die Betonung und Zurschaustellung von Mut und Kampfbereitschaft; die Betonung von Kompetenz im Umgang mit Autos, Maschinen und Waffen; die Betonung von «echter» Männerfreundschaft im Sinne von «einer für alle, alle für einen» und die Betonung von heterosexueller Potenz bei gleichzeitigem Frauenhass und Schwulenverachtung. Diesen Kriterien herrschender Männlichkeit versuchen Jugendliche zu entsprechen – wobei sie oft über das Ziel hinausschießen. Und hier kippt das Ganze um: Was als Versuch beginnt, sich als Mann Beachtung und Respekt zu verschaffen, um ernst genommen und in die Gesellschaft aufgenommen zu werden, wird als eine aus den Fugen geratene, fremde und gefährlich gewordene «Männlichkeit» von der Gesellschaft befürchtet und bekämpft. Solche Bilder «böser» Männlichkeit sind mächtige Angstbilder. Sie sind als Gegenpole zu den «guten» Männerbildern in Mythen, Märchen und Legenden zu finden, und sie stellen auch die Gegenspieler der Helden in modernen Actionfilmen für Kinder und Jugendliche. Dazu gehören der «Unhold» und der «Triebtäter», die pöbelnden und marodierenden Jugendgangs, die Schmarotzer und die gierigen Ausbeuter (vgl. Kersten, 1993b; Kersten & Findeisen, 1999).

Die Angst (und manchmal Faszination), die Jugendgewalt auslöst, hängt mit dem Zusammenbruch des gewohnten Verständnisses von Männlichkeit zusammen. Mit «typisch männlichem» Verhalten werden heute meist die Schattenseiten des männlichen Stereotyps verbunden. Für sozial benachteiligte Jugendliche dagegen kann traditionelle Männlichkeit der letzte Rettungsanker sein, der sie vor dem Fall in soziale Bedeutungslosigkeit und individuelle Leere bewahrt: «Ehre, Territorium und die ‹eigenen› Frauen werden verteidigt, Schwule und Fremde müssen weg. (...) In der Sicht der Jungen ist Gangverhalten ein (oft zum Scheitern verurteilter) Versuch, akzeptierte Männlichkeitsfunktionen einzuüben und darzustellen» (Kersten, 1993a, S. 24f.). Der darin enthaltene Zwang zur ständigen öffentlichen Selbstdarstellung macht manche ihrer «Aufsehen erregenden» Aktionen verständlicher. Wenn junge Männer im Osten «befreite Zonen» einrichten, in denen sich kein Ausländer mehr blicken lassen kann, ist das nicht nur ein Ausdruck von Fremdenhass, sondern auch der Beweis, dass sie «echte Männer» sind, die etwas für ihre Gemeinschaft tun.

Gewalt als Erlebnis

Darüber hinaus macht manchen Jugendlichen Gewalt einfach Spaß. Wie kann es dazu kommen? Manchmal sieht es so aus, als ob Wut und Hass die einzige Ausdrucksmöglichkeit für unterdrückte Kraft und Lebendigkeit sind, und manchmal scheint nur Zerstörung eine Veränderung möglich zu machen. Die Frage ist nur, warum sich Jungen «lebendig und aktiv» fühlen, wenn sie gewalttätig sind, Mädchen dagegen kaum. Mädchen verspüren kaum einmal Lust an der Gewalt, im Gegensatz zu manchen männlichen Jugendlichen, die den Akt des Aufeinanderlosgehens manchmal wie ein sexuelles Erlebnis beschreiben. Sexualität und Gewalt sind bei gewalttätigen Männern oft miteinander verquickt. So erzählen viele Vergewaltiger, dass sie beim Abschießen oder auch nur beim Betrachten von Waffen Erektionen und Samenergüsse haben (vgl. Duerr, 1993, S. 229).

Die Lust auf Randale ohne politischen Hintergrund irritiert Erwachsene oft noch mehr als politisch motivierte Gewalt. Die *Action* macht halt Spaß. Da werden Vietnamesen zusammengeschlagen, aber «ausländerfeindlich» fühlen sich die Jugendlichen deshalb noch lange nicht. Hooligans «hauen sich ein bisschen was auf den Kopf», um hinterher miteinander ein Bier trinken zu gehen. Oder sie überfallen einmal linke «Szenestrukturen», und ein andermal beteiligen sie sich an der Verteidigung autonom besetzter Häuser gegen die Polizei. Was fasziniert junge Männer daran?

Stefan meint: «Dass es für jeden, der Mut hat, auch wenn er nicht gerade der große Kampfsportler oder der große Schläger ist, eine Möglichkeit ist, sich trotzdem zu präsentieren.» Und Tom: «Das ist es auch, was irgendwo den Reiz ausmacht: Die Angst zu überwinden.» Peter: «Also, mir ist das lieber, wenn man sich auf der Straße prügelt mit Leuten, die dazu Lust haben, als wenn ein Papi, der seinen Frust hat, seine Kinder schlägt oder seine Frau (...).» Stefan kritisiert die zunehmende Gewalt und den Einsatz von Waffen: «'ne Faust im Gesicht hat eigentlich noch niemandem so großartig geschadet» (worüber sich streiten ließe ...). Auch Alexander kritisiert die Jüngeren, die die Taschen voller Waffen haben: Totschläger, Messer, CS-Gas, Knarren. «Die sind brutaler als wir. Die schlagen halt einfach zu, um sich zu beweisen» (nach Farin & Seiden-Pielen, 1991).

Alles vertraute Töne: sich darstellen, sich beweisen, Angst überwinden: darum geht es auch in Jungengruppen, die nicht durch Gewalt auffallen. Wenn immer wieder die «Ohnmachtsgefühle» von Jugendlichen angesichts gesellschaftlicher Veränderungen als Ursache von Gewalt angeführt werden, sollte doch gefragt werden, warum diese Gefühle für Jungen so schrecklich sind, dass sie nur noch zuschlagen können. Dass im männlichen Stereotyp Ohnmachtsgefühle nicht vorkommen, bedeutet einerseits einen Zwang zur Machtdemonstration, der angesichts anderer realer Möglichkeiten oft die Form körperlicher Gewalt gegen Schwächere findet. Andererseits dient ein in solchen Situationen erlebtes Machtgefühl auch der emotionalen Entlastung, als Stärkung eines ansonsten eher brüchigen Selbstwertgefühls. Unsicherheit und Überforderung werden «weggeprügelt».

In diesem Zusammenhang ist auch an sexuelle Übergriffe und die Sexualisierung familiärer Beziehungen zu denken. Dies kann *zusammen* mit dem Erlernen von Gewalt als Lösungsstrategie für innere und äußere Konflikte zu sexualisierter Gewalt führen, mit der unerträgliche Gefühle und Erinnerungen abgewehrt werden. Diesen Zusammenhang beschrieb treffend schon Simone de Beauvoir: «Für alle diejenigen, die an einem Minderwertigkeitskomplex leiden, gibt es einen Wunderbalsam: Niemand ist der Frau gegenüber aggressiver oder herablassender als ein Mann, der seiner Männlichkeit nicht ganz sicher ist» (1968, S. 18).

Entgegen feministischer Analyse wird allerdings Gewalt gegen Frauen gesellschaftlich immer noch eher sanktioniert als Gewalt unter Männern, insbesondere gegen Fremde. Ideale wie «Ritterlichkeit» oder das stereotype Bild von Mädchen als schwach, empfindlich und schutzbedürftig schützen Mädchen oft vor direkten körperlichen Angriffen. Gerade unangepasste und starke Mädchen werden jedoch manchmal durch Drohungen und sexuelle Belästigungen «in ihre Schranken verwiesen». So erzählt eine junge Frau aus ihrer Kindheit: «Ich war immer in der Jungenbande dabei. Die Jungen wollten irgendwann wissen, wie ich ‹unten› aussehe, weil sie wissen wollten, ob ich ein Junge oder ein Mädchen sei. Ich habe mich geweigert. Eines Tages hat mich dann eine ganze Gruppe gejagt, schließlich zu Boden geworfen, festgehalten und mir die Hose heruntergezogen. Ich habe mich gedemütigt gefühlt und war fürchterlich wütend. Das Gemeine war, dass ich von da an nur noch Diener der Jungen sein durfte. Irgendwann habe ich dann nicht mehr mitgespielt.»

Für ein Mädchen ist dies eine beschämende und entwürdigende Erfahrung. Auf brutale Weise erfährt sie, dass in unserer Welt «die Männer» das Sagen haben. Aus der Sicht der Jungen mag es dagegen anfangs um sexuelle Neugier gegangen sein – und um die Irritation darüber, dass ein Mädchen genauso stark und wild sein kann wie ein Junge. Das passt nicht zu dem ihnen vermittelten Bild, dass Jungen sich dadurch von Mädchen unterscheiden, dass sie wild und stark sind, und verunsichert sie deshalb. Mit Unsicherheit umzugehen, haben viele Jungen aber nicht gelernt. Die Unterordnung des Mädchens unter die Jungen stellt das vertraute Bild wieder her.

Es bleibt die Frage: Wenn Mädchen die Opferrolle lernen – warum sind dann vorwiegend männliche Jugendliche oder junge Männer Opfer von Jugendgewalt? Gewalt trifft nicht immer die Schwächsten, und sie wird auch nicht immer automatisch nach unten weitergegeben. Es ist eher die Verankerung von Gewalt in der Jungenkultur sowie die mangelnde Fähigkeit von Jungen, mit ihren Bedürfnissen, Konflikten und Gefühlen von Angst und Hilflosigkeit konstruktiv umzugehen, die zur Männergewalt unter Männern und zwischen Männern und Frauen führt. Das Verbot, Angst, Schmerz und Schwäche zu zeigen, erhält Gewaltbeziehungen unter Jungen aufrecht. Dies wird an Berichten über Diebstähle, Erpressungen und brutale Gewalt schon unter zwölf- bis vierzehnjährigen Jungen deutlich. Die Opfer trauen sich nicht, sich zu wehren, und geben oft die erlittene Gewalt an jüngere und schwächere Jungen weiter. Sie könnten das nicht, wenn nicht ihr Verhältnis zum eigenen Körper entsprechend gestört wäre. Da macht eine Faust ins Gesicht nichts mehr aus – und die Unempfindlichkeit gegenüber dem eigenen Schmerz geht oft mit Gleichgültigkeit gegenüber Schmerz überhaupt einher.

Jungengewalt hat viele Gesichter. Sie ist eine Möglichkeit, sich als Mann zu beweisen und schwer erträgliche Gefühle wie Angst, Unsicherheit und Verletzlichkeit zu überwinden und «wegzuprügeln»: *Gewalt macht Jungen zu Männern.* Sie stellt auch eine mehr oder weniger «erlaubte» Möglichkeit dar, Gefühle auszudrücken und den

Körper auszutoben: Die Übergänge zwischen spielerischen Raufereien, Machtkämpfen in der Gruppe und zerstörerischer Gewalt sind dabei fließend. So wird verständlich, dass Prügeleien auch ohne inhaltlichen Hintergrund «Spaß machen» können: *Gewalt lässt Jungen ihren Körper spüren.*

Wege aus der Gewalt

> Dabei wissen wir doch:
> Auch der Haß gegen die Niedrigkeit
> Verzerrt die Züge.
> Auch der Zorn über das Unrecht
> Macht die Stimme heiser. Ach, wir
> Die wir den Boden bereiten wollten für Freundlichkeit
> Konnten selber nicht freundlich sein.
>
> *Bertolt Brecht*

Dies ist ein eher dunkles Kapitel geworden, und es hinterlässt Ratlosigkeit. Warum schlagen Jugendliche einen Ausländer zusammen, der ihnen nichts getan hat? Und warum prügeln Eltern ihre Kinder krankenhausreif? Trotz aller Erklärungen bleibt ein Rest Unverständnis zurück. Und natürlich stellt sich die Frage, was denn dagegen zu tun ist.

Es gibt zahlreiche Programme und Bücher zur Prävention von Gewalt. Aber es hat oft wenig Sinn, hektisch Aktionsprogramme aufzulegen, wenn es mal wieder irgendwo gebrannt hat. Was hat es für einen Sinn, Millionenbeträge für Projekte «gegen rechts» bereitzustellen, wenn gleichzeitig überall im sozialen Bereich gekürzt wird und an den Schulen Lehrer fehlen?

In Ostdeutschland haben manche gegen Gewalt gerichtete Projekte, die den Ansatz der «akzeptierenden Jugendarbeit» aus dem Westen übernahmen, sogar indirekt dazu beigetragen, rechtsextreme Gruppen und Gewalt zu fördern. Manchmal nutzten rechte Jugendliche und ihre Hintermänner die Räume und Möglichkeiten der Projekte, um ihre Strukturen auszubauen, und die oft schlecht ausgebildeten und schlecht bezahlten Mitarbeiter sahen hilflos und überfordert zu (vgl. Kersten, 2000).

Sport und Kampfkunst, Musik und kreative Aktionen, Anti-Aggressivitäts-Training und Meditation sind sinnvolle und erprobte Alternativen zu Gewalt als Alltagsgestaltung. Sozialpädagogische Betreuung ist aber weder Ersatz für politische Auseinandersetzung noch ausreichender Schutz für Opfer der Gewalt. Unterstützt werden müssen in erster Linie positive Ansätze: Beteiligung von Jungen, Mädchen und Jugendlichen an der Gestaltung ihrer Lebenswelt, sinnvolle Ausbildungs- und Arbeitsmöglichkeiten und nicht zuletzt Zivilcourage.

Eltern und Pädagogen und Pädagoginnen brauchen einen geschlechtsbewussten und jungenfreundlichen Blick, damit Bedürfnisse, Nöte und Gewaltkreisläufe unter Jungen rechtzeitig erkannt werden und nicht erst eingegriffen wird, wenn es zu spät ist. Prävention von Gewalt beginnt in der Familie sowie in Kindergarten und Grundschule. Hervorragende Beispiele dafür, wie pädagogisches Handeln neue Wege im Umgang mit Gewalt und Desintegration beschreiten kann, schildert der Grundschulrektor Karl Gebauer in seinem Buch *Ich hab sie ja nur leicht gewürgt* (Gebauer, 1996), aus dem das Beispiel zu Beginn dieses Kapitels stammt. Gebauer macht mit seinen Schülern Körperübungen und Massagen, aber lässt sie auch auf Matten ihre Kraft in geregelten Ringkämpfen erproben (übrigens kämpfen nicht nur die Jungen, sondern auch die Mädchen). Konflikte werden nicht mit Verordnungen geregelt, sondern in Klärungsdialogen gemeinsam mit den Betroffenen bearbeitet.

Wenn die Gefühle dabei hohe Wellen schlagen, kann es hilfreich sein, sie bildlich darzustellen. Eine Möglichkeit dafür ist der «Wutbecher». Für jeden Beteiligten wird ein leerer Becher auf ein Blatt Papier gemalt, in den die Streitpartner dann ihre Wut «hineinmalen» können. Die auf den ersten Blick überraschende Idee funktioniert: Die Wut findet eine Ausdrucksform. Gleichzeitig bekommen alle Beteiligten etwas Distanz zu ihren aufgewühlten Gefühlen. Plötzlich ist es möglich, miteinander zu reden. Natürlich klappt das nicht immer, aber manchmal wird die Wut schon allein dadurch geringer, dass sie ausgedrückt werden kann, ohne dass dem anderen dabei geschadet wird. Beispiele für die Verwendung dieser Methode schildert Gebauer in einer neuen Veröffentlichung, die im Stil zum Teil allerdings dramatisierend und anklagend ist (2000).

In *Ich hab sie ja nur leicht gewürgt* beschreibt Gebauer auch die Arbeit mit drei Jungengruppen, die über einen Zeitraum von sechs Monaten bis hin zu zwei Jahren stattfand. Dabei gab es anders als in vielen Programmen der Gewaltprävention kein Konzept, keine genauen Zielvorgaben, Lerneinheiten oder Methoden, die er von außen an die Jungen herangetragen hätte. Die Themen ergaben sich aus dem schulischen Alltag und aus dem Prozess der Gruppe, zum Beispiel *Junge-Sein und Mann werden; Interesse an Mädchen; Sex; Vertrauen; Umgehen mit Konflikten; Gratwanderungen zwischen Rangeleien und Kloppereien.* Mit ausführlichen Beschreibungen von Gesprächen und Verläufen von Gruppenstunden macht er anschaulich, wie Jungenarbeit praktisch ablaufen kann. Das ist insbesondere deswegen spannend zu lesen, weil er auch beschreibt, wenn er selbst wütend oder verunsichert ist oder wenn etwas nicht so klappt wie geplant.

Der Umgang mit aggressiven Jungen erfordert Mut, Auseinandersetzungsfähigkeit und vor allem die Bereitschaft, sich auch mit den eigenen Schattenseiten auseinander zu setzen. Ein Junge, der kämpfen und streiten will, braucht Gegenüber, die ihm gewachsen sind. *Halten* und *Zumuten* sind die Eckpunkte des Umgangs mit Aggression: Jungen brauchen Halt und Zuwendung, aber müssen auch mit ihrem Verhalten und dessen Auswirkungen konfrontiert werden. Der Begriff Halten ist dabei doppeldeutig. Ein Junge, der ausrastet, muss festgehalten werden, ohne dass er dabei zerbricht. Gleichzeitig braucht er ein Gegenüber, das aushalten kann, dass er so wütend ist, ohne ihn abzulehnen oder zu demütigen. Denn Ablehnung und Demütigung hat ein aggressiver Junge meist schon oft genug erlebt.

Der Gegenpol zu Aggression ist nicht «lieb sein», sondern Gleichgültigkeit. Aggressives Verhalten ist grundsätzlich zweigesichtig – auch im schwierigsten Verhalten drückt sich der Wunsch aus, etwas zu verändern und beim anderen zu bewirken. Die beste Prävention von Gewalt ist daher, konstruktiv zu streiten und mit Konflikten leben zu lernen.

Krieg

... hier über der Stadt, auf dem Berg Igman, ist der erste Schnee gefallen.

Niemand in der Straße sagt ein Wort darüber, aber niemand denkt an etwas anderes. Mit mehr Schnee, mit der Aussicht auf Nebel werden wir in unserem Unglück allein gelassen, allein gelassen für weitere bedeckte Morgen, die Augen aufzwingend, um einen weiteren Tag durchzustehen. Mein neun Jahre alter Sohn sagte mir diese Woche, durch das Knacken der letzten verbliebenen Telefonleitung Sarajevos: «Dies ist der dritte Geburtstag, den ich ohne dich feier, und jedes Mal hast du versprochen, hier zu sein.» Mein älterer Sohn, der schon ein junger Mann wird, sagt: «Mach dir keine Sorgen, Papa. Ich verstehe.» Meine Frau sagt gar nichts. Sie ist nur wütend.

Sollte ich froh sein, dass mein älterer Sohn versteht, dass dieser 14 Jahre alte Junge sehr wohl weiß, worum es bei all dem hier geht? Es bedeutet, dass er versteht, dass er nicht länger ein Sarajevaner ist, dass er nicht mehr länger weiß, was Vergebung ist, dass er bald auch genau wissen wird, was Hass ist.

Zlatko Dizdarevic aus Sarajevo, 1994

«Jungen werden später die Soldaten.»

Der Extremfall gewalttätiger Männlichkeit ist der Krieg. Auch wenn sich Frauen in vielen Ländern und inzwischen auch in Deutschland das Recht auf den Dienst an der Waffe erkämpft haben, ist das Militär bislang eine der letzten Bastionen der Männlichkeit. Es ist die höchste Aufgabe des Beschützers, Frau und Kinder, die Gemeinschaft und das eigene Land zu verteidigen. Auf die Frage, warum Jungen mit Pistolen spielen, antwortet Jonas: «Weil sie später die Soldaten werden.» Das bedeutet heute etwas anderes als noch vor zehn Jahren. Das letzte Jahrzehnt hat den Krieg nach Deutschland zurückgebracht: mit den ersten Toten bei Bundeswehreinsätzen im ehemaligen Jugoslawien einerseits, mit den Flüchtlingen aus dem bosnischen Inferno und dem Kosovo andererseits. Zum ersten Mal seit dem Zweiten Weltkrieg ging 1999 von deutschem Boden Krieg aus.

Dabei wurde der Einsatz von Gewalt nicht nur von Militaristen gefordert, sondern auch in der Friedensbewegung heiß diskutiert. Wer hätte sich vor zwanzig Jahren vorstellen können, dass schließlich ein grüner Außenminister dem ersten NATO-Auslandseinsatz der Bundeswehr zustimmen würde, und das in einem noch nicht einmal offiziell erklärten Krieg?

Übersehen wird oft, dass Deutschland als dritt- bis fünftgrößter Waffenexporteur der Welt viele der Kriege mit herbeigeführt hat, für deren Beendigung die Bundeswehr jetzt eingesetzt werden soll. Zudem wird die Diskussion meist nur auf einer politischen Ebene geführt. Zu Recht wird die Verantwortung der internationalen Staatengemeinschaft betont, sich überall für die Einhaltung der Menschenrechte einzusetzen. Die Wirkung von Gewalt auf das *Innenleben* der Menschen, auch der «Friedens»soldaten, wird dagegen kaum einmal angesprochen.

Die Verweigerung des Kriegsdienstes ist nicht umsonst eine «Gewissensentscheidung»: Wer heute Militäreinsätze ablehnt, muss sich vorwerfen lassen, «unverantwortlich» zu sein und die Mitschuld an Völkermord zu tragen. Die Bezeichnung «Friedensengel» für UNO- und NATO-Soldaten verharmlost aber heute wie auch früher schon eine wesentliche Voraussetzung: Männer zu Soldaten zu machen, heißt, sie zum Töten auszubilden. Dies ist nach wie vor ein zentraler Sinn der Einrichtung Militär, die bei uns, trotz stark angestiegener Zahl der Kriegsdienstverweigerer, immer noch ihren Platz als «Schule der Nation» behauptet – der männlichen Hälfte dieser Nation. Zurzeit wird intensiv über die Abschaffung der Wehrpflicht diskutiert. Für die Mehrheit der jungen Männer ist es sicherlich gut, von Zwangsdienst und den damit verbundenen Männlichkeitsritualen verschont zu bleiben. Es bleibt die Frage, wie sich die militärische Ausbildung auf die zukünftigen Angehörigen einer Berufsarmee auswirkt.

Männer zu Soldaten auszubilden, macht Männer zu Tätern und Frauen zu Opfern, auch wenn in der Wirklichkeit des Krieges viel mehr Männer als Frauen verletzt, misshandelt und getötet werden. Unbestreitbar wird sich das Töten eines anderen Menschen, und sei es aus noch so «humanitären» Gründen, auf die Psyche des Tötenden auswirken, und um überhaupt dazu in der Lage zu sein, muss er entsprechend geformt werden. «Tugenden» wie Disziplin, Gehorsam und Abhärtung sind entscheidend für die Ausbildung der Gefühllosigkeit, die aus Männern erst Mörder machen kann – das hat Theweleit (1980) für den «soldatischen Mann» beschrieben, und das ist auch aus der Ausbildung von Folterern bekannt.

Wie es sich auf das Militär auswirken wird, wenn zunehmend selbstverständlich Frauen auch an der Waffe ausgebildet werden, bleibt abzuwarten. Die Bundeswehr bereitet ihre Führungskräfte mit gezieltem «Gendertraining» auf die ersten Berufssoldatinnen vor, denn noch halten sich unter Soldaten hartnäckig Vorbehalte gegen weibliche Kameraden. Das ist nicht erstaunlich, denn Frauen als Soldatinnen stellen das auch von Politikern aller Richtungen hochgehaltene Bild infrage, dass die Frau für das Leben steht und Töten daher Männersache ist.

Männer, die zum Töten abgerichtet wurden, tun das auch, wenn sie in den Krieg geschickt werden. Sie erleben Schreckliches, und manchmal tun sie dann selbst noch schrecklichere Dinge. Für manche Männer sind Krieg und hitzige Aggression nicht nur eine extreme Grenzerfahrung, sondern Lebenszweck und Höhepunkt des Erlebens. Es ist nicht verwunderlich, dass sie Schwierigkeiten haben, anschließend wieder ein «normales» Leben zu führen. «Man redete uns vor, dass der Krieg nun zu Ende sei. Wir lachten darüber. Denn der Krieg, das waren wir selbst. Seine Flamme brannte in uns fort und umzog unser ganzes Tun mit dem glühenden und unheimlichen Bannkreis der Zerstörung», schrieb ein Soldat nach dem Ersten Weltkrieg (zit. nach Theweleit).

Krieg als Alltag von Jungen

Anders als bei uns ist für Jungen anderer Länder der Krieg zum Alltag geworden. Jeden Tag werden Tausende Männer, Frauen und Kinder durch Krieg und Bürgerkrieg in die Flucht getrieben. Nach Schätzungen des UN-Hochkommissariats für Flüchtlinge sind weltweit etwa 50 Millionen Menschen auf der Flucht, immer mehr davon als Vertriebene im eigenen Land (vgl. www.unhcr.ch). Nach Angaben von Unicef starben im letzten Jahrzehnt in Kriegen und bewaffneten Konflikten zwei Millionen Kinder, weitere sechs Millionen wurden verletzt. Weil viele Männer als Kämpfer von ihrer Familie getrennt sind, wachsen viele Jungen und Mädchen ohne ihre Väter auf. Oft werden darüber hinaus nicht nur die jungen Männer, sondern auch jüngere Kinder von Familie und Gemeinschaft getrennt und zu Soldaten gemacht. Zurzeit werden weltweit 300 000 Kinder und Jugendliche als Kindersoldaten mit Waffen ausgerüstet und aufs Schlachtfeld geschickt. Vor allem Kleinwaffen, die heute mehr Menschen den Tod bringen als alle anderen Waffensysteme und dennoch weniger kontrolliert werden, passen perfekt in Kinderhände (Die Tageszeitung, 20. 9. 2000).

Das Ende eines Krieges macht die Zerstörungen nicht rückgängig, die die Gewalt im Inneren dieser Kinder angerichtet hat. Krieg und Bürgerkrieg reißen die Brücken ein, die zwischen Menschen unterschiedlicher Herkunft und unterschiedlichen Ansichten bestehen, und sie machen es oft fast unmöglich, solche Brücken neu zu errichten. Anders als die Opfer müssen diejenigen, die selbst zu Tätern geworden sind – meist also die jungen Männer –, auch noch damit fertig werden, sich selbst schuldig gemacht zu haben.

Das Töten eines Menschen stellt im «normalen» Leben den Täter außerhalb der Gemeinschaft. Soldaten haben nicht nur andere Menschen getötet, sondern darüber hinaus oft Dinge getan, die die Grenzen jeder Moral weit überschreiten: vergewaltigt, gefoltert und verstümmelt. Dies wird von vielen jungen Männern mit einer Intensität empfunden, die nur mit sexuellen Erlebnissen vergleichbar ist: Krieg als «a sexual turn-on» (vgl. ausführlich Duerr, 1993). Ein Weiterleben ist ihnen nur möglich, indem sie – wie auch die Opfer – die eigenen Taten weitgehend verdrängen. Vielen ehemaligen Soldaten gelingt das nicht, sie leiden an massiven Folgeschäden, wie die Situation der Heimkehrer aus Vietnam, Afghanistan oder Tschetschenien zeigt. Junge Männer, die im Krieg «erwachsen» werden, sind oft weder zu befriedigenden Beziehungen mehr in der Lage noch dazu, einen Platz in der zivilen Gemeinschaft zu finden. Der Krieg hat sie «zu Männern gemacht» – ein Mythos, der sich in Kriegsberichten immer wieder findet (vgl. Mosse, 1987, S. 138 ff.; Theweleit, 1980). Nur kann die Gesellschaft mit *diesen* Männern gar nicht so viel anfangen.

In vielen Ländern der Welt hat eine ganze Generation von Jungen niemals in Frieden gelebt. Bei der weltweiten Zunahme von ethnischen Konflikten geht die immens fortgeschrittene Waffentechnik eine katastrophale Verbindung mit überlieferter Männlichkeitsideologie ein. Das «Beschützen» der eigenen Gruppe gegen äußere Feinde und das Sich-Beweisen im Kampf spielen traditionell für Männlichkeit eine große Rolle. Nur ist es etwas anderes, ob dazu Fäuste und Speere oder Maschinengewehre und Raketen verwendet werden.

Kriegsängste und Kriegskinder

Kinder reagieren sehr unterschiedlich auf das Thema Krieg. Auf der einen Seite sind insbesondere viele Jungen von Waffen, Schießen und Bomben fasziniert (vgl. das Kapitel *Gewaltspiele*). Auf der anderen Seite stellen reale Kriegsnachrichten für sie eine besondere Belastung dar. Wenn sie mitbekommen, dass deutsche Soldaten an Kriegshandlungen beteiligt sind oder bei «Friedenseinsätzen» ums Leben kommen, haben sie Angst, «dass der Krieg auch zu uns kommt». Diese Ängste bringen Kinder direkt und indirekt zum Ausdruck, und es ist schwer, angemessen damit umzugehen.

Auf Elternabenden habe ich erlebt, wie schwierig es ist, sich untereinander zu verständigen und die Hilflosigkeit, die Krieg in uns auslöst, auszuhalten und sich mitzuteilen. Ist Milosevic der «Böse» und muss darum «bestraft» werden? Oder ist es grundsätzlich falsch, Gewalt anzuwenden – aber was ist dann mit den Opfern, deren Schicksal im Fernsehen gezeigt wird? Es mag einfach sein, die Gewalt zu verurteilen, die die *Power Ranger* ausüben, um die Welt zu beschützen. Schwieriger ist es zu erklären, warum den Erwachsenen keine Lösung einfällt, um die Ermordung von Männern, Frauen und Kindern in einem Land zu verhindern, das vor einem Jahrzehnt noch ein beliebtes Ferienziel war.

Vor diesem Hintergrund entschieden sich die Mitarbeiterinnen des Kinderhauses der Brunsviga in Braunschweig, für das Gespräch mit den Kindern einen Experten einzuladen, der in Krisen- und Kriegsgebieten als Friedensmediator tätig ist. Schon auf diese Ankündigung hin stellten vor allem die sieben- bis elfjährigen Jungen zahlreiche Fragen zu Waffen, Soldaten und Krieg. Zunächst sind viele von ihnen fasziniert. Die Vorstellung, mit einem Gewehr herumlaufen, Helikopter fliegen zu können, zu schießen und zu bombardieren ist für sie spannend und aufregend. Das Angebot, mit jemandem zu sprechen, der Krieg erlebt hat, wurde von ihnen mit großem Interesse aufgegriffen – auch von Jungen, die sonst überhaupt keine Lust auf Gesprächskreise haben.

In der Begegnung mit dem Fachmann wich die anfängliche Neugier und Begeisterung der Jungen zunehmend einer klammen Betroffenheit, je mehr sie davon erfuhren, wie es Kindern im Krieg wirklich geht. Im Anschluss an die Veranstaltung schrieben einige Jungen aus eigenem Antrieb Texte über das, was sie erfahren hatten. Die beiden folgenden Texte wurden in der Kinderstadtteilzeitung veröffentlicht.

Kinder im Krieg

Jedes Jahr sterben ganz, ganz viele Kinder.
Außerdem haben sie viel zu wenig zu essen.
Sie arbeiten den ganzen Tag auf den Feldern.
Das Geld reicht nicht für alle, denn die meisten sind ganz arm.
Einige sind so arm, dass sie nur eine Mark am Tag haben.
Aber oft sterben die Kinder auf dem Feld.
Denn auch da erwischen Minen sie.
Und sie wohnen in Hütten aus Bambus und Holz.
Es gibt kaum Autos und Straßen, nur Matschwege.
Viele Kinder müssen im Krieg als Soldat arbeiten, damit
sie überhaupt etwas zu essen bekommen.
Und diese Monsterautos, genannt Panzer, zerstören alles.
Und die Bomben erst recht, also echt, die sind doof!!!!!!!
Aber die Leute können sich nicht dagegen wehren.
Wenn sie es versuchen, werden sie erschossen.

Timm Niklaas, 9 Jahre

Am Mittwoch, dem 8. 11. 2000 hatten wir Besuch im Kinderhaus. Dr. Helmut Schafft arbeitet für die UNO. Er fliegt in Kriegsgebiete, um Friedensgespräche zu führen. Er erzählte uns, wie Kinder im Krieg leben.

Im Krieg werden Minen gelegt. Die Kinder sollen den Soldaten vorausgehen, damit nicht die Soldaten durch Minen sterben. Für die Kinder ist es die einzige Möglichkeit im Krieg, was zu essen zu kriegen. Sie haben sehr wenig Sachen und fast keine Technik. Die Leute in den Kriegsgebieten sind sehr arm. Deshalb bleibt ihnen nichts anderes übrig, als Soldat zu arbeiten. Weil viele Kinder von ihren Eltern getrennt leben, müssen auch sie in den Krieg ziehen und kämpfen.

Zum Schluss haben wir überlegt, wie wir den Kindern helfen können. Am liebsten wollten wir alle Kinder aus den Kriegsgebieten herausholen. Aber Helmut hat uns erklärt, dass das nicht geht, weil niemand so viel Geld dafür ausgeben will.

Wir Kinder vom Kinderhaus können aber Geld für Essen und Schule spenden, damit es den Kindern etwas besser geht.

Wir fanden es traurig und spannend, so viel über Kinder im Krieg zu hören.

Johann, 8 Jahre

Der Krieg kommt nicht nur durch den Fernseher zu uns. In den letzten Jahren sind zahlreiche traumatisierte Kinder als Flüchtlinge aus Kriegsgebieten nach Deutschland gekommen. Sie müssen sich nicht nur in einer fremden Kultur zurechtfinden und offene und versteckte Ausländerfeindlichkeit ertragen, sondern dazu noch mit ihren Kriegserlebnissen fertig werden – viele von ihnen haben Verwandte oder sogar Eltern verloren und massive Gewalt miterlebt. Die Orientierung an aggressiven Männlichkeitsvorstellungen, die sowieso die traditionelle Erziehung im Balkanraum prägt, kann bei solchen Jungen zu besonders auffälligem und aggressivem Verhalten führen. Diese Jungen benötigen Unterstützung bei der Verarbeitung ihrer Kriegserfahrungen, für die allerdings Kindertagesstätten und Schulen oft keine Zeit und kein Geld haben. Stattdessen werden die störenden Jungen als Problemfälle ausgegrenzt.

Die Kinderpsychotherapeutin Hanna Wintsch hat in Bosnien unter sehr schwierigen Bedingungen mit kriegstraumatisierten Jungen und Mädchen gearbeitet. Sie hat ihre sehr beeindruckende Arbeit *Hoffnung säen* genannt, «weil das Überwinden der Hoffnungslosigkeit sowohl für die Alltagsgestaltung wie für die Entwicklung von Zukunftsperspektiven eine wichtige Voraussetzung ist» (2000, S. 10). Unter anderem ermöglichte sie den Mädchen und Jungen, schlimme Kriegserlebnisse zu verarbeiten, indem sie sich im Schutz einer Gruppe mit Bildern und Worten mitteilen konnten. Arnes zum Beispiel, zehn Jahre, kommentierte sein Bild knapp: «Zwei Männer steigen aus dem Auto». Erst nach längerem Nachfragen sagte er: «Sie töten meinen Vater» (ebenda).

Als Beispiel dafür, wie (nicht nur) kriegsgeschädigte Kinder wieder Vertrauen entwickeln können, möchte ich die Übung *Geschlossene Faust gewaltfrei öffnen* wiedergeben:

«Zu zweit; dem Partner, der mit geschlossenen Augen seine Hand fest geschlossen hält, diese langsam, vorsichtig und sorgfältig öffnen. Die Übung zur Öffnung der Faust verlief in allen Gruppen erstaunlich friedvoll und unglaublich intensiv. Die Kinder, auch die wilden und aggressiven, arbeiteten sehr konzentriert, sorgfältig und liebevoll. Bereits beim Vorzeigen herrschte eine friedliche und von gegenseitiger Zuneigung geprägte Stimmung (geduldig-liebevolles Vorgehen, während und nach der Öffnung zärtliches Streicheln). Dies war eine bewegende Erfahrung für uns alle!» (ebenda, S. 215 f.).

Der Held im Kinderzimmer

«Das Leben – das große Wunder – das große Rätsel», raunt der Sprecher. Im Saal wird es still. Viele Jungen, etliche Mütter und einige Mädchen sitzen im Kino und sind froh, dass nach endloser Werbung und einem ziemlich hektischen Vorfilm nun endlich der Hauptfilm beginnt. Bedeutungsschwanger beginnt er mit der Entstehung der Pokémon und Menschen, um dann die Geschichte von Mewto (= Mew Two = Mew Nummer zwei) zu entwickeln. Dieser wurde von Menschen aus dem seltensten Pokémon, Mew, geklont – mit dem Ziel, das stärkste Pokémon der Welt zu erzeugen. Die alte Geschichte also von menschlicher Hybris, die selbst Leben schaffen und sich damit zum Gott aufschwingen will. Was aber denkt das geklonte Wesen selbst über seine Erschaffer? «Diese Menschen, sie kümmert mein Schicksal nicht», klagt Mewto. «Ist das mein Lebenszweck – bin ich nur ein Experiment? – Das ist nie und nimmer meine Bestimmung!», entscheidet er – und sprengt das Labor. Die erschütterten Wissenschaftler stellen fest: «Wir wollten das stärkste Pokémon der Welt erschaffen – und es ist uns gelungen.»

Helden und Monster

Zur Jahrtausendwende besiedelt eine neue Gruppe von Wesen die Grundschulen und Spielzeuggeschäfte Europas: die Pokémon. Die Vielfalt der Pokémon stellt bisherige Comic- und Actionserien in den Schatten. Von niedlichen Einhörnern und rosa Flügelwesen über den watschelnden Enton, einen Vetter Donald Ducks, bis hin zu mächtigen Kämpfern und gepanzerten Reptilien, denen Hochdruckwasserwerfer aus dem Rücken wachsen, ist alles dabei.

Was fasziniert Jungen an den Monstern und Helden? Obwohl jede und jeder, die oder der mit Kindern beschäftigt ist, weiß, wie wichtig die gerade aktuellen Helden für Kinder und Jugendliche sind, und obwohl viele Jungen mehr Zeit mit diesen Figuren verbringen als zum Beispiel mit ihrem Vater, wissen viele Erwachsene wenig über diese Figuren. Viele Eltern, Erzieher und Erzieherinnen und Lehrer und Lehrerinnen, die mit Jungen zu tun haben, finden die Monsterfiguren oder Actionhelden blöd, fürchterlich oder abstoßend. Die Gewalt in den Geschichten und Filmen irritiert – und die Begeisterung der Jungen für diese Scheinwelten auch.

So wissen viele Erwachsene von den dazugehörigen Phantasiewelten der Kinder und Jugendlichen wenig. Dabei sind die vielen Serien durchaus nicht alle gleich. Wenn wir sie einmal mit unvoreingenommenem Blick betrachten, können wir in ihnen gesellschaftliche Trends wiederfinden und Bedürfnisse und Themen von Jungen und jungen Männern entdecken. Von *Jungen*, denn obwohl in den Serien und Spielwelten auch Frauen vorkommen, interessierten sich Mädchen meist deutlich weniger dafür, obwohl es inzwischen auch einige Actionserien für Mädchen gibt.

Die Trickfilmserie *Sailor Moon* ist deutlich «softer» als die Jungenserien – es wird viel gesorgt und geweint, und gekämpft wird in der Regel mit Magie und Energie, nicht mit den Fäusten. In der Actionserie *Xena* kämpft die Heldin dagegen mit Muskelkraft und einem Bumerang, dessen scharfe Scheibe alles durchschneidet. Interessanterweise ist *Xena* die einzige Actionserie für Kinder, die der FLIMMO, ein von Fernsehsendern und Medienanstalten herausgegebener Elternratgeber, als «für Kinder schwer verdaulich» einstuft, wogegen Actionserien für Jungen, in denen zum Teil noch wüster losgeprügelt wird, wie zum Beispiel bei *Hercules*, durchweg die empfehlenswertere Einstufung «mit Ecken und Kanten» erhalten (vgl. FLIMMO, 3/99). Wenn Mädchen zuschlagen, irritiert das halt weit mehr.

Insgesamt spielen Actionserien im Leben von Mädchen eine deutlich geringere Rolle als die Pendants im Leben von Jungen. Auch sonst sind die Haupthelden vieler spannender Filme und Spiele männlichen Geschlechts. In den speziell für Jungen geschaffenen Medien gibt es eine ganze Reihe von Leitbildern, die zur Identifikation einladen. Was vermitteln die Monster und Helden für ein Bild von Männlichkeit, und was können sie uns über Jungen mitteilen?

Multimedia-Welten

> «Der hat ja so viele Muskeln, der kann sich ja nicht mal den Hintern selbst abwischen!», verspottet Peter die He-Man-Figur des achtjährigen Marc. Der Junge reagiert tödlich beleidigt: Er heult und ist völlig verzweifelt. Peter überrascht: «Schlimmer hätte ich ihn nicht treffen können … wenn ich ihn direkt provoziert hätte, hätte er sich nicht unterkriegen lassen.»

Um die neuen Heldenfiguren herum hat die Freizeitindustrie eine Vielfalt von Medien gruppiert. Alle Sinne werden angesprochen, kein Bedürfnis bleibt ausgespart: Filme, Hörspielkassetten und Comics gehören ebenso dazu wie die Plastikspielfiguren samt aufwendigem Zubehör, Frisbees und Quartettspiele, sogar Kaugummi und schließlich Gegenstände, die Kinder tagtäglich brauchen, wie Schulhefte, Wecker oder T-Shirts. Spielzeughelden sind zu begehrten *Merchandising*-Produkten geworden, die genauso vermarktet werden wie Fußballer und Popstars. Zentren der Vermarktungsstrategien sind US-amerikanische und japanische Unternehmen. Die Bildsprache der Actionwelten wird zunehmend von japanischen Zeichnern und Spieleerfindern bestimmt.

Die Spielwelten von Jungen und Mädchen sind dabei meist strikt getrennt. Die aggressiven, actionorientierten Angebote sind Sache der Jungen. Das wird auch an der fast ausschließlich jungenspezifischen Vorliebe für entsprechende Computerspiele deutlich.

Die geschlechtstypischen Unterschiede bei Spielzeug spiegeln die Unterschiede wider, die auch in anderen Bereichen zwischen Jungen und Mädchen zu finden sind: Jungenspielzeug fordert mehr zu aktiver Gestaltung der Außenwelt auf, wogegen Mädchenspielzeug eher Engagement für Beziehungen, Haushalt und Kinderpflege nahe legt. Jungenspielzeug ist auf die *physikalische Welt* hin orientiert, Mädchenspielzeug auf die *soziale*. Anders als viele Mädchenspielwelten sind Spielvorgaben für Jungen oft nicht an konkreten Alltagshandlungen orientiert, sondern Phantasiewelten.

Auffällig ist zudem, dass bei Jungenspielzeug, anders als bei Spielzeug für Mädchen, kaum einmal die Geschlechtsgrenzen überschritten werden. Während es für Mädchen auch Actionserien gibt und Barbie neben der aktuellen Mode inzwischen auch über Handy, PC und Motorrad verfügt, kennen sich die Helden der Jungen weder in der Küche noch im Kinderzimmer aus. Die Tendenz zu geschlechtsspezifischen Angeboten ist bei den großen Spielwarenherstellern im letzten Jahrzehnt zum Teil wieder stärker geworden – trotz aller pädagogischen Diskussionen um Gleichstellung von Mädchen und Jungen. Selbst das ursprünglich geschlechtsneutrale Universalspielzeug Lego erscheint heute mit klar getrennten Angebotsgruppen: das Prinzessinnenschloss «Belville» in Gelb und Pastellrosa für die Mädchen, Lego-Technik-Actionmonster in Schwarz und Rot für die Jungen.

Der Blick auf die jährlichen Neuheiten des Spielzeugmarktes fördert eine Überraschung ans Licht: Die aktuellen Helden der Actionserien für Jungen wechseln fast jährlich und sind dann «out», womit die gesamte teure Ausstattung nutzlos wird. Für Mädchen dagegen ist seit

Jahrzehnten und nach wie vor *Barbie* unangefochten das herrschende Leitbild. Zumindest Mütter kennen also die Spielfigur ihrer Töchter schon aus ihrer eigenen Kindheit, wogegen die Helden der Jungen nicht nur den Müttern, sondern auch den Vätern zum großen Teil unbekannt sind.

Nach einer breit angelegten Untersuchung von Werner Glogauer besaßen 1991 neunzig Prozent der sechs- bis achtjährigen Mädchen die *Barbie*-Serie. 1997 wurde sie von Kopf bis Fuß überholt und mit etwas kleinerem Busen und etwas dickerer Taille für das neue Jahrtausend fit gemacht. Neben *Barbie* gibt es zwar noch *Petra* und Co., aber auch deren Kleider und Utensilien passen inzwischen zu Barbie (sie sind «kompatibel»). Sicherlich richtet sich die *Barbie*-Ausstattung nach jährlichen Moden – wie die Frauen, denen sie nachgebildet ist. Ihr Grundcharakter ist dennoch Anpassungsfähigkeit, eine «weibliche» Eigenschaft, mit der sie es geschafft hat, sich trotz tief greifender gesellschaftlicher Veränderungen jahrzehntelang als Leitbild Nr. 1 zu behaupten. Sogar eine Fußball-Barbie wurde 1998 vorgestellt, die angesichts der Frauen-WM in diesem Jahr die «Faszination Fußball» schon kleinen Mädchen näher bringen sollte (so eine Sprecherin der Herstellerfirma Mattell).

Ganz anders die Jungenhelden: Eine Vielzahl von Figuren konkurriert um die Gunst der Jungen. Obwohl vom Charakter her oft ähnlich, lösen sie einander in schneller Folge ab und werden nach einer Phase der Popularität bald langweilig. Mitte der achtziger Jahre eroberten *He-Man* und seine *Masters of the Universe* den deutschen Markt. Anfang der neunziger Jahre kamen die *Turtles*. Nach einer *Dino*-Phase folgten dann die *Power Rangers,* die erste Actionserie mit wirklichen Schauspielern, die direkt für Kinder konzipiert wurde. 1996 ging der Verkauf von Actionspielzeug stark zurück, dafür stieg der Verkauf von Videokassetten an. 1997 kam es mit den Neuauflagen der Science-Fiction-Serien *Star Wars* und *Star Trek* zu einem neuen Boom im Actionbereich. Und 1999 nahmen von Japan aus die *Pokémon* die deutschen Kinderzimmer im Sturm. Zum ersten Mal war dabei ein Computerspiel Ausgangspunkt eines sehr erfolgreichen Multimediaangebots.

Daneben gab und gibt es zahlreiche weitere Serien, die keine marktbeherrschende Bedeutung erlangten. Die privaten Fernsehsender füllen ihr Programm zudem durch Wiederholungen älterer Serien auf und sorgen so dafür, dass auch Uralt-Helden weiter im Programm zu finden sind. Erfolgreiche Serien werden durch neue Folgen oder Remakes wieder aufgelegt – im letzten Jahrzehnt erlebten *Batman, Superman* und die *X-Men* auf diese Weise ein Comeback. So sind heute etliche Helden gleichzeitig im Fernsehprogramm zu finden. Aber selbst die beliebtesten unter ihnen sind nur kurze Zeit wirklich «in». Wie manche Männer scheinen die Actionhelden Schwierigkeiten zu haben, ihren Platz in einer sich rasch verändernden Welt zu behaupten. Für Jungen stellen die aktuellen Actionfiguren daher kaum wandlungsfähige Leitbilder zur Verfügung, die sie über Jahre hinweg begleiten könnten.

Mensch und Maschine

Neben den von den Jungen bewunderten Helden stehen beeindruckende technische Effekte im Mittelpunkt vieler Actionwelten. Der Übergang zwischen Actionspielzeug und dem für Jungen zentralen Spielzeugbereich Autos und Technik ist fließend. Technik ist «Männersache» – und eine phantasievolle technische Ausstattung für viele Helden entscheidend. So besteht das zur Actionserie *MASK* (Motto: *Phantasie ist ihre Stärke*) gehörige Spielzeug überwiegend aus verwandelbaren Fahrzeugen. Die Helden und ihre Gegenspieler verfügen über technische Zauber«masken», die sie «mit Radar, Sonar, Infrarotsensoren, Laser und Energie versorgen».

Der ansonsten vergleichsweise harmlose *Knightrider* David Hasselhoff, der im Übrigen nicht nur bei Jungen beliebt war, sondern vor allem auch von pubertären Mädchen angehimmelt wurde – für Actionhelden eher ungewöhnlich –, hat ein sprechendes Auto namens «KITT» (die klangliche Nähe zu «kid», Kind, ist auffällig). Die *Power Rangers* rufen magische Monsterfahrzeuge zur Hilfe und können sie zu einer riesigen Kampfmaschine vereinigen. Und die Kampfkräfte der *Pokémon* beruhen auf Energiestrahlen, geheimnisvoller energetischer Beeinflussung oder auf in den Rücken eingewachsenen Raketen. Die Verbindung von Mensch, Maschine und Magie übt offensichtlich eine große Faszination auf Jungen aus.

Die *Transformer* (Motto: *Roboter im Kampf für den Frieden*), die nach Untersuchungen von Glogauer (1993) in der Beliebtheit 1991 gleich nach den *Masters* rangierten, treiben die Gleichsetzung von Mensch und Maschine auf die Spitze. Diese lebenden Roboter «können sich in kybernetisch gesteuerte Fahrzeuge, Lasersysteme oder andere hoch technische Einheiten verwandeln». Erstaunlicherweise entwickeln auch solche Maschinen-Menschen menschliche Gefühle, zum Beispiel in Form von «Sensoren» für beeindruckende Sonnenuntergänge ... In einer Geschichte ist es interessanterweise die Rettung einer Frau aus Lebensgefahr, die einem derartigen Roboter die Kraft gibt, einen übermächtigen Gegner zu besiegen ... man könnte meinen, er habe sich in sie verliebt. Dass sie ihn anlächelt und bewundert, trotz seiner Roboterform, hat ihn betört. Die Rettung von Frauen vor Männergewalt ist ein uraltes Motiv: Es war schon in den Mythen und Sagen zu finden, und heute spielen Jungen es mit ihren Actionfiguren nach. Mit einem Unterschied: Mit einem Roboter kann die Hochzeit am Ende nicht stattfinden; eine Maschine lässt sich wohl bewundern, aber mit ihr schmusen kann man nicht. Der Mann als Maschine – ein Leitbild für Jungen?

In neueren Filmen treten nicht nur die Handlung, sondern manchmal auch die Handelnden selbst hinter Trickeffekten und Computeranimationen zurück. Dennoch spielt die körperliche Fitness der Akteure nach wie vor eine entscheidende Rolle. Bevor die *Power Rangers* ihre magischen Kräfte einsetzen, bringen sie ihre Fähigkeiten in asiatischen Kampfsportarten zum Einsatz. Andere Helden sind übertrieben gezeichnete Muskelmänner, obwohl auch bei ihnen meist die technische Ausstattung über Sieg oder Niederlage entscheidet. Zu ihnen gehört *He-Man* mit seinen Konsorten, den *Masters of the Universe*.

Helden für Kinder: einige Beispiele

He-Man: Prototyp des Actionhelden

He-Man war lange Zeit Lieblingsheld psychologischer und pädagogischer Analysen – und Mittelpunkt zahlloser Seminare und Diskussionsveranstaltungen für besorgte Eltern und Erzieher und Erzieherinnen. Schon vom Namen («Er-Mann») her ist er Prototyp des Helden überhaupt, und darum lohnt es auch heute noch, sich mit ihm zu beschäftigen. Im Spiel mit dem mächtigen Kämpfer und seinen hässlichen Kumpanen können Jungen sich stark fühlen und immer wieder die Welt retten (vgl. Schnack & Neutzling, 2000, S. 58ff.).

Inzwischen ist *He-Man* längst «out» und nicht mehr in den *Spielzeugabteilungen* der Kaufhäuser zu finden. Er ist durch neue, zum Teil «moderne» Helden ersetzt worden. Auch sie kämpfen natürlich gegen das Böse und für den Frieden, für Gerechtigkeit und den Erhalt der

Welt. Aber sie zeigen auch, dass Heldenstorys nicht unabhängig von gesellschaftlichen Entwicklungen sind – im Gegenteil. Sie können sogar aktuelle gesellschaftliche Trends anzeigen. Dies lässt sich an den seit Anfang der neunziger Jahre bei jüngeren und älteren Kindern wie auch bei jungen Männern außerordentlich beliebten *Turtles* beobachten.

Die Turtles: Coole Rebellen aus dem Untergrund

Der Siegeszug der *Teenage Mutant Hero Turtles* begann in den USA 1988, und mit dem 1990 gedrehten ersten Kinofilm schwappte die *Turtles*-Welle 1991 auch zu uns herüber; 1993 war sie am Abklingen. Mit neuen Folgen gelang es der Comicserie aber noch im Juli 1999, einen guten Platz bei den ganz Kleinen zu bekommen: Bei einer Befragung von drei- bis sechsjährigen Kindern durch den FLIMMO landeten die *Turtles* hinter *Wicki* und *Bibi Blocksberg* auf Platz drei – deutlich vor der *Sesamstraße* und der *Sendung mit der Maus* (vgl. FLIMMO, 3/99, S. 7).

Die *Turtles* sind vier durch radioaktiven Glibber mutierte, daher aufrecht gehende und außerordentlich starke, in asiatischem Kampfsport (*Ninja*) ausgebildete Schildkröten (*Ninja* ist eine ziemlich brutale und daher in Deutschland verbotene Technik). Wie ihr Name schon sagt, sind sie *Teenager*, 15 bis 16 Jahre alt. Auch die *Turtles* gibt es im Film und Fernsehen, als Plastikfiguren in unterschiedlichsten Größen, als Comics, Computer- und Brettspiel und als Sticker zum Einkleben in Sammelbände, auf T-Shirts und Rucksäcken usw. Auch die *Turtles* haben übermenschliche Kräfte, kämpfen gegen böse Feinde und treten für das Gute ein (Motto: «Sieht's für dich mal finster aus – die Turtles holen dich da raus»). Aber dennoch sind sie irgendwie anders.

Der amerikanische Psychohistoriker Ardyce L. Masters bezeichnet dies noch als «Untertreibung. Diese Puppen- und Comicfiguren markieren einen deutlichen Schritt weg von der Gewalt, die in den amerikanischen Spielzeugkisten seit 1980 eskalierte» (1991, S. 61). Trotz Schlägereien, Heldenkräften und Superwaffen sind sie seiner Ansicht nach eher eine Parodie der eigentlichen Superhelden. Die immerzu herumwitzelnden Helden mit den barocken Namen – Michelangelo, Raffael, Donatello und Leonardo – sind für ihn eine «Spaß an der Freude-Mannschaft». «Anstatt das Böse überall in der Welt aufzustöbern und niederzuwerfen, beschäftigen sie sich mit dem, was ihnen zufälligerweise in die Quere kommt. Und sie lieben Pizza!» Zum Actionspielzeug gehört daher neben anderen Superwaffen auch ein «Pizza-Werfer» sowie ein «Toiletten-Taxi». Schließlich leben die *Turtles* mit ihrem Yoga praktizierenden *Meister Splinter*, einer ebenfalls mutierten Ratte, in der New Yorker Kanalisation.

Tiere und Monster spielen in Comics und auch als Spielzeug für Kinder eine große Rolle. Meist sind es die «Bösen», die als Monster oder Mutanten mit Attributen von Reptilien ausgestattet werden. Mit den *Turtles* aber wird der Mutant zum Held. Dass es gerade Schildkröten sind, keine wilden oder starken Tiere also, sondern Tiere, die «langsam, ruhig und friedvoll» leben und dank ihres Panzers wenig Angst vor irgendwelchen Angreifern haben müssen, ist darüber hinaus ein deutliches Symbol. Die *Turtles* gehören weder zur Elite noch zu den «gewöhnlichen» Amerikanern (wie *Superman* oder *Batman* in ihrer Alltagsform), sondern tragen mit ihren Nintendo-Stirnbändern, Schlitzaugen und der Beschwörung japanischer Namen und Praktiken zudem klar japanische Anteile. «Irgendwie ist, trotz oder wegen unserer Angst vor dem wirtschaftlichen Triumph Japans, der Feind zum Helden geworden, zu einem Helden allerdings, der mit den grandiosen Ansprüchen eines Superman wenig gemein hat» (S. 63).

Dass eine solche Figur populär werden konnte, bringt Masters mit den gesellschaftlichen Veränderungen der letzten Jahrzehnte in Zusammenhang. Er sieht im durch den Golfkrieg gespaltenen Amerika eine im Vergleich zu früher doch erheblich weiter verbreitete Ablehnung der Methode, politische Probleme durch Krieg zu lösen, und meint, dass die *Turtles* einen Abschied vom Heroismus markieren. Sie waren zunächst bei den Mitte der sechziger Jahre geborenen jungen Erwachsenen populär, die 1984 von der Einberufung zum Militärdienst bedroht waren. Diese Generation ist die erste, die von gewandelten und freieren Erziehungs- und Lebensvorstellungen der jungen Eltern aus der beginnenden Studentenrevolte und Hippiebewegung profitieren konnte. Die *Turtles* sind als «postmoderne Kobolde» Symbol dieser Veränderung.

Masters schließt: «Mit ihnen können junge Amerikaner – zumindest in der Phantasie – anfangen, die Idee eines kurzen, ruhmreichen Lebens zu verwerfen, die ihre Spielzeuge ihnen vorspielten, und sie eintauschen gegen die Spaß liebenden Pizzafresser, die loyal zu ihren Freunden stehen, die aber trotz ihrer Waffen und *sound effects* keine Neigung haben, die ‹Masters of the Universe› zu werden.» Auf mich wirken sie wie eine postmoderne Ausgabe von *Asterix und*

Obelix, bei denen ja auch seit Jahrzehnten nach Herzenslust drauflosgeprügelt wird, ohne dass das Entrüstungsstürme besorgter Pädagogen hervorgerufen hätte. Den nicht kleinzukriegenden subversiven Galliern, die sich vor allem für Wildschwein begeistern und mit Unterstützung des weisen Druiden *Miraculix* den dummen, militaristischen Römern immer wieder eins auswischen, sind die *Turtles* in vielem ähnlich.

Captain Planet rettet die Umwelt

Auf andere Weise griff ein 1992 neu erschienener Superheld, *Captain Planet,* aktuelle gesellschaftliche Strömungen auf. Auf den ersten Blick wirkt er mit seinem Motto «Du hast die Macht» wie eine Neuauflage von *Superman*. Erst eine nähere Betrachtung fördert Interessantes zutage. Das *Planeten-Team* besteht aus fünf Jugendlichen, denen der «gute Geist der Erde», die Erdgöttin *Gaia* (eine solche Figur gibt es übrigens auch bei *He-Man*), jeweils eine Elementarkraft (Wind, Wasser, Feuer und Luft) sowie die Kraft der Liebe verliehen hat. Vereinen sie ihre Kräfte, entsteht *Captain Planet,* «der größte Held der Erde». Überraschenderweise ist zwar der Held männlich, aber drei der fünf Jugendlichen sind Mädchen. Zudem spiegelt ihre Herkunft von allen Kontinenten (Nordamerika, Russland, Ostasien, Afrika, südamerikanische Indianer) die Auflösung der Blockkonfrontation wider.

Auch bei *Captain Planet* kämpft «Gut» gegen «Böse» – aber die Gegner sind nicht die «Roten» oder irgendwelche unheimlichen Außerirdischen, sondern «Umweltschurken», die «die Umwelt in ihrer schonungslosen Raff- und Geldgier gnadenlos ausbeuten und vernichten, die die Ozonschicht zerstören, die Regenwälder abholzen, die Meere verseuchen» (aus dem Comic-Vorspann zu Nr. 6). Die etwas pädagogische Botschaft der Serie kam bei den Jungen nicht so an. Bald verschwand sie wieder aus den Regalen.

Die Power Rangers: eine nette Clique

Eine andere Freundesclique hatte da mehr Erfolg. Die *Power Rangers* flimmerten seit Anfang der neunziger Jahre mit großem Erfolg über die Bildschirme von vierzig oder mehr Ländern und begeisterten Millionen von Jungen. Wenn der Ruf «Zeit zum Verwandeln!» ertönte, liefen fünf- bis neunjährige Power Rangers hüpfend und kämpfend durch Kinderzimmer und Tagesstätten. Die erste im deutschen Fernsehen ausgestrahlte Actionserie (seit 1994), die direkt für Kinder konzipiert war, war allerdings auch Anlass heftigster Auseinandersetzungen unter Eltern, Pädagogen und sogar Politikern. In Norwegen wurde die Serie dafür verantwortlich gemacht, dass ein Kind im Spiel tödlich verletzt wurde, und die Ausstrahlung kurzzeitig verboten (vgl. Reichertz, 1997). Und Gutachten und Gegengutachten von Wissenschaftlern versuchten zu ergründen, ob die *Power Rangers* eine Gefahr für Kinder darstellen (vgl. Czaja, 1997).

In ihrem normalen Leben sind die *Power Rangers* fünf nette, angepasste Jugendliche von der Angel Grove High School. In den immer wieder ähnlich aufgebauten Folgen der Serie retten sie die Erde vor der Zerstörung. Dazu müssen sie «morphen», d. h., sich in übernatürlich starke *Power Ranger* verwandeln, um Monster besiegen zu können, die von «Eurer gemeinen Bösartigkeit», der Hexe *Rita Repulsa,* oder dem nur aus Muskeln und Stahl bestehenden *Lord Zedd* erschaffen werden. Die abgrundtief böse Zauberin wirkt oft lächerlich, aber lacht auch selbst viel, denn der Spaß an bösen Streichen ist für sie das Größte. Sie ist einerseits so eine richtig blöde Hexe, andererseits auch eine finstere Mutterfigur (wenn sie von den *Power Rangers* redet, spricht sie gelegentlich von den «Kindern»), die von den ansonsten so braven *Power Rangers* immer wieder in die Schranken gewiesen wird. Schließlich wird sie in eine «Weltraumabfall-Mülltonne» verbannt. In der Nachfolgeserie *Power Rangers Lost Galaxy* tritt die böse *Prinzessin Astronema* an ihre Stelle. *Lord Zedd* dagegen ist eine Karikatur des übertriebenen Muskelmannes – «Muskeln hart wie Kruppstahl» und sonst nichts.

Wie in vielen Actionfilmen und -serien steht auf der anderen Seite eine positive Vaterfigur hinter den guten Helden. Hier ist es *Zordon,* der in einer anderen Dimension lebt und nur über sein Computersystem Kontakt zu seinen Schützlingen aufnehmen kann. Bischoff & Anton sehen hier ein typisches Motiv des Heldenmythos: «Helden haben häufig neben ihren irdischen Eltern einen himmlischen Vater oder eine himmlische Mutter» (S. 91). Sehr viel prosaischer könnte man in diesen oft vergötterten Übervätern aber auch ein Symbol der wirklichen Väter sehen. Sie sind für viele Kinder im Alltag genauso wenig erreichbar, weil sie sich in der «anderen Dimension» Arbeitswelt befinden, zu der Kinder keinen Zugang haben.

Bei den *Power Rangers* selbst sind die Geschlechtsunterschiede sehr viel subtiler. Wie schon bei *Captain Planet* gehören Jungen und Mädchen zur Freundesclique. Wenn sie in ihren Kampfanzügen stecken (oder als Actionfiguren in die Hand genommen werden), lassen sie sich nur an der Farbe unterscheiden – wobei allerdings Gelb und Rosa die «Mädchenfarben» sind, Blau, Rot und Schwarz die der Jungen. Ein Junge in Rosa ist denn doch nicht vorstellbar ... Die *Power Rangers*-Figuren der *Galaxy*-Nachfolgeserie haben nicht mehr den «androgynen» Touch der ersten Generation, sondern zeigen wieder übertrieben aufgeblasene Brusträume und martialische Muskeln, verbunden mit Schwertern, Waffen und Techno-Utensilien im Stile der *Transformer.*

Alle *Power Rangers* sind an Entscheidungen und Kämpfen beteiligt, wenn auch ihre individuellen Stärken und Eigenheiten sehr unterschiedlich sind. Der Afroamerikaner Zach ist Musikfan und Hip-Hop-Tänzer und «agiert aus dem Bauch heraus». Billy dagegen ist Brillenträger, Vielleser und repräsentiert als «lebendes Lexikon» den Typ «jugendlicher Wissenschaftler». In der rauen Wirklichkeit wirkt er manchmal etwas hilflos. Trini ist asiatischer Abstammung und sehr selbstbewusst; Bischoff & Anton bezeichnen sie als «eher maskulin». Sie übersetzt Billys technische Erklärungen, wenn die anderen ihn nicht verstehen. Auch Kimberley ist schlau, aber personifiziert eher das «typisch Weibliche» in der Serie: Sie wird zierlich und dezent geschminkt gezeigt und trägt auch mal ein Kleid. Und ein *Power Ranger* aus einer späteren Sequenz der Serie wird folgendermaßen vorgestellt: «*Rocky mit dem Lächeln.* Seit er an der Angel Grove High ist, hat der charmante Rocky die Herzen aller seiner Mitschüler gewonnen, da er sich gleich als sanfter, einfühlsamer Mensch erwies» (Sammelkarte 5–128, Merlin Collections 1995).

Diese Jugendlichen repräsentieren also durchaus unterschiedliche Bilder von Männlichkeit und Weiblichkeit. Zudem sind die Hauptfiguren nicht immer stark und sicher, sondern zeigen neben Kraft, Mut und Geschicklichkeit auch Angst und Unsicherheit. Der Anführer jedoch, der siebzehnjährige Jason, vereint wieder alle Attribute des Helden in seiner Person: Er bevorzugt Muscle-Shirts, die seinen sportlichen, muskulösen Körper erkennen lassen; als Karatelehrer und Träger des schwarzen Gürtels wird er von den anderen beiden Jungen bewundert; er erscheint am häufigsten im Bild und gibt oft die Befehle. Auffällig ist auch, dass die beiden Mädchen sich deutlich für Jungen interessieren, sie zum Teil sogar anhimmeln; umgekehrt ist das nicht der Fall.

Die *Power Rangers* symbolisieren damit ein modernes Heldenbild: Der Held ragt nicht mehr überlebensgroß als einsamer Kämpfer aus seiner Umwelt heraus, sondern ist eher informeller Anführer einer Gruppe von jungen Männern und Frauen aus verschiedenen Kulturen, die mehr oder weniger gleichberechtigt zusammenarbeiten müssen, um das Böse zu besiegen – wie in der wirklichen Welt. Gleichzeitig bleibt der starke, weiße Amerikaner der Boss – und auch das entspricht ja der realen Situation in unserer globalisierten Welt.

Die feinen Unterschiede zwischen den einzelnen Rangers sind vielen Erwachsenen nicht aufgefallen. Im Vordergrund der Besorgnis stand stattdessen die in der Serie gezeigte «Gewalt». In der Tat bestehen die Filme zu einem großen Teil aus Kampfszenen. Diese Kämpfe sind allerdings stark inszeniert und ritualisiert. Bei den Mann-gegen-Mann(oder Frau)-Kämpfen kommt es trotz beeindruckender Sprünge und Schreie nicht zu wirklichen Verletzungen, es fließt kein Blut, und Menschen werden von Schlägen oder Schwertern nicht getroffen. Mit Abstand betrachtet erinnern die Szenen manchmal eher an Ballett oder Hip-Hop-Tanz (*Zach* ist ja auch Tänzer). Lediglich die Monster werden durch Feuerblitze und Energiestrahlen zerstört, wenn sie nicht einfach in die Flucht geschlagen werden.

Dass es sich bei diesen Auseinandersetzungen nicht um reale Kämpfe handelt, wird nicht zuletzt auch daran deutlich, dass die Kampfhandlungen immer in einer «virtuellen» Szenerie spielen, in der Spielzeug an die Stelle von Menschen und realistischen Gefahren tritt. Sowohl die *Power Rangers* selbst als auch ihre magischen Kampffahrzeuge, die *Dinozords*, tauchen in den Kampfszenen als Plastikspielfiguren auf, die auch im Spielzeughandel erhältlich sind. Dies stellt sicher, dass schon kleine Kinder in der Serie klar zwischen Realität und phantastischer Welt unterscheiden können. Andererseits ist es eine derart aufdringliche Form von *product placement*, dass die Sendungen manchmal zu Recht in erster Linie als *commercials*, als kaum verkappte Werbesendungen für Spielzeug, angesehen werden. Das merken natürlich auch ältere Jungen, die das Plastikspielzeug «zu unrealistisch» finden. Sowohl die schematische Darstellung als auch die simple Struktur der Handlung sind ihnen zu primitiv.

Bei den jüngeren Jungen standen die *Rangers* dagegen länger hoch im Kurs. Während Erwachsene über ihre Gefährlichkeit debattierten und wiederholt gefordert wurde, die Sendung zu verbieten, wurde in Kinderzimmern Tag für Tag mit magischen Kräften die Welt gerettet.

Dinos: die sympathischen Drachen

Neben den Actionhelden hat sich im letzten Jahrzehnt eine andere Sorte von mächtigen Wesen in den Kinderwelten ausgebreitet. Sie stammen «aus einem Land vor unserer Zeit» und tragen lateinische Namen wie *Triceratops, Velociraptor* oder, der finsterste aller Widersacher, *Tyrannosaurus Rex*. Mit *Jurassic Parc,* einem der erfolgreichsten Filme aller Zeiten, haben sie 1993 die Welt erobert. Wiedererobert, denn sie waren ja wesentlich länger als wir Menschen die dominante Lebensform auf unserem Planeten. Wie passt die Dinomanie zu den Heldengeschichten?

Die Begeisterung für die großen Reptilien ist nicht neu. Sie erinnern an Geschichten von Drachen, und es sind gerade progressive Kinderbücher, die die Drachen vom Ruf des Furcht erregenden und grausamen Monsters befreit haben, der ihnen in der abendländischen Tradition anhaftet (ganz anders als zum Beispiel in China). Der Glücksdrache *Fuchur* aus der *Unendlichen Geschichte* von *Michael Ende* ist da nur ein Beispiel unter vielen. Anders als die Monster aus Fantasy-Serien hat es Dinosaurier wirklich gegeben. So hat das Interesse an ihnen auch eine wissenschaftliche Seite. Ich erinnere mich, wie fasziniert ich als Kind von den Abbildungen der Dinosaurier war. Biologie ist zudem die Naturwissenschaft, für die sich auch viele Mädchen interessieren, und ihre durch entsprechende Bücher und Spielzeug geförderte «Tierliebe» macht die Dinos auch für sie interessant. Dass Kinder dabei etwas über Erdgeschichte und Biologie lernen, ist vielleicht ein Grund, warum Eltern die Dinos nicht ablehnen; dass schöne Kindheitserinnerungen der Eltern (und Erzieher und Erzieherinnen und Sozialpädagogen und -pädagoginnen ...) angesprochen werden, ein anderer. So können die großen Wesen zu einer Angelegenheit für die ganze Familie werden – eine ungewöhnliche Erscheinung auf dem Spielzeugmarkt.

Dabei lässt sich mit Dinos natürlich ebenso kämpfen wie mit *He-Man*-Figuren. Auf den Markt kamen unter anderem Modelle mit Batterieantrieb und «abnehmbarer Fleischwunde». In der primitiven Trickfilmserie *Dino-Riders* werden die großen Reptilien von ihren menschlichen Reitern mit modernsten Laserwaffen bestückt. Die *Power Rangers* rufen bei ihren Kämpfen *Dinozords* zur Hilfe: technisch mutierte, mit Leit- und Waffensystemen versehene fliegende Dinosaurier (T-Rex, Flugsaurus und Triceratops) und Urzeittiere (Säbelzahntiger und Mammut). Sie nutzen also auch die Kräfte der «bösen» und gefährlichen Tiere. Auch eine ganze Reihe der gerade aktuellen *Pokémon* und *Digimon* sind dinosaurierähnliche virtuelle Kampfwesen.

In Filmen, in denen die Dinos selbst die Hauptfiguren sind, bleibt dagegen das Gut-Böse-Schema gewahrt: Pflanzenfresser sind lieb und freundlich, *T. Rex* dagegen abgrundtief böse. Meist steht die «natürliche» Bedrohung im Vordergrund, die von den Fleisch fressenden Raubtieren ausgeht. In den Storys der Kinofilme finden sich wie in anderen Action- und Fantasy-Filmen aktuelle Ängste und Sehnsüchte von Kindern und Jugendlichen wieder. Was fehlt, sind die Supermänner, die Helden mit ihrem übertrieben «männlichen» Auftreten. Anders als in Märchen und in mythologischen Drachenkämpfen spielt nicht ein tapferer Drachentöter die Hauptrolle. Immer wieder finden sich dagegen Kinder, die ohne ihre Eltern zurechtkommen müssen.

Im Zeichentrickfilm *In einem Land vor unserer Zeit* fliehen einige Dinosaurierkinder vor einer drohenden Umweltkatastrophe. Lediglich der «Geist» der verstorbenen Mutter gibt ihnen manchmal Orientierung auf der Suche nach dem fruchtbaren «Großen Tal». Ein Vater kommt nicht vor – nur der grausame *T. Rex,* vor dem sie ständig auf der Flucht sind. Trotz des Titels spiegelt dies durchaus die Situation vieler Kinder in unserer heutigen Zeit wider. Umweltzerstörung und von Männern ausgeübte Gewalt, ob im Nahbereich oder in der Ferne im Krieg, sind die größten Bedrohungen für die Zukunft unserer Kinder. Entsprechend diffuse Befürchtungen bringen Kinder auch zum Ausdruck, wenn man sie nach ihren Ängsten und Befürchtungen fragt. Eine lebenswerte Zukunft werden heutige Kinder zudem nur haben, wenn sie lernen, trotz Unterschiedlichkeiten miteinander zurechtzukommen. – Ein ähnliches Szenario, in dem eine Freundesgruppe von Dino-«Kindern» vor der Katastrophe fliehen muss, breitet auch der Ende 2000 in die Kinos gekommene Disney-Zeichentrickfilm *Dinosaurier* aus.

Mein Freund, der Computer

In den letzten fünfzehn Jahren haben Computer einen zentralen Platz im Kinderzimmer bekommen. Zunächst von der pädagogischen Diskussion wenig beachtet, sorgte Anfang der neunziger Jahre «Horror und Sex für Achtjährige» für Schlagzeilen. Von einer «neuen Kindergefahr» durch die im Jahre 1993 auf dem Markt erhältlichen 8000 Spiele (inzwischen dürfte es ein Vielfaches sein) war die Rede. «Ein Wahnsinnsgeschäft unter Kindern und kaum Kontrolle», entsetzte sich die Fernsehzeitschrift Funk Uhr: «Eltern sind ahnungslos – das Spiel wird weggedrückt, wenn sie mal überraschend ins Kinderzimmer kommen. Und Lehrer sind machtlos, weil das Geschäft im verborgenen blüht» (1992, Nr. 29). Zahlreiche Computerspiele wurden von der Bundesprüfstelle für jugendgefährdende Schriften auf den Index gesetzt. Dagegen meinte Wolfgang Poeplau, der 1992 eines der ersten Bücher zu diesem Thema veröffentlichte, dass Eltern wie Pädagogen es sich zu einfach machen, wenn sie Computerspiele generell in einem Atemzug mit Comic-Heften oder Horrorfilmen verdammen. «Computer sind gesellschaftlich akzeptiert – warum sollten Kinder also ein schlechtes Gewissen haben, mit ihnen umzugehen, sie im Spiel zu erobern? Statt Computerspiele zu verteufeln und zu verbieten, müssen wir uns ernsthaft fragen, warum ein so großes Bedürfnis für diese Form elektronischer Alleinunterhaltung besteht, welche Chancen und Gefahren sie birgt» (S. 14). Inzwischen werden Computer als wesentliche Voraussetzung für Chancen in der Berufswelt angesehen. Daher werden sie vermeintlich nicht nur in jeder Schule, sondern sogar schon im Kindergarten gebraucht. Programme zum computergestützten Lernen haben auch Spiele unter Pädagogen salonfähig gemacht. Von den weniger pädagogischen Spielen, für die sich Jungs begeistern, halten – und wissen – Erwachsene dagegen nach wie vor wenig.

Bevor Computer als Arbeitswerkzeug für Kids akzeptiert wurden, hatten sie einen festen Platz in der Freizeit gefunden. Die Technik entwickelt sich dabei immer weiter – die Themen sind dieselben, die auch von anderen Medien abgedeckt werden: Krieg, Abenteuer, Geld, Sport und Science-Fiction. Der große Durchbruch im Bereich der Computerspiele gelang Anfang der neunziger Jahre mit den *Abenteuerspielen* (*adventure*): Fantasy, Science-Fiction und Krimis. «Abenteuerspiele bieten ein nahezu komplettes Spektrum menschlicher Kampf- und Eroberungsgelüste. (...) Die Grundstruktur der Spiele ist jedoch stets die gleiche: Immer geht es darum, Rätsel zu lösen, Labyrinthe zu erkunden, Länder zu erobern und das Böse zu besiegen» (Poeplau, S. 25). Anspruchsvolle und komplizierte Adventures, deren Bearbeitung Wochen in Anspruch nehmen kann, beschäftigen Erwachsene aller Altersstufen in ihrer Freizeit.

Mit einfachen *LCD (light crystal diodes)*-Spielen spielen schon Vorschulkinder. Mit ihrem «Bildschirm» von der Größe einer Armbanduhr-Anzeige passen sie in jede Hosentasche und nerven Eltern mit Geblinke und Gepiepse. Mini-Spielcomputer, die sich überall mit hinnehmen lassen, haben von Japan aus den Markt erobert, allen voran der *Gameboy* – schon der Name ist bezeichnend! Nach der Anfangseuphorie für die «tragbare Videospiel-Actionwelt von Nintendo» (so der Werbetext des japanischen Großkonzerns) ist er inzwischen ein alltägliches Spielzeug geworden. Stetige Weiterentwicklungen sowie Zusatzgeräte wie Drucker machen aus den Minicomputern eine eigene technische Welt. Das große Geld wird dabei mit den Spieldisketten gemacht. Heute gibt es zu allen aktuellen Filmen und Fernsehserien die passenden Spiele, vom simplen *Gameboy*-Ballerspiel bis hin zu anspruchsvollen Adventurespielen.

Was reizt Jungen an Computerspielen?

Jungen finden hier die Möglichkeit, sich auszutoben und ihre Fähigkeiten zu erproben, wofür ihnen im sonstigen Alltag oft die Möglichkeiten fehlen. «Der Reiz der Computerspiele hat auch zu tun mit der Reizlosigkeit so genannter ‹Abenteuer›-Spielplätze, mit verschulten Kindergärten, gefährlichen Großstadtstraßen, mit der Enge von Sozialwohnungen und der rigiden Benutzungsordnung von Turnhallen und weiß gekachelten Schwimmbädern. Noch nie zuvor in der Geschichte hatten Kinder so viel Zeit zum Spielen – und so wenig Platz dazu. Der Computer bietet eine unbegrenzte Spielwelt, und er passt in die kleinste Stube», schreibt Poeplau – und in die kleinste Schultasche, lässt sich hinzufügen.

Nur ein kleiner Teil der männlichen Jugendlichen entwickelt sich zum «harten» Computerspieler, der sich tage- und nächtelang mit seinem Computer abschottet und nur noch wenige Außenkontakte hat. Für viele Jungen ist das stunden- und tagelange Hocken vor dem Computer nur eine Phase von ein bis zwei Wochen, zum Beispiel nach Erwerb eines neuen Spieles, bis der Reiz erschöpft ist. Oft ist das Spielen eine Beschäftigung «zwischendurch», muss irgendwo zwischen die vielen Termine und Verpflichtungen hineingequetscht werden, die das Leben von Kindern und Jugendlichen heute bestimmen. Es muss zudem mit Surfen im Internet und dem Fernsehprogramm konkurrieren.

Interessant sind Computerspiele vor allem als Alternative zu Pflichten und Beschäftigungen, die keinen Spaß machen, wie zum Beispiel Hausaufgaben. Unzufriedenheit und Frust in der Schule lässt Jungen sich die ersehnte Bestätigung aus dem elektronischen Zauberkasten holen – was sich auf die Schulleistungen natürlich nicht gerade positiv auswirkt. Ein Teufelskreis, aus dem das Ausbrechen immer schwerer wird. Manche zwölf- bis dreizehnjährige Jungen schwänzen die Schule und verbringen stattdessen ihre Zeit im Kaufhaus vor den Bildschirmen. Ein Kundenberater erzählt: «Sie kommen morgens, wenn wir öffnen, bleiben für Stunden und sind enttäuscht, wenn sie gehen müssen.» Marc, ein zwölfjähriger Sonderschüler, gehört dazu. Marc, der keine Freunde hat, hat wie viele andere Jungen nicht genug Geld, um sich immer wieder die aktuellen Spiele und Geräte zu kaufen. Darum ist er im Kaufhaus, wo man sich kennt und grüßt, aber ansonsten in Ruhe lässt.

Der Computer ist oft eine erwachsenenfreie Zone: Da viele Eltern sich mit den Spielen oder Computern überhaupt nicht auskennen, ist die Spielwelt ihrer Kinder ihnen weitgehend entzogen. Zudem tauschen viele Jungen Spiele untereinander aus. Oder sie treffen sich bei einem Freund, wenn ein neues Spiel eine Grafikkarte benötigt, die ihr eigenes System nicht mehr hergibt. Ihre Väter haben sie in Bezug auf technische Kenntnisse inzwischen längst überrundet; mit ein bisschen Geschick machen sie ihre Spieldateien im Computer sogar «unsichtbar». Andererseits versuchen sie immer wieder die Spiele an ihre Eltern heranzutragen und wollen, dass diese sich für ihre Spielwelten interessieren. Viele Eltern lehnen es aber ab, sich damit zu beschäftigen, oder fühlen sich überfordert. Poeplau lässt einen Vater zu Wort kommen: «Mir fehlen Kriterien und Maßstäbe, um Spiele auswählen zu können. (...) Unser Jüngster drängt mich laufend, dieses oder jenes Spiel zu kaufen, und ich kann nur sagen: Hier hast du dein Taschengeld, aber wirf es nicht für irgendwelchen Blödsinn raus» (1992, S. 13).

Damit erklärt er sich für die ethische Orientierung seines Sohnes als nicht zuständig. Wenn die Eltern nicht in der Lage sind, die Verantwortung für solche Entscheidungen zu übernehmen, wie sollen es dann die Kinder sein?

Obwohl auch für Mädchen und Frauen der Umgang mit dem Computer zunehmend selbstverständlich wird, entwickeln Mädchen selten die Computerbegeisterung, die Jungen stunden- und tagelang an das Gerät fesselt. Die Welt der actionorientierten Computerspiele ist weitgehend eine Jungenwelt, und der phallisch geformte *Joystick* trägt seinen Namen sicher nicht zufällig. Die Spiele knüpfen an das Bedürfnis nach Leistungsbeweisen und an die aggressive Reaktionsbereitschaft von Jungen an. Ratlosigkeit und Unvermögen zuzugeben fällt vielen Jungen schwer. Der Computer verstärkt dieses Problem, weil er nur Richtig und Falsch kennt. Zögern und Uneindeutigkeit werden bestraft, und mit Einfühlungsvermögen kann der Spieler nicht rechnen. Der Computer ist umbarmherzig und reagiert nicht auf bittende Blicke.

Macht der Computer einsam?

Dem Computer wird nachgesagt, Rückzugstendenzen und Vereinzelung zu verstärken. In der Tat lassen sich Computerspiele gut dazu einsetzen, aus schwierigen Situationen «auszusteigen». In Gruppen mit verhaltensauffälligen Kindern fiel uns mehrfach auf, wie Jungen, die Schwierigkeiten hatten, ihren Platz in der Gruppe zu finden, sich zuweilen mit ihrem *Gameboy* in eine Nische zurückzogen.

Kooperative Spielformen sind bei Computerspielen bislang eher selten. Selbst wenn mehrere Spieler an einem Spiel teilnehmen, spielen sie gegeneinander, nicht miteinander. Wenn sie im Wettkampf als «Helden» Geschicklichkeit und Kampfkraft unter Beweis stellen, ist dieses «Zusammenspielen» ganz jungentypisch, an der Sache orientiert: Die Beteiligten starren parallel auf den Bildschirm, Jubel und Ärger beziehen sich auf das, was dort gerade vor sich geht. Auch sonst geht es ja unter Jungen mehr um Konkurrenz und um Dinge, wogegen Mädchen mehr an sozialem Miteinander und an Beziehungen orientiert sind. Die Spiele sind damit nicht nur ein Abbild unserer «Ellenbogengesellschaft», sondern auch des geschlechtstypischen Verhaltens von Jungen und Mädchen.

Andererseits lässt sich über Computer und *Gameboys* oft schnell eine gemeinsame Spielebene herstellen. Das «Expertengespräch» über neue Spiele und technische Details und die Konkurrenz um hohe Punktwerte sind ein nicht unerheblicher, teilweise wesentlicher Bestandteil des Spielens. Spiele werden diskutiert und gegenseitig ausgeliehen. Zwar ist der Spieler während des Spiels oft allein, aber die schwierigen Probleme, denen er vor allem bei komplexeren Spielen begegnet, sind immer wieder Anlass für Gespräche mit Freunden – und manchmal auch mit dem Spieleverkäufer.

Das Spielen als soziale Situation lässt sich gut in Kaufhäusern beobachten. Die Jungen stehen in Trauben um den jeweiligen Spieler herum und kommentieren seine Aktionen. Manche Gruppen regeln selber die Reihenfolge, manchmal setzen sich einzelne durch, während andere überhaupt nicht zum Zuge kommen. Dabei bleiben die Jungen im Allgemeinen friedlich. Es sind nette Jungen, wie ein Kundenberater berichtet, die willig Platz machen, wenn sie darum gebeten werden, und weder extrem aggressiv noch überdreht wirken.

Am beliebtesten sind Kampfspiele, bei denen auch mal das Blut spritzt. Da kommt Begeisterung und Aufregung auf: «Mach ihn fertig!», feuern die Umstehenden den Spieler an. Anders als bei anderen Jungenaktivitäten wie Sport oder Prügeleien spielt körperliche Kraft hier allerdings keine Rolle: Gut ist, wer viel weiß, wer sich auskennt. Da kann durchaus auch ein Siebenjähriger einen Neunjährigen anmachen: «Du musst es lernen!!», wenn dieser mit einem Spiel nicht klarkommt.

Auch in der Schule versammeln Jungen, die ihren *Gameboy* mithaben, oft eine Gruppe um sich. Viele Spiele lassen sich außerdem inzwischen zu mehreren spielen. *Videolink* oder *Gamelink* ermöglichen, zwei oder sogar vier *Gameboys* zu Wettkämpfen zusammenzuschalten.

Der neuste Hit sind große Treffen, auf denen mitgebrachte Computer vernetzt und dann gewaltige Spiele-Schlachten geschlagen werden.

Aus der Tatsache, dass Jungen am Computer sitzen, lässt sich nicht ableiten, dass sie einsam oder gar beziehungsunfähig sind. Im Zeitalter des Internets kann der Computer sowohl ein Symbol für intensive Kommunikation sein als auch für die Flucht in eine von der Wirklichkeit abgetrennte Kunstwelt. Entscheidend ist, *was* Jungen am Computer machen und wie ihr sonstiges Leben aussieht.

In der Studie *Jugend 2000* wurde festgestellt, dass Jugendliche, die neue Technologien intensiv nutzen, alles andere sind als «Cyber-Junkies» und «Web-Freaks». Die Forscher verglichen dazu zwei Gruppen: «Heavy User», die über Handy und einen eigenen Computer verfügen und mindestens drei Stunden pro Woche das Internet nutzen, und «Technikabstinente», die diese technischen Geräte nicht besitzen und sich kaum für Technik interessieren. In der ersten Gruppe überwiegen gut ausgebildete und männliche, in der zweiten schlecht gebildete und weibliche Jugendliche.

Es zeigt sich, dass die Heavy User wesentlich stärker in soziale Strukturen eingebunden sind als die Technikabstinenten: Sie haben mehr Freunde und haben häufiger Vertrauenspersonen, mit denen sie «über alles sprechen» können. Sie sind sehr an Selbständigkeit, Leistung und Karriere interessiert, aber gleichzeitig auch überdurchschnittlich starke Verfechter von gesellschaftlicher Teilhabe und – «obwohl männlich dominiert» – von sozialer Integration. «Sie sind alles andere als ausländerfeindlich, und Fragen zu Deutschland sind ihnen irrelevant, weil sie über nationale Grenzen hinausdenken», schreiben die Forscher und beschreiben die Gruppe der Heavy User als «selbstbewusste Gruppe, die positiv in die Zukunft blickt (... und) über enorme Persönlichkeitsressourcen verfügt» (Deutsche Shell, 2000, S. 214 f.). Und – sie sehen ausgesprochen wenig fern.

Nachdem Minicomputer sich einen dominierenden Platz in den Spielwelten von Kindern gesichert hatten, gelang dann Ende der neunziger Jahre einigen findigen Japanern der Sprung vom Computerspiel in den allgemeinen Spielzeug- und Medienmarkt. Mit den Pokémon war der kleine *Gameboy* Geburtsstätte einer großen Familie kleiner Monster, die sich inzwischen über die ganze Welt verbreitet haben.

Der Siegeszug der Pokémon

Ein kleines mausartiges rundes gelbes Tier, das mit magischen Energiestrahlen auch sehr gefährlich aussehende Gegner besiegen kann, macht von sich reden. Selber sprechen kann es nicht – es gibt nur piepsende Geräusche von sich. Aber es ist seinem Herrn, dem Trainer, treu ergeben und immer bereit, für ihn in den Kampf zu ziehen. Dabei sieht es so harmlos aus!

Pikachu heißt das Kleine und ist eines der zahlreichen Pokémon (von *Pocket Monster*, «Taschen-Monster»), die ihre Karriere der Tatsache verdanken, dass viele Kinder, besonders Jungen, jeden Tag mehrere Stunden mit den kleinen Computern verbringen, die in jede Hosentasche passen. Grundlage ihres Erfolges ist eine gelungene Multimedia-Strategie, die Sammelleidenschaft, Actionfilme, Computerspiele, sportlichen Ehrgeiz und Dinosaurierbegeisterung in einer einzigen Spielwelt vereinigt, natürlich ergänzt durch das inzwischen übliche umfassende Merchandising. Im Herbst 2000 liefen derart viele Kinder mit Pokémon-T-Shirts herum, dass es selbst manchen Kindern zu viel wurde.

Zum ersten Mal ist es einer Actionspielwelt gelungen, auch das Interesse sehr vieler Mädchen zu wecken. Dennoch ist die Begeisterung bei den Jungen noch größer, vor allem für die martialisch gestalteten «Weiterentwicklungen» der Basis-Pokémon (das sind nicht etwa psychologische Begriffe, sondern Originalbezeichnungen für die unterschiedlichen Entwicklungsstufen der süßen Monsterchen). Denn bei den Pokémon geht es in erster Linie um eines: Kämpfen! Und das hat Jungen schon immer mehr Spaß gemacht.

Ziel des *Gameboy*-Spiels ist es, alle in der jeweiligen Edition enthaltenen Pokémon zu finden (im Sinne eines Adventurespieles), zu sammeln und mit Freunden (via *Gamelink*) zu tauschen, denn nur so lassen sich alle Exemplare ergattern. Noch mehr Raum im Leben vieler Jungen nehmen allerdings die Spielkarten ein, deren Vorläufer unter anderem die *Magic Cards* sind. Diese Karten, die es seit zehn Jahren gibt, kann man sammeln, tauschen, mit ihnen handeln und natürlich auch spielen – allerdings mit etwas komplizierteren Regeln als beim Quartett. Bei *Magic* gibt es fünf verschiedene Elemente (Feuer, Wasser, Natur, Reinheit, Finsternis), die an ihrer Farbe zu erkennen sind. Jede Kartenfigur besitzt bestimmte Kräfte und Fähigkeiten. Manche Karten stehen für Gefühle, zum Beispiel Angst, oder moralische Eigenschaften, manche für Handlungen in kämpferischen Auseinandersetzungen, wieder andere für natürliche Hindernisse wie Nebel oder Baumstümpfe. Und natürlich sind Magie und Anspielungen auf traditionelle Mythen im Spiel.

Die Pokémon, die all diese Elemente aufgreifen, sind gleichzeitig einfacher und in ihrer Vielfalt komplexer – sie bilden eine eigene Welt, die für Kinder überschaubar bleibt, aber nur, weil sie sich sehr viel damit beschäftigen. Ende 2000 waren in Deutschland 151 Pokémon bekannt. Sie gehören jeweils zu einer von 15 Gruppen, die verschiedenen Elementen oder Kräften zugeordnet sind, unter anderem Feuer-, Wasser-, Stein-, Gift-, Pflanzen- und Psycho-Pokémons. Die Karten sind nicht nur Spiel-, sondern vor allem Sammel- und Tauschobjekte, mit denen Kinder lernen, durch Tricks und Kniffe «gute Geschäfte» zu machen. Die Kombination von Bildkarten, die eher zur Identifikation mit den Figuren einladen, und Computerspiel, bei dem eher das Spielerlebnis sowie die Rolle des Trainers im Vordergrund steht, ist nach Ansicht des französischen Psychoanalytikers Serge Tisseron einer der Gründe für den großen Erfolg der kleinen Monster (vgl. Tisseron, 2000).

Am *Gameboy* müssen die Pokémon dann trainiert und weiterentwickelt werden – vor allem durch Kämpfen. Durch ihre Erfolge verändern sie sich. Sie legen ihr niedliches und oft kindliches Äußeres ab, werden zu «Jugendlichen» und schließlich zu «Erwachsenen». Dieser Wechsel zwischen Kuschel- und Kampftier, zwischen niedlichem «Mäuschen» und gefährlichem Monster ist für manche Kinder besonders reizvoll: Auch ein kleines und unscheinbares Pokémon kann dabei groß und stark werden.

Ob ein Pokémon «gut» ist, entscheidet nicht sein Aussehen, sondern «was es kann», d. h., welche Kräfte es hat und welche Attacken es beherrscht. Darüber hinaus sucht sich jedes Kind das Pokémon, das zu ihm passt. Das Emblem des Spiels *Pikachu* ist besonders bei Mädchen sowie bei kleinen und zarteren Jungen (auch im Sinne von Körpergröße) beliebt. Tisseron berichtet, dass vor allem kleine Kinder sich für *Pikachu* entscheiden – und gar nicht wollen, dass er sich weiterentwickelt: «für die Kinder gewiss eine Weise, ein Bild ihrer Kindheit zu bewahren und sich allen anderen Kindern verbunden zu fühlen, die *Pikachu* ebenfalls mögen und auch nicht wollen, dass er ‹groß wird›» (2000, S. 15).

Ein etwas dicker, langsamer Junge findet in der Schildkröte *Schiggy* ein Pendant, das in seiner Weiterentwicklung *Turtok* mit seinen eingebauten Wasserwerfern groß und mächtig ist. Jungen, die gern kämpfen, die auch sonst «Kerle» sein wollen, finden entsprechende Figuren stark, zum Beispiel die dinosaurierähnlichen Pokémon *Glurak* («Typ: Feuer») oder *Nidoking*. Mit *Machollo* («Typ: Kampf») wird das Klischee vom Muskelmann überzeichnet. «*Machollo* stählt sorgsam seine Muskeln. Es trainiert sehr viele Kampfsportarten. In seiner höchsten Entwicklungsstufe, dem vierarmigen Machomei, kann es durch seine kräftigen Muskeln Gegner bis zum Horizont schleudern» (lt. www.pokemon.de).

Auf der anderen Seite werden typische Mädchenklischees mit Pokémon in Blumen- und Schmetterlingsform bedient. Nach einer Untersuchung des rheingold-Instituts stehen bei Mädchen eher Charakter und Aussehen der Figuren im Vordergrund. Sie mögen eher Pokémon, die Kuscheltieren ähneln, und integrieren sie in eigene Geschichten, in denen das Nachspielen von zwischenmenschlichen Beziehungen im Vordergrund steht (vgl. Strätling, 2000). Mit dem Baby-Pokémon *Taggepi*, dem zwei Springbrunnen aus den Augen laufen, wenn es weint (und das tut es oft!), können auch mütterliche Bedürfnisse befriedigt werden. Natürlich trägt im Film *Tracey*, ein Mädchen, das Baby-Pokémon auf dem Arm umher. Aber das wollen nicht alle Mädchen, denn manche wählen sich auch den kräftigen *Turtok* als Liebling aus und demonstrieren damit ihren Wunsch nach Stärke.

Für Jungs sind die «niedlichen» Varianten dagegen meist nichts. Für sie steht überwiegend Macht und Stärke im Vordergrund, wobei mit zunehmendem Alter Stärke eher über die beste Strategie demonstriert wird, was nicht nur Konkurrenz, sondern auch gelungene Kooperation voraussetzt. Für sie als «Trainer» kommt es nicht nur auf pure Kraft an, denn sie müssen geschickt vorgehen, um begehrte Pokémon zu fangen und zu «entwickeln»!

Obwohl sich die Spielangebote an Jungen und Mädchen richten und in den Filmen auch Mädchen sehr aktive Rollen übernehmen – *Jessie* zum Beispiel steht *James* in nichts nach, wenn es hart auf hart kommt –, ist die bunte Pokémonwelt also von geschlechtstypischen Mustern durchzogen. Mädchen und Frauen erkennt man daran, dass sie lange Haare und sehr kurze Röcke anhaben. Hauptheld der Serie ist *Pikachu*, ein Junge. Und trotz aller Vielfalt ist es ein typisch männliches Programm, das die Pokémon bieten: Es geht um Leistung, Kampf und Sieg. «Das ist nichts für Warmduscher», sagt eine tiefe Jungenstimme in der Werbung für das neue Nintendo-64-Abenteuer.

Daher ist es nicht verwunderlich, dass Jungen sich im Durchschnitt mehr, intensiver und länger damit beschäftigen. Zwar interessieren sich auch viele Mädchen für Pokémon, aber bei Jungen ist es doch «heftiger», wie Grund- und Hauptschullehrer berichten. Das Phänomen, dass es im Leben fast nichts anderes neben der Pokémon-Begeisterung gibt, betrifft eher Jungen.

Wer glaubt, dass Pokémon nur Kinderkram seien, irrt. Vertreter Deutschlands auf der Pokémon Championship 2000 in Sydney, die parallel zu den Olympischen Spielen veranstaltet wurde, war ein 19-jähriger Lehramtsstudent. Seine Freundin, amtierende Poké-Cup-

Europameisterin, hatte er bei der Pokémon-Championship-Stadtmeisterschaft kennen gelernt.

Im Frühjahr 2000 kam dann, nach großem Werbevorlauf, der erste Pokémon-Spielfilm in die Kinos. Offensichtlich fiel es den Machern schwer, aus den Inhalten von Sammelkarten und Computerspiel eine richtige «Story» zu machen. Stattdessen ergänzten sie den zu Beginn des vorhergehenden Kapitels dargestellten Hauptfilm durch einen Vorfilm, der eine hochinteressante Frage beantwortet: Haben Actionfiguren auch einmal Ferien? Während sich in meiner weiter unten dargestellten Befragung zu Lieblingshelden von Jungen ergab, dass Ferienzeiten aufgrund der ständig notwendigen Einsatzbereitschaft bei Helden eher knapp bemessen sind, gilt dies für die Pokémon nicht. Thema des Vorfilms sind nämlich «Pikachus Ferien». Er gibt uns einige interessante Hinweise auf die Eigenschaften und das Sozialverhalten der Pokémon.

Zuerst fällt die «Babysprache» der kleinen Monster auf, die nicht übersetzt werden muss, denn die vielfältigen Laute der Kleinen sind «international». Es gibt kaum eine Handlung im engeren Sinne, stattdessen bestimmen zahlreiche kleine «Alltags»-Szenen den Verlauf. Immer wieder wird gekämpft, gibt es Action und Geknalle. Die von einem nicht sichtbaren Berichterstatter mitgeteilte verbale Botschaft lautet dagegen: «Eigentlich kämpfen Pokémon nicht, es sei denn, ihr Trainer leitet sie an.» Wir erfahren allerdings später: «Pokémon lieben den Wettbewerb»; dazu gehört auch Imponiergehabe und das Lächerlichmachen von anderen, die daraufhin nicht selten in Wut geraten.

Die längste Szene des Films dreht sich schließlich um einen großen Drachen-Pokémon, der in einem Rohr feststeckt. Alle versuchen gemeinsam, ihn herauszuholen – und erst, als auch die zusammenarbeiten, die vorher gegeneinander gekämpft hatten, gelingt es. Die Botschaft ist deutlich: Nicht nur egoistisch an sich selbst denken; jeder wird gebraucht! Fazit des Sprechers: «Pokémon sind von Natur aus freundliche Wesen und ziehen die Zusammenarbeit der Auseinandersetzung vor.» So sah es in der vorangegangenen halben Stunde allerdings nicht immer aus ...

Die Szenen werden unterbrochen von kurzen Abschnitten mit optischen (Bildschirm-)Spielereien, die einzelne Pokémon noch einmal graphisch darstellen und verfremden. Hauptanliegen des Vorfilms ist es wohl in erster Linie, das Interesse an der neuen Serie von Pokémon-Figuren zu wecken, die rechtzeitig zum Film als Spiel und Sammelkarten erschienen.

Was ist das, was hier geboten wird? Ein weltweit gültiges japanisches Sozialisationsprogramm in Form einer Mischung von Kampfgeist, Wettbewerb und Verzicht auf egoistische Ziele? Oder ein Plädoyer, das um Verständnis für die kleinen Wilden wirbt, die doch «eigentlich» ganz nett sind und es gar nicht böse meinen?

Zu Hause im virtuellen Monsterzoo

Die Welt der Trainer und Trainerinnen ist eine bunt gemischte multikulturelle Welt von Mädchen und Jungen. Zwar sind Kleidung und Haartracht deutlich dem US-europäischen Durchschnitt angepasst. Die Jugendlichen sprechen aber mit unterschiedlichen Akzenten und haben zum Teil asiatische oder negroide Gesichtszüge. Pikachus Trainer Ash ist kein besonderer Held, sondern ein netter Junge, der sich auskennt und richtig mit den ihm anvertrauten Wesen umgeht. So gelingt es ihm immer wieder, mit seinem unscheinbar wirkenden kleinen Energiebündel gegen Jungen zu gewinnen, die sich ihm gegenüber aufspielen oder ihn nicht ernst nehmen. Sonderlich ernst sind die Rangeleien zwischen den Kids nicht gemeint. Man kennt sich, prahlt mit den besonderen Stärken seiner Kampftiere und provoziert sich verbal – wie in der Schule. Das führt aber, anders als manchmal in der Schule, in der Regel nicht zu Prügeleien. Zum Kämpfen gibt es ja die Pokémon.

Erwachsene kommen dagegen in der Serie nur selten oder am Rande vor. Regelmäßig erscheint nur der wohlwollende *Professor Eich*, der dem Spieler seinen ersten Pokémon gibt, Ratschläge erteilt und die erzielten Fortschritte bewertet. Tisseron meint, dass dies an die Initiation durch einen Meister erinnert (vgl. Tisseron, 2000), aber meist erscheint die Pokémon-Welt eher als eine Welt der Jugendlichen, aus der sich die Erwachsenen verabschiedet haben.

Das gilt in gewisser Weise auch für die wirklichen Trainer, nämlich die Jungen und Mädchen selbst, die mit Sammelkarten und *Gameboys* spielen. Manche Kinder entwickeln bei der Beschäftigung mit den Pokémon ein Expertentum, das für Erwachsene unerreichbar ist. Sie kennen sämtliche Namen der weit über 100 Pokémon auswendig, sind mit den Eigenschaften der wichtigsten Figuren vertraut und können auch die komplizierten Regeln der Wettkämpfe genau erklären – wenn Erwachsene die Muße finden, dies genau und geduldig anzuhören. «So was ist ja wie 'ne Fremdsprache für uns Erwachsene», meint ein Lehrer. Viele Erwachsene bemühen sich allerdings nicht, wenigstens ein paar Grundbegriffe dieser Sprache zu lernen – obwohl man damit bei Jungen wie Mädchen wirklich Punkte machen kann.

Die Kinder dagegen sind im virtuellen Monsterzoo zu Hause. Sie sind es ja auch, die auswählen müssen, welches Pokémon sie für welchen Kampf einsetzen wollen. Bei den «Kämpfen» selbst müssen sie auch am *Gameboy* kaum mehr etwas tun. Anders als bei Baller- oder Geschicklichkeitsspielen findet der «Kampf» unter geringer Beteiligung der Spieler nur noch auf dem Bildschirm statt. Das Ganze erinnert eher an die Quartettspiele, die wir als Kinder gespielt haben, und nicht an Raufereien auf dem Schulhof. Vor und nach dem Spiel müssen die Spieler jedoch lange Textzeilen auf den Minibildschirmen an sich vorüberziehen lassen, mit denen sie auf ihre Verantwortung als Trainer hingewiesen werden. Kämpfer, die zu schnell «hochgepusht» werden, versagen im entscheidenden Moment – nur die, die sorgfältig trainiert werden, sind wirklich stark (wenn das doch mit den gedopten Olympia-Sportlern auch so wäre! Die Pokémon-Welt ist da gerechter). Und wenn ihr Pokémon verloren hat, werden die Trainer ermahnt, dass sie es nicht gut behandelt haben. Pokémon brauchen Liebe und Zuwendung!

Das klingt nach *Tamagotchi* und ziemlich absurd. Aber es macht einen gewissen Sinn, wenn wir einmal die Pokémon als Stellvertreter für die Jungen (und Mädchen) selbst sehen. «Kinder sind selbst kleine Monster, die mit Pokémon Umgangsformen und Veränderungsmöglichkeiten für ihre eigenen monsterhaften Züge finden», schreibt Strätling (2000). Nicht dass sich viele Jungen mit diesen Wesen identifizieren würden. Aber sie geben ihnen etwas, was sie eigentlich selbst brauchen: Aufmerksamkeit, Zuwendung und Anleitung. Und gerade das letzte gilt insbesondere für das Kämpfen der Jungen. Ein Trainer hat nicht nur die Aufgabe, das Beste aus den ihm Anvertrauten herauszuholen – er muss auch die Regeln kennen, angemessene Herausforderungen finden und trösten, wenn etwas nicht geklappt hat. Anders als Trainer und Sportler im heutigen kommerziellen Sportbetrieb sind *Pikachu* und *Ash* unzertrennlich. *Ash* würde *Pikachu* nicht niedermachen, wenn er verliert – und *Pikachu* würde nicht zu einem anderen Trainer wechseln, nur weil er da mehr Geld verdient.

Was passieren kann, wenn Trainer ihrer Aufgabe nicht gerecht werden, schildert der Hauptfilm des Pokémonspektakels: Wer sich nicht erwünscht fühlt, wird gewalttätig.

Auf dem Höhepunkt der Bedrohung der Welt durch das geklonte Super-Pokémon Mewto kommt es schließlich zur Entscheidungsschlacht. Ähnlich wie in vielen Actionfilmen zeichnet sie sich dadurch aus, dass «gute» (echte) von «bösen» (geklonten) Pokémon nicht zu unterscheiden sind. Der Kampf muss unentschieden bleiben. Zum großen Finale hin wird schließlich verkündet: «Die wahre Stärke der Pokémon liegt im Herzen.» Ein Trainer meint entsetzt: «So soll man sie nicht kämpfen lassen … jetzt begreife ich, wie schlimm Kämpfen wirklich ist!» Sein Pokémon ist überrascht: «Du meinst, wir sollen gar nicht kämpfen?» Und an seinen Gegner gewandt: «Aber wieso soll ich dir vertrauen, ich bin doch ganz anders geboren.» Pikachu, der kleine Held des Films, wagt schließlich die Umkehr. Wehrlos lässt er sich ein ums andere Mal ins Gesicht schlagen, ganz nach der biblischen Vorgabe: «wenn dir jemand einen Streich gibt auf deine rechte Backe, so biete auch die andere dar» (Matthäus 5,39). Schließlich versöhnen sich Klon und Original, indem sie «mal auf all das schauen, was gleich ist».

Nicht alle folgen dieser Maxime, und die Vernichtungsschlacht geht weiter. «Jemand muss den Mut haben, aufzuhören zu kämpfen!», ruft Ash und wirft sich zwischen Mew und Mewto, kommt aber in der Energieentladung ums Leben. Pikachu gelingt es nicht, ihn wiederzubeleben, und alle Pokémon beginnen zu – weinen. Die Tränen verwandeln sich in Energie, und Ash – wird wieder lebendig! Erstaunt stellt Mewto fest: «Das Menschenwesen hat sich geopfert, um die Pokémon zu retten!» So lautet die Moral am Schluss der Geschichte: «Ich weiß jetzt, dass es unerheblich ist, wie man geboren ist. Wie man mit dem Geschenk des Lebens umgeht, macht einen zu dem, was man ist.»

Am Ende steht dennoch nicht die große Versöhnung. Stattdessen entschwinden die «unrechtmäßig» erzeugten Klone samt ihrem Schöpfer Mewto. Die Trainer finden sich mit ihrem Pokémon in der Wartehalle am Hafen wieder, haben alles vergessen und fügen sich dort den Anweisungen des (weiblichen!) Personals. Der Sturm legt sich.

Im Abspann läuft ein Lied: «If only tears could bring you back to me …»

Trotz der sehr dick aufgetragenen Moral waren viele Grundschulkinder hingerissen von diesem Film. Wenn sie davon erzählen, steht allerdings im Vordergrund, wer gegen wen gekämpft hat. Ihnen wird kaum aufgefallen sein, dass der christliche Erlösungsmythos und die Bergpredigt für die Geschichte Pate gestanden haben. Wenn im Kindergottesdienst über dieselben Inhalte gesprochen wird, hört es sich ganz anders und weniger spannend an.

Die Grundbotschaft der Pokémon-Welt, die jeden Tag im Musik-Intro zur Sendung wiederholt wird, lautet denn auch anders. «Ich will nur eins, ich will der Beste sein!» Ja, das wollen viele Jungs! Da sie es aber in der Schule oft nicht mehr sind (die Mädchen sind ihnen da in der Regel voraus), weichen sie auf die Spielwelt aus. In ist, wer am besten Bescheid weiß und die umfassendste Sammlung von Pokémon vorweisen kann. Ersteres passt gut in unsere Zeit – in der Wissensgesellschaft ist Wissen Macht. Die Pokémon-Welt ist zudem im Vergleich zur realen Welt überschaubar. Sie erscheint Erwachsenen kompliziert, aber sie hat, anders als die heutige Wirklichkeit, klare und eindeutige Regeln. Anders als in der wirklichen Welt, deren ungewisse Zukunftsperspektiven nicht nur Kinder, sondern auch Erwachsene verunsichern, können Jungen sich im Pokémon-Spiel mit einem Helden ihres Alters identifizieren, der eine Zukunft hat – kein Wunder, dass dieses Spiel sie glücklich macht.

Die Tür zu dieser Welt sind neben Fernsehen und *Gameboy* die Sammelkarten. All dies zu besitzen ist allerdings vor allem eine Kostenfrage. Schon das Anfänger-Karten-Set kostet über 20,- DM. Je seltener die Karten sind, umso mehr sind sie wert. Im Tauschhandel sollen begehrte Karten für 100,- DM und mehr über den Tisch gehen. Wer sich das nicht leisten kann, muss sich auf die billigeren Sticker beschränken. Richtig teuer sind dann die neuen Spiele; die Nintendo-64-Version kostete im Weihnachtsgeschäft 2000 249,- DM. Vom Zubehör ganz zu schweigen: Für fünf kleine Plastikfiguren (einem von zwei zusammengehörigen Sets) sind 37,95 DM hinzulegen, und für ein großes *Picachu*-Kuscheltier weit über 50,- DM. Es ist klar, dass hier aussortiert wird, denn so viel Taschengeld bekommen nicht alle Kinder – hier geht es um Summen, die sich auch manche Eltern nicht mehr leisten können. Es ist nicht überraschend, dass manche Jungen, die hier nicht mehr mithalten können, versuchen, sich Karten (oder das Geld dafür) auf anderem Wege zu beschaffen. Sie überreden Jüngere, die sich noch nicht auskennen, ihnen Karten weit unter Preis zu verkaufen, oder greifen in unbeobachteten Momenten direkt zu.

In etlichen Schulen wurde nach derartigen Vorfällen das Mitbringen der Karten verboten. Viele Lehrer waren eh schon genervt davon, dass manche Kinder nichts anderes mehr im Kopf hatten, und sahen sich oft gezwungen, die Karten im Unterricht einzusammeln. Solche Verbote lösen natürlich keine Konflikte, sondern verlagern sie lediglich vor die Schultore. Dort allerdings, in der erwachsenenfreien Zone, haben Schwächere noch weniger Chancen, sich gegen Übergriffe und Einschüchterungsversuche zu wehren. Besser ist es, die Themen und Interessen der Kids in Schule und Hort mit hineinzunehmen. Dazu müssen wir uns allerdings mit ihnen beschäftigen – und das erscheint vielen Erwachsenen als eine Zumutung.

Wer sich auf Jungen und ihre Themen einlässt, merkt aber schnell, mit welcher Begeisterung sie das Interesse der Erwachsenen aufgreifen. Als ich mit einem Grund- und Hauptschullehrer im Kino war, um *Pokémon* zu sehen, sprach sich das anschließend in der ganzen Schule herum. Mitzubekommen, dass ein Lehrer sich «so sehr» für ihre Themen interessiert, war für viele Schüler beeindruckend.

Was Erwachsene zu Actionfilmen zu sagen haben

«Schrott», «niveaulose Billigware», «unglaublicher Schwachsinn», «ein einziges Geballere»: Erwachsene sind sich oft einig darin, was von den Actionprodukten für Kinder zu halten ist. Die Filme wirken schlecht gemacht und niveaulos. Die schnellen Schnitte könnten Kinder überfordern – Stichwort Reizüberflutung. Die Handlung der Filme ist oft flach, hat nichts mit dem wirklichen Leben zu tun und beruht auf vereinfachenden Gut-Böse-Schemata. Schließlich irritieren die vielen Kämpfe und Waffensysteme, die oft den Hauptteil von Actionfilmen ausmachen. Nicht nur besorgte Eltern, sondern auch Medienexperten befürchten daher, dass Actionserien negative Auswirkungen auf Kinder haben und insbesondere aggressives Verhalten fördern.

Möglicherweise stellen die Serien für Eltern eine größere Belastung dar als für die Kinder selbst. Dies meint jedenfalls Dirk Blothner, der im Rahmen der Erstellung von Gutachten zur Medienwirkung nicht nur Kinder, sondern auch Eltern beim Sehen von Actionfilmen beobachtet und sie dazu befragt hat. Entgegen den elterlichen Befürchtungen zeigten die von ihm beobachteten Kinder beim Sehen der Filme nur wenig Zeichen von Angst und Belastung (vgl. Blothner, 1997).

Die Wirkung von Medien und Spielzeug, insbesondere auf aggressives Verhalten, ist seit langem sehr umstritten. Ähnlich wie bei der Diskussion über Anlage und Umwelt hat die wachsende Anzahl von Untersuchungen und Veröffentlichungen zum Thema nicht zur Verständigung geführt – im Gegenteil. Selbst wenn Experten dieselben Filme beurteilen, kommen sie zu völlig entgegengesetzten Schlussfolgerungen (vgl. zum Beispiel die Gutachten zu den *Power Rangers* in Czaja, 1997).

Medienkritiker wie Werner Glogauer beschwören in ihren Veröffentlichungen unaufhörlich die Gefahren, die insbesondere von Fernsehen, Video und Computerspielen ausgehen können. Entgegengesetzte Positionen scheinen bei ihm nur Kopfschütteln auszulösen. Glogauer begründet seine Position insbesondere mit erschreckenden Einzelfällen, in denen das Nachstellen von Filmszenen zu massiven Verletzungen und grausamen Gewalttaten führte (vgl. Glogauer,

1993). Solche Vorfälle lösen immer wieder heftige öffentliche Diskussionen aus. Hartmut Griese kommt trotz einer deutlich differenzierteren Betrachtung zum Schluss, dass Actionserien höchst problematisch sind, weil sie gesellschaftliche Probleme wie Gewalt, stereotypes Denken und die Ideologie der Ungleichheit «einem Katalysator gleich» verstärken (1997).

Andere Fachleute halten derartige Annahmen dagegen für einen Mythos. «Kinder können fernsehen» nannte Jan-Uwe Rogge seinen Elternratgeber, der Ängste von Eltern und erwachsene Besserwisserei durch Gelassenheit, Unterstützung, Einfühlung und Miteinander ersetzen möchte (1990). Denn die Fähigkeiten von Kindern, aktiv mit Medien umzugehen, werden oft unterschätzt. Die Vorstellung von Kindern und Jugendlichen als passiven Betrachtern, die durch Gewaltdarstellungen aggressiv gemacht werden, gelten in der aktuellen wissenschaftlichen Diskussion als überholt. «Das Fernsehen vermag es nicht, Menschen zu bestimmten Verhaltensweisen zu verführen», schreibt Jo Reichertz. «Fernsehen kann auch nicht nötigen, noch nicht einmal nahe legen» (1997, S. 152). Ganz im Gegenteil kommen manche Autoren sogar zu dem Schluss, dass Actionserien für Kinder wichtig sind, zentrale Probleme ihrer Lebenswelt berühren und sie bei der Bewältigung von Problemen unterstützen können – «Kinder brauchen Helden» (vgl. Czaja, 1997).

Was stimmt nun?

Die Aufgabe des Helden

Im Mittelpunkt der Actionserien für Jungen stehen die Helden. Wie im klassischen Heldenmythos besteht ihre Aufgabe darin, für das Gute zu kämpfen und das Böse zu besiegen. Viele populäre Filme und Spielwelten vermitteln Jungen dabei ein Bild von Männlichkeit, in dessen Zentrum vor allem Kampf, körperliche Stärke und/oder die Beherrschung der Technik stehen. Obwohl sich Helden in vieler Hinsicht unterscheiden und die neueren Serien zum Teil modernisierte Varianten von Männlichkeit verkörpern, überwiegen doch die überlieferten männlichen Stereotype.

Die Helden knüpfen an traditionelle Bilder «guter» Männlichkeit an, insbesondere an den Aspekt des «Beschützers». Jungen können sich mit der Unbesiegbarkeit und dem steten Eintreten ihrer Helden für das Gute identifizieren. Helden dürfen dabei auch gegen üblicherweise geltende Regeln und Normen verstoßen, zum Beispiel massive Gewalt ausüben, denn sie tun es ja für einen «guten Zweck».

Die Begeisterung der Jungen hat mit Phantasien und «inneren Realitäten» zu tun. Jungen sind klein und nicht sonderlich stark. Sie können den Erwartungen, die sie an sich selbst und andere an sie als zukünftige «Männer» stellen, nicht genügen, sondern erleben sich im Alltag oft als unterlegen und ohnmächtig. In der Identifikation mit den Filmhelden und Spielfiguren können sie groß und stark sein, und darum hat die Verwandlung von Kindern und Jugendlichen in große mächtige Wesen gerade für Jungen einen besonderen Reiz.

Der offen gewalttätigen Spielwelt der Jungen stehen auf der Mädchenseite die traditionellen Klischees von Weiblichkeit gegenüber: Schönheit, Mode, Kuscheln und das Warten auf den Märchenprinzen. Es fällt auf, dass *Barbie* und *Karina* ihre Partner gleich mitgeliefert bekommen. In der Jungenspielwelt dagegen spielen Frauen und Beziehungen nur eine untergeordnete Rolle. So wird schon im Kinderzimmer die Rollenaufteilung Frauen – Beziehungsorientierung, Männer – Kampf in der Außenwelt eingeübt.

Zwar ist den Kindern durchaus klar, dass es sich bei ihren Spielwelten um Phantasiewelten handelt. Dennoch dienen sie als Modelle für Probehandeln und Identifikationsversuche. In einer Welt, in der Kinder nach wie vor die ohnmächtigste Gruppe der Gesellschaft bilden, eröffnen sie Fluchträume: In die heile Welt der Familie für die Mädchen, in die geordnete Gut-Böse-Welt der Helden und Feinde bei den Jungen. Sie befördern damit ein eigentlich als überholt geltendes Männlichkeitsideal – das Muster vom handelnden, aggressiven und einsamen Helden – auch in «fortschrittliche» Kinderzimmer.

Auf der anderen Seite finden sich Schreckbilder bedrohlicher und abgrundtief «böser» Männlichkeit. Sie werden ebenfalls personifiziert und tauchen in jeder Folge der Serie wieder auf: *He-Mans* Erzfeind *Skeletor*, der Oberschurke *Shredder* bei den *Turtles* oder das Stahl-Muskel-Ungetüm *Lord Zedd* bei den *Power Rangern*. Manchmal gibt es auch finster-dämonische Frauengestalten wie die böse Hexe *Rita Repulsa*. Diesen stehen männliche Untergebene zur Seite, die die Drecksarbeit für sie erledigen. Bei den Dienern des Bösen handelt es sich nicht selten um gesichtslose Soldaten, Roboter oder um Monster.

Schon aus herstellungstechnischen Gründen unterscheiden sich die «Guten» und die «Bösen» allerdings oft nur gering voneinander – bei den *Transformern* zum Beispiel nur durch eine kleine aufgedruckte

Markierung. Tatsächlich sind die Strategien und Methoden, die beide Seiten verwenden, oft recht ähnlich. Die «Bösen» sind allerdings grausam und rücksichtslos. Meist wollen sie die Welt vernichten oder beherrschen. Hier sind die Autoren der Storys nicht zimperlich.

In den dargestellten Konflikten finden Zukunftsängste und für Kinder nicht verständliche und zu bewältigende natürliche, gesellschaftliche und politische Bedrohungen ihren Niederschlag, die heute auch jüngere Kinder im Fernsehen mitbekommen. Nicht zufällig sind viele Comics, Filme und Computerspiele in Untergangsszenarien angesiedelt. Damit bilden sie die düsteren Zukunftsperspektiven ab, mit denen Kinder und Jugendliche heute aufwachsen: eine verseuchte Umwelt, zerstörte Lebensräume, eine außer Kontrolle geratene Technik und ein unerbittlicher Kampf von jedem gegen jeden. In vielen Filmen und Comics ist der Held die letzte Hoffnung der Menschheit. Er allein hat es in der Hand, ob die Erde gerettet wird oder in Schutt und Asche versinkt.

Dieses Grundmuster ist allerdings uralt. Es ist schon in der Bibel zu finden, in der Offenbarung des Johannes oder *Apokalypse*. Da verwüsten Drachen und andere Monster Himmel und Erde, die Erde wird verbrannt, und die Meere werden vergiftet, und finstere Geister treiben ihr Unwesen. Rettung verheißt allein die Unterwerfung unter «Christus den Sieger», der die Feinde Gottes erschlägt («und aus seinem Munde ging ein scharfes Schwert») und die Teufel mit Schwefel verbrennt (Off. 19). Diese seltsame Geschichte gibt das Vorbild für manche «apokalyptische» Schreckensvisionen ab, die in der Endzeitstimmung des Jahrtausendwechsels noch einmal besondere Blüten trieben. In *Armageddon* droht die Erde von einem Meteoriten zerstört zu werden – der von einem unerschrockenen *Bruce Willis* natürlich rechtzeitig gesprengt wird –, und in *End of Days* muss Arnold Schwarzenegger sogar gegen den Teufel persönlich antreten.

Das biblische Armageddon lässt sich natürlich symbolisch deuten – mit dem «Schwert, das aus dem Munde ging» ist ja das Wort Gottes gemeint. Dann könnten aber auch Actionfilme symbolisch verstanden werden. Campbell weist darauf hin, dass Volkssagen die Heldentat als körperliche Leistung darstellen, die höheren Religionen als moralische. Die Form des Abenteuers, die beteiligten Personen und die errungenen Siege sind dennoch in Märchen, Mythen und Religionen erstaunlich ähnlich (vgl. Campbell, 1978, S. 43) – und in Actionfilmen und -spielen, ließe sich anfügen.

Actiongeschichten als neue Märchen?

Die aktuellen Geschichten unterscheiden sich in einigen Punkten wesentlich von ihren antiken und märchenhaften Vorbildern. Viele Actionfilme und Computerspiele können den Eindruck erwecken, dass die Welt ein Dschungel voll gefährlicher Bedrohungen ist, in dem man nur überleben kann, wenn man jederzeit kampfbereit ist. Poeplau meint: «Anders als die Märchen lehren uns die Abenteuerspiele nicht, Geduld zu haben, Vertrauen in die Welt, Offenheit für das Fremde, das Unbekannte. Ihre Botschaft lautet: Du stehst allein, niemand hilft dir, sieh, wie du durchkommst» (1992, S. 58).

Anders als Märchen, deren guter Ausgang die erfolgreiche Lösung aller Probleme darstellt («und sie lebten glücklich ...»), ist für Action-Helden das Happy End außerdem immer nur vorübergehend. «Der Held zieht weiter, bis er dem nächsten und wieder dem nächsten Drachen begegnet» (Hammon, 1992). Das gilt nicht nur für Comics, Fernsehserien und Computerspiele, sondern auch für viele Kinofilme, die inzwischen ebenfalls oft von Anfang an als Serien angelegt werden. Dies hat viel mit der stereotypen Männlichkeit der Helden zu tun. Sie finden ihren Sinn in der immer wieder neuen Bewältigung von Aufgaben, aber mit Liebe und Beziehungen haben sie weniger am Hut. Was das angeht, entwickeln sie sich oft nur wenig oder gar nicht weiter – anders als die Helden der Zaubermärchen, für die es oft gerade darum geht.

Dass Actiongeschichten niemals zu Ende sind, hängt nicht zuletzt mit ihrer Einbindung in Marktstrategien zusammen. Denn die Hersteller wollen Kinder ja nicht nur unterhalten, sondern möglichst an ihr Programm oder ihre Produkte binden. Diese Strategien sind im letzten Jahrzehnt perfektioniert worden. Es gibt Kinder, die nachmittags keine Termine mehr wahrnehmen können, weil sie ihre Lieblingsserie sehen «müssen».

Wenn Jungen die Geschichten nachspielen, lehnen sie sich eng an die elektronischen Vorbilder an. Die dazu nötigen Ausrüstungsgegenstände müssen in den Spielzeugabteilungen der Warenhäuser für viel Geld erworben werden. Die Hersteller haben herausgefunden, dass Eltern ihren Söhnen deutlich mehr Spielzeug als ihren Töchtern kaufen (Eurotoys-Studie, vgl. Sommerfeld, 2000). Nicht zuletzt darum gibt es jedes Jahr neue Kollektionen von Jungenspielwelten, für die beträchtliche Summen aufgewendet werden können. Sommerfeld meint, dass frühere Pro-und-contra-Debatten über einzelne Figuren angesichts des riesigen Spielwarenangebots inzwischen fast altmodisch anmuten. Heute ist eher die Frage, inwieweit Familien sich im Alltag von den jeweils aktuellen Moden dominieren lassen wollen – denn die Helden tummeln sich ja nicht nur im Kinderzimmer, sondern auch im Kleiderschrank, am Frühstückstisch und im Bad.

Natürlich greifen auch die Herstellerfirmen psychologische Argumentationen auf. In ihren aufwendigen Werbekonzepten behaupten die Hersteller, dass die «modernen Märchen» Kindern helfen, «die Realität besser zu verstehen». Dabei können sie sich auf Pädagogen und Psychotherapeuten berufen, die der Ansicht sind, dass Actionserien an der Lebenswelt und den inneren Themen der Kinder ansetzen. Reichertz nennt die *Power Ranger* ein «sinnvolles Errettungsmärchen für Kinder der 90er Jahre», einen der heutigen Zeit angemessenen Nachfolger der traditionellen Kindermärchen (1997). Kritiker sprechen dagegen von einer Verarmung der Phantasie durch die elektronischen Medien.

Bei der Einführung neuer Medien gab es immer Stimmen, die den Verfall der Kultur befürchteten. Auch Bücher waren irgendwann eine neue und befremdliche Veränderung. Wie sich die technischen Veränderungen der neuen Medien auf Lern-, Wahrnehmungs- und Bewusstseinsstrukturen heute aufwachsender Kinder auswirken, lässt sich aus unserer Erwachsenensicht nur schwer beurteilen. Die Kreativität, die gerade Kinder im Umgang mit neuen Anforderungen und Belastungen immer wieder entwickeln, sollte dabei nicht zu gering eingeschätzt werden. Für viele Erwachsene sind die schnellen Schnitte und Brüche in Actionfilmen oft anstrengend oder schwer nachvollziehbar. Viele Kinder stören sich offensichtlich wenig daran. Sie können im einen Moment begeistert dem Film folgen und dabei sehr konzentriert sein; im nächsten Moment beschäftigen sie sich mit etwas anderem. Interessanterweise können viele Kinder, die als «aufmerksamkeitsgestört» diagnostiziert werden, mit unglaublicher Hingabe dabei sein, wenn es um «ihre» Helden oder Spiele geht. Anstatt den Spielwelten die Schuld daran zu geben, dass sich die Jungen in der Schule nicht konzentrieren können, könnten wir fragen, wie es kommt, dass sie zum Beispiel in der Pokémon-Welt Fähigkeiten zeigen, die in der Schule oft schmerzlich an ihnen vermisst werden: Die Bereitschaft, Vokabeln zu lernen (151 Pokémon und ihre Eigenschaften!), sich um andere zu kümmern und intensiv über lange Zeit begeistert an einer Sache zu arbeiten.

Die Actionhelden machen das Leben von Jungen «spannend» und

schaffen Erlebnisräume, die Jungen in ihrem sonstigen Leben zu wenig vorfinden. Mit ihren Helden können die Jungen auf Abenteuer ausziehen, die sie mit ihren Vätern nicht erleben. «Spielzeug erscheint häufig als Ersatz für die ursprünglichen Wünsche der Kinder nach Entfaltung und Einbeziehung in die Welt», meint der Erziehungswissenschaftler Jürgen Fritz und zieht die Erwachsenen in die Verantwortung: «Die Zuwendung der Eltern, die Einbeziehung von Kindern in die Welt der Erwachsenen, die von Gefährdung entlasteten Freiräume für Kinder sind wichtiger als das richtige Spielzeug» (1990, S. 41). Heldenfiguren und das Nachinszenieren von Filmereignissen kann Jungen dabei helfen, reale Konflikte auf einer magischen Ebene zu verarbeiten. «Sie können sich groß und stark fühlen, obsiegen und verdrängen, ohne in den Aufwand realer Handlungen einbezogen zu sein. Sie können Unterwerfung, Bemächtigtwerden ‹abschmecken›, ohne tatsächlich um ihre Unversehrtheit bangen zu müssen» (Blothner, 1997, S. 198). Die simple Gut-Böse-Struktur der Geschichten kommt kindlichen Bedürfnissen entgegen: Sie ist einfach und klar. Nicht zuletzt ermöglichen die Geschichten das Ausleben von Aggressionen in der Phantasie, und das ist für Kinder wichtig: «Auch Kinder haben Angst, sind wütend (auf Erwachsene wie Kinder) und aggressiv, haben Gewaltphantasien: nicht immer, aber auch nicht niemals» (Reichertz, 1997).

Entscheidend ist vor allem, wie mit einem Medium *umgegangen* wird. Auch der Text eines Märchens bleibt ja gleich, er regt die Phantasie nicht per se an, sondern nur dann, wenn sich die Hörenden darauf einlassen. Ist ein Junge nur darauf ausgerichtet, alle Details einer Serie zu kennen und möglichst viel Zubehör zu besitzen, um vor Freunden Eindruck zu machen? Oder kann er die neue Vielfalt für sich nutzen, indem er sich das herausgreift, was für ihn persönlich gerade wichtig ist? Denn Bilder und Symbole, die zu Phantasie und Interpretation von Symbolen einladen, finden sich in Actionwelten in Hülle und Fülle. So ist in einem von Poeplau beschriebenen Abenteuerspiel die Welt von der Zerstörung durch die Drachen bedroht. Die Rettung besteht darin, die «neun Tränen des Drachenvaters» zu finden – eine äußerst schwierige Aufgabe in einem Spiel, das wochenlang andauert. Ist es nicht tatsächlich schwierig, Vätern eine Träne zu entlocken, und hat es nicht wirklich etwas mit den verdrängten Gefühlen von Männern zu tun, dass Konflikte in unserer Welt immer wieder auf Katastrophen zusteuern?

Machen die Medien aggressiv?

Weil es ums Ganze geht, wird im Kampf von Gut und Böse zu allen verfügbaren Mitteln gegriffen. Und weil sich wirklich böse Wesen in der Regel nicht durch gutes Zureden besänftigen lassen, wird dabei auch Gewalt eingesetzt – im Actionfilm genauso wie im Märchen. Dass selbst in der wirklichen Welt andere Lösungen auch für bemühte Erwachsene schwer zu finden sind, zeigt nicht zuletzt die Verteufelung von Saddam Hussein sowie Slobodan Milosevic durch westliche Politiker und Medien. Sie diente im letzten Jahrzehnt als Rechtfertigung für einen massiven Einsatz militärischer Gewalt, den sich manche Befürworter dieser Interventionen einige Jahre zuvor nicht hätten vorstellen können.

In vielen Actionfilmen kommen dagegen, aller Gewalt zum Trotz und anders als in der Wirklichkeit, die Helden und auch oft die Gegner selten wirklich zu Schaden. Auch wenn viel rumgeballert wird, sind es oft «nur» Sachen, die zerstört werden, wogegen die menschlichen Helden weitgehend unbeschadet aus dem Kampf hervorgehen. Während Häuser in die Luft gehen und Laserkanonen explodieren, stehen die Helden daneben und überlegen, was als Nächstes zu tun ist. Ähnlich ist es bei vielen Computerspielen. In einem Kampfspiel, in dem zwei Jungen sich mit zwei *Turtle*-Figuren gegen Angreifer zur Wehr setzen mussten, bot ein Junge einem anderen an, ihm bei der Erledigung des Gegners zu helfen. Antwort: «Ne, lass mal – du hast nur noch zwei Leben. Den mach ich allein fertig.» Dass Helden mehr als zwei Leben haben, ist nicht ungewöhnlich – und wenn sie alle erloschen sind, fängt das Spiel von vorne an …

Dies wird oft als Tendenz zur Verharmlosung von Gewalt angesehen. Zwar gibt es auch Filme und brutale Baller- und Kriegsspiele, in denen meterhoch Blut spritzt. Aber meist sieht man selbst dort keine Menschen sterben. Kriegsspiele simulieren tatsächliche Schlachten und Aktionen detailliert, aber wie die Berichterstattung im Golfkrieg und im Kosovo erzeugen sie oft die Illusion eines «sauberen» Krieges. Dass es Menschen sind, die zu Opfern der Zerstörung werden, wird unterschlagen.

Dennoch ist im Allgemeinen schon bei Vorschulkindern klar, dass es sich bei den Actionwelten um Phantasiewelten handelt. Nur sehr kleinen oder schwer gestörten Kindern fällt es bei Actionserien schwer, die beiden Ebenen auseinander zu halten. Es sind nicht die Filme, die in erster Linie für das Verhalten von Kindern verantwortlich sind. Wichtiger sind die individuellen Fähigkeiten, Bedürfnisse und Fragen, die

Kinder mitnehmen, wenn sie in Actionwelten reisen. Und die sind von Kind zu Kind unterschiedlich.

> Sie können das leicht überprüfen, indem Sie sich einmal einen Actionfilm anschauen und hinterher fragen, ob sich Ihre Einstellungen und Ihr Verhalten durch das Betrachten des Films verändert haben. Finden Sie Gewalt akzeptabler, nachdem Sie gesehen haben, wie Actionhelden Probleme lösen? Haben Sie anschließend das dringende Bedürfnis, jemanden zu verprügeln? Haben Sie den Eindruck, dass der Film einen gefährlichen Einfluss auf Sie ausgeübt hat? Wenn nein, warum nicht? Was macht es Ihnen möglich, den Gewalteindrücken des Films zu widerstehen – und ist das bei Jungen anders?

Dies heißt nicht, dass Fernsehen und Video keine negativen Wirkungen haben können. Immer mehr Kinder haben eigene Fernseher oder freien Zugang zum Videogerät, werden von den Eltern damit allein gelassen und sprechen nicht über das Gesehene. Dass insbesondere jüngere Kinder Filmhandlungen nachspielen, manchmal auch immer wieder, ist normal, denn so verarbeiten Kinder ihre Erlebnisse. Es ist kein Anlass zur Besorgnis, wenn sie in ihrem sonstigen Leben genügend Freiräume haben. Genau diese fehlen aber Kindern häufig, weil sie in Umwelten aufwachsen, in denen es zu wenig freie Bewegungsmöglichkeiten gibt – nicht zuletzt wegen des Autoverkehrs. Bei Vielsehern kann das stundenlange Sitzen tatsächlich zu einem Energie- und Bewegungsstau führen, der sich anschließend in unkontrolliertem Austoben «Luft machen muss». Das Problem ist dabei nicht der Inhalt der Filme, sondern der Bewegungsmangel. Darum müssen Fernsehzeiten auf jeden Fall begrenzt sein.

Kinder werden auch durchaus von Medieneindrücken erschreckt und belastet – allerdings nicht unbedingt durch die Szenen, in denen es knallt und explodiert. Verunsichert werden Kinder

- durch beängstigende Geräusche und Musik
- durch offene Situationen, in denen nicht klar ist, dass die Guten siegen
- durch realistische Darstellungen von Gewalt.

Kinder *hören* Filme. Musik und Geräusche können gerade bei jüngeren Kindern heftige Gefühle hervorrufen. Während sie die Augen zumachen können, wenn sie «schlimme Stellen» in Filmen nicht anschauen können, läuft die Musik weiter, und der Ton wird ja gerade dazu eingesetzt, die Spannung zu steigern.

Je realistischer Gewaltdarstellungen in Filmen sind, desto schwieriger sind sie für Kinder zu verarbeiten, und dies umso mehr, je jünger die

Kinder sind. Filme, die zeigen, wie Gewalt zu sichtbaren körperlichen Verletzungen führt, machen Kindern eher Angst. Die Vernichtung von Gegnern in Action-Serien für Kinder ähnelt dagegen manchmal mehr dem Rausschmeißen von Figuren beim Mensch-Ärgere-Dich-Nicht. Oft genug kommen die «Bösen» ja auch wieder.

Die Fähigkeit, Fernseherlebnisse zu verstehen und zu verarbeiten, hängt schließlich entscheidend davon ab, inwieweit sie dabei unterstützt werden, mit *realen* Bedrohungen und Belastungen umzugehen. Katastrophen, Schiffsunglücke oder Waldbrände können Kinder in große Angst versetzen, von Kriegsberichten ganz zu schweigen. Schwer nachvollziehbar ist für Kinder auch, dass Nachrichtensprechern die Berichterstattung über Grausamkeiten oft scheinbar unberührt über die Lippen geht. Tagesschau, Heute-Journal und «Reality TV» sind daher für Kinder wesentlich «gefährlicher» als die für Kinder hergestellten Actionserien.

Gewaltfilme machen harte Jungs noch härter

Natürlich gibt es auch «härtere» Filme: «Splasher»-Filme, in denen das Blut nur so spritzt; Gewaltfilme wie *Fight Club,* in dem Männer ihren Lebenssinn im blutigen Faustkampf finden; Pornofilme, in denen Frauen und Männer gedemütigt und misshandelt werden. Solche Filme haben in der Tat im Kinderzimmer nichts zu suchen, und Jungen sollten nicht alles anschauen dürfen, was Programm, Videothek und Internet hergeben.

Jugendliche sehen derartige Filme, um sich gegenseitig zu beweisen, wie «cool» sie sind: Wer die brutalsten Filme sieht, ist der härteste Kerl – wer zusammenzuckt, wenn das Gesicht zertreten wird, hat verloren. Auch hier ist nicht immer eindeutig, wie Ursache und Wirkung zusammenhängen. Es gibt Situationen, in denen Jugendliche brutale Filme anschauen, um sich «aufzuheizen», und anschließend losziehen, um Leute zusammenzuschlagen. Die Filme können aber auch umgekehrt dazu genutzt werden, symbolisch «Dampf abzulassen». So erzählt der dreizehnjährige Fred, dass er, wenn er «gut drauf» ist – soll heißen: wütend oder aufgeregt –, sich auch schon mal *Rambo* anschaut. Dann wird vielleicht sogar vorgespult, und nur die Kampfszenen werden angeguckt.

Nicht alle Jungen fühlen sich von Sendungen, die viel Gewalt zeigen, besonders angezogen. Jungen, die mehr mit aggressivem Verhalten auffallen, wenig beliebt sind und Schwierigkeiten in der Schule haben, sehen auch gern Filme mit «gewaltigen» Inhalten. Schulschwierigkeiten stehen aber sowieso deutlich mit aggressivem Verhalten in Zusammenhang. In der großen Bielefelder Studie zur Gewalt an Schulen fanden die Forscher und Forscherinnen heraus, dass die *Dauer* des Fernseh- und Videokonsums keine große Bedeutung für Gewalthandeln hatte. Der häufige Konsum von Gewalt-, Horror- und Pornofilmen hing zwar deutlich mit höherer Gewaltbereitschaft in der Schule zusammen, aber daraus lässt sich nicht ableiten, ob Jugendliche durch Gewaltsendungen aggressiver werden – oder ob nicht umgekehrt gewaltbereite Jugendliche mehr Interesse an Gewaltfilmen haben.

Natürlich ist es ein Problem, wenn Jungen sich jeden Tag stundenlang Gewalt- und Horrorvideos «reinziehen». Die Bielefelder Forscher fanden aber heraus, dass bei körperlich aggressivem Verhalten eine wichtige Rolle spielt, wie viele Konflikte es zwischen Eltern und Jugendlichen um den Umgang mit elektronischen Medien gibt. Die Autoren folgern aus ihren Ergebnissen, dass häufige Fernsehverbote das Gegenteil der beabsichtigten Wirkung erzielen können. Der Konsum von gewalthaltigen Filmen findet sich gehäuft bei Jugendlichen, die ein eigenes Videogerät haben und die Verbote ihrer Eltern überschreiten (vgl. Tillmann et al., 1999). Was hier nötig ist, sind nicht striktere Verbote. Stattdessen müssen Jugendliche und Eltern lernen, ihre Konflikte besser miteinander auszutragen und Fernsehzeiten und andere Dinge miteinander *auszuhandeln*.

Am anfälligsten für Mediengewalt sind benachteiligte Jungen: Lernbehinderte, Jungen aus «kaputten» Familien und in Heimen, labile und sozial isolierte Jugendliche in Ausnahmesituationen. Das zeigt sich auch oft, wenn man spektakuläre Fälle von grausamen Nachahmungstaten genauer betrachtet. Die Befürchtung problematischer Folgen massiven Fernsehkonsums ist daher im Einzelfall berechtigt, «vor allem bei Jungen aus *problematischen* Herkunftsfamilien in *sensiblen* Entwicklungsphasen – und wenn keine anderen (*alternativen*) Muster vorgelebt werden», wie Griese meint (1997, S. 262). Besonders auf Kinder und Jugendliche, die selbst viel Gewalt erlebt haben, können Gewaltsendungen verstärkend und auslösend wirken: «Gewalt macht Gewalttätige gewaltsamer» (ebenda).

Auf der anderen Seite bedeutet das, dass gesunde Kinder und Jugendliche, die zum einen mit ihren Eltern auf gute Weise streiten lernen, zum anderen nicht mit ihren Medienerlebnissen allein gelassen werden, mit Gewaltsendungen gut zurechtkommen. Vielleicht toben sie auch eine Weile als *Power Rangers* herum, um das Gesehene zu verarbeiten, aber sie sind nicht in Gefahr, das Gesehene auf unangemessene Weise in ihren Alltag zu übertragen. Sie haben durchaus ihre eigene Meinung zu Filmen und Figuren und übernehmen nicht automatisch das Programm der männlichen Superhelden. Kinder gehen auf aktive Weise mit der Welt um und werden nicht nur beeinflusst, das gilt für den Umgang mit Medien wie überall sonst.

Schauen Sie Kindern beim Fernsehen zu!

Unabhängig davon, wie «gut» oder «schlecht» Sendungen sind, macht es wenig Sinn, das Fernsehprogramm so zu gestalten, dass es Kindern «nicht schadet». Stattdessen müssen die Fähigkeiten von Kindern anerkannt und gestärkt werden, so mit Medien umzugehen, dass es ihnen (und ihren Mitmenschen) gut geht. Ob Kinder Fernsehfilme gut verarbeiten können oder nicht, lässt sich am besten dadurch herausfinden, dass man mit ihnen gemeinsam vor dem Fernseher sitzt. Sie wollen nicht, dass Ihr Kind allein *Hercules* oder *Highlander* guckt, aber wollen auch nicht Sonntagmorgen um sieben vor der Glotze hängen? Nehmen Sie den Film auf Video auf (dann kann man auch gleich die lästige Werbung überspringen) und schauen Sie es später gemeinsam an. Und sprechen Sie darüber.

Das setzt zunächst einmal voraus, sich Zeit für Kinder zu nehmen. «Mütter und Väter spielen 10 Minuten am Tag mit ihren Kindern – Kinder sitzen 17,5 Stunden in der Woche vor dem Fernseher» ist auf großen Plakaten vor meinem Fenster zu lesen. Viele Jungen verbringen sehr viel mehr Zeit mit ihren Fernsehhelden als mit ihrem Vater. Dann ist es kein Wunder, wenn diese eine große Bedeutung bekommen. Kinder, vor allem Vorschulkinder, sollten nicht ständig allein vor dem Fernseher sitzen und Actionserien anschauen. Aber sie sollten sowieso nicht so viel vor dem Fernseher sitzen. «Das am häufigsten verbreitete Fernsehproblem ist, dass Kinder zu viel und wahllos gucken», sagt Barbara Sichtermann (1997, S. 18). Dahinter stecken meist ganz andere Probleme. Die Fernsehzeit zu begrenzen ist ein erster Schritt, aber wichtiger ist es, die hinter der Flucht in die Fernsehwelten verborgenen Sehnsüchte und Nöte anzugehen.

Jungen und Mädchen sollten nicht alles sehen oder spielen dürfen. Aber sie sollten in der Regel sehen dürfen, was ihnen selbst gefällt – auch wenn es den eigenen Ansprüchen nicht entspricht. Kinder verstehen Verbote ihrer Eltern oft nicht. «Knight Rider durfte ich sehen, das A-Team nicht», erzählt Daniel. «Ich weiß nicht, wo meine Mutter da den Unterschied gesehen hat. Heute finde ich das A-Team völlig bescheuert.» Unsinnig ist es auch, Kindern zum Beispiel eine Serie wie die *Power Ranger* zu verbieten, wenn sie nur zum Nachbarsjungen zu gehen brauchen, um dort zu gucken, oder sie als «Ersatz» am Abend mit vor dem Krimi sitzen zu lassen. Kinder haben meist ihre Gründe, warum sie zu einem bestimmten Zeitpunkt gerade eine bestimmte Serie sehen «müssen» und diesen Helden toll finden. Das «Dornröschenprinzip» nennt das Sichtermann – der richtige Anstoß zur richtigen Zeit. Wir können niemals genau wissen, was ein anderer Mensch braucht, und das gilt auch (und manchmal gerade!) für die eigenen Kinder.

Wir können aber einiges darüber herausfinden, wenn wir die Begeisterung der Kinder ernst nehmen und zu verstehen versuchen, was sie an bestimmten Bildern fasziniert. Es ist gut, mitreden zu können und sich ein wenig auszukennen in den Medienwelten der Kids. Wenn Ihr Sohn immer wieder fragt: «Wie findest du eigentlich Pokémon?», dann fühlt er Ihnen damit auf den Zahn. Dahinter steckt die Frage: «Interessiert dich eigentlich, was mir wichtig ist?» Allerdings wäre es zu viel verlangt zu fordern, dass sich Eltern und Pädagogen und Pädagoginnen durch täglichen mehrstündigen Fernsehkonsum und erhebliche Investitionen in den Spielwarenabteilungen der Kaufhäuser ständig auf dem Laufenden darüber halten, was denn gerade aktuell ist. Einfacher ist es, die Jungen selbst danach zu fragen – dazu gibt es in den folgenden Kapiteln einige Anregungen.

Extremer Medienkonsum ist ein Hinweis auf Not. Ängstliche und verunsicherte Kinder benutzen Medien häufiger, um dem Alltag zu entfliehen. Kinder, die sich immer mehr hinter Fernseher und Computer verziehen, wollen vielleicht in Ruhe gelassen werden, weil sie sich von den Anforderungen ihrer Umwelt, auch denen ihrer Eltern, überfordert fühlen. Vielleicht drücken sie damit aber auch aus, dass sie sich von den Erwachsenen allein gelassen fühlen. Und allein lassen sollte man Kinder mit Fernseher und Computer nicht. Dazu gehört auch, klare Grenzen zu setzen, Fernsehzeiten zu vereinbaren und den Knopf auszustellen, wenn Jungen das nicht allein hinbekommen. Dabei ist das Aushandeln zu lernen wichtiger als das Ergebnis selbst.

Es ist für Kinder wichtig zu erfahren, dass es auch ein Leben ohne Fernseher geben kann.

Wenn Sie den Eindruck haben, dass der Fernseh- und Videokonsum Ihres Sohnes zu massiven psychischen Belastungen führt, gibt es ein einfaches Experiment. Schaffen Sie das Gerät für einen Monat auf den Dachboden. Plötzlich hat der Tag mehrere Stunden mehr! Erstaunliche Dinge können passieren. Man hat plötzlich Zeit, Dinge miteinander zu tun, die schon ewig geplant waren. Man redet wieder miteinander. Oder stellt fest, dass man sich schon lange nichts mehr zu sagen hat.

Wie – das ist unmöglich, meinen Sie? Sie können nicht auf den Fernseher verzichten? Oder Ihr Mann (Ihre Frau; Ihr Vater, der regelmäßig zu Besuch kommt; Ihr Hund)? Na gut. Aber was wundern Sie sich dann über Ihren Sohn?

Heldenspiele

Im Spiel verarbeiten Kinder ihre Eindrücke und bringen ihre inneren Themen zum Ausdruck. Sie nutzen dazu alles, was ihnen zur Verfügung steht: Körper, Stimme und Sprache – aber auch alle Materialien, die sie kennen: Malen, Kneten, im Sand buddeln, Basteln, Schnitzen – und das gesamte Spielzeugarsenal, das ihnen zur Verfügung steht. Dazu gehören auch Actionspielzeug und Waffen, die Spielzeuge, mit denen Erwachsene am meisten Schwierigkeiten haben.

Dabei wissen Kinder oft besser als Erwachsene, worum es in ihrem Spiel gerade geht. Das Spiel mit «Gewaltspielzeug» hat oft wenig mit Gewalt zu tun. Auf der anderen Seite können Konflikte und Gewalt auf tausend erdenkliche Weisen zum Ausdruck gebracht werden – dazu brauchen Jungen keine Plastikpistolen.

Was sie allerdings brauchen, sind Möglichkeiten, Medienerlebnisse zu «verdauen». Weil Kinder sich viel mehr über den Körper ausdrücken, äußert sich das gerade bei kleineren Jungen durch Bewegung und kämpferisches Spiel. Auch chaotisches «Abtoben» sollte dabei seinen Platz haben. Das Nachspielen von Filmsequenzen kann helfen, Erfahrungen zu verarbeiten, ungewohnte Rollen auszuprobieren und auch neue Lösungen zu finden. Wenn Sie herausfinden möchten, worum es im Erleben des Jungen eigentlich geht: Spielen Sie mit. Will der Junge einfach mal die Sau rauslassen? Oder geht es vielleicht eher um Angst und darum, beschützt werden zu wollen?

Malen, Werken, Gestalten mit Ton ist eine andere phantastische Möglichkeit, um innere und äußere Konflikte symbolisch zu bearbeiten. Außerdem macht es Spaß. Viele Jungen verlieren gegen Ende der Kindergartenzeit die Lust am Malen und Basteln – nicht zuletzt deswegen, weil die Mädchen es «besser können» und die meist von Frauen vorgegebenen Themen sie nicht interessieren. Wenn es darum geht, Kämpfe und Monster zu malen oder aus Ton zu formen, sind sie dagegen wieder voll dabei.

Warum malen Jungen Krieg?

Mit Helge Karnagel, Kunst- und Werklehrer an einer Grund- und Hauptschule in einem «sozialen Brennpunkt», habe ich mich darüber unterhalten, warum Jungen in Bildern so oft Gewalt darstellen. Schon seit Beginn seiner Tätigkeit als Lehrer hat er immer wieder beobachtet, dass Jungen häufig Bilder von Kampf und Krieg zeichnen und malen – sowohl starke und aggressive Jungen als auch schwächere Jungen, die gern stark wären und sich gegen andere Jungen kaum zur Wehr setzen können. Manchen Jungen gelingt es, dieses Thema in fast jeder freien Arbeitsaufgabe unterzubringen: Waffen, Raketen, zwei Gruppen von Kämpfern, die gegeneinander antreten. Es wird geschossen und gemetzelt, und das Blut fließt in Strömen. Auch manche braven und angepassten Hauptschüler stellen in Bildern ein «regelrechtes Chaos und Inferno» dar.

Karnagel ist seit dreißig Jahren Lehrer. Sind ihm in diesem Zeitraum Veränderungen aufgefallen? «Ja, unbedingt», sagt er. Zu Beginn seiner Schullaufbahn wurden Gewaltthemen in Bildern fast ausschließlich verschleiert dargestellt oder an entfernte Orte und Zeiten verlegt. «Man hat sich eigentlich nur getraut, Krieg zu malen, wenn es ‹Krieg der Sterne› war – die bösen Außerirdischen wurden bombardiert, damit die Erde leben kann – oder wenn es Nazis waren, die einen aufs Haupt bekamen, wenn die bösen Nazis in ihre Schranken verwiesen wurden. Solche Verschleierungen sind heute seltener.»

In Karnagels Wahrnehmung hat die Darstellung von Gewalt in den letzten Jahrzehnten deutlich zugenommen. In jedem Fall wird Gewalt unverblümter dargestellt als früher, und es werden dabei mehr Geräusche gemacht.

Die Frage ist, wie viel diese Veränderungen mit dem veränderten Erziehungsverhalten der Erwachsenen zu tun haben. «Früher habe ich mich gefragt: Wie kann ich ihm das ausreden? Heute reagiere ich natürlich wesentlich gelassener. Ich gucke: Was will er damit ausdrücken, wofür braucht er das? Womit muss er fertig werden?» Ihnen dies auszureden oder zu verbieten, macht keinen Sinn: «Sie machen es ja sowieso, zu Hause oder in der Pause.»

Heute wird viel eher akzeptiert, dass Jungen Gewalt und Krieg in Bildern darstellen. Sie müssen viel weniger befürchten, dafür kritisiert zu werden. Vor dreißig Jahren lösten solche Bilder bei Erwachsenen nicht nur große Irritation aus, sondern hatten zum Teil auch Sanktionen zur Folge. In unserer Zeit wird es von Erwachsenen weitgehend hingenommen, wenn Jungen so etwas malen, auch wenn es ihnen nicht gerade gefällt. Das erklärt zumindest zum Teil, warum Gewalt heute offener und unverblümter dargestellt wird.

Karnagel sieht die Ursache der vielen Gewaltdarstellungen darin, dass Kinder heute viel mehr fernsehen. Geht es dabei aber um die Gewaltdarstellungen in Actionserien? Vielleicht sind es auch die vielen Bilder und Informationen über reale Gewalt, die Kinder über die Medien erreichen. Manchmal spiegeln sich in den Bildern ganz aktuelle Konflikte wider. Als vor einigen Jahren der Konflikt zwischen Griechenland und der Türkei besonders brisant war, wurde dies von türkischen Jungen auch im Bild dargestellt. Eine deutliche Veränderung in den Kriegsdarstellungen der Jungen ergab sich mit dem Golfkrieg. «Der Golfkrieg war eine Zäsur. Seitdem ist es salonfähiger, Krieg darzustellen. Es ist Saddam Hussein, den man da töten muss.» Vorher war es Hitler, aber der war erstens Deutscher und zweitens schon lange tot.

Im Allgemeinen geht es in den Bildern von Jungen aber um Gut und Böse, unabhängig von der geschichtlichen Realität. Da kämpfen zum Beispiel Türken gegen Hitler. Türkische Jungen malen Türken im Krieg, deutsche Jungen malen Deutsche. Eine ganze Reihe von Schülern malt darüber hinaus Krieg nicht als Kämpfen, sondern malt Material: Waffen, Flugzeuge, Panzer. Oder sie zeichnen ganz genau Uniformen. Andere Jungen stellen immer wieder Aufmärsche dar. «Da passiert eigentlich kein Krieg, oder nur ganz selten.» In diesen Bildern geht es nicht um Kampf, sondern um männliche Symbole von Macht, Stärke und technischer Überlegenheit.

Die Frage bleibt, warum es in erster Linie Jungen sind, die Bilder vom Krieg und von wüsten Kämpfen malen. Mädchen malen nur selten solche Bilder – weder früher noch heute. Warum ist das so? «Tja, schwere Frage», meint Karnagel. Jungen sehen mehr Actionserien, das ist klar. Vor allem erleben sie immer wieder, dass Gewalt eher Männer betrifft: als Soldaten, als Kämpfer, als Helden – und als Gewalttäter. «Ich denke schon, dass es zum einen damit zusammenhängt, dass unsere Modelle so sind – dass es meistens Männer sind, die kämpfen und die als Kämpfer auch dastehen und viel gelten», sagt Karnagel. «Sie werden von der Gesellschaft hoch eingeschätzt – ein Polizist ist was ganz Tolles, und auch ein Soldat ist was ganz Tolles. Ich glaube schon, dass so richtig starke Helden, die auch zur Waffe greifen, wenn es sein muss, hohe Wertschätzung genießen – auf jeden Fall in der Unterschicht, also im Milieu, aus dem unsere Kinder kommen.»

Zwei dieser Jungen sind Michael und Frank aus der zweiten Klasse. An einem Tag beginnen sie – dem Arbeitsauftrag entsprechend – mit Tuschfarben Figuren zu malen. Dann aber «machen sie mit dem Pinsel Krieg» und zerstören sich gegenseitig die noch gar nicht fertig gestellten Figuren. Das untermalen die beiden mit Geräuschen wie im Comic. Dies kommt bei den beiden öfter vor. Karnagel erzählt: «Da kommt es nicht so drauf an, ob das ein Soldat ist oder ein Alien, der da kämpft oder bekämpft wird oder erschossen wird» – Hauptsache Kampf. Wie lässt sich das erklären?

Sie verarbeiten hier möglicherweise Medienerlebnisse, denn sie gehören zu den Jungen, die oft schon morgens vor der Schule vor dem Fernseher sitzen. Sie machen aber auch selbst viele Gewalterfahrungen. Wenn Frank seinem Großvater erzählt, dass er mit einem Klassenkameraden Ärger hatte, fordert der ihn auf, sich nichts gefallen zu lassen und sich zu wehren. In der Schule bekommt er dann natürlich Ärger. Die Schulleistungen der beiden sind schlecht, weil sie sich nicht gut konzentrieren können, und der schulische Alltag ist für sie oft frustrierend. Ihren Frust und ihre hilflose Wut tragen sie miteinander und aneinander aus. Der Malstreit ist nur eine der Formen, die sie dafür finden.

Beiden Jungen fällt es schwer, Grenzen zu akzeptieren und einzuhalten. Das drückt sich auch in ihren Malaktionen aus. Manchmal finden ihre Mal-Kampf-Spiele in gegenseitigem Einvernehmen statt, manchmal aber auch nicht. Dann reagieren sie gekränkt und verärgert, wenn der andere etwas auf ihrem Bild kaputtmacht. Sie wissen aber nicht, wie sie ihr Werk schützen können, und gehen gleich zu Gegenaggression über – genau wie in körperlichen Auseinandersetzungen.

Bilder können Michael und Frank ein wichtiges Ventil sein, um ihre Gefühle auf eine Weise zum Ausdruck zu bringen, die weder ihnen selbst noch anderen schadet. Was sie dabei brauchen, ist Schutz – Unterstützung dabei, ihre eigenen Produkte wertzuschätzen und klare Grenzen zu ziehen, damit der andere nur dann im eigenen Bild herummalt, wenn man es ihm vorher erlaubt hat. Dann kann die gemeinsame Malaktion einfach Spaß machen.

Die Puppen der Jungen

Spaß macht vielen Jungen auch das Spiel mit Actionfiguren. Erwachsene finden sie dagegen oft grässlich und verbinden sie nur mit Gewalt. Zu Unrecht, denn Actionpuppen haben vielfältige Funktionen. «Puppen» ? Ja, Puppen. Sie übernehmen für manche Jungen die Bedeutung, die Puppen und Kuscheltiere für Mädchen haben.

Das Spiel mit Actionpuppen ist eine gute Möglichkeit, um mit Jungen in Kontakt zu kommen. Die Puppen können manchmal etwas «verraten», was der Junge nicht selber sagen kann, denn sie kennen die Jungen ja oft sehr gut … «Du bist aber ein gefährliches Monster! Was kann man denn tun, damit du mir nichts tust?» Umgekehrt können wir Jungen etwas über sie mitteilen, was auf Widerstand stoßen würde, wenn wir es direkt sagen. «Oh, ich glaube, der rote Ranger ist ganz erschöpft vom vielen Kämpfen, ich glaube, ich mache ihm schon mal das Bett …»

Sie können und wollen aber mit dem blöden Plastikspielzeug nichts anfangen? Probieren Sie es doch einfach mal. Kinder müssen sich auch mit allem möglichen Kram beschäftigen, der sie zunächst nicht interessiert, zum Beispiel Zähneputzen, Aufräumen und Hausaufgaben. Wenn Sie den ersten Schritt gehen, werden die Jungs Ihnen mit Sicherheit helfen.

Lernen Sie die Puppen der Jungen kennen. Lassen Sie sich erzählen, welche Figur am tollsten ist, was sie auszeichnet, was sie kann. Versuchen Sie herauszufinden, was Jungen an ihr fasziniert – und was es ist, das Sie irritiert.

Nehmen Sie die Puppe in die Hand. Wie fühlt sie sich an? Fragen Sie, ob Sie sie einmal für eine Weile ausleihen können, und versuchen Sie, sie besser kennen zu lernen. Nehmen Sie die Figur mit in die Küche oder ins Büro, streicheln Sie ihr freundlich über den Kopf und stellen Sie sie Ihren Freunden oder Kollegen vor.

Setzen Sie sich dazu und beobachten Sie, was passiert, wenn Jungen mit den Figuren spielen. Auf den ersten Blick passiert nicht viel oder immer dasselbe. Das würde allerdings auch ein Außerirdischer denken, wenn er Schülern beim Mathematikunterricht zuschaut: Die schreiben Zahlen an die Tafel, sonst nichts! Oft geschieht mehr, als auf den ersten Blick zu sehen ist.

Spielen Sie mit. Lassen Sie sich ihre Rolle zuweisen – Kinder haben da oft sehr präzise Vorstellungen. Geben Sie nicht auf, wenn es Ihnen nicht gleich gelingt oder die Rolle Ihnen nicht recht gefällt – schließlich sind Sie Anfänger(in), das ist ganz normal. Sprechen Sie darüber, wie es Ihnen geht. Oder bleiben Sie im Spiel: Wenn Sie keine Lust haben, immer dasselbe zu tun, dann müssen Sie das nicht direkt sagen. Es kann auch die Figur sein, die sagt, dass ihr langweilig ist.

Bringen Sie Ihre eigenen Ideen ins Spiel ein. Warum sollen Actionfiguren nicht auch einmal Hunger haben, eine Reise nach Phantasien unternehmen oder etwas ganz Verrücktes machen? Natürlich kann es sein, dass das irritierend wirkt. Macht nichts – Ihre Vorstellungen sind nicht besser oder schlechter als andere. Es geht darum, sich zu einigen: das Aushandeln zu lernen.

Setzen Sie, wenn nötig, klare Grenzen: Machen Sie nichts mit, was Ihnen total gegen den Strich geht. Und sagen Sie, wann Sie genug haben. Verabschieden Sie sich freundlich von Ihrer Figur und sorgen Sie dafür, dass sie es gut hat!

Gewalt im Spiel

Gegen Kriegsspielzeug zu sein ist «verdienstvoll und moralisch», meint Brian Sutton-Smith, aber «in mancher Hinsicht hysterisch und magisch (im) Glauben an die Wirkungen von Spielzeug und in dem Glauben, der Welt den Frieden bringen zu können, indem man das Kriegsspielzeug entfernt» (zit. nach Wegener-Spöhring, 1993, S. 103 f.). Spiele mit Actionpuppen oder Spielzeugwaffen können sehr aggressive Inhalte haben, aber sie sind weniger gefährlich als Boxen oder Leistungssport. Ein Spiel mit sehr aggressiven Spiel*inhalten* kann ein «schönes» Spiel sein, wenn die Beteiligten dabei ihre Ideen einbringen und gemeinsam verwirklichen können. Aggressive Spiele machen Spaß, sind lebendig, dynamisch und spannend. In gelungenen Spielen bleiben Kinder auf der «Als-ob»-Ebene und stellen sicher, dass alle Beteiligten mit den bedrohlichen Spielanteilen zurechtkommen. Wirklichen Ärger gibt es im Umfeld des Spiels: Wenn sich über Regeln geeinigt werden muss, wenn das Spiel irgendwie nicht weitergeht – oder wenn Erwachsene eingreifen, ohne zu verstehen, was im Spiel gerade abläuft (vgl. Wegener-Spöhring, 1993, S. 169). Nur wenn Kinder Konflikte nicht im Spiel lösen können und Situationen vom Spiel in ernsthafte Konflikte «umkippen», brauchen sie die Unterstützung der Erwachsenen.

Das *Spiel* mit Waffen und Actionfiguren macht Jungen nicht zu gewalttätigen Männern. Etwas anderes ist es, wenn Jungen Waffen einsetzen, um andere Kinder zu bedrohen, sie damit verletzen oder auch sich bewaffnen, um sich vor Gewalt zu schützen. Die Ursachen für solche Entwicklungen liegen allerdings woanders. Denn des Unterschiedes ihrer Kampfspiele zu «richtigem» Krieg, wie er beispielsweise im Fernsehen gezeigt wird, sind sich Jungen sehr bewusst. Wirkliche Gewalt und Krieg machen ihnen Angst (vgl. das Kapitel *Krieg*).

Neue Herausforderungen für He-Man und Pokémon!

Ein Problem der multimedialen Actionwelten ist, dass zunehmend ganze Spielabläufe zusammen mit den dafür erforderlichen Materialien vorgefertigt angeboten werden. Kreative Kinder stört das nicht. Sie kombinieren ohne zu zögern *Power Rangers*, eine alte *He-Man*-Puppe und ein weniger geliebtes Stofftier mit Legosteinen und Baumwurzeln, um das richtige Ambiente für ihre selbst erfundenen Geschichten zu schaffen. Wenn allerdings immer nur das Gleiche gespielt wird oder Kinder darauf bestehen, dass man mit ihren Action-Figuren nur das spielen kann, was Kassette oder Fernsehen vorgeben, dann ist es vielleicht Zeit für ein paar Experimente.

Helden selber machen

Helden können auf vielfältige Weise mit kreativem Material dargestellt werden, und das kann auch Jungen Spaß machen, die nicht mehr so viel Lust zum Malen und Basteln haben. Helden lassen sich malen oder zeichnen – am besten mit einer passenden Geschichte dazu. In einem Kindergarten baten die Erzieherinnen die Kinder, Pokémon-Prospekte, Bilder und Werbebroschüren mitzubringen. Mit dem Material stellten die Kinder Collagen her.

Helden lassen sich auch aus Knete oder Ton formen. Es macht überhaupt nichts, wenn dabei etwas ganz anderes als das Original herauskommt – im Gegenteil. Gerade Jungen, die mit der Feinmotorik ihre Schwierigkeiten haben, sind oft besonders kritisch mit ihren Produkten und brauchen deshalb besondere Ermutigung.

In der Klasse des elfjährigen Dominik begannen die Jungen, selbst Pokémon zu erfinden und Karten zu gestalten, einschließlich der dazugehörigen «Attacken» und «Weiterentwicklungen». Die Jungen legten Mappen an und übertrafen sich im Ehrgeiz gegenseitig. Die Lehrer beteiligten sich leider nicht an der Aktion.

Und noch eine Idee für die Weihnachtszeit: Heldenfiguren lassen sich auch als Kekse backen. Wie wäre es mit Pokémon-Lebkuchen am Weihnachtsbaum?

Heldenlandschaften

Eine gute Idee ist es, Jungen eine Landschaft für ihre Figur(en) gestalten zu lassen. Dazu braucht es nur einen flachen Pappkarton, Sand (Folie unterlegen) und verschiedene Materialien, die sich draußen oder drinnen finden lassen: Stöcke, Blätter und Steine zum Beispiel sowie Papier, Farben und Verpackungsmaterial. In dieser Landschaft können dann sowohl vorgefertigte als auch selbst gestaltete Figuren ein Zuhause finden. Das übt nicht nur die Feinmotorik, sondern ermuntert die Jungen, es ihren Figuren einmal «schön zu machen» – sie müssen ja nicht immer nur kämpfen!

Jetzt brauchen wir noch eine gute Idee dafür, was in dieser Landschaft passieren kann. Zum Beispiel kann in dieser Landschaft ein ausgesetztes Baby auftauchen – *He-Man wird Vater* nannte die Pädagogin Helga Kämpf-Jansen diese Aktion, die an den Helden fürsorgliche Seiten entdecken lässt. Unter der Vorgabe, dass *He-Man* bei seinen Streifzügen einen kleinen Jungen entdeckt, der offenbar ausgesetzt wurde, entwarfen Jungen Bildfolgen, die sie plastisch, zeichnerisch oder durch Collagen realisierten (vgl. Kämpf-Jansen, 1989).

Am besten ist es, Kinder selbst Geschichten inszenieren und Filme gestalten zu lassen. «Wenn Kinder den fliegenden Teppich selbst weben lernen, sind sie dagegen gefeit, ihn zu überschätzen» (Sichtermann, 1997, S. 19).

Noch einmal: Actionfiguren sind Puppen. Man kann mit ihnen fast alles machen, was man auch mit anderen Puppen machen kann: sie nach etwas fragen, ihnen die Welt zeigen, ihnen zu essen geben, mit ihnen schimpfen, sie trösten und sie ins Bett bringen und ihnen eine gute Nacht wünschen!

Wie Jungen ihre Helden sehen

Was Jungen zu erzählen haben

Wie lässt sich herausfinden, was Jungen an Actionfiguren und Filmhelden fasziniert? Indem man danach fragt! Leider gibt es nur wenige Versuche, etwas über die Bedeutung von Heldenfiguren von denen zu erfahren, für die sie wichtig sind, nämlich von den Kindern und Jugendlichen selbst. Viele Eltern, Erzieher und Erzieherinnen und Pädagogen und Pädagoginnen finden die Monsterfiguren und Actionhelden der Jungen abstoßend, fürchterlich oder einfach blöd. Und auch Untersuchungen von Fachleuten gehen meist von Erwachsenentheorien aus. Manchmal führen diese Untersuchungen – zur Freude der Fernsehanstalten – zum Ergebnis, dass Jungen Actionhelden «brauchen». Häufiger allerdings geben sie der Abneigung von Forschern gegen die «schlechten» oder «gefährlichen» Medienprodukte lediglich einen wissenschaftlichen Anstrich. Viele pädagogische Stellungnahmen zu Medien sagen vor allem etwas über Pädagogen aus. Was meinen die Kinder und Jugendlichen selbst zu ihren Lieblingen?

Sie sind meist mehr als bereit, davon zu erzählen. Das kann allerdings auch bedeuten, dass Filmhandlungen und technische Einzelheiten bis ins letzte Detail wiedergegeben werden. Ein bisschen mehr Know-how können viele Erwachsene ja tatsächlich gebrauchen. So ganz nebenbei kann man dabei einiges über den neuesten Stand der Computertechnik erfahren. Wir müssen genauer nachfragen, um herauszufinden, was in Jungen vorgeht, wenn sie Actionfilme sehen oder von Helden fasziniert sind. Das ist nicht zuletzt eine gute Gelegenheit für Jungen, zu lernen, über Gefühle zu sprechen. Der *Power Rangers*-Film ist gut, weil er spannend ist – ja, aber was heißt das? Kribbelt es im Bauch? Mit wem fiebert man mit – oder auch nicht? *Turtok* ist toll, weil es so eine super Rakete auf dem Rücken trägt – aber warum? Hättest du auch gern so eine Rakete? Auf wen würdest du schießen wollen? Und über wen hast du dich in der Schule denn neulich so geärgert? Und schon sind wir mitten im Leben …

Wenn wir den Eindruck haben, dass der Lieblingsheld eines Jungen nur zum Kämpfen, Kämpfen und Kämpfen geeignet ist, dann sollten wir dem auf den Grund gehen. Dazu müssen wir allerdings unsere Fragen so stellen, dass auch Aspekte der Helden in den Blick genommen werden, die nicht sofort ins Auge fallen.

«Machst du eigentlich mal wieder so 'ne Interviews?», fragt mich der achtjährige Sascha unvermittelt. «Eigentlich nicht», antworte ich überrascht. Sascha: «Wieso nicht?» – Ich frage mich, warum ihn das überhaupt interessiert. Es stellt sich heraus, dass er noch einmal interviewt werden will: «Jaa!! Ich bin nämlich ein neuer Fan, von den *X-Men*!»

Gut zwei Jahre zuvor hatte ich ihn und andere Jungen im Rahmen meiner Diplomarbeit mit einem breit angelegten Interview zu ihren Lieblingshelden befragt (vgl. Rohrmann, 1992).

Die Helden von damals sind heute nicht mehr aktuell, obwohl viele der Serien nach wie vor ausgestrahlt werden. Aktuell bleiben aber die Fragen, die sich an Jungen und Heldenfiguren stellen lassen. In diesem Sinne sollen die folgenden Ergebnisse und das anschließend wiedergegebene Interview dazu anregen, mit Jungen über ihre Helden ins Gespräch zu kommen.

Welche Eigenschaften schreiben Jungen ihren Helden zu?

Die einzige Eigenschaft, die allen Helden zugeschrieben wurde, war *mutig*. Die Helden wurden auch von zwei Dritteln der Jungen als *stark* bezeichnet, und die Mehrheit der Jungen meinte, dass sie *nie Angst* hätten. Während die jüngeren Jungen ihre Helden fast ausnahmslos als *stark* bezeichneten, galt dies für die Dreizehnjährigen nicht. Ihre Helden waren «nicht unbedingt stark» oder «normal», sie bezogen ihre Überlegenheit stattdessen aus Kampfsporttechniken oder mutigem Verhalten. Bei den Beispielen für mutiges Verhalten dominierten zwei Themen: einerseits die Bereitschaft, sich in Gefahr zu begeben, um andere zu retten, andererseits die Bereitschaft zum Kampf auch gegen übermächtig scheinende Gegner. Zusammenhänge zum Selbstbild der befragten Jungen, werden zum Beispiel in folgender Antwort deutlich: «Das finde ich so mutig, was ich mir nicht zugetraut hätte» – sich zum Beispiel auch mal allein in Gefahr zu begeben. Interessant ist auch Freds Begründung: Mut verbindet er mit «wilder Entschlossenheit». *Indiana Jones* ist ein *Action*-Held, wie er im Buche steht: «Der denkt nicht nach, erst handeln, dann denken.» Er ist wagemutig, springt überall runter und kommt gar nicht dazu, Angst zu haben, weil er nicht überlegt, bevor er etwas macht.

Situationen zu finden, in denen ihre Helden auch mal Angst haben würden, fiel auch denjenigen Jungen schwer, die diese Möglichkeit überhaupt zugestanden. Genannt wurden dann meist bedrohliche Kampfsituationen. Ein Held, der ansonsten nie Angst hat, würde vielleicht doch welche haben, «wenn er nicht einen Knopf drücken kann» – für diejenigen Helden, die auf ihre technische Ausstattung oder Findigkeit angewiesen sind, kann deren Versagen eine existenzielle Bedrohung darstellen. Eine entsprechende Szene findet sich zum Beispiel im Kinofilm *Batmans Rückkehr* (1992): *Batman* reagiert völlig hilflos, als sein Gegenspieler die Kontrolle über sein phantastisches *Batmobil* übernimmt, während *Batman* selbst darin sitzt.

Fast alle Jungen bezeichneten ihre Helden als *selbständig*. Genaue Nachfragen bestätigten das auch für Bereiche, die normalerweise Frauenarbeit sind. Helden wie der, dem alle Blumen vertrocknet sind, als seine Frau einmal weg war, oder der «wohl ein Waschmädchen hat», bilden die Ausnahme. Die meisten können sich nach Ansicht der Jungen durchaus selbst etwas kochen, würden im Urlaub ihre Wäsche selbst waschen und ihre Wohnung ordentlich aufräumen. Dies gilt allerdings nur mit Einschränkungen. So sind manche Jungen der Meinung, ihre Helden würden «gar nicht erst Unordnung machen» oder nichts schmutzig machen. Ein anderer Held würde die Wäsche in die Maschine «reinstopfen ... irgendwie wird sie schon wieder rauskommen».

Häufig wurden die Helden aber auch als *verständnisvoll* und *fürsorglich* eingestuft. Mit der Situation konfrontiert, dass ihr Held im Wald ein ausgesetztes Baby finden würde, brachten die Jungen die fürsorglichen Seiten ihres Helden deutlich zum Ausdruck. Die meisten würden es hochnehmen, hin- und herwiegen und es dann mitnehmen und ihm etwas zu essen besorgen. Nur wenige würden sich dabei grob verhalten oder es so bald wie möglich irgendwo abliefern.

Kommentare und weiterführende Fragen brachten jedoch große Unterschiede zutage. Während manche Helden klar als «kinderlieb» bezeichnet wurden, das Baby sogar in Pflege nehmen würden, können nach Ansicht eines großen Teils der Jungen ihre Helden mit Babys «nichts anfangen», manche würden sich ungeschickt anstellen oder sogar «verrückt werden». Infolgedessen würden sich viele Helden bemühen, das Baby an jemand anderes abzugeben, an «Frauen» oder «das Krankenhaus». Insgesamt entwickelten die Jungen in dieser Situation eine erstaunliche Phantasie, auch bei Helden, die mit Kindern gar nichts anfangen könnten. «Und wenn er nun niemanden finden würde, dem er es übergeben könnte?», frage ich. «Dann müsste er es irgendwie versorgen», meint Fred und überlegt: «Mit Beeren und Würmern» (*Indiana Jones*).

An Freunden mangelt es den Helden meist nicht. Eine Antwort auf die Frage zu finden, was ihr Held mit seinem besten Freund Schönes zusammen machen könnte, fiel den meisten Jungen allerdings sehr schwer. «Gute Frage», meinte ein Junge nachdenklich. Dies liegt wohl daran, dass sie die Helden nur aus *Action*- und Abenteuersituationen kennen, in denen fast jede schöne und ruhige Minute durch einen neuen Auftrag gestört wird. Dies machte es manchen Jungen sogar schwer, sich vorzustellen, dass ihr Held in Urlaub fahren würde. So erklären sich Antworten wie «beide haben nur an ihren Aufträgen Freude» oder «im Film müssen sie nach dem Frühstück gleich wieder kämpfen». Bei der Frage nach einem möglichen Urlaubsziel stellte sich heraus, dass viele der Helden im Urlaub von wichtigen Aufträgen überrascht werden (immer im Einsatz …).

Jeweils von der Hälfte der Jungen wurde angegeben, dass ihre Helden *nie* oder aber *manchmal weinen* würden. Dass Helden *oft weinen* würden, meinte aber niemand. Was glauben die Jungen, wann ihre Helden einmal weinen würden? Das fiel ihnen schwer zu sagen. Genannt werden der Tod von Nahestehenden und Abschiedssituationen. Auffällig ist hier ein deutlicher Zusammenhang zum Alter: Es sind die jüngeren Kinder, die sich nicht vorstellen können, dass ihr Held auch einmal weint.

Schlusslichter waren die unter dem Stichwort *Dominanz* versammelten Eigenschaften: Nur drei der Helden würden nach Ansicht der Jungen *schnell in Streit geraten* oder wollten *immer bestimmen*, und nur von einem wurde angegeben, dass er auch einmal *grausam* sei. Bei den Antworten in diesem Bereich überwiegt der Eindruck sozialer Verträglichkeit. Dass ihre Helden nicht grausam sind, ist fast allen klar. Nur zwei Jungen sind da unsicher: Einer findet es zum Beispiel «ein bisschen grausam», dass die Helden vom *A-Team* manchmal Autos zerbomben. Ein weiterer Junge findet es nicht grausam, dass sein Held manchmal zuhaut, meint aber, dass andere das vielleicht finden könnten.

In Situationen, in der sie provoziert oder angegriffen werden, ist es allerdings mit der Freundlichkeit der Helden vorbei. Die meisten Helden würden in einer von mir geschilderten Situation, in der sich zwei

Leute über den Freund des Helden lustig machen, die Provokateure angreifen. Nur wenige würden den Konflikt vermeiden oder sich überhaupt nicht einmischen. Die Tendenz zur rücksichtslosen Kampfbereitschaft setzte sich fort, als ich eine Situation schilderte, in der der Held unversehens angegriffen wurde. Zwar hatten viele Jungen ihre Helden als *empfindlich* bezeichnet, aber hier meinten zwei Drittel, dass ihr Held sofort den Kampf aufnehmen würde, egal, wie weh es tut. Die Helden denken nicht nach, sondern schlagen zu; die meisten gewinnen ja sowieso immer.

Dass Helden überwiegend sozial erwünschte Eigenschaften haben, ist für die Jungen selbstverständlich. Der Überblick zeigt aber darüber hinaus, dass neben sehr geschlechtstypischen Zuschreibungen den Helden auch immer wieder Eigenschaften zugeschrieben werden, die sonst eher mit Frauen verbunden werden.

Jungen und ihre Helden: einige Beispiele

Lars und He-Man

«Das find ich blöd, dass die immer sagen: ‹He-Man ist der Stärkste.› Der ist doch gar nicht der Stärkste. Wenn du mit dem Hammer draufhaust, ist He-Man platt», meint Erik. Lars, der einen Großteil seiner Zeit vor dem Fernseher verbringt und daher eine Vielzahl der entsprechenden Sendungen kennt, ist da sicher ganz anderer Ansicht. Seinen Lieblingshelden beschreibt er mir als «so ’n Mann, der hat noch Gefährten, der kämpft gegen das Böse». Toll findet er an ihm seine Muskeln und dass er gut aussieht – bezeichnen Schnack & Neutzling ihn in ihrer Analyse dagegen als «potthässlich» (2000, S. 61). *He-Man* ist nach Ansicht von Lars «kinderlieb und erwachsenenlieb» und sehr freundlich. Konflikten würde er, wenn es denn möglich wäre, aus dem Weg gehen, und bestimmen «will er eigentlich nicht», aber «er ist ja der Chef, darum muss er ja, bestimmt auch meistens».

Lars ist der einzige Junge, der meint, dass sein Lieblingsheld seinen Freund bei der Begrüßung umarmen würde – und auch Lars, dem ich zum ersten Mal begegne, sucht schnell körperlichen Kontakt. Würden Fremde seinen besten Freund lächerlich machen, würde er mit ihm weggehen und sich nicht prügeln: «He-Man ist doch nett, so was würde der nie machen!» Und wenn er im Kampf verletzt würde, würde er sich eher die Hand verbinden lassen, als sich gleich auf den Gegner zu stürzen, meint Lars. Weinen allerdings würde er nie: «Der kennt keinen Schmerz.» Im weiteren Gespräch stellt sich heraus, dass Lars der Ansicht ist, dass Männer nie weinen. Er ist bereit, mir zu erzählen, wann er weint, und fragt mich dann, ob *ich* denn schon mal geweint hätte. Meine zustimmende Antwort beschäftigt ihn noch lange. Im späteren Gespräch mit seiner (allein erziehenden) Mutter stellt sich heraus, dass er – wie viele andere Jungen – noch nie einen Mann hat weinen sehen.

Schließlich schildert er *He-Man* als fürsorglich und kinderlieb. Als ich Lars bitte, sich vorzustellen, dass *He-Man* ein ausgesetztes Baby am Wegesrand findet, meint er, dass der das Baby auf den Arm nehmen würde. Anschließend würde er «rumdüsen und überall fragen, wem es gehört», und es schließlich in Pflege nehmen, bis die Mutter sich meldet. Auf meine Frage hin, ob *He-Man* das denn könne: «Natürlich, das kann ich doch sogar!»

Holger und B. A. vom A-Team

Holger erzählt mir, dass er die Actionserie *A-Team* mit seinem Lieblingshelden, dem Muskelmann *B. A.,* nicht mehr sehen darf: weil er danach «ausrastet», d. h. in exzessiver Weise Filmhandlungen nachspielt, dabei gegen die Wände haut und so weiter. Er selbst erklärt mir diesen Zusammenhang folgendermaßen: Wenn er lange vor dem Fernseher sitzt, staut sich die Energie in ihm, und dann muss sie sich entladen. Diese Erklärung hört sich allerdings etwas «nachgebetet» an. Später stellt sich heraus, dass sein Vater auch manchmal sehr aggressiv wird und er die Aggressivität angeblich «von ihm hat». Er bezeichnet sich selbst etwas verlegen als «sehr aktiv».

Das *A-Team* besteht aus vier Vietnam-Veteranen, die unschuldig für ein Verbrechen bestraft wurden. Sie beschlossen, aus dem Gefängnis auszubrechen und fortan als das *A-Team* für das Gute zu kämpfen. In der Tat geht es in dieser Spielfilmserie oft recht rau zu. Und es kann gut sein, dass die Prügeleien *Auslöser* für Holgers wildes Toben sind. Ein Fernsehverbot kann daher kurzfristig Entlastung bringen. *Ursache* seiner Aggressionen sind die Helden vom *A-Team* dagegen nicht – die liegen vielleicht eher in ungeklärten familiären Konflikten verborgen oder darin, dass Holger auch ein richtiger Kerl sein möchte, aber in Wirklichkeit viel eher Angst vor den aggressiven Ausbrüchen seines Vaters hat. Und solche Ängste hätte jemand wie *B. A.* sicher nicht!

Klaus und die Highway-Chaoten

Klaus, der schon etwas älter ist, findet dagegen all diese «Supermänner» doof. Die seien alle dasselbe, vom ursprünglichen *Superman* abgeguckt, wie zum Beispiel neuerdings *Captain Planet.* Lediglich die *Turtles* fallen seiner Ansicht nach aus dem Rahmen. Darum hat er Schwierigkeiten, einen Lieblingshelden auszuwählen, obwohl auch er ganz gern *Action*-Filme sieht.

Schließlich beschreibt er zwei Zwillingsbrüder, die Helden des US-Spielfilms *Die Highway-Chaoten.* Am geschilderten Film gefiel ihm, dass er lustig und mit viel *Action* war und dass es keine Stuntmen gab, sondern auch die gefährlichen Szenen von den Titelhelden selbst gespielt wurden. Wie der Titel schon sagt, spielen Autos und Verfolgungsjagden im Film eine große Rolle. Die beiden «Mucki-Männer» mit Riesenmuskelbergen gehören zu denjenigen, die ihren Mut dadurch beweisen, dass sie sich in Lebensgefahr bringen, um andere zu retten, und werden ansonsten als raue Gesellen dargestellt. Sie streiten sich oft «wie Brüder» – hier wird eine Parallele zur nicht ganz einfachen Beziehung des Jungen zu seinem eigenen jüngeren Bruder deutlich.

Scheinbar hat Klaus den Eindruck, dass Muskeln und «männliche» Haltung gegen Schmerz immun machen; jedenfalls meint er, dass die beschriebene Verletzung bei seinem Helden «nur einen kleinen Ritz» machen würde, weil dieser ja «so dicke Muskeln» hat und zudem auch «immer so gehen würde»: mit Brust raus und den Armen in Muskelmann-Pose, wie er mir vormacht.

Seine Helden gehören zu den wenigen unhöflichen Helden, die sich am Kiosk vordrängeln und ganz bestimmt niemanden um Hilfe bitten würden, um rauszufinden, wo der nächste Supermarkt ist. Immerhin lässt sich der «härtere» der beiden in einer Filmsequenz von seinem etwas einfühlsameren Bruder dazu überreden, einem jungen Mädchen aus einer Notsituation herauszuhelfen. Aber sehr weit reicht das Feingefühl nicht: Der Held ist der einzige, von dem ein Junge meint, er würde ein Baby schütteln, damit es zu schreien aufhört. Anschließend würde er dem Baby zwar etwas zu essen besorgen, es schließlich aber «verschenken», «weil er es nicht gebrauchen kann und seine Aufträge erledigen muss». Er könnte es nicht einmal richtig halten, demonstriert mir der Junge höchst anschaulich durch starr weggestreckte Arme: «Er würde ihm die Arme abreißen.»

Klaus musste auf seinen behinderten und oft kranken jüngeren Bruder lange Zeit viel Rücksicht nehmen. Im Kontrast dazu stellt er seinen Helden als grob und wenig einfühlsam dar, und gerade das scheint ihm zu gefallen.

Arnim und McGyver

Die US-Spielfilmserie mit dem Titelheld *McGyver*, von der mir Arnim, ein zwölfjähriger Junge aus alternativem Milieu, erzählt, ist keine harte *Action*-Serie, sondern «so 'ne Art Krimi». Was Arnim an *McGyver* fasziniert, ist, dass «er immer was erfindet»: Er ist ein Bastler – wie auch der Junge selbst. Besonders toll fand er, als *McGyver* aus Rattengift eine Qualmbombe herstellte.

McGyver wirkt freundlich und korrekt, ein «braver» Held. Angst hat er nie – oder zumindest merkt man es nie, «weil er immer weiß, wie er sich helfen kann». Wenn er doch einmal Angst hätte, so vielleicht dann, «wenn er nicht einen Knopf drücken kann, wenn zum Beispiel Löwen frei herumlaufen und ihn bedrohen würden».

Auf die Frage, ob *McGyver zärtlich* sei, kommt dagegen ein promptes «Ja», und zwar, auf Nachfrage: «Wenn er es mit Frauen zu tun hat.» Dies ist aber für den in der Vorpubertät steckenden Jungen ein unsicheres Thema, für das er nur schwer Worte findet. *Empfindlich* ist *McGyver* nicht so sehr, aber «er ist auch nicht so 'n cooler Typ, der 'ne zehn Zentimeter tiefe Wunde am Arm so locker wegstecken würde. Das würde man ihm schon anmerken» – zum Beispiel daran, dass er das Gesicht verzieht und etwas vor Schmerz aufstöhnt, wenn er auch nicht weinen würde.

McGyver ist fürsorglich und würde sich eines Babys annehmen, wenn er es am Wegrand finden würde. Er würde viel tun, um herauszufinden, wem es gehört, «obwohl ... vermutlich ist es ja ausgesetzt». Arnim wird an dieser Stelle klar, was sich viele jüngere Kinder wohl kaum vorstellen konnten. *McGyver* würde das Baby im Notfall auch selber behalten, «aber da würde er ja verrückt werden, wenn das Baby schreit, das Telefon klingelt und ein Auftrag kommt, und er muss noch das Baby wickeln ...»

Interessant ist die Beziehung *McGyvers* zu seinem Chef. Über diesen ist zwar fast nichts herauszufinden, aber er scheint dennoch sehr wichtig zu sein. Wenn dieser «wegziehen» würde, würde *McGyver* vielleicht sogar weinen. Was genau mit «wegziehen» gemeint ist, bleibt allerdings seltsam unklar. Vielleicht hat es etwas damit zu tun, dass Arnim seit vielen Jahren von seinem Vater getrennt lebt und Angst hat, dass dieser ganz aus seinem Leben verschwinden könnte.

Acht Jahre später unterhalte ich mich mit Arnim noch einmal über das damals geführte Interview. Er findet *McGyver* «immer noch toll». «Ich bin vielleicht nicht mehr so begeistert, weil ich kritischer bin, was die Qualität von Filmen angeht, aber das ist einfach ein Typ, der sich überall durchschlägt, immer Abenteuer besteht. Und das Tolle an ihm ist, dass er irgendwo gefangen ist und sich befreit durch solche Basteleien (...) dass er halt doch irgendwie alles hinkriegt. Ich hatte immer das Gefühl, das ist ein normaler Mensch, der halt was auf dem Kasten hat.»

Daniel und Tatajong

Der siebenjährige Daniel ist ein sensibler Junge, der von allem fasziniert ist, was mit «Kämpfen» zu tun hat – zum Leidwesen seiner allein erziehenden Mutter, die mit seiner Begeisterung für entsprechende Filme ihre Schwierigkeiten hat. Er erzählt mir von *Tatajong* von den *drei Muskel-Tieren* – eine Trickfilmversion der drei Musketiere um den französischen Haudegen D'Artagnan, in der alle Handelnden Tiere sind. Nach dem Motto «Einer für Alle – Alle für Einen» bestehen sie im Auftrag des Königs gemeinsam Abenteuer. An seinem Held findet Daniel toll, dass dieser im Gegensatz zu seinen Mitstreitern auch allein ganz mutig ist und kämpft.

In der Serie kommen auch Frauen vor. Sie sind für Aufräumen und Waschen zuständig, und das Baby wird ihnen nach anfänglicher Fürsorglichkeit übergeben, da der Held «immer so viel zu tun hat». Viel zu tun heißt: «kämpfen». Die Helden kommen weder zu Urlaub noch dazu, etwas Schönes zusammen zu machen. *Tatajong* bestimmt immer, aber noch mehr bestimmt der König, und die Helden sind «immer bereit», Aufträge für ihn zu erledigen. Zur Familie gehören ferner noch ein Junge und ein Mädchen, wobei passenderweise der Junge im Gegensatz zum Mädchen «immer mitkämpfen will». Bei allem Kampf betont Daniel aber ausdrücklich, dass nie jemand getötet wird oder auch nur tiefe Verletzungen erleidet. Die Faszination des Kämpfens geht mit der Sicherheit einher, dass niemand wirklich ernsthaft zu Schaden kommt. So ist auch die allgemeine Begeisterung des Jungen fürs Kämpfen zu verstehen.

Ingo, Mathias und die Turtles

Ingo gefällt an den *Turtles,* dass sie gut kämpfen und gute Sprüche machen können. Auch Mathias findet die *Turtles* gut, weil sie so witzig sind. Insbesondere gefällt ihm *Michelangelos* «Stil»; dieser frisst zudem immer am meisten Pizza und ist ganz dick. Mathias mochte früher Pizza überhaupt nicht; seit er die *Turtles* toll findet, ist es sein Lieblingsessen (wenn das nicht pädagogisch wertvoll ist!). Er findet es mutig, wenn die *Turtles* zum Beispiel gegen Dinosaurier losziehen und einen Drachen dadurch besiegen, dass sie ihn mit Hefe füttern, wodurch er schließlich platzt ... Angst haben die *Turtles* selten, vielleicht davor, als Turtlesuppe zu enden. Aber die meisten haben manchmal ihre «Krisen», wie Mathias erzählt, ohne dass er erklären könnte, was für Krisen das sind.

Für Ingo sind die *Turtles* miteinander eher wie «Brüder» und daher keine «Freunde», und ihre beste Freundin ist die Journalistin *April.* Es ist das einzige Mal, dass überhaupt eine Frau als Freund genannt wird. Für Mathias dagegen sind die *Turtles* Freunde; mit *April* ist es etwas anders, eben weil sie eine Frau ist. *Michelangelo* wirft immer ein Auge auf Frauen und «schwärmt» von *April* – die «Teenage Turtles» sind 15 bis 16 Jahre alt ...

Nach Ingos Ansicht kämpfen die *Turtles* nur, wenn sie angegriffen werden. Dann aber ohne Pardon: Unversehens angegriffen, hätte *Leonardo* die Gegner «gleich zu Brei geschlagen». Nach Mathias' Ansicht würde *Michelangelo* niemals weinen. Auch Ingo meint das zunächst von *Leonardo.* Wirklich nie? Zögernd antwortet er – und unterstreicht es mit einer Geste: «Doch ... wenn Raffael oder Michelangelo hopsgehen.»

Jörg und Hulk Hogan

Warum bewundern Jungen Männer, die gut kämpfen können? Jörg schildert mir seinen Lieblingshelden, den Catcher *Hulk Hogan,* als brutales Kraftpaket. Toll fand er an ihm, dass er «sein Hemd zerreißt, bevor er aufs Podium geht und den Kampf beginnt». Die Kämpfe der Catcher von der *World Wrestling Federation (WWF)* sind gefährlich aussehende Schaukämpfe, bei denen es anders als sonst im Sport «Gute» und «Böse» gibt. Dies wird durch maskenartig geschminkte Gesichter sichtbar. Die Parallele zu *Action*-Helden wird bei den eine Zeit lang sehr beliebten *Catcher*-Spielfiguren – «mit realistischer

Funktion» – am deutlichsten. So kann eine Figur mittels einer in den Arm eingebauten Feder einen «linken Haken» verabreichen. Das Auffälligste an ihnen ist ihr Äußeres, das völlig auf Körperkraft und Kampf abgestimmt ist.

Als ich Jörg frage, wie sich sein Held in verschiedenen Konfliktsituationen verhalten würde, reagiert er mit einem knappen «Zuschlagen!» oder «Zusammenschlagen!» und unterstreicht das mit entsprechenden Gesten. *Hulk Hogan* hat seiner Ansicht nach keine Freunde – wie auch Jörg selbst, der eine Sonderschule für Verhaltensgestörte besucht und wegen extrem aggressiven Verhaltens und emotionaler Instabilität aufgefallen war. Auch wenn der Held keine Freunde hat, würde er Schwächere doch beschützen, antwortet Jörg auf meine Frage – natürlich durch «zusammenschlagen». Wer beschützt Jörg in seinem schwierigen Alltag?

Überraschend dann, dass er seinen Helden klar als *empfindlich* bezeichnet, und zwar auf Nachfrage nicht körperlich empfindlich, sondern «gefühlsmäßig». Dennoch weint sein Held nie, so wie auch er selbst nie weint – erzählte er mir jedenfalls. Wie die Beraterin mitteilte, die Jörg betreute, war in Wirklichkeit das Gegenteil der Fall. Denn auch Jörg ist hinter seiner aggressiven Fassade ein sehr verletzlicher Junge. Sein Held erweist sich dem Brutalo-Image zum Trotz auch als verständig, zärtlich (wenn auch nicht immer) und fürsorglich. Der Junge weiß zudem aus Zeitschriftenartikeln, dass sein Held verheiratet ist. Die Catcher sind ja keine reinen Phantasiehelden, sondern reale Personen wie zum Beispiel auch Fußballstars. Daher steht nicht nur der im Rampenlicht stehende Held im Vordergrund, sondern auch über sein Privatleben wird in den entsprechenden Magazinen berichtet.

Um aus so einer Schilderung Schlüsse ziehen zu können, ist es einerseits wichtig, mehr über den Jungen zu wissen, der erzählt. Andererseits sollte nicht vernachlässigt werden, wie Catcher im Allgemeinen den Zuschauern präsentiert werden. Im Gegensatz zu der manchmal grenzenlosen Aggression des Jungen sind die Kämpfe der Catcher exakt durchgeplante Schaukämpfe, bei denen es in der Regel nicht zu ernsthaften Verletzungen kommt. Im eigenartigen Kontrastbild von brutalem Kämpfer und fürsorglicher Vaterfigur spiegelt sich die innere Zerrissenheit des Jungen wider, der in seinem Verhalten zwischen aggressiven Ausbrüchen und extremer kleinkindhafter Hilflosigkeit hin- und herpendelt.

Erik und seine Streiche-Bande

Erik ist kein Filmheld. Erik, ein etwa neunjähriger Junge, sammelt Briefmarken und schaut gern Tierfilme. Weder *Action*-Filme noch entsprechendes Spielzeug interessieren ihn, sodass ich schon überlege, das Gespräch nach ein paar allgemeinen Fragen zu seinem Freizeitverhalten abzubrechen. Bis er mir von seiner «Streiche-Bande» erzählt. Interessant ist Eriks Geschichte insbesondere deshalb, weil er genau das antisoziale Verhalten zeigt, das oft mit den *Action*-Filmhelden in Verbindung gebracht wird. Dass gerade er solche Filme blöd findet, ist daher aufschlussreich.

Erik erzählt sehr offen und bereitwillig von seinen Streichen. Die Begeisterung für seine Aktionen ist ihm deutlich anzumerken; es macht ihm offensichtlich Spaß, davon zu erzählen. Seine Lieblingsbeschäftigungen in der Freizeit sind Streiche-Spielen und Kämpfen. Er ist nach einer Reihe von Kämpfen Boss einer Bande von fünf- bis elfjährigen Jungen (ein Mädchen ist auch dabei). Alle Jungen sind *stark*, und *mutig* ist es für Erik, etwas zu tun, bei dem man beinahe erwischt werden könnte. *Angst* hat er nie. Auch *weinen* tut er fast nie – jedenfalls nicht wegen körperlicher Schmerzen.

Bei seinen Streichen hat er wenig Unrechtsbewusstsein. Im Laden stehlen findet er nicht gut, aber etwas aus einem geöffneten Fenster zu nehmen oder Unbekannten Fahrradspeichen zu zerbrechen, findet er toll. Er freut sich über den Ärger der Erwachsenen, hat aber keine Schwierigkeiten, dabei völlig unbeteiligt zu wirken und niemandem mitzuteilen, dass er der Urheber war. Auch bei den Prügeleien der Banden untereinander – im Dorf gibt es drei – geht es nicht um Gut oder Böse, sondern um Spaß am Kampf und darum, wer am stärksten ist. Eine Situation wie die von mir geschilderte Provokation – das Lächerlichmachen eines Freundes – scheint für ihn vertraut und würde zunächst mit verbalen Drohungen, dann mit einem Kinnhaken beantwortet: «Sollst du mal sehen, wie schnell die rennen.»

Interessant ist Eriks Meinung dazu, warum andere Kinder die *Action*-Filme und -Figuren toll finden, was auch er berichtet. Er meint: «Die anderen trauen sich nicht», sie spielen es nur oder schauen es sich im Fernsehen an. Er und seine Bande trauen sich, es wirklich zu tun!

Helden und Männlichkeit

Stellen die Medienhelden nun ein Extrembild stereotyper Männlichkeit dar? Manche Ergebnisse sprechen für eine solche Annahme. Die Helden sind ganz überwiegend stark, mutig und selbständig, haben nie oder selten Angst und weinen selten oder nie. Ihre «Männlichkeit» beweisen die Helden in Abenteuer und Kampf. Typisch männlich ist auch ihre fast durchgängige Scheu, ihren besten Freund zu umarmen. Dass nur jüngere Kinder ihre Helden durchweg als *stark* beschrieben und meinten, dass sie *nie weinen* würden, könnte mit der mit dem Älterwerden einhergehenden Tendenz zur Differenzierung von Stereotypen zusammenhängen. Ältere Jungen wissen, dass selbst «harte» Männer nicht immer stark sind und auch Schmerz empfinden können.

Der Eindruck, dass Actionhelden nur überzeichnete Supermänner sind, wird jedoch dadurch relativiert, dass viele Jungen sich ihre Lieblingshelden als verständnisvoll, fürsorglich und sogar empfindlich vorstellen. Das überwiegend sozial verträgliche Verhalten der Helden in den meisten Situationen, ihre überraschend geringe Neigung, immer bestimmen zu wollen, sowie ihre Fähigkeit, auch in Haushaltsdingen für sich selbst zu sorgen, lässt sie nicht gerade als typische «Machos» erscheinen. Stereotype Männlichkeit erklärt nicht das ganze Spektrum ihres Verhaltens – in den Beschreibungen der Jungen wird ein vielfältigeres Bild sichtbar.

Die Heldenfiguren stellen im Wesentlichen positive Projektions- und Identifikationsfiguren für die Jungen dar. Sie schreiben ihren Helden überwiegend sozial akzeptierte Eigenschaften zu. Das Nebeneinander von Freundlichkeit und Fürsorglichkeit einerseits, Durchsetzungsfähigkeit und Kampfbereitschaft andererseits ist kein Widerspruch, denn genau diese beiden Seiten machen das Leitbild des Beschützers aus. Auch ihre kämpferischen Fähigkeiten führen nicht zu einer Brutalisierung ihres gesamten Verhaltens, sondern kommen in erster Linie als Verteidigung gegen Angriffe zum Ausdruck, stehen damit also auf der moralisch «guten» Seite. Dies zeigt sich besonders dort, wo der Held als *mutig* bezeichnet wird, weil er sich in Gefahr begibt, um andere zu retten.

In jedem Fall zeigen die Gespräche mit Jungen, dass es wichtig ist, Helden differenziert zu betrachten. Dies zeigt sich insbesondere im Vergleich von Erwachsenenanalysen mit den Beschreibungen der Jungen. So wirkt *He-Man* in der Beschreibung von Lars ganz und gar nicht so schrecklich wie in der Analyse vieler Pädagogen und Pädagoginnen. Während diese ihn als gefühllosen und liebesunfähigen Brutalo-Kämpfer darstellen, ist er in Lars' Augen ein einfühlsamer, kinderlieber und freundlicher Beschützer. Die *Turtles* wiederum werden zwar von den Jungen als witzig erlebt, was mit Masters' Analyse der Truppe als «Spaß-an-der-Freude-Mannschaft» übereinstimmt. Aber ihre Kampfbereitschaft und Unbesiegbarkeit spielen für die Jungen eine größere Rolle, als Masters sich vielleicht wünscht. Für manche Jungen waren die *Turtles* genauso die «Herren des Universums», wie es zwei Jahre zuvor *He-Man* mit seinen Konsorten war.

Helden und Jungen

Die Unterschiedlichkeit der Beschreibungen, die nicht immer mit entsprechenden Unterschieden der tatsächlichen Filme und Geschichten einhergeht, macht deutlich, dass die Jungen ihre Helden so sehen und darstellen, wie es ihren inneren Befindlichkeiten entspricht.

Dass die Helden als Identifikationsfiguren dienen, wird aus vielen Details ersichtlich. So findet ein Junge seinen Helden mutig, weil der Dinge tut, die er selbst sich nicht zugetraut hätte. Die beiden Jungen, die selber keine Freunde hatten, waren die einzigen Befragten, die meinten, dass ihre Helden keine Freunde hätten. Weitere Beispiele ließen sich aufzählen. Derartige Zusammenhänge waren den Jungen manchmal durchaus bewusst. Über solche Ähnlichkeiten hinaus hatte ich manchmal den Eindruck, dass die Helden stellvertretend Seiten ausleben, die den Jungen nicht erlaubt sind bzw. die sie selbst sich nicht zugestehen. So fand der eher unsichere und zurückhaltende Georg es augenscheinlich faszinierend, dass sein Held andere Leute herumkommandieren konnte. Der freundliche Klaus erzählte mit unverhohlenem Spaß von der Grobheit seiner Helden. Vielleicht würde es Georg ganz gut tun, auch im wirklichen Leben etwas bestimmter aufzutreten. Klaus wiederum kann das grobe und brutale Verhalten gleichzeitig bewusst ablehnen, aber insgeheim doch faszinierend finden. Selbst grob werden muss er deswegen noch lange nicht.

An dieser Stelle ist das Beispiel von Erik interessant. Auch ohne *Action*-Filme spielen in seinem Leben *Action* und Kampf eine herausragende Rolle. Die moralische Komponente scheint dabei aber weitgehend zu fehlen. Kampf und *Action* dienen keinem höheren Ziel, sondern sind Selbstzweck. Seine Erklärung, dass die anderen Kinder sich vor dem Fernseher nur stellvertretend austoben, er sich dagegen «richtig» traut, ist zumindest nicht völlig von der Hand zu weisen.

Identifikationsvorgänge sind offensichtlich, wenn Jungen Filmhandlungen nachspielen, sich selbst mit den Namen der Helden rufen und deren Bewegungen und Handlungen imitieren. Dabei stehen, zum Leidwesen der Erwachsenen, tatsächlich Kampfhandlungen und das «Abreagieren» von Aggressionen im Vordergrund. Die Heldenfiguren bieten hier insoweit eine Legitimationsgrundlage, als dass sie stets für das Gute und gegen das Böse kämpfen, die Aggression damit also gerecht(fertigt) wird. Zudem wirkt enthemmend, dass sich in vielen Filmen die Gewalt fast nur gegen Dinge richtet. Unschuldige werden meist geschützt und gerettet, und die Helden und oft sogar auch die Gegenspieler kommen nicht ernsthaft zu Schaden. Selbst nahezu völlige Vernichtung kann in Wiederauferstehung enden. Ob derartige Unverwundbarkeits- und Unsterblichkeitsphantasien einfach auf reale Situationen übertragen werden oder ob den Jungen durchaus bewusst bleibt, «dass das ja ein Film ist», hängt nicht von den Filmhandlungen und Heldenfiguren, sondern in erster Linie von der individuellen Lebensgeschichte eines Kindes ab sowie von seinen Möglichkeiten, sich über das Gesehene auszutauschen.

Im Nachhinein beschreibt der inzwischen fünfzehnjährige Daniel die Identifikation mit den Helden so: «Was viele damals in meinem Alter getan haben – einfach drauflosdenken: ‹Ich bin der Stärkste, mich kann keiner stoppen!›» Die Wirklichkeit war allerdings ganz anders: «Ich habe damals geglaubt, ich sei der Stärkste, aber das nie so richtig in die Tat umgesetzt. Keiner von uns hat das getan, richtig gekämpft oder so. Ich habe das eher zu Hause, allein gemacht.» Er sieht das auch im Zusammenhang damit, dass er eher ein schüchterner Junge war. Als er allerdings ein paar Jahre später Jungen erlebte, die als *Power Rangers* richtig aufeinander losgingen, irritierte ihn das eher. Er erzählt, wie einige jüngere Jungen ihn im Spiel attackierten: «Sie haben gedacht, ‹Ich bin ein *Power Ranger*, ich kann jeden niedermachen›. Sie haben nicht kapiert, dass sie keine Chance gegen mich haben. Eher haben sie sich selbst wehgetan. Ich fand es albern.»

Grund zum Nachdenken besteht, wenn Jungen wiederholt «böse» Helden bevorzugen. Zum Beispiel nannten zwei oft in aggressive Auseinandersetzungen verwickelte Grundschüler den «Bösewicht» *Mewto* als ihr Lieblingspokémon. Eine Identifikation mit Negativhelden kann für Jungen interessant sein, die sich derart an negative Zuschreibungen, zum Beispiel als «aggressiv», gewöhnt haben, dass sie sich in bösen Figuren besser wiederfinden können als in den guten Helden. *Mewtos* Klage: *«Diese Menschen, sie kümmert mein Schicksal nicht«*, seine Konsequenz *«Ich brauche niemanden!»* und die daraus folgende ungebremste Aggression gegen andere entspricht ja tatsächlich der Lebenserfahrung und dem Motto mancher Jungen, die sich von allen im Stich gelassen fühlen und dies in verzweifelter Wut an anderen auslassen. Die Begeisterung für einen «bösen» Helden kann also ein Hinweis auf das innere Erleben eines Jungen sein, der sich selbst «böse», abgelehnt und verloren fühlt.

Der Übergang vom Helden als Identifikationsobjekt zum phantasierten Gegenüber ist fließend: Von «Der macht etwas, was ich gern könnte» über «Der macht etwas, was ich gut finde» hin zu «Der macht etwas, was ich wünsche, dass es jemand für mich macht». Hier sind wir beim Helden als Beschützer, als starkem Mann, an den der Junge sich anlehnen kann, mit dem er auch Abenteuer erleben kann, der zum inneren Begleiter wird. Auch die fürsorglichen Anteile der Helden sind hier einzuordnen. Hinweise auf solche Zusammenhänge gibt zum Beispiel Lars, der *He-Man* als «kinderlieb» bezeichnet. Oder auch Christoph, der meint, dass die Leute vom *A-Team* gut mit Babys umgehen könnten, sein Vater dagegen nicht (was er vermutlich am eigenen Leib erfahren hat). Auch *Tatajong* wirkt als ein solcher Begleiter, insbesondere als Daniel von dem kleinen Jungen aus dem Film erzählt, der «immer mitkämpfen will». Viele Helden haben Jungen an der Seite, die sich ebenfalls als Identifikationsfiguren anbieten.

Dies scheint aber nur ein Aspekt der vielschichtigen Bedeutung der Heldenfiguren zu sein. Die Helden springen da in die Bresche, wo in der Realität oder in der Phantasie des Jungen ein Mangel besteht. Sie ermöglichen die Erfüllung von Wünschen nach Schutz und Nähe ebenso wie von solchen nach Allmacht und Zerstörung – in der Phantasie. Indem sie für Jungen Vorbilder, Gegenüber für innere Dialoge und phantasierte «Väter» darstellen, füllen sie Löcher im schwierigen Weg von Jungen zum Mann-Sein.

Weil viele Heldenfiguren an gängigen Geschlechtsstereotypen orientiert sind, tragen sie dazu bei, diese aufrechtzuerhalten. Andererseits sind nicht alle Helden gleich. Sie sind nicht alle gewalttätige Machos, die ein überholtes Männerbild weiterleben lassen – jedenfalls werden sie von den Jungen nicht so gesehen. Sie greifen diese und auch noch viel weiter in die Vergangenheit reichenden Wurzeln auf, aber auch aktuelle gesellschaftliche Entwicklungen spiegeln sich in ihnen wider. Am ehesten sind sie starke und mutige Beschützer, mit denen sich Abenteuer erleben lassen, die der normale Alltag Jungen nicht bietet. Wobei mit dem Bisherigen ja nur der allgemeine Trend wiedergegeben wurde. Es gibt, in Einzelfällen, auch den groben und brutalen Helden, der zuschlägt, wo er kann, oder der einem Baby aus Ungeschicklichkeit die Arme abreißt. Aber diese Helden sind Ausnahmen, auch sie sind nicht in jeder Situation brutal, und sie sind es nie ohne konkreten Zusammenhang zur Lebenssituation des Jungen, der sich seinen Helden so vorstellt. Manche Helden sind dominant und brutal, andere sind lernbereit und neugierig. Einige scheinen wirklich nur gefühllose Kampf-Roboter zu sein – die meisten haben hohe moralische Vorstellungen, und manche haben durchaus auch Spaß am Leben.

Abschließend soll die Breite und Vielgestaltigkeit kindlicher Interessen nicht vergessen werden. Wie in mehreren Gesprächen deutlich wurde, muss die Begeisterung der Jungen für Kampf und *Action* nicht bedeuten, dass dies das Einzige ist, was ihnen Spaß macht. Mehrere Jungen erzählten mir, dass sie auch gern mit Puppen oder Stofftieren spielen. *Action* ist nur *ein* Bedürfnis, nur *ein* Teil des Lebens von Jungen. Wie die *Turtles* nach Abschluss eines erfolgreichen Abenteuers sagen: «Wunderbar! Jetzt können wir endlich relaxen, ein bisschen Glotze gucken und dabei den ganzen Wahnsinn vergessen, den wir in den letzten Stunden und Tagen mitgemacht haben! Macht's euch gemütlich, Freunde!»

«... ich hab mich eben so in den verwickelt» – Ein Gespräch

Wie können wir mit Jungen über ihre Helden ins Gespräch kommen?

Sascha, der unbedingt noch einmal von mir interviewt werden wollte, beschreibt im Gespräch mit mir die *X-Men* – und manches Weitere, was ihn beschäftigt. Die *X-Men,* ursprünglich eine Marvel-Comicserie aus den sechziger Jahren, waren 1994 als Fernsehfilm, Comic und Actionspielzeug wieder auf den Markt gebracht worden. Im Jahr 2000 stand ein Remake der Uralt-Serie dann noch einmal als Kinofilm mit wirklichen Schauspielern auf dem Programm.

Obwohl es bereits zwei Jahre her war, dass ich ihn zuletzt interviewt hatte, erinnerte er sich noch gut daran. Das macht deutlich, wie viel den Jungen ihre Helden bedeuten – und wie groß ihr Interesse ist, Erwachsenen etwas davon mitzuteilen!

Zunächst stellt Sascha mir die verschiedenen Figuren vor. Die *X-Men* sind von Geburt an mutierte Menschen, die aufgrund ihrer übernatürlichen Eigenschaften von den Menschen ausgegrenzt und bekämpft werden.

Sascha erklärt: «Die Mutanten können sich so verwandeln, erst sehen sie ganz normal aus, und dann verwandeln sie sich» und haben paranormale Fähigkeiten und Hightech-Waffen. Die Verbindung von Mensch und Maschine spiegelt die zunehmende Technisierung der Arbeitswelt sowie Ängste vor genetischen Veränderungen durch Umweltkatastrophen und unabsehbare Folgen der Gentechnologie wider. Damit ist die über dreißig Jahre alte Serie überraschend aktuell. Das wird nicht zuletzt am neuen *X-Men*-Spielfilm deutlich, in dem unter anderem auf höchster politischer Ebene eine «Meldepflicht für Mutanten» diskutiert wird.

Zu den *X-Men* gehören Männer und Frauen unterschiedlichen Alters, von der 13-jährigen *Jubilee* bis zum weisen Ratgeber *Professor X* («Aber jetzt ist er schon ganz alt und hat keine Beine mehr»). Worum es bei den Kämpfen der *X-Men* eigentlich geht, ist für den achtjährigen Sascha trotz aller Detailkenntnisse über die einzelnen Figuren nicht so leicht zu erklären:

T: «Warum kämpfen die *X-Men* gegen die Menschen?»

S: «Weil die irgendwie immer angreifen. Aber *Magneto* (*ein böser Mutant*) will den Krieg zwischen den Menschen und den Mutanten. Und die *X-Men* wollen was anderes, das Gegenteil, den Frieden.»

Dass sich die Helden einer Action-Serie gegen eine Welt von Feinden verteidigen müssen, ist nichts Ungewöhnliches, und es ist auch nicht selten, dass sie zunächst verkannte «Underdogs» sind. Aber dass «die Menschen» und nicht etwa nur eine «böse» Regierung oder ein totalitäres Regime zum Feind werden, ist auffällig. Was ist das für eine Welt, in der sich Mutanten menschlicher verhalten als die Menschen? Diese Helden unterscheiden sich deutlich von der strahlenden Selbst«herr»lichkeit eines *He-Man*. Sie versuchen sich in einer Welt zu behaupten, die – wie unsere! – von gewalttätigen Mächten und Konflikten beherrscht wird, deren Hintergründe Kindern kaum verständlich sein können. Dabei vertreten sie Ideale, die die meisten Erwachsenen nicht gerade in Action-Serien erwarten.

T: «Und was ist jetzt so toll an den *X-Men*, dass du jetzt 'n Fan von denen bist?»

S: «Dass die Frieden wollen … Was gibt's denn noch …»

Ich übernehme die Initiative und will gezielter weiterfragen, aber Sascha sucht noch nach weiteren Figuren, von denen er mir erzählen will: «Ja, aber ich habe noch eine Figur vergessen, die heißt *Storm* (*eine Frau*). Die hat die Macht über den Wind und Blitze.»

T: «Ich frage mich – wenn's nur um Frieden geht, könnte man ja auch Gedichte gut finden oder Brieftauben. Vielleicht ist es noch etwas anderes, was du an den *X-Men* toll findest?»

S: «Ja, dass sie für den Frieden *kämpfen*.»

T: «Also ist es beides, dass sie für den Frieden sind und dass sie auch dafür kämpfen?»

S: «Ja, dass sie sich durchsetzen.»

Nur für den Frieden zu sein reicht nicht aus: Man muss auch dafür kämpfen. Und dass das auch anders geht als mit Gewalt – dafür sind die Erwachsenen bislang den Beweis schuldig geblieben, wie die Anzahl der Krisenherde und Kriege weltweit zeigt.

Anschließend geht es um den Lieblingshelden.

T: «Wen von den *X-Men* findest du denn besonders toll?»

S (lacht): «*Cyclops*, das ist mein allerliebster.»

T: «Warum?»

S: «Tja, erst mal wusste ich gar nicht, dass das der Anführer ist, weil der … ich hab mich eben so in den verwickelt, der sah eben so gut aus, dann hab ich mich so erkundigt, dann hab ich noch rausgefunden, dass das der Anführer ist …»

T: «Was sieht denn gut aus an dem?»

Sascha zeigt mir eine Lasermaske, die *Cyclops* um den Kopf hat, sowie einige weitere Details. Mit dem Laser kann *Cyclops* aus seinen Augen Laserstrahlen abschießen. Derartige Masken, die die Augen verbergen, gehören zu dem, was vor allem Frauen «hässlich» finden, weil es die Figuren maschinenähnlich aussehen lässt … – Ich will mehr über *Cyclops* wissen und stelle daher noch einige Fragen, von denen manche im Zusammenhang mit Action-Serien eher ungewöhnlich wirken, aber von Sascha sehr ernsthaft beantwortet werden.

T: «Ist der stark?»

S: «Nö, aber schlau!»

T: «Und ist er mutig?»

S: «Ja, sehr.»

T: «Mutig ist er sehr. Hat er auch mal Angst?»

S: «... ja, dass die *X-Men* es nicht schaffen, aber er rappelt sich immer wieder auf.»

T: «Wie ist es denn, wenn er Angst hat?»

S: «Also, dann denkt er eben so, dass die *X-Men* es nicht mehr schaffen würden, aber dann setzt er sich eben wieder durch.»

T: «Ist er dann mal zwischendurch verzweifelt –»

S (antwortet sofort): «Ja!»

T: «– oder verzagt?»

S (nickt zustimmend): «Mmh.» Er demonstriert mir: Man sieht es dann daran, dass *Cyclops* die Stirn gedankenschwer aufstützt ...

Wie sich herausstellt, hat *Cyclops* einen eher demokratischen Führungsstil.

S: «Der ist 'n Anführer ... also der sagt nicht, ‹da kommst du hin, da kommst du hin›; der sagt schon allen, wo's langgeht, aber der lässt sich von seiner Meinung auch mal abbringen.»

T: «Das heißt, die anderen haben auch mal was zu sagen.»

S: «Ja. Der große Boss ist das ja auch nicht. Einmal war er so schlecht, dass fast ein anderer der Boss geworden wäre, *Storm*. Aber dann ist er wieder gut geworden, und *Storm* konnte auch nicht, wegen ihrer Platzangst.»

T: «Aha, *Storm* ist 'ne Frau? Also könnte auch mal 'ne Frau Führer sein in der Geschichte?»

S (nachdrücklich): «Ja, klar! Aber der oberste Boss ist *Professor X*. Aber der spielt sich nicht so auf.»

Bei den *X-Men* scheint das Verhältnis der Geschlechter also erstaunlich gleichberechtigt zu sein. Sascha meint, dass Frauen und Männer bei den *X-Men* gleich stark sind – angesichts ihrer paranormalen Fähigkeiten durchaus möglich. Unterschiede zwischen Männern und Frauen sind für ihn nur am Äußeren, nicht aber am Verhalten zu erkennen. Bei den *X-Men* gibt es – trotz des im Englischen doppeldeutigen Namens «X-Männer/Menschen» – ungewöhnlich viele Heldinnen. Aber aus Erwachsenensicht ist es alles andere als überraschend, dass es auch bei den *X-Men* eine Frau ist, der noch am ehesten einmal die Tränen kommen – und die deshalb auf eine Führungsposition verzichten muss. Wie sieht Sascha das?

T: «Weint denn überhaupt mal jemand von den *X-Men*?»

S: «Ja, also *Storm*, wenn sie mal ganz verzweifelt ist wegen ihrer Platzangst vielleicht; deswegen konnte sie ja auch nicht Anführer werden.»

T: «Manchmal wird ja gesagt, dass Frauen eher weinen als Männer. Meinst du, dass das typisch ist, dass das 'ne Frau ist, die Angst hat, und kein Mann, oder ist das Zufall?»

S (sehr bestimmt): «Das ist Zufall.»

Weit verbreitet ist die Einschätzung, dass es bei Actionfiguren und -filmen «immer nur ums Kämpfen geht». Grund genug, Sascha hierzu zu befragen und herauszufinden, wie sich seine Helden wohl in anderen Situationen zurechtfinden würden.

T: «Die sind ja dauernd am Kämpfen!»

S (widerspricht sofort): «Ne, nicht dauernd.»

T: «Was machen die denn sonst so?»

S (weiß zunächst keine Antwort; überlegt eine Weile): «Also, die haben nur ganz wenig was zum Ausruhen. Die müssen sogar nachts raus ...»

Das hört sich bekannt an – es gilt ja gleichermaßen für manche Väter, die auch in der Freizeit mit «Piepser» herumlaufen und in Notfällen jederzeit zur Arbeit abberufen werden können. Ich erfahre, dass die *X-Men* durchaus gern einmal nur miteinander klönen, «bloß, sie haben kaum Zeit ...»

T: «Und kann *Cyclops* auch zärtlich sein?»

S: «Jaha ...» (lacht etwas verschämt). «Ich zeig dir mal ein Bild.» *(Cyclops legt den Arm um eine Frau.)* «Da hat er endlich mal Zeit, aber dann passiert auch wieder irgendwas in dem Abenteuer ... Das ist *Jean*, auch eine von den *X-Men*.»

T: «Sind die verliebt, die beiden?»

S: «Ja» (lacht), «könnte man so sagen.»

Aber sie haben nicht viel Zeit füreinander, weil sie ständig so beschäftigt sind ... Welches Kind hat heute Eltern, die so viel Zeit haben, dass sie sich auch im Alltag *füreinander* Zeit nehmen?

Mich interessiert außerdem, wie sich die *X-Men* zu Hause anstellen.

T: «Wie ist denn das: Kannst du dir vorstellen, wenn die jetzt so zu Hause sind, dass sie sich auch um den Haushalt kümmern würden? Können die so was?»

S (etwas überrascht): «Das habe ich noch nie gesehen, aber sie werden's schon machen.»

T: «Und wer wäre dafür zuständig – würden sie das gerecht teilen, oder würden das mehr die Frauen machen?»

S: «Gerecht teilen würden sie's.»

Das meint Sascha zumindest. Ein anderer Junge, der seinen Vater nie in der Küche helfen sieht, würde das vermutlich ganz anders sehen. Aber deutlich wird an diesen Beispielen: Kinder übertragen ihre eigenen Lebenserfahrungen auf ihre Helden. Und sie greifen die Aspekte ihrer Heldenfiguren heraus, die ihnen persönlich wichtig sind. Das wird im folgenden Abschnitt besonders deutlich, in dem Sascha mir von einem zweiten Helden erzählt, der ihn schwer beeindruckt.

Wolverine ist «der blutrünstigste aller *X-Men,* der kann so wütend werden, da kann sich keiner mehr retten». In kritischen Situationen entwickelt er blitzartig messerartige Stahlkrallen an Händen und Füßen. Er ist «stark, aber nicht so schlau». Sascha findet ihn toll, aber nicht *so* toll. Warum nicht?

S: «Ja, weil der eben (...) sehr schnell wütend wird.»

T: «Ah, der wird schnell wütend, und das ist dir ein bisschen unheimlich, oder wie?»

S: «Hmm, das find ich nicht so gut, wenn einer sehr schnell wütend wird.»

T fragt nach: «Kennst du das selber auch? Dass jemand sehr schnell wütend wird?»

S: «Ja.»

T: «Woher?»

S: «Hmm ... sieht man manchmal ...»

Später frage ich noch einmal genauer nach, was Sascha an *Wolverine* toll findet.

S (lacht): «Dass er Krallen hat, ja; dass er manchmal um sich schlägt, finde ich vielleicht 'n bisschen toll; dass er so manchmal 'n bisschen wütend wird ... manchmal wird er so dumm, dann rennt er gegen ’ne Wand oder so, so was … der ist eigentlich manchmal so ’n bisschen doof, da kann man sich dann drüber totlachen.»

T: «Du sagst, ‹vielleicht› findest du das toll – auch mal so wütend zu sein? Oder?»

S: «Also, ich werde manchmal schon ganz schön wütend. Aber toll finde ich nicht, so wütend zu werden, denn dann zerstört man irgendwie alles.»

T: «Das passiert dir auch manchmal?»

S: «Ja … Will ich mir auch irgendwie abgewöhnen, aber es geht nicht!»

T: «Hmm. Und der *Wolverine* ist dann jemand, bei dem man sehen kann, der ist auch mal so ganz wütend, und trotzdem ist der kein Böser, sondern ein Guter …»

S: «Ja.»

T: «Ist ja vielleicht auch schön zu wissen, dass man nicht gleich ein ganz schreckliches Wesen ist, bloß weil man mal wütend ist …»

S: «Hmm …»

T: «Hmm …»

Die Atmosphäre des Gesprächs ist sehr persönlich geworden. So können wir auch über das sprechen, was (nicht nur) Jungen meist verstecken. Sascha ist da so einiges klar:

T: «Hat *Wolverine* auch mal Angst?»

S: «Also, der verbirgt immer seine Angst. Der hat bestimmt mal Angst. Aber wenn der erst mal wütend wird, gibt’s keine Angst mehr.»

T: «Aha … der würde sich das auch nicht anmerken lassen, wenn er Angst hat?»

T: «Mmm.»

S: «Ist er denn auch mal verzweifelt oder traurig?»

T: «Verzweifelt ist er vielleicht schon mal, aber man sieht’s eben dann nicht.»

S: «Und weinen würde er wahrscheinlich auch nicht, oder?»

S: «Ne.»

T: «Gibt’s denn auch in Wirklichkeit solche Leute, kennst du das?»

S: «Ja, zum Beispiel ich manchmal.»

T: «Dann lässt du dir auch nicht anmerken, dass du eigentlich traurig bist?»

S: «Ja, manchmal …»

T: «Dann bist du eher am rumschreien oder wütend?»

S: «Ja ... manchmal ...»

T: «Aber das findste gar nicht so gut eigentlich?»

S: «Ne, gut finde ich's nicht ... (*leise*) manchmal krieg ich dann so 'nen Wutanfall.»

T: «Was ist schlecht daran?»

S: «Das man dann eben alles zerstört.»

T: «Mmm ... Und was wäre 'ne andere Möglichkeit ... das in so 'ner Situation anders zu machen?»

S: «Ja, dass man sich das eben abgewöhnt, die Wut.»

T: «Aber meist hat das ja auch einen Grund, dieses Gefühl, dass man traurig oder wütend ist ... Gibt es denn noch 'ne andere Idee, was man machen kann, außer ganz wütend zu werden ... was macht der *Cyclops* dann – dann sitzt er so (*ich mache die nachdenkliche Pose nach*), denkt dann ganz viel nach?»

S: «Ne», (*korrigiert meine Haltung ein wenig*), «der macht dann so.»

T: «Hilft manchmal auch nicht so viel weiter, oder?»

S: «Ja, aber dann versucht er nachzudenken. Manchmal fällt ihm dann auch was ein.»

T: «Und traurig sein und weinen, hilft das auch manchmal, ist das auch 'ne Möglichkeit, damit umzugehen?»

S: «Ja, so, manche sagen ja, weinen würde nicht helfen ... aber da kann man irgendwie seine Wut (*er überlegt einen Moment*) ... zerstören, also, manchmal ist das schon gut.»

T: «Wer sagt, weinen würde nicht helfen?»

S: «Also, eigentlich ganz schön viele.»

Wer das alles sagt, weiß Sascha selbst nicht so recht. Vielleicht manchmal die Eltern, oder «eigentlich noch ganz viele, also so manchmal welche in der Stadt und so ...» Als ich nachfrage, kann er sich daran erinnern, dass in der Schule jemand lächerlich gemacht wurde, weil er weinte.

T: «Ich glaub auch eher, dass es manchmal ganz gut helfen kann, zu weinen, dass man damit was los wird. Aber ich habe das schon öfters mitbekommen, dass sich andere darüber lustig machen oder sagen, ‹reiß dich zusammen› oder so etwas. – Tja, da können die *X-Men* auch noch was lernen?!»

S (lacht zustimmend): «Die sagen ja auch nicht, dass sie alles wissen.»

Das Interesse für die Helden der Jungen öffnet Türen, die sonst schwer zugänglich sind. Es eröffnet Möglichkeiten, über Angst zu sprechen, über den schwierigen Umgang mit Wut und über das, was sich hinter der «coolen» und «starken» Fassade von Männern verbirgt. Das passiert natürlich nicht, wenn Sie sich stundenlang Filmhandlungen nacherzählen lassen, weil ein Experte gesagt hat, dass Sie sich dafür interessieren sollten. Das wird weder Ihnen noch den Jungen Spaß machen. Es ist mehr ein Suchspiel, eine Entdeckungsreise: Was erfahre ich in den Geschichten, in diesen Erzählungen über diesen Jungen, an dem mir etwas liegt?

Helden für junge Männer

> Gewalt gegen Menschen kann nicht gut sein. Es gibt Ausnahmen, aber nicht, wenn es sich um Menschen handelt, die nicht genug zu essen haben.
>
> *Stallone in* Demolition Man

«Helden sind für mich Typen, die sich nur hervortun», meint der fünfzehnjährige Daniel, Helden sind «Typen mit Unterhosen»: Die eng anliegenden Kostüme von Superman & Co. sehen aus wie «über der Hose noch 'ne Unterhose» – und solche Gestalten sind nicht sonderlich ernst zu nehmen. «Ich kenne keinen Jungen in meinem Alter, der einen Helden als Idol sieht», meint er. Bei jüngeren Jungen mag das anders sein, aber «wir denken mehr nach». Für ihn ist es eine normale Entwicklung, dass sich Jungen von den Superhelden verabschieden, auch wenn er einräumt, dass es vielleicht nicht bei allen so sei. Für den zwanzigjährigen Arnim ist «Held erst einmal ein ziemlich leerer Begriff». Ein Held ist «unerreichbar, nur in dem Maß toll, in dem man das eh nicht hinbekommt – und vielleicht auch gar nicht so erstrebenswert. Helden sind immer Weltretter, und ich glaube nicht, dass viele Leute in meinem Alter sich das wirklich wünschen».

Der klassische Held ist für viele Jugendliche also out. Dabei ist er gerade im Alter von Daniel und Arnim. Der Prototyp des Helden, wie er im Mythos erscheint, befindet sich nämlich wie der männliche Jugendliche in einem Zwischenstadium zwischen Jugend und Erwachsensein: Er ist kein Kind mehr und im Vollbesitz seiner körperlichen und geistigen Kräfte, aber er hat sich noch nicht in neue Bindungen begeben. Hier knüpfen die Actionfilme der achtziger und neunziger Jahre an.

Als ich 1991 die Arbeit an meinem ersten Buch über Jungen begann, war der *Terminator II* erfolgreichster Film des Jahres. «Arnold» wurde zur Kultfigur vieler männlicher Jugendlicher. Das Bild des durch Bodybuilding gestählten hypermaskulinen Supermannes schien das Leitbild des Jahrzehnts zu werden und dem Mythos vom unbezwingbaren Helden neues Leben einzuflößen. Schon damals stellten allerdings Untersuchungen fest, dass sich nicht alle Jugendlichen für Actionfilme interessieren. Wie Cornelia Fischer (1992) herausfand, waren es vor allem Haupt- und Realschüler, die sich dafür begeisterten. Sie beschreibt sie als wenig anspruchsvoll, was ihre Lebensziele angeht, eher passiv und an einem konventionellen Lebensstil orientiert. Sie gehen gern in die Disco, betonen das Gemeinschaftsgefühl und leben nach dem Motto: «Nur nicht auffallen». Auch neuere Untersuchungen zeigen, dass es vor allem unterprivilegierte Jungen sind, die Action- und Gewaltfilme sehen: Hauptschüler, arbeitslose Jugendliche sowie Jugendliche aus Migrantenfamilien. Die Identifikation mit starken, aggressiven und überlegenen Helden kann – wie bei jüngeren Jungen – Gefühle der Unsicherheit und Ohnmacht kompensieren. Hier geht es aber nicht mehr um die natürliche Unterlegenheit von Kindern gegenüber Erwachsenen, sondern auch um Erfahrungen von gesellschaftlicher Abwertung, Ausgrenzung und Gewalt. Auch für diese Jugendlichen kann das Sehen von Actionfilmen eine symbolische Bewältigungsform sein. Für sie sind aber massive körperliche Auseinandersetzungen im Alltag häufiger und «normaler». Weil sie mehr Gewalt erfahren, haben sie auch ein größeres Bedürfnis nach (Selbst-)Schutz, was für sie in erster Linie durch körperliche Überlegenheit oder Waffenbesitz vorstellbar erscheint. Genau diese Jugendlichen sind es, die am ehesten dazu neigen, sich an Medienbildern traditioneller Männlichkeit auszurichten – für sie können Actionhelden zu Vorbildern werden.

Für viele Jugendliche sind Helden traditionellen Zuschnitts dagegen nicht mehr attraktiv. Sie schauen sich wohl einen Actionfilm an, wenn sie gerade nichts Besseres zu tun haben. Aber er muss schon «gut gemacht» sein, um bei ihnen anzukommen – und dazu reicht der muskulöse Körper des Hauptdarstellers nicht aus. «Viel Muskeln, wenig Hirn»: In der Wissensgesellschaft haben Superhelden keine guten Chancen mehr. Nur bei den wirklich großen Kassenfüllern sind die meisten Jungen dabei – zusammen mit ihren kleinen Brüdern, Vätern und Müttern.

Jüngere Jungen sind allerdings nach wie vor für Helden und Idole zu begeistern. Darum orientieren sich die Hersteller von Actionfilmen immer mehr an jüngeren Kindern. Dabei gilt für die Medien, was sich in vielen Lebensbereichen beobachten lässt: Die Altersgrenzen gehen immer weiter nach unten. Was vor einem Jahrzehnt ein Thema für Sechzehnjährige war, interessiert jetzt Zwölfjährige, Filme für Jugendliche werden von Kindern gesehen, und auch Musikstars werden zunehmend für jüngere Zielgruppen präsentiert. Das wird am Phänomen der Boygroups besonders deutlich.

In diesem Zusammenhang fällt auf, dass die Idole von weiblichen Jugendlichen – zum Beispiel Popstars und Filmstars – oft männlich sind und die von männlichen Jugendlichen – auch! Natürlich gibt es auch eine ganze Reihe erfolgreicher Sängerinnen in den Charts. Reihenweise umfallende hysterische *Jungen* aus Konzerten weiblicher Popstars sind allerdings nicht bekannt. Verträgt sich die Stilisierung von Frauen zum Idol nicht mit der von Männern gesellschaftlich erwarteten Dominanz über Frauen? Die Vorstellung, dass ein Mann Frauen immer überlegen ist, entspricht ja der Realität von männlichen Jugendlichen noch wenig, weil sie sowohl den weiblichen Erwachsenen als auch den gleichaltrigen Mädchen aufgrund des Entwicklungsvorsprungs der Mädchen unterlegen sind. Die Medien vermitteln: Mädchen und Frauen sollen Jungen und Männer bewundern; Jungen sollen zu Männern aufschauen und später selbst so werden. Starke und beeindruckende Frauengestalten sind für viele junge Männer dagegen uninteressant oder sogar bedrohlich.

Das bedeutet nicht, dass es sie nicht gibt. Sie übernehmen immer häufiger auch in populären Actionfilmen und Krimis die aktive Rolle und lassen manchmal die Männer ganz schön alt aussehen. Schon in einem der frühen Actionfilme mit Arnold Schwarzenegger, *Conan der Barbar* (1982), musste sich der Held von einer mutigen Schwertkämpferin zweimal das Leben retten lassen. Aber nicht selten kommen die mutigen Frauen am Ende ums Leben, damit der männliche Held in der Abschlussszene glänzen kann. Als Vorbild kommt eine Frau für junge Männer jedenfalls in der Regel nicht infrage.

Ein Held muss allerdings nicht nur positive Züge tragen, um junge Männer zu begeistern. Für Kinder ist es wichtig, dass ihre Helden durch und durch gut sind. Speziell für Kinder hergestellte Actionserien unterscheiden daher strikt zwischen Gut und Böse. Für Jugendliche ist das oft langweilig, sie brauchen differenziertere Heldenfiguren. Im Zuge der Opposition gegen elterliche Werte und Normen werden von ihnen auch «böse» Figuren glorifiziert und verehrt. In der Jugend wird zudem das Verhältnis zur Gesellschaft wichtig. Interessanterweise sind es in vielen Action-Handlungen «Illegale», die die Gesellschaft vor Gefahr und Zerstörung retten müssen, weil die legalen Institutionen versagen. Die Helden stehen außerhalb der Gesellschaft, nehmen aber dennoch die traditionelle Rolle des Beschützers ein. So verschwimmen die Grenzen zwischen Gut und Böse. Die Figuren bleiben im Rahmen der vorgegebenen Norm, können aber vorübergehend auch «böse» Anteile ungestraft ausleben – und der Zuschauer in der Phantasie mit.

Der «Zerfall der zivilen Gesellschaft» kann Straßenbanden zu Helden und Killer zu Beschützern machen. Das gilt für die unschuldig verurteilten Vietnam-Veteranen vom *A-Team* genauso wie für den *Star Wars*-Piloten *Han Solo*, der als halber Krimineller eigentlich nur seinen eigenen Vorteil im Auge hat. Auch der *Star Wars*-Hauptheld *Luke Skywalker* befindet sich in mehrfacher Hinsicht im Konflikt mit den Autoritäten. Er muss nicht nur gegen das übermächtige «Imperium» kämpfen, sondern verstößt zudem gegen die Gebote der Gemeinschaft der *Yedi-Ritter*, der er seine Fähigkeiten verdankt.

Allerdings handeln diese Geschichten nicht nur von «gewöhnlichen» Autoritätskonflikten mit den Elternfiguren, die es in allen Zeiten gegeben hat. In ihnen spiegelt sich darüber hinaus eine Welt wider, in der es keine absoluten Werte mehr gibt und die sich in ständiger (bedrohlicher) Veränderung befindet.

Mann sein heißt kämpfen

> «Was ist für einen Mann das Schönste im Leben?»
> «Zu kämpfen mit dem Feind, ihn zu verfolgen und zu vernichten und sich zu erfreuen am Geschrei der Weiber.»
> «Sehr gut!»
>
> Dialog aus *Conan der Barbar*

Für die meisten Jugendlichen von heute bedeuten die «harten» Actionhelden nicht mehr viel, und kaum ein Junge will ein *Rambo* sein. Eingebürgert hat sich *Rambo* aber als Kampfbegriff von Erwachsenen zur Bezeichnung aggressiver Jungen schon im Kindergarten. Um nur ein aktuelles Beispiel zu nennen: In einem Diskussionsbeitrag fordert Joseph Kraus, Präsident des deutschen Lehrerverbandes, dass Eltern den gewaltfreien Umgang miteinander unterstützen müssen. «Wenn das pädagogische Latein der Lehrer zu Ende ist und Eltern nicht mithelfen wollen, dann sollte es möglich sein, die Klassengemeinschaft vor einem Rambo zu schützen, indem man ihn vorübergehend einer spezialisierten Einrichtung überantwortet» (*Braunschweiger Zeitung, 15.11.2000*). Kurz: Ein Junge, der sich wie *Rambo* verhält, gehört ins Heim. Weil *Rambo* inzwischen fast zu einem feststehenden Begriff geworden ist, macht es Sinn, sich einmal etwas genauer damit zu beschäftigen, was in den *Rambo*-Filmen tatsächlich passiert.

Kampf, Brutalität und Gewalt sind zentrale Elemente der «story» der Actionfilm-Serien der 80er Jahre wie die von Superstar Sylvester Stallone dargestellten *Rambo* und *Rocky*. *Rambo* mit seinem Maschinengewehr ist zumindest in Pädagogenkreisen zum Symbol für gewalttätige Männlichkeit geworden. Worum aber geht es wirklich in diesen Filmen? *Rambo* ist nicht einfach ein brutaler Serienkiller, sondern in gewisser Weise auch ein moderner Robin Hood. *Rocky* ist Boxer. Beide Serien sind in eine politische Rahmenhandlung im Gut-Böse-Schema eingebettet. Die Überbetonung der körperlichen Kraft der Helden steht in offensichtlichem Widerspruch zu den Anforderungen der hypertechnisierten Welt, in der sie sich bewegen, die körperliche Kraft im Grunde überflüssig macht.

Rambo und *Rocky* entsprechen nicht dem Ideal des überlegenen, «coolen» Mannes, der seine Gefühle voll unter Kontrolle hat, sondern erwecken eher den Eindruck eines «unreifen, anlehnungsbedürftigen und einsamen Jungen, ... dem nur aus Verzweiflung ‹der Faden reißt›» (Hans-Jürgen Wirth über *Rambo*, 1987). Leidenschaft zeigen *Rocky* und *Rambo* allerdings nur im Kampf. Im privaten Bereich sind sie eher unsicher oder asexuell.

Bei seinem Versuch, auf eine Frau zuzugehen, wirkt Stallone in *Rocky I* zunächst wie ein unsicherer Dreizehnjähriger, der es zum ersten Mal mit einem Mädchen zu tun hat. «Hauptsache, du quatschst», gibt ihm sein Freund noch mit auf den Weg. Und das macht er dann auch ununterbrochen. Obwohl beide gleich unerfahren sind, gelingt es ihm, seine Unsicherheit zu überspielen und die «Führung» zu übernehmen. Paradoxerweise wirkt er schließlich ganz erfahren und einfühlsam. Die Botschaft ist klar: Lass es «sie» nicht merken, dass du keine Ahnung hast, dann wird es schon gut gehen. In Wirklichkeit ist es für Jungen allerdings nicht so einfach wie im Film ...

Auch Arnold Schwarzenegger, der zweite muskelbepackte Superheld, hat mit Frauen wenig am Hut. Kampf geht ihm über alles. In *Conan der Barbar* gibt es zwar eine Reihe von Sexszenen, aber als das Abenteuer ruft, ist das wichtiger, und der Held macht sich von dannen – wie Parzivals Vater im Gralsmythos viele Jahrhunderte zuvor.

Bruce Willis schließlich, dritter der großen Actionhelden der achtziger Jahre (*Stirb langsam I* bis *III*), hat immer seine Probleme mit Frauen. Auch ihm fällt es leichter, sich durch Dreck und Schlamm zu kämpfen und mit Männern zu prügeln, als seine Beziehungen auf die Reihe zu bekommen.

Diese Bilder lassen sich als Reaktion auf die Frauenbewegung verstehen: Viele Männer fühlen sich durch die Kritik am Macho-Verhalten verunsichert und ziehen sich auf sich selbst zurück. Die weiblichen Nebenfiguren sind nicht mehr Sexual- und Lustobjekte wie noch in den James-Bond-Filmen der sechziger Jahre. Stattdessen erscheinen sie als idealisierte, asexuelle und mütterliche Gestalten oder aber als gefährliche und bedrohliche Figuren («Heilige und Hure») – wenn denn überhaupt Frauen vorkommen. Der Spannung zwischen den Geschlechtern wird daher ausgewichen. Frank Herrath meint, dass sich in den Actionfilmen zunehmend die Angst vor der Frau ausdrückt. «Die männermordenden Vamps sind attraktiv, dämonisch, mysteriös, hypersexualisiert. Sie sind Hexen, schwarze Spinnen, die die Männer erst lieben und dann töten. Sie sind autonom, dominant, tückisch und unberechenbar», schrieb er 1987 über Frauengestalten in Actionfilmen. Exzessive Sexualität geht in Actionfilmen fast immer von Frauen aus, ist bedrohlich und lenkt den Helden von seinen wichtigen Aufgaben ab. Solche gefährlichen Frauenfiguren gibt es nach wie vor. So wirkt der Held im Kassenschlager des Jahres 1992, *Batmans Rückkehr*, im Vergleich mit seiner Gegenspielerin *Catwoman* blass und farblos. Und die vielleicht interessanteste Figur in der Kino-Neuauflage der *X-Men* ist ein nackte Frau mit blauer Reptilienhaut – die ihre Gegner erfolgreich täuscht, indem sie das Aussehen jeder beliebigen Person annehmen kann und diese anschließend kaltblütig und selbstbewusst erledigt. Die «guten» Frauen des Films wirken dagegen von ihren eigenen Kräften oft überfordert und lehnen sich in kindlicher Weise an die männlichen «Helden» an – zur Standardszene nicht nur jeden Actionfilmes gehört es, dass eine Frau sich verstört an die Schulter eines Mannes lehnt und von ihm getröstet wird.

Obwohl die Actionhelden selten die Gelegenheit ergreifen, ihre Potenz unter Beweis zu stellen, bezeichnet Herrath Actionfilme als «eindeutig erotisch und sexuell». Was die Männerkörper ihre lebendige Ausstrahlung verlieren lässt, ist nicht der Körperkult, sondern ihre Instrumentalisierung zur Kampfmaschine. Besonders deutlich wird das bei dem von Schwarzenegger dargestellten *Terminator*, der ein «Cyborg», ein Roboter mit menschlichem Äußeren, ist (siehe unten). Erotische und sexuelle Gefühle richten die Helden auf ihre Waffen. Im Actionfilm *Zum Töten freigegeben* sagt der Held über sein Maschinengewehr: «Das ist mein stiller Partner. Wenn dieses Mädchen jemand was ins Ohr flüstert, bewirkt das einiges.» Auf die Frage, wie seine Ehe gewesen sei, antwortet er: «Kambodscha hat mehr Spaß gemacht!» Herrath beschreibt «Liebesszenen zwischen Mann und Maschine» – ein «religiös-sexuelles Ritual» – oder «orgiastische Bedienung der Bordkanonen». Er fasst zusammen: «Diese Helden brauchen keinen Sex mit Frauen, sie haben ihn mit ihrer Knarre. Es scheint, als sei die Knarre noch nicht mal das Substitut. Sie ist männliches Sexualorgan: Top Gun» (Herrath, 1987, S. 126 f.). In der Tat kann Gewalt mit sexueller Erregung verbunden sein, und manche gewalttätigen Jugendlichen und Männer berichten von solchen Bildern.

Was fasziniert Jugendliche an brutalen Helden?

Aus Interviews mit einigen Jugendlichen fand Monika Reimitz einiges darüber hinaus. Die Jugendlichen bewundern die körperliche Kraft und den starken Willen der Helden. «Insbesondere die Figur von *Rambo* dient als Vorbild, wie man Situationen im Alleingang meistern kann. Die oftmals gespürten Gefühle von Ohnmächtigkeit, Einsamkeit, des Sich-allein-gelassen-Fühlens, wird hier von den Jugendlichen in ihrer Heldenfigur zur Tugend gewandelt und bewundert.» (1987, S. 51) Idealisiert wird der Typ des unbesiegbaren Einzelkämpfers, der nicht kleinzukriegen ist. In der Identifizierung mit ihm werden die ungeliebten und «un-männlichen» Gefühle von Schwäche und Hilflosigkeit verdrängt.

Das geht auch Jugendlichen so, die den Film nur als spannende Unterhaltung sehen und selbst überhaupt kein *Rambo* sein wollen. «Was ist daran unterhaltend, wenn jemand andere Leute platt macht?», fragt sich Arnim und stellt beim Überlegen fest, dass ihn die körperliche Macht doch beeindruckt. «Ich gehe Schlägereien und Typen, die mich provozieren, aus dem Weg – aber wenn die mir alle nichts anhaben könnten, würde ich nicht klein beigeben. Es ist kein sonderlich befriedigendes Gefühl, den Schwanz einziehen zu müssen.» Obwohl das gewalttätige Verhalten des Helden für Arnim keine Alternative ist, bleibt das Bild des mächtigen Muskelmannes attraktiv und wirkt im Hintergrund weiter, besonders beim Blick auf die eigenen, weniger beeindruckenden körperlichen Möglichkeiten.

In diesem Zusammenhang ist interessant, wie Stallone sich selbst und seine Rolle als Held sieht. 1992 beschrieb er sich in einem Interview mit der Zeitschrift TV-Movie (Nr. 21) als in der Tradition archaischer Mythen stehend, die im Unterbewussten und in den Träumen des Menschen weiterleben, zum Beispiel dem Mythos von *Herakles*. «Und je näher du an diesen archaischen Mythen bist, wenn du einen Filmhelden schaffst, desto mehr triffst du den Nerv des Zuschauers.» Damit weckt er den Helden im Zuschauer: «Ich küsse den Frosch, und er wird ein Krieger.»

Im Märchen will der Frosch von der Prinzessin geküsst werden (oder zumindest von ihrem Tellerchen essen), und er will nicht Krieger werden, sondern mit der Prinzessin schlafen. Aber von den homoerotischen Untertönen von Stallones Kriegerbild einmal abgesehen: Eine solche Aussage ist nur unproblematisch, solange sie mehr oder weniger auf der Ebene innerer Bilder bleibt. Auch der Männerguru Bly und seine Nachfolger sprechen vom «Krieger», wenn sie die Fähigkeit zu klarer Abgrenzung und konstruktive Aggression meinen.

Problematisch wird dieses Bild, wenn es nicht mehr symbolisch verstanden wird. Nach Ansicht von H. D. Koenig ist die *Rambo*-Mentalität «der Niederschlag von Lebensentwürfen, die den amerikanischen Soldaten tatsächlich eigen waren, die nach Vietnam gingen, um Brunnen zu vergiften, Reisfelder zu vernichten, Dörfer in Brand zu setzen und ihre Bewohner niederzumetzeln» (1987, S. 45).

Dass diese Analyse nach wie vor aktuell ist, wird nicht zuletzt an den Gewaltexzessen im ehemaligen Jugoslawien deutlich. Männer demütigten, quälten und erschossen andere Männer, Frauen und Kinder. Zahlreiche Frauen, aber auch Männer wurden vergewaltigt, wobei Vergewaltigungen von Männern noch mehr tabuisiert werden.

Rambo, *Conan* und die anderen harten Actionhelden sind keine obrigkeitstreuen Soldaten. In manchen Situationen wirken die oft langhaarigen Fighter sogar wie antiautoritäre Rebellen. Dennoch ist es der Prototyp des «soldatischen Mannes», der sich hier abzeichnet (vgl. Theweleit 1980 b, S. 162). Es ist ein Mensch, der kein Einfühlungsvermögen erlebt und entwickelt hat und dem empfindsame, zärtliche und lustvolle Körpererfahrungen ausgetrieben wurden. Das fehlende Gespür für den eigenen Körper wird dann durch Gewalt von außen ersetzt: «Ich fühle Schmerz, also bin ich.» Er muss sich davor schützen, ausgeblendete Gefühle von Schmerz, Schwäche und Verzweiflung wahrzunehmen, indem er Frauen abwertet und verachtet oder auch durch Idealisierung auf Distanz hält. Eine Frau, die dem Helden zu nahe kommt, muss im Film daher sterben. «Das ist *Conan*. Er weint nicht. Er kann nicht weinen», heißt es im Film über *Conan der Barbar* (1982), als der Held mit versteinerter Miene am Grab seiner Geliebten steht (ein Thema, das Schwarzenegger noch weiter beschäftigen wird – siehe unten). Dafür stürzt er sich sogleich in den nächsten brutalen und verzweifelten Kampf.

Wie ein Junge einen Mann zum Menschen machen will

Nachdem Stallone jahrelang die unangefochtene Nr. 1 des *Action*-Films war, wurde er 1991 von Schwarzenegger überflügelt. *Der Terminator II* war der Filmerfolg des Jahres. Die männlichen Leser der Jugendzeitschrift Bravo wählten ihn 1992 zum besten Schauspieler des Jahres – dass er dennoch nur Platz zwei erreichte, lag daran, dass die Mädchen den menschlicheren Kevin Costner (*Robin Hood*) bevorzugten. Der Film dagegen landete unangefochten auf Platz 1. Seine Handlung ist differenzierter als die vieler anderer Actionfilme, einschließlich des Vorgängers *Der Terminator*, und daher eine genauere Analyse wert.

Zwei Maschinen-Männer werden aufeinander losgelassen. Der eine vertritt das Gute, der andere das Böse. Eine Frau und ein Kind sorgen für die Gefühle. Drum herum eine Orgie von Action und Effekten: Maschinen und Waffen, Verfolgungsjagden und Explosionen. Am Ende siegt natürlich das Gute. So weit, so bekannt.

Aber so einfach ist es nicht.

Maschinen-Mann Nr. 1, Arnold Schwarzenegger, hat im letzten Film (*Der Terminator*) die Frau umbringen sollen. Diesmal tritt er, neu programmiert, als Beschützer auf. Die Frau, in die Psychiatrie gesperrt, weil ihr niemand glaubt, was sie erlebt hat, hat Waffen gehortet und prügelt sich «wie ein Mann». Der Junge, mit zehn Jahren schon vorbestraft, erklärt dem Maschinen-Mann, dass Menschen lächeln und weinen. Der Feind schließlich ist der «militärisch-industrielle Komplex», der dank unkontrollierter Computerentwicklung Bewusstsein entwickelt und mittels Atomkatastrophe in der Zukunft die Menschheit beinahe ausgelöscht hat.

Zunächst eine kurze Zusammenfassung der Handlung des Films: Im Jahre 2029, 32 Jahre nach der Vernichtung der Menschheit durch einen von Maschinen ausgelösten Atomkrieg, schickt der große Computer einen «Terminator», einen künstlichen Menschen, in die Vergangenheit. Er soll den Anführer der noch Widerstand leistenden restlichen Menschen töten, als der noch Kind war. Der Gegenseite gelingt es, ebenfalls einen Terminator als Beschützer zu schicken – vom Anführer dazu programmiert, ihm selbst (als Kind) in allem zu gehorchen.

In der Gegenwart angekommen, schützt Arnold nicht nur John (den Jungen) vor dem anderen Terminator, sondern sie befreien auch seine Mutter und starten schließlich eine Aktion, die die Zukunft verändert: Sie überzeugen den Computerfreak, der für die Entwicklung der bewusst gewordenen Maschine verantwortlich ist, vom Wahnsinn seines Tuns und bringen ihn dazu, seine gesamte Arbeit zu vernichten, inklusive des Mikrochips, der die menschheitszerstörende Zukunft repräsentiert. Am Ende kann der Terminator zwar nicht Mensch werden – er muss sich selbst vernichten. Aber er hat das Leben schätzen gelernt, und die Zukunft ist offen – «No Fake» steht zwischendurch in den Sand geschrieben: «es gibt kein Schicksal» lautet die Botschaft aus der Zukunft.

John, der vorpubertäre Junge, ist nicht gerade das typische wohl behütete Mittelschichtskind. Seinen Vater kennt er nicht, seine Mutter, jahrelang allein erziehend, ist nun in der Psychiatrie. Die Pflegeeltern, bei denen er zu Beginn des Films lebt, findet er ziemlich bescheuert, und darum gehorcht er ihnen auch nicht. Stattdessen fährt er, mit zehn Jahren, auf seinem Motorrad wie ein Wilder durch die Gegend, knackt Geldautomaten («leicht verdientes Geld») und verballert es anschließend an Spielautomaten. Immer einen lockeren Spruch auf den Lippen, findet er es «schrill», «seinen eigenen Terminator» zu haben, bleibt auch in den wildesten Verfolgungsjagden «cool» und übernimmt notfalls auch das Steuer des Wagens. Über die ihm von der Mutter zugedachte spätere Rolle des Anführers der Menschheit ist er gar nicht glücklich, aber ansonsten liebt er sie über alles, begibt sich für sie in jede Gefahr und rettet sie aus höchster Not.

Sie ist darüber nicht immer so erfreut – «Ich kann für mich selbst sorgen», faucht sie ihn an, als sie aus der Klinik befreit wird, und das glaubt ihr der Zuschauer auch. Schließlich hatte sie sich schon beinahe selbst den Weg nach draußen geprügelt. Sie hat nicht nur Waffen gehortet, sondern zögert auch nicht, sie einzusetzen. Wir erfahren, dass sie mit jedem Mann ins Bett ging, von dem sie meinte, etwas lernen zu können – einer für länger war nicht dabei. Kurz: Sie ist die freie, starke, selbstbewusste und emanzipierte Frau, die trotzdem verantwortlich Mutter bleibt und mit Löwenmut ihren Sohn beschützt. Die Szene, in der sie sich ihre Liebe gestehen, ist die, in der in anderen Filmen sich das Liebespaar in die Arme fällt. Sie hat etwas Inzestuöses, aber die enge Mutterbindung verwundert nicht – beide sind im Leben durcheinander genug, um sich aneinander festhalten zu wollen. Als die Mutter aber im «feministischen» Eifer den verunsicherten Computerbastler anbrüllt, es seien Männer wie er, die die Wasserstoffbombe erfunden hätten, die auch jetzt die Vernichtung der Menschheit ermöglichen würden – die aber nicht wüssten, wie es sei, Leben zu erschaffen, in sich wachsen zu lassen (ein unter friedensbewegten Feministinnen tatsächlich verbreiteter Gedankengang): Da fährt ihr der Junge über den Mund, sorgt für Sachlichkeit und konkrete Aktion. Im Grunde gibt er ihr vielleicht sogar Recht – aber hier geht es um die Frage, wie Männer zu erreichen sind. Der Junge weiß es.

«Arnold, Arnold!» – Rufe aus dem Publikum machen deutlich, wer für die jungen Männer der Held des Films ist. Der Mann, die Maschine. Keine Gefühlsregung zeigt sich in seinem Gesicht. Der Körper ein Muskelberg, darunter Stahl (Männerkörper – «hart wie Stahl»). Beinahe unverwundbar, fühlt er keinen Schmerz. Für viele männliche Jugendliche ist die übermenschliche und unzerstörbare Kraft des Helden faszinierend. Arnold ist ideale Projektionsfigur für Unbesiegbarkeits- und Unverwundbarkeitsphantasien. Er lässt sich nicht kleinkriegen und zeigt es allen: Die Deutung, dass damit Ohnmachtgefühle im realen Alltag kompensiert werden sollen, liegt nahe. Der Terminator denkt logisch und nur das, worauf er programmiert ist, und das ist: Töten. Die «Männlichkeitsmaschine» also. Mit einem Unterschied: Er ist lernfähig. Immerhin war er im vorherigen Film selbst der Zerstörer, gegen den er jetzt antritt. «Je mehr ich mit Menschen zusammen bin, desto menschlicher werde ich», teilt er uns mit.

Und da hilft John nach Kräften nach – «damit du nicht mehr so ätzend bist». Er lässt keine Zweifel darüber offen, wie er solche Männer findet. Er bringt ihm nicht nur Lächeln und allerlei menschliche Redewendungen bei («Null Problemo»), sondern befiehlt ihm zunächst einmal, nicht zu töten. So bleibt es, trotz aller Schießerei, ein überwiegend unblutiger Film, zerstört werden meist Dinge, nicht Menschen. Wenn es sich nicht vermeiden lässt, schießt Arnold auf die Beine.

Dies ist überhaupt eine geniale Konstruktion: John, als Erwachsener, hat Arnold programmiert, John, dem Kind, in allem zu gehorchen und ihn zu beschützen. So wird der Vater zum Diener des Sohnes und kann von ihm lernen, was es heißt, ein Mensch zu sein. «Warum weint ihr?», fragt der Terminator in einer Szene des Films. «Wenn es wehtut», erklärt John, und als Arnold nicht versteht: «Es kann alles ganz in Ordnung sein» (körperlich), «aber trotzdem tut es weh.» Und es *tut* weh: verlassen und verlassen zu werden, die Mutter so sehr zu lieben, sich von dem lieb gewonnenen Beschützer trennen zu müssen. Anfangs wischt er die Tränen noch weg – wie übrigens auch die Mutter: «Es ist nichts.» Aber später schämt sich John seiner Tränen nicht mehr. Und auch wenn sich der Terminator nicht in einen Menschen verwandeln kann – zumindest versteht er schließlich. «Von all den Vätern, die in all den Jahren gekommen waren», sagt die Mutter, «war dieser der Beste», und: «In einer Welt, die verrückt geworden war, war eine Maschine die beste Alternative.»

Der Feind, der andere Terminator, ist der «böse Mann»: Technisch perfektioniert, eine grausame Killermaschine, äußerlich zu jeder Anpassung und Verwandlung fähig, nur seinem einprogrammierten Auftrag folgend. Er ist damit das vollkommene Modell destruktiv gewordener Männlichkeit. Auch wenn die Faszination technischer Effekte einen großen Teil der Wirkung des Films ausmacht: Der bewusst gewordene Computer und das Atomkriegsszenario, in Bildern des Grauens und der Zerstörung ausgebreitet, spiegeln die Angst vor der durchgedrehten Technik und der Zerstörung unserer Lebensgrundlagen wider.

Der Tüftler, der die Entwicklung ermöglicht hat: auch er ein typischer Mann. Im Sog der immer weiter gehenden Möglichkeiten sitzt er am Computer, ohne sich Gedanken über Verantwortung und Konsequenzen zu machen. Was ihn antreibt, ist die Faszination des technisch Machbaren. Später fragt er: «Wie hätten wir das wissen können?», wie es schon manche Forscher gefragt haben, denen die Folgen ihres Forschens erst klar wurden, als es zu spät war. In diesem Fall zeigt er jedoch nicht nur Einsicht, sondern auch den Mut, sein Werk zu zerstören (obwohl er dabei selbst ums Leben kommt).

Schließlich der Chip als Symbol der destruktiv gewordenen Technologie, ein zerstörerischer und gefährlicher «Stein der Weisen». Er wird am Ende vernichtet von Menschen, die begriffen haben, dass Wissen nicht gleich Weisheit ist.

Arnold, der Terminator, entspricht dem männlichen Stereotyp: Stark und hart (Terminatorherz kennt keinen Schmerz!), ohne Zugang zu Gefühlen und immer zum Kampf bereit. Aber er ist auch der Mann in Veränderung: Er ist für den Jungen da, anstatt ihn seiner Autorität zu unterwerfen; er fragt, lernt und begreift; er nimmt den weinenden Jungen in den Arm. Kurz: Er wird menschlich. Damit bekommt er jenseits der Unbesiegbarkeits- und Unverwundbarkeitsphantasie auch realistische Qualitäten.

Zwar trifft die Kritik zu, dass hier wie so oft Gewalt als Lösungsmittel für Konflikte dargestellt wird. Andererseits hat sie eine Grenze. Dem absoluten Zerstörer wird eine Gegenkraft gegenübergestellt, die nicht nur auf Seiten des «Guten» für die Rettung der Welt kämpft, sondern auch im Kleinen das Leben als Wert achten lernt. Statt den Urheber der katastrophalen Entwicklung, den Computerfreak, einfach abzuknallen (wie es die Mutter vorhat), wird er zum Nachdenken über die Folgen seines Tuns angeregt – Bewusstsein als Schlüssel zu Veränderung. Zudem wird Arnold mit John eine Figur zur Seite gestellt, die mit List, Geistesgegenwart, intelligenter Klarheit und emotionaler Hingabe genauso viel bewegt wie der Terminator mit seiner Kraft.

Sicher sind es die technischen Tricks, der Feuerzauber, der die Jugendlichen fasziniert. Zerstört werden aber vor allem die Symbole der Zivilisation: Autos, Maschinen, Hochhäuser. Ich muss an den Spruch «Schade, dass Beton nicht brennt» denken – hier geht er in Flammen auf. Wirklich grausam sind dagegen die Bilder, die das Grauen des von den Maschinen entfesselten Atomkrieges darstellen.

Die «Arnold»-Rufe zeigen die Begeisterung, die diese Figur bei männlichen Jugendlichen auslösen kann; sie kennen den Film, warten auf jede Szene, in der es «Arnold» den anderen mal wieder zeigt. Für mich ist der Held des Films aber John, der Junge. Als Kind aus «zerrütteten Verhältnissen» hält er nichts von Gehorsam und gesellschaftlicher Anpassung. Er ist einer von den vielen Jungen mit schlechten Chancen, die wir aus Mangel an Perspektive in die Kriminalität absinken sehen. Wie er mit Mutter und «Ersatz-Vater» umspringt, ist manchmal provozierend. Erwachsene brauchen innere Stärke, um hier nicht auf Konfrontation zu gehen, aber auch nicht abzutauchen, sondern neben dem neunmalklugen Großmaul auch noch den schutz- und liebesbedürftigen Jungen zu sehen. Ich finde es beachtlich, dass ein Junge in einem solchen Film weint. Viele Jungen haben sich das Weinen in diesem Alter bereits abgewöhnt – er lernt, dazu zu stehen und es als menschlichen Ausdruck von Gefühlen zu akzeptieren.

Was John sucht, sind verlässliche Gegenüber, die ihn nicht für ihre Interessen benutzen wollen, die akzeptieren, dass Kinder über vieles besser Bescheid wissen als Erwachsene und dass es die Kinder sind, die in der Welt von morgen leben müssen. Für mich symbolisiert er die Hoffnung, dass es einer verunsicherten Jungengeneration trotz düsterer allgemeiner Aussichten gelingen kann, einen lebendigen und menschlichen Weg in die Zukunft zu finden. Töten ist seine Sache nicht – er will leben. Was er (und alle Jungen und alle Mädchen) dabei braucht, sind starke Frauen – und Männer, die ihre Menschlichkeit entdecken. Das Effektgetöse drum herum, das insbesondere männliche Jugendliche begeistert, macht dieses Bild zumindest nicht völlig zunichte.

Wenn der Terminator sich am Ende des Films selbst vernichten muss, so deshalb, weil der Mann als Maschine letztlich doch nicht lebensfähig ist; er wird eingeschmolzen(!). Was nicht gelöst wird, ist die Bindung zwischen Mutter und Sohn. Sie fahren gemeinsam im Auto weg – er bleibt der «Mann» an ihrer Seite …

Am Schluss des Films ist die Zukunft offen. «Wenn sogar eine Maschine das Leben schätzen lernt», kommt die Stimme der Mutter aus dem Off, «dann haben wir ja vielleicht auch noch eine Chance.»

Der letzte Action-Held

Mit dem Einschmelzen des Helden kündigte der Höhepunkt des Actionfilms bereits das Ende des Helden alten Stils an. Ein Jahr später kam dann ein Uralt-Held mit dem «erfolgreichsten Kassenstart aller Zeiten» (den gibt es allerdings inzwischen fast jedes Jahr) auf die Leinwand: *Batmans Rückkehr.* Helden oder Identifikationsfiguren gibt es in diesem Film allerdings nicht. *Batman* wirkt darin wie ein alt gewordener «braver Junge», der bald in die Midlife-Crisis kommen wird. Er rettet niemanden, er vernichtet keine Feinde (das regeln die Gegenspieler unter sich) – im Grunde ist er überflüssig. Am Ende sind alle zusammen Verlierer und allein oder tot. Ist die Zeit der Superhelden vorbei? Inzwischen bestbezahlter Hollywoodstar aller Zeiten, brachte Schwarzenegger 1993 eine aufwendige Selbstinszenierung in die Kinos: den *Last Action Hero*. Der Film wurde ein Flop.

In der Film-im-Film-Geschichte vom *Action*-Helden *Jack Slater* und seinem zehnjährigen Verehrer *Danny* parodiert Schwarzenegger auf teilweise durchaus witzige Weise sich selbst und das ganze Genre. Und legt offen, was Psychologen sonst nur hinterher in entsprechende Filme hineininterpretieren. Woran erkennt *Danny*, dass er in einem Film ist? «Sonst würden sie mich nicht zu deinem Partner machen, sondern ins Erziehungsheim stecken.» Und *Slater* muss feststellen: «Ich finde es nicht leicht zu entdecken, dass mein ganzes Leben nur ein Film war.»

Die Explosionen und Verfolgungsjagden bauen keine Spannung mehr auf, sondern sind so überzogen, dass auch der treueste *Action*-Fan sie nicht mehr ernst nehmen kann. Schon hier ist *Slater* als Held nicht mehr überzeugend. Als er dann ins «wirkliche» Leben kommt, ist es ganz vorbei: Hier tut ihm die Hand weh, wenn er eine Scheibe einschlagen will, und beim Autocrash rettet ihn nur der Airbag. «Die Heldentaten haben ein Ende» – weil in der wirklichen Welt auch die Bösen die Gewinner sein können.

Da bleibt natürlich kein Platz mehr für Allmachts- und Unverwundbarkeitsphantasien, und die Fans sind verständlicherweise irritiert. Tatsächlich ist *Last Action Hero* kein *Action*-Film, sondern ein Beziehungsfilm. Was im *Terminator II* nur mitschwingt, wird hier zum Mittelpunkt der Handlung: *Slater* ist ein typischer beziehungsloser Mann, der ein Privatleben nur vortäuscht und in der Depression versinkt, als er arbeitslos wird. Und *Danny* ist ein sensibler, intelligenter Junge, dem der Vater fehlt. Vor der Schule und seiner überforderten, berufstätigen und allein erziehenden Mutter flieht er in die Filmwelt. Können die beiden einander helfen? Nach außen präsentiert sich Schwarzenegger als «Papa der Nation» und spart nicht mit Botschaften. «Die Welt ist, was du daraus machst», sagt er zu *Danny*, der die (reale!) Welt «entsetzlich» findet.

Aber ein genauerer Blick zeigt, dass der Junge im Grunde allein gelassen wird. Er muss nicht nur mit dem Verlust seines Idols fertig werden. *Slater* versteht sich auch noch prächtig mit *Dannys* Mutter («Ich habe noch nie einfach so mit einer Frau geredet!») und redet ihm ins Gewissen, weil er sie in Angst versetzt hatte. Plötzlich ist er nicht mehr der nette Kumpel, sondern Erziehungsperson. *Danny*, durch diesen Loyalitätsbruch zu Recht schwer verletzt, schimpft vor sich hin: «Schlappschwanz! Gleich reden sie über Sex!» Aber als braver Junge rettet *er* am Ende natürlich trotzdem seinen «Helden» und bringt ihn in die Filmwelt zurück. Der dankt es ihm so: «Ich bin nur ein imaginärer Held. Ich muss hier sein (in der Filmwelt, T. R.), damit du mich immer finden kannst. Und du musst draußen bleiben und an mich glauben. Und du musst mir einen Gefallen tun und dich um deine Mutter kümmern.» Dass *Slater* in Zukunft kein Killer mehr sein will, spielt da kaum noch eine Rolle. Die ganze Belastung bleibt am Jungen hängen: Er muss in der schwierigen wirklichen Welt allein zurechtkommen, er muss für seine Mutter da sein, und dann muss er noch an den Mann glauben, der den Glauben an sich selbst verloren hat. Na, danke! Kein Wunder, dass *diese* allzu realistische Botschaft bei männlichen Jugendlichen nicht so sonderlich gut ankommt.

Was junge Männer wirklich wollen

Da hat Stallone anderes zu verkünden. Zwar will auch er nicht mehr Gewalt als Selbstzweck, und in *Cliffhanger* ist er als Held gefühlvoller und verletzlicher als in den Filmen der 80er Jahre, aber Härte ist noch lange nicht «out». Im *Demolition Man* trifft er als «härtester Cop des 21. Jahrhunderts» auf den «brutalsten Killer» dieser Zeit. Auch hier findet sich Parodie, aber mit anderer Zielrichtung. Im Jahre 2032 ist eine friedliche Welt beinahe Wirklichkeit geworden – eine Mischung aus *Schöne Neue Welt* und vegetarischem *New Age*. Und: nichts mehr los! «Sehnst du dich nicht danach, dass mal was passiert?», fragt die gelangweilte Sergeantin *Huxley*. Aber es gibt ja Stallone, der weiß, was Männer und manche Frauen brauchen! Als übereifriger Cop vierzig Jahre zuvor eingefroren, wird er aufgetaut, um einen ebenfalls wieder zum Leben erweckten Killer zu jagen.

Junge Männer, das wird klar, wollen *Action*. Sie haben keinen Bock auf Frieden und scheinheiliges Psychogelaber, sondern wollen «frei» sein, und das heißt: «viel rauchen, Fleisch essen, den Playboy lesen». Frauen muss gezeigt werden, wo es im Bett langgeht. Als ihm *Huxley* bekannte Stallone-Deutungen vorhält («immer cooler Superheld … in Wirklichkeit unsicherer Junge» usw.), blockt er ab: «Ich mache nur meinen Job.» Der besteht vor allem darin, Männern zu ihrer «Freiheit» zu verhelfen. Und die Frau wieder auf ihren Platz zu verweisen, und der ist auf dem Rücksitz des Autos! Da *Huxley* allerdings im Kampfsport besser als der Cop ist und ihm sogar das Leben rettet, muss sie vor dem Abschlusskampf leider mit dem Elektroknüppel lahm gelegt werden – sie könnte dem Helden ja sonst die Show stehlen. Erst danach darf sie sich vom Helden küssen lassen – mehr zeigt Stallone auch diesmal nicht!

Dies alles ist so platt, dass es witzig wirken könnte. Aber es ist zu befürchten, dass dieses «veraltete Männlichkeitsmodell», das hier in das neue Millennium transportiert wird, von vielen jungen Männern tatsächlich noch ernst genommen wird. «Ich bin ein Stereotyp, und da kann ich eben nicht ausbrechen», meint Stallone selbst (Cinema, Nr. 12/93). Wie wahr! Obwohl sich die Regie alle Mühe gibt, Stallone als einzige ernst zu nehmende Person des Films darzustellen, kommt er allerdings gegen seinen schwarzen Gegenspieler Wesley Snipes nicht an. Ein Kritiker in der *tageszeitung*: «Snipes spielt Sly an die Wand und beweist, dass die Zeit der tumben weißen Muskelmänner endgültig vorbei ist. Jetzt kommen die drahtigen Schwarzen mit Köpfchen.» Snipes wurde in der Tat zum erfolgreichen Actionstar und damit zu einer Symbolfigur für den Aufstieg von Schwarzen ins Establishment.

Nach wie vor werden reine Actionfilme produziert, aber in den letzten Jahren wurden sie in den Kinos nicht mehr zu Megasellern. Versuche von Schwarzenegger, an seine alten Erfolge anzuknüpfen, schlugen fehl. In *Erasor* oder in *End of Days* knallt es viel, und der Held schlägt um sich, aber das Muster funktioniert nicht mehr. Die «Spur» der Actionfilme läuft weiter, aber sie verläuft in verschiedenen Richtungen. Thriller und Krimis gibt es nach wie vor, aber ihnen fehlt das mythische Element, das für «richtige» Helden charakteristisch ist. Science-Fiction-Filme leben zunehmend von computeranimierten Effekten, hinter denen Handlung und Hauptfiguren zurücktreten. Wie in der heutigen Wirklichkeit gibt es keine individuellen Helden mehr, die als Einzelkämpfer die Verhältnisse umwälzen.

In Action-Komödien wiederum sind die «Helden» nur noch Witzfiguren. In den *Jackie Chan*-Filmen geht viel in die Luft, und *Jackie* beeindruckt mit grandiosen Stunts, macht sich aber dabei oft lächerlich und gelangt mehr durch Zufall schließlich doch zum Ziel. Wirkliche Helden scheint es nur noch in der Vergangenheit zu geben, was zu einer Welle von historischen Filmen wie *Brave Heart* oder *Der Patriot* geführt hat, in denen die Helden es noch ernst meinen. Arnim erwähnt den *Gladiator* als beeindruckenden Helden, weil er sich nicht anpasst, für seine Ziele kämpft und dabei auch noch realistisch wirkt. «Es hat immer Menschen gegeben, die in Widerstand gelebt haben, aber es hat keine Menschen gegeben, die aus eigener Kraft vom Nordpol zum Südpol fliegen und die ganze Welt aufmischen konnten.»

Bruce Willis dagegen versucht sich nicht ohne Erfolg in *The Sixth Sense* als Kinderpsychotherapeut – wer hätte das ein Jahrzehnt vorher für möglich gehalten, als er sich nur durch Dreck und Schlamm robbte? Als Dr. Crowe steht er dem von Ängsten gepeinigten neunjährigen Cole zur Seite, der die Geister der Toten sieht. «Erinnern Sie sich noch an mich, Sie Superheld?», fragt ihn zu Beginn ein verzweifelter ehemaliger Patient, dem er als Kind nicht hatte helfen können. Wie sich zeigt, hat der kleine Cole eine große Aufgabe: Er muss den Geistern der Toten helfen, unerledigte Dinge zu Ende zu bringen. Auch seinem Therapeuten, der unter der Entfremdung von seiner Frau leidet, gibt er schließlich den entscheidenden Tipp, ihr im Schlaf zu gestehen, wie sehr er sie liebt. Dass dabei herauskommt, dass Dr. Crowe schon längst tot ist und nur in der Wahrnehmung des Jungen existierte, macht da auch nichts mehr. Cole selbst steht am Ende als König Artus auf der Bühne im Schultheater. Wenn die Männer keine Helden mehr sind, müssen es halt die Jungen sein.

Ein kleiner Junge muss die Welt retten

Im Jahr 1997 zogen Kinder und Erwachsene gemeinsam in den «Krieg der Sterne». Mit überzeugenderen Tricksequenzen, dramatischeren Explosionen und ergänzt um zusätzliche Monster gelang Spielberg mit dem Remake der *Star Wars*-Trilogie aus den Jahren 1977 bis 1983, des damals erfolgreichsten Science-Fiction-Films aller Zeiten, noch einmal ein großer Wurf. Wer allerdings damals von *Star Wars* begeistert war, hat jetzt selber Kinder – und die werden mit ins Kino genommen. So wird der Film ein Ereignis für die ganze Familie.

Trotz allem Pathos und Geknalle hat das Drama um *Luke Skywalker,* die Yedi-Ritter und den dunklen Abtrünnigen *Darth Vader* einen revolutionären Touch, der an das kleine gallische Dorf von Asterix und Obelix erinnert. Schließlich ist es hier «das Imperium», das bekämpft werden muss, und nicht ein entsetzlicher außerirdischer Feind wie im patriotischen Heldenepos *Independence Day,* das zuvor auf Platz eins der Science-Fiction-Hits stand. Und *Yodi*, der kleine weise Gnom, ist wirklich eine ursympathische Person. Welcher Junge hätte nicht gern so einen Großvater?

1999 kam dann *Episode 1* ins Kino, die Vorgeschichte der Weltraumsaga – sie konnte, so heißt es, vor zwanzig Jahren noch nicht gedreht werden, weil die technischen Möglichkeiten noch nicht weit genug entwickelt waren. «Die Geschichte lohnt nicht, erzählt zu werden», meinen Schnack und Neutzling (2000) und sehen in der Handlung nur einen Aufguss alter Heldenmythen. Dem würden viele Jungen sicherlich nicht zustimmen. Der neunjährige Jonas zum Beispiel, ein verträumter und eher unsicherer Junge, fand den Film so toll, dass er ihn in einer therapeutischen Spielstunde gern mit mir nachspielen möchte. Ich kenne den Film noch nicht, bin also darauf angewiesen, dass Jonas mir erzählt, was ich dabei zu tun habe.

Zunächst werde ich zum Yedi-Ritter ernannt. Ich bin Lehrer, Jonas ist *Anakin*, mein Schüler. In erster Linie will Jonas kämpfen lernen – nicht einfach so, sondern so wie im Film, nach den echten Regeln der Yedis. Nach einer Weile werde ich vorgeschickt, gerate in große Gefahr – und komme darin um. Leider sieht sich Jonas nicht in der Lage, mich zu retten, und will mir stattdessen den «Gnadenstoß» geben. Ich will aber nicht sterben, und ohne groß nachzudenken, wehre ich mich dagegen. Ich weiß ja nicht, dass der Lehrer im Film wirklich stirbt. Ich weiß allerdings, dass Jonas in seinem Leben schon ein paar Mal Vaterfiguren «sterben» lassen musste. Nach der Trennung seiner Eltern lebt er inzwischen mit seiner Mutter und deren neuem Partner zusammen. Auch hier gab es aber Krisenphasen, in denen die Mutter mit den Kindern zeitweise aus der neuen Gemeinschaft wieder auszog. Kinder können Trennung durchaus als «Tod» einer Beziehung erleben.

Da ich nicht «sterben» will, gibt Jonas schließlich nach: Er «heilt» mich mit einem «Heilschwert». Natürlich braucht er mich noch, denn noch hat er nicht genug gekämpft. Nach einer Weile zitiert er einen Satz aus dem Film, der ihn beeindruckt haben muss: «Aus Angst wird Hass, aus Hass wird Tod.» Das ist nun in der Tat ein Satz, der Jonas etwas zu sagen hat, denn er hat im Moment eine Menge mit Angst und Hass zu tun. Er hat ziemlichen Ärger mit den Jungs in seiner Klasse, die ihn auf ziemlich üble Weise drangsalieren, ohne dass er weiß, warum. Da liegt dieser Satz gar nicht so daneben. Er gibt nicht nur einen Hinweis darauf, dass hinter aggressivem und feindseligem Verhalten von Jungen (wie seinen Klassenkameraden) oft Angst steckt, sondern kann ihm vielleicht auch dabei helfen, seine eigenen Ängste auf konstruktive Weise zu überwinden. Für Jonas geht es in *Episode 1* um die Bewältigung von Verlust und Feindseligkeit. Das Nachspielen und Kämpfenlernen hilft ihm dabei, die Schuld nicht bei sich zu suchen und sich besser zu behaupten, auch in der Jungengruppe.

Er selbst erklärt seine Begeisterung fürs Kämpfen und für Action so: «Alles, was mit Tod zu tun hat, ist Action, und Action ist cool, und darum muss ich das gucken.»

Eine Weile später schaue ich mir den Film selbst an – und entdecke dabei noch andere Botschaften. Zunächst fällt auf, dass anders als in den älteren *Star Wars*-Folgen, in denen es um junge Männer geht, der Held hier wie in einigen der erwähnten Filme ein Junge ist. *Anakin Skywalker* ist nicht älter als Jonas – und hat einen schweren Auftrag: Er «gibt denen Hoffnung, die keine mehr haben». Einen Vater, der ihn in dieser schwierigen Situation unterstützen könnte, hat *Anakin* nicht; er ist allein mit seiner Mutter in Sklaverei aufgewachsen.

Zum Glück ist «die Macht in ihm», und wie Herakles oder andere mythische Helden ist er schon als Kind zu außergewöhnlichen Leistungen fähig. Im Raumfahrtzeitalter äußert sich das als Fähigkeit, unglaublich schnelle Rennfluggleiter zu bauen und zu steuern. In einem echt coolen und haarsträubend gefährlichen Rennen befreit er nicht nur sich selbst aus der Sklaverei, sondern vermittelt auch den zuschauenden Jungen einen ausgiebigen Eindruck des computeranimierten Wettflugs, damit die das möglichst bald an der eigenen Spielkonsole nachvollziehen. Drei Runden der ausgedehnten Strecke sollten dazu wohl ausreichen. Mit etwas Abstand betrachtet, ist das allerdings doch etwas krass. Normalerweise haben selbst hart gesottene Actionhelden eine gewisse Lehrzeit, oder sie bekommen ihre magischen Kräfte verliehen. *Anakin* dagegen muss von Anfang an überragend sein – und dabei noch an seine Mutter denken.

Wie der kleine Parzival bekommt er leuchtende Augen, als er die Möglichkeit hat, zum (Yedi-)Ritter zu werden, und auch hier ist es die Mutter, die trauernd zurückbleibt. Dabei wächst er über seinen mittelalterlichen Vorgänger hinaus, denn er verspricht: «Ich werde wiederkommen und dich befreien, Mom.» – «Ja, Wahnsinn! Da geht doch allen Söhnen und Müttern das Herz auf!», kommentieren Schnack & Neutzling ironisch (2000, S. 69). Wenn es denn nicht so wahr wäre – wenn nicht tatsächlich viele Söhne den Auftrag bekämen, die Welt besser zu machen und ihre Mütter zu befreien. Steckt nicht hinter der Aufforderung «Mein Sohn soll kein Macho werden» nicht oft etwas ganz Ähnliches – die Hoffnung, dass der Sohn die Dinge verändert, die frau selbst mit den Männern nicht hinbekommt?

Gemeinsam in die Zukunft

Zur selben Zeit, in dem die Helden von *Star Wars* in die Kinos wiederkehrten, machte sich noch eine zweite Gruppe in die Sternenwelt auf: Die neuen Besatzungen der *Star Trek*-Serie. Die beiden vom Namen her ähnlichen Serien unterscheiden sich beträchtlich. *Star Wars* hat die besseren Effekte – aber für manche Jungen ist das «nur Geknalle». «Da wird ja nur sinnlos geballert», meint der zwölfjährige Markus, und der fast achtzehnjährige Matthias meint: «Es wird nur von Planet zu Planet gejagt.» Da hat *Star Trek* mehr zu bieten: Nicht nur differenzierte Handlungen mit anspruchsvollem wissenschaftlichem Hintergrund, sondern auch ein ganzes Team interessanter Weltraumgefährten und -gefährtinnen. Schon in den früheren Folgen von *Star Trek* gehörten Frauen zur Crew. 1995 wurde dann zum ersten Mal eine Frau Captain: Die *Voyager* wird von *Cathrin Janeway* befehligt. Damit hebt sich *Star Trek* deutlich von den meisten Action- und Science-Fiction-Filmen ab.

Star Trek wird heute in mehr als hundert Ländern gesehen und in mehr als fünfzehn Sprachen übersetzt. Hunderttausende von Fans aus allen Altersgruppen und beiderlei Geschlechts besuchen *Star Trek*-Erlebnisparks, lernen Klingonisch und treffen sich regelmäßig in «Original»-Kostümen auf *conventions*. Der Produzent Paramount Pictures zitiert Untersuchungen, nach denen Kinder bei *Star Trek* mehr über Wissenschaft lernen als aus irgendeiner anderen Quelle (*vgl. www.startrek.com*).

Was macht *Star Trek* so dauerhaft populär? Es ist von allem etwas dabei: Es gibt Hightech, Action, Explosionen – aber es gibt auch ruhige Folgen, meint Matthias. Wenn es nicht um Kampf und Katastrophe geht, erfährt man etwas über die Beziehungen in der Crew. Aber es geht nicht nur um belanglosen «Beziehungskram» wie in *Gute Zeiten – Schlechte Zeiten*.

Markus findet dagegen Folgen, in denen es um «innere Konflikte» oder Probleme in der Crew geht, langweilig. Er mag lieber die Folgen, in denen das Schiff in brenzlige Situationen kommt. Und «wenn's den Borg an den Kragen geht, bin ich dabei». Auf *Star Trek* gekommen ist er durch seine Mutter, die seit längerem Fan der Serie ist. Ihm gefällt daran zunächst die moderne Technik, die Überlichtgeschwindigkeit. Auf der Suche nach Helden frage ich ihn, ob es denn jemanden gibt, der ihm besonders gefällt? «Alle!», lautet die Antwort – bei *Star Trek* gibt es eben nicht *den* Helden.

Data und Riker

Dann entscheidet er sich, mir von *Data* zu erzählen: «Ein Android, Baujahr 2195». Ein Maschinenmensch also. Und was zeichnet ihn aus? «Er versucht, menschlich zu werden – er hat einen Emotionschip von seinem Erbauer bekommen, den er Vater nennt.» Außerdem ist er 2. Offizier und hat die Kontrolle über einige wichtige Funktionen des

Raumschiffs. Ist *Data* stark? «Mit dem kleinen Finger kann er 180 kg bewegen!» – Alles klar. Und ist er mutig? Im Kampf ja, aber: «Im privaten Bereich, da ist er nicht so mutig. Da ist er eher schüchtern, traut sich nicht, Kontakt zu anderen aufzunehmen.» Er hat nur einen Freund – und seine Katze. Angst hat er dagegen nie – das ist bei ihm als Androiden nicht vorgesehen. Allerdings bringt der Emotionschip Bewegung in *Datas* Leben. Das ist für ihn allerdings manchmal ziemlich verwirrend. «Ein Android hat es nicht so leicht», meint Markus. Nebenbei erwähnt: Seine Mutter ist der Meinung, dass Markus zu wenig Zugang zu seinen Gefühlen hat. Darum wollte sie auch, dass er zur Jungengruppe kommt, durch die ich Markus kennen gelernt habe.

An unserer Gruppe gefällt ihm allerdings am besten, dass Kämpfen dort erlaubt ist. Manchmal will er so kämpfen wie bei *Star Trek*. Er hat genaue Vorstellungen davon und gibt dazu sehr konkrete Anweisungen. Ehrlich gesagt, ist es nicht nur kompliziert, sondern auf Dauer auch nicht so spannend, denn richtig verausgaben kann man sich dabei nicht – dazu sind die Regeln zu sehr festgelegt. Vielleicht hat es etwas damit zu tun, dass Markus zwar gerne kämpfen möchte, aber in Wirklichkeit kein großer Kämpfer ist. Über das Ritual kann er sich besser an körperliche Auseinandersetzungen herantasten, bei denen er ansonsten manchmal schlechte Karten hat.

Data hat damit weniger Probleme. Nicht dass er ohne Grund Prügeleien anfangen würde. Aber wenn ihn jemand provoziert, dann sollte «besser schon mal ein Platz im Krankenhaus reserviert werden». Sein Stahlkörper macht ihn selbst gegen Angriffe unempfindlich. «Wie würdest du das finden, wenn du auf fünf Zentimeter dicken Stahl haust?» – Anders als der *Terminator II*, der verstehen möchte, warum Menschen weinen, ist das für *Data* kein Thema. Auch sonst hat Markus noch nicht gesehen, dass jemand bei *Star Trek* weint. Wie ja überhaupt Erwachsene nicht so oft beim Weinen zu beobachten sind.

Dann erzählt mir Markus noch von *Riker*, dem 1. Offizier der Enterprise. Was Markus an ihm gut findet, ist, «dass er durchhält». Sein Führungsstil ist hart und zielgerichtet, und was er angefangen hat, zieht er bis zum Ende durch. Er ist nicht nur mutig, sondern manchmal auch leichtsinnig, aber in der Regel hat er damit Erfolg. Im Gegensatz zu *Data* hat er «ziemlich die ganze Besatzung» zum Freund.

Außerdem zeichnet sich *Riker* dadurch aus, dass er Kinder gern und selbst einen Adoptivsohn hat. Diesen hatte er auf einer Außenmission entdeckt – ein ausgesetztes Kind, dessen Mutter umgekommen war (die Idee meiner Jungenbefragung, Helden mit einem ausgesetzten Kind zusammenzubringen, wurde hier schon realisiert!). Das Wesen, Angehöriger einer fremden Spezies, hatte sich in einen zwölfjährigen Jungen verwandelt, um *Riker* auf sich aufmerksam zu machen. Die beiden verstehen sich gut, «und jetzt latscht da so 'ne schleimige Gestalt durch die Enterprise».

Treffsicher hat Markus aus der Vielfalt der *Star Trek*-Crew zwei Figuren herausgegriffen, an denen sich seine persönlichen Themen spiegeln: Gefühle, Durchhalten, Freundschaft, Vater & Sohn.

Anders als viele Action- und Science-Fiction-Filme, in der die «guten» Menschen eine Minderheit in einer gefährlichen, vom bösen Imperium beherrschten Welt sind, entwirft *Star Trek* das Bild einer menschlich-außerirdischen Gemeinschaft (nur 10 Prozent der Angehörigen der «Föderation» sind Menschen), die zumindest ihren Angehörigen Frieden gebracht hat (wenn da nicht die *Borgs* und andere unangenehme Weltraumwesen wären ...).

Die entscheidende Frage für Matthias ist daher: Wie haben die Menschen es geschafft, bis ins 24. Jahrhundert zu überleben – wie hat die Gesellschaft es erreicht, sich und ihre Welt nicht zu zerstören? «Das Streben nach Reichtum ist nicht mehr die treibende Kraft in unserem Leben», sagt *Picard* in *Star Trek 8*. Im *Star Trek*-Paradies gibt es weder Hunger noch Armut, die Menschen sind ehrlich und hilfsbereit, und nur ab und zu gibt es ein paar Böse, damit das Leben spannend bleibt.

Kann es eine solche Welt geben? Dreihundert Jahre sind eine lange Zeit. Vielleicht gelingt es Männern und Frauen bis dahin, eine Welt zu schaffen, die auf Verständigung beruht, ohne dass Konflikte dabei ausgeblendet werden. Knallharte Helden braucht es dazu offensichtlich nicht, wohl aber Menschen mit unterschiedlichen Stärken und Schwächen und die Bereitschaft, Verschiedenheiten zu akzeptieren und die Zukunft gemeinsam zu gestalten.

Was brauchen Jungen?

Actionhelden sind out. Die Helden alten Stils interessieren heute nur noch eine kleinere Gruppe von Jugendlichen und jungen Männern. Die Mehrheit der Jugendlichen interessiert sich heute für differenziertere Modelle: stark, aber nicht zu stark; körperlich fit, aber nicht übertrieben muskelbepackt; cool und erfolgreich, aber nicht frauenfeindlich soll der Mann von morgen sein. Vor allem braucht es Offenheit und Flexibilität. Jungen und Männer brauchen die Optionen der Vielfalt, die sich zumindest die besser ausgebildeten Mädchen und Frauen zunehmend erkämpfen: Durchsetzungskraft und Einfühlungsvermögen, leidenschaftlichen Sex und entspannte Zärtlichkeit, beruflichen Erfolg und Spaß am Leben mit Kindern. Es ist keine leichte Aufgabe, all diese Seiten zu entwickeln. Können Jungen dabei Helden und Vorbilder überhaupt gebrauchen?

Während Pädagogen und Pädagoginnen über die Bedeutung von Helden nachdenken, alte Mythen wiederentdecken und neue Leitbilder für Jungen und Männer suchen, haben die Jugendlichen selbst daran weniger Interesse.

«Ich will so sein, wie ich bin, und mich nicht an jemand anderem orientieren.»

«Es gibt keine Person, von der ich sagen könnte, so wie die will ich mal werden.»

«Es gibt niemanden, der mir wirklich ein Vorbild gibt» – Statements aus der Studie Jugend 2000 (Deutsche Shell, 2000). Im Zeitvergleich stellten die Forscher und Forscherinnen fest, dass im Laufe der letzten Jahrzehnte Vorbilder für Jugendliche immer weniger wichtig geworden waren: Während sich 1955 noch 44 % der befragten 15- bis 24-jährigen Jugendlichen dazu bekannten, ein Vorbild zu haben, waren es 1984 nur noch 19 %, 1996 sogar nur noch 16 %. Gleichzeitig stellten die Forscher und Forscherinnen inhaltliche Veränderungen fest: Statt Personen aus dem Nahbereich (Eltern und Lehrer) wurden immer mehr Vorbilder aus dem Fernbereich, vor allem aus den Medien (Filmschauspieler, Sportler, Musiker) angegeben.

Dass die Bedeutung von Vorbildern insgesamt zurückgeht, lässt sich gut erklären. Schließlich wird heute überall betont, dass jeder Mensch «seinen eigenen Weg» finden muss – solche Slogans sind selbst in platten Actionserien für Kinder zu hören. Gleichzeitig haben Autoritäten deutlich an Einfluss verloren. «Alle Menschen haben Fehler», heißt es, und «Es gibt nicht *den* richtigen Weg». Die «Halbwertzeit» von Medienhelden und Sportlern wird immer kürzer, sodass sie mehr und mehr wie Modeerscheinungen wirken und nicht als Orientierungsfiguren. Und was nützt es, wenn in *Independence Day* ein Präsident zum Helden wird, wenn wirkliche Präsidenten und Bundeskanzler nach Sexaffären und Spendenskandalen kaum noch beeindrucken?

Auch Winter & Neubauer berichten aus ihrer Jungenbefragung, dass die Bedeutung von Vorbildern für Jungen überraschend gering ist. Viele Jungen konnten schon mit dem Begriff wenig anfangen. Vorbildcharakter, stellten die Forscher fest, haben meist nur Teilaspekte von Personen, Stars oder Idolen: «Bei einem Sportler finden die Jungen gut, dass er Erfolg hat; bei ihrem Lieblingsfußballer, dass er leistungsfähig ist; bei den Musikern den Musikstil oder die Darstellung (zum Beispiel ‹die Lieder und wie er tanzt›); ein Schauspieler gefällt ihnen, weil er gut aussieht oder einen schönen Körper hat usw.» (1998, S. 193). Sie greifen sich die Facetten heraus, die für sie gerade bedeutsam sind, ohne die Person als Ganzes zu idealisieren oder ihr nachzueifern. Arnim meint: «Bei jedem Menschen kann mich etwas faszinieren oder beeindrucken, was ich mir als Vorbild, als Beispiel nehme, als spannenden Gedanken. Menschen, Bücher – es begegnet mir überall.»

Diese Vielfältigkeit spiegelt sich interessanterweise schon in der aktuellsten Actionwelt für Kinder wider, nämlich bei den Pokémon, in der es nicht *das* ultimative Kampftier gibt, sondern viele «Spezialisten» für unterschiedliche Situationen.

Je älter Jungen werden, umso weniger sind sie bereit, eine bestimmte Person oder Figur als Vorbild anzusehen. «Die große Zeit damals ... als die Fernsehstars noch meine Stars waren», erinnert sich der fünfzehnjährige Daniel, als ich ihm acht Jahre später vorlese, was er damals toll fand. «Das ist schon sehr komisch, denn ich kann das überhaupt nicht mit mir in Verbindung bringen. Ich gucke das überhaupt nicht mehr, ich interessiere mich nicht mehr dafür.» Auch Fußballstars waren Vorbilder, so lange er selbst Fußballer werden wollte. Inzwischen hat er andere Karrierepläne und will vielleicht Architekt werden. «Ich würde vielleicht Vorbilder haben, wenn ich welche kennen würde», meint er, «so Künstler oder Architekten, die ganz besondere

Sachen gemacht haben.» Aber dann schränkt er seine Aussage wieder ein: «Die würde ich vielleicht bewundern, aber nicht als Vorbilder sehen.» Und als Arnim auf seine kindliche Begeisterung für Medienhelden zurückblickt, meint er: «Ich kann mich daran erinnern, dass es einfach Spaß macht, jemanden toll zu finden, für jemanden zu schwärmen, aber wenn man mit 20 immer noch so ist, dann ist vielleicht etwas schief gelaufen.»

Bei der Auswertung ihrer aktuellen Daten erlebten die Forscher und Forscherinnen der Studie Jugend 2000 dann eine Überraschung. Der Anteil der Jugendlichen, die angaben, ein Vorbild zu haben, war auf 29 % gestiegen. Da die Forscher und Forscherinnen nicht damit gerechnet hatten, dass Vorbilder für Jugendliche wieder wichtiger werden würden, hatten sie auf weiterführende Fragen verzichtet. Dennoch weist einiges darauf hin, dass ihre Ergebnisse mit einer weiteren Verschiebung von Vorbildfunktionen vom Nah- in den Medien- und damit Fernbereich zusammenhängen. Dort, wo viel ferngesehen wird, werden auch mehr Vorbilder angegeben. Wie in früheren Untersuchungen sind es häufiger männliche und jüngere Jugendliche, die angeben, ein Vorbild zu haben. Im Gegensatz zu früher sind es allerdings heute häufiger die weniger gebildeten Jugendlichen, die ihre eigenen Zukunftschancen weniger positiv einschätzen. Vorbilder, so vermuten die Autoren und Autorinnen, erscheinen heute «als Zipfel von einem Traum in einer Jugendwelt, die womöglich etwas aus den Fugen ist» (Deutsche Shell, 2000, S. 19).

Wie die Jugend-2000-Studie fanden auch Winter & Neubauer, dass die – übrigens ausschließlich männlichen – Vorbilder von Jungen ganz überwiegend aus den Medien stammen. Konkrete Erwachsene nannten sie dagegen kaum. Das ist nicht erstaunlich: Männer nehmen sich für Jungen wenig Zeit. Abwesende, desinteressierte oder unzugängliche Väter sind eben kein Vorbild. Aber auch viele Väter und Pädagogen, die sich um Jungen bemühen, haben ein Problem, denn sie wissen selbst nicht so genau, wie sie als Männer sein sollen oder wollen. Zudem haben angesichts der raschen gesellschaftlichen und technischen Veränderungen viele Erwachsene Schwierigkeiten, sich in die Lebenswelten der Kids einzufühlen. So werden viele Jungen auf ihrem Weg zum Mann-Sein allein gelassen. Als Reaktion auf den Rückzug der Erwachsenen aus ihrer Welt entwickeln manche Jugendliche ein manchmal trotziges «Wir brauchen euch nicht!».

Keine Vorbilder, sondern Gegenüber

Der genaue Blick auf die wechselnde und widersprüchliche Bedeutung von Helden und Vorbildern für Jungen macht noch einmal deutlich, dass Kinder und Jugendliche nicht einfach beeinflusst werden, sondern sich ihre Welt aktiv aneignen. Eltern, Pädagogen oder auch Medienhelden machen Jungen nicht zu Männern. Was wir als erwachsene Männer und Frauen tun können, ist, sie auf dem Weg zu ihrem individuellen Mann-Sein zu begleiten. «Vorbild und Vorbild, das sind zwei unterschiedliche Wörter», meint Daniel. Es gibt Menschen, die einen inspirieren – in diesem Sinne ist «jeder Mensch ein Vorbild; jeder, den man sieht, kann ein Vorbild sein». Solche Vorbilder sind schon notwendig. Vorbilder nachzuahmen ist dagegen nicht angesagt. «Wenn man jemanden hat, der einen inspiriert, dann kann man seinen Weg auch selber finden, dann braucht man niemanden, der den Weg weist.»

Zu den Gestalten, die den Fünfzehnjährigen im Moment am meisten inspirieren, gehören sein Vater, eine Comicfigur (Bart von den Simpsons, der «immer Scheiße baut»), ein Fußballer, sein Deutschlehrer und «sich selber – meine Ziele», also sein Selbstideal. Und die Mutter? «Hmm ... ich hab so viel von ihr ... ich brauch gar kein richtiges Vorbild in ihr zu haben.» Schließlich weist er darauf hin: «Wenn du jemand anderes aus meiner Klasse fragen würdest, der würde etwas völlig anderes sagen.»

Das stimmt – aber auch andere Jungen denken an Väter, Lehrer, Sportler und Medienhelden, wenn sie Orientierung suchen.

So stellt sich die Frage, was für Männer sie vorfinden – und was für Vorbilder wir selbst als Männer gehabt haben. Auch Väter müssen sich ihr Bild vom Mann-Sein aus vielen Puzzlesteinen selbst zusammensuchen. In einem Seminar für Väter sprachen wir über Männer, die uns auf unserem Lebensweg beeindruckt haben. Ein älterer Mann dachte an einen Herbergsvater zurück, bei dem er Praktikant war. «Der war sich nicht zu schade, als Leiter auch Klos zu putzen und abzuwaschen, auch wenn alle das mitbekamen. Der übernahm jede Arbeit. Darum vielleicht ist es mir bis heute selbstverständlich, dass ich Haushaltsarbeiten übernehme.» Ein anderer Mann erzählte von einer Diskussion mit seinem Lateinlehrer. Anlässlich der Live-Übertragung des Misstrauensvotums gegen Willy Brandt forderten die Schüler, dass er ihnen freigab. Der Lehrer war dazu nur bereit, wenn sie ihn überzeugen würden, warum er das tun solle. Eine Stunde lang hielt er den

Bemühungen der Schüler stand – und blieb ihnen mit seiner Konsequenz bis heute im Gedächtnis. Ein dritter Mann erinnerte sich an seinen Deutschlehrer, der vor der Klasse ein Gedicht vortrug und davon so berührt war, dass er weinte. Dies hinterließ einen tiefen Eindruck, und niemand lachte oder lästerte.

Natürlich orientieren Jungen sich auch an ihrer Mutter und anderen Frauen, nicht zuletzt wegen der Vorstellungen von Männlichkeit, die sie vermitteln. Auch hier ist die entscheidende Frage die nach den eigenen Erfahrungen und den Bildern, die sie im Hinterkopf haben. Was Jungen brauchen, müssen sie selbst herausfinden. Auch die Art und Weise, wie sie Heldenbilder aus den Medien aufgreifen und für sich benutzen, hängt entscheidend davon ab, wie *wir* mit ihnen umgehen. Wir können sie dann am besten begleiten, wenn wir über uns selbst gut Bescheid wissen. Anstelle eines neuen Männerbildes steht daher eine letzte Anregung am Ende dieses Buches: Ich lade Sie – als Männer und als Frauen – zu einer Reise ein, um die eigenen Bilder von Männlichkeit zu entdecken.

Männerbilder: Meine Erinnerungen – meine Vorbilder

Zur Einstimmung:

Suche dir einen Ort, an dem du für eine Stunde in Ruhe sein kannst. Mach es dir bequem. Stell dir vor, du blätterst in einem Fotoalbum, in dem dein ganzes Leben abgebildet ist. Du kannst vor- und zurückblättern, du kannst eine ganze Zeit überspringen. Es ist auch deine Entscheidung, wann du genug gesehen hast und das Buch zuklappst.

Ein paar Fragen zur Hilfe beim Einstieg: Wie sah das Haus aus, in dem du als Junge oder Mädchen gewohnt hast? Wie sah damals dein Vater aus, wie deine Mutter? Stell dir vor, du sitzt am Abendbrottisch … wer ist noch da, was passiert?

Nun mach dich auf den Weg, etwas über die folgenden Fragen herauszufinden:

Wie war es eigentlich in meiner Kindheit? – Wie habe ich gelernt, was ein Mann ist? – Welche Vorbilder hatte ich, wer hat mich besonders beeindruckt?

Hier sind ein paar Fragen für den Weg.

Die erste Station: Was für ein Bild von Männlichkeit hat mir mein Vater vermittelt, was für eins die Mutter?
- *Was für Eigenschaften sind mit Männern verbunden?*
- *Was für konkrete Verhaltensweisen sind mit Männern verbunden?*
- *Was für Interessen, Wünsche und Träume sind mit Männern verbunden?*
- *Wie gehen Männer mit Gefühlen um – zum Beispiel mit Aggressionen, mit Angst und Trauer, mit Liebe?*
- *Wie gehen Männer mit Frauen um? Was für Regeln gelten im Miteinander von Männern und Frauen?*
- *Wie gehen Männer mit Kindern um?*
- *(Für Männer) Was für ein Mann solltest (oder sollst) du nach Ansicht deiner Eltern werden?*

Die zweite Station: Wer hat mir andere Bilder von Männlichkeit und Mann-Sein vermittelt? Wer war für mich ein Vorbild?
- *Das kann ein Mann oder eine Frau aus deiner Umgebung sein;*
- *ein anderer Junge;*
- *eine öffentliche Person aus einem Film, aus der Musik, aus Gesellschaft und Politik;*
- *es kann auch eine literarische Figur oder ein Comicheld sein;*
- *oder noch etwas oder jemand ganz anderes.*

Es kann hilfreich sein, die erinnerten Personen und Figuren in einem Bild festzuhalten oder alte Fotos und Bücher hervorzuholen.

Nun stell dir vor, dass du die Personen und Figuren, die du gefunden hast, auf eine Bank setzt. In der ersten Reihe sollen nur Leute sitzen, die dir wohl gesonnen sind. Andere, die für dich wichtig waren, können in die zweite Reihe, wenn du willst. Du entscheidest, von wem du dir etwas anhörst. Du bestimmst, wen du wann ins Spiel bringst.

Wer soll auf der Bank sitzen?

Die dritte Station: Wo stehe ich heute? Was habe ich aus den Bildern, die ich aus der Kindheit mitbekommen habe, gemacht?

Zum Abschluss

Jungen und Mädchen bringen ein großes Potenzial an Lebendigkeit und Kreativität mit auf die Welt. Sie brauchen andere Jungen, Mädchen, Frauen und Männer, um ihren Weg zu finden, gut als Mann in dieser Welt zu leben.

Wenn Männer sich auf sie einlassen und ihnen neue und vielseitige Erfahrungen mit ihrer Männlichkeit ermöglicht werden, sind sie dabei. Wenn sie in ihrer Suche nach Sinn und Orientierung in der Pubertät und danach Anregung und Unterstützung erhalten, greifen sie das auf. Jungen können in ihrer Entwicklung gestärkt werden, wenn ihre Suche nach Leitbildern nicht mit Gleichgültigkeit und Verboten beantwortet wird. Wenn zudem noch unsere gesellschaftlichen Verhältnisse nicht aus den Augen verloren werden, sind derartige Bemühungen auch Schritte hin zu einer gerechteren und solidarischen Gesellschaft.

Vor der Welt, wie sie ist, kann auch das größte Bemühen von Eltern und Pädagogen und Pädagoginnen Jungen nicht beschützen. Wichtiger ist, dass das Leben mit Jungen Freude macht. Je besser und klarer Eltern und Pädagoginnen sich selbst kennen und für sich sorgen, desto besser und klarer können sie auch mit Jungen und Mädchen umgehen: Für sie da sein, wenn sie es brauchen, aber auch klare Grenzen setzen, wenn das nötig ist. Erwachsene können nicht alles richtig machen – aber die Jungen sind ja auch noch da.

Literatur

Amendt, Gerhard (1993): Wie Mütter ihre Söhne sehen. Bremen: Ikarus.

Ariès, Philippe (1975): Die Geschichte der Kindheit. München & Wien: Hanser.

Bader, Birgit & Lang, Ellinor (Hg.) (1991): Stricherleben. Hamburg: Verlag Am Galgenberg.

Badinter, Elisabeth (1987): Ich bin Du. Die neue Beziehung zwischen Mann und Frau oder die androgyne Revolution. München: Piper.

Badinter, Elisabeth (1993): XY. Die Identität des Mannes. München: Piper.

Bange, Dirk & Enders, Ursula (1995): Auch Indianer kennen Schmerz. Sexuelle Gewalt gegen Jungen. Ein Handbuch. Köln: Kiepenheuer & Witsch.

Beauvoir, Simone de (1968): Das andere Geschlecht. Sitte und Sexus der Frau. Reinbek: Rowohlt.

Bem, Sandra L. (1983): Gender Schema Theory and its implications for child development. Raising gender-aschematic children in a gender-schematic society. *Signs: Journal of Woman in Culture and Society 8*, 598–616.

Benard, Cheryl & Schlaffer, Edith (2000): Einsame Cowboys. Jungen in der Pubertät. München: Kösel.

Benard, Cheryl & Schlaffer, Edith (1992): Papas Alibi. Der abwesende Vater als Täter in der Entwicklung des Kindes. *Psychologie Heute, 19(2)*, 20–25.

Berentzen, Detlef (1992): Das Märchen von der Jugendgewalt. *Psychologie Heute, Nr. 8*, 64–68.

Bettelheim, Bruno (1975): Die symbolischen Wunden. Pubertätsriten und der Neid des Mannes. München. (Fischer-Taschenbuch 1982).

Bettelheim, Bruno (1980): Kinder brauchen Märchen. München: dtv.

Die Bibel, oder die Ganze Heilige Schrift des Alten und Neuen Testaments nach der Übersetzung Martin Luthers.

Biddulph, Steve (1998): Jungen: wie sie glücklich heranwachsen. Warum sie anders sind – und wie sie zu ausgeglichenen, liebevollen und fähigen Männern werden. München: Beust.

Bischoff, Susanne & Anton, Ulrich (1997): Das Phänomen der Faszination von Actionserien im Kinderfernsehen. In: Czaja, Dieter (Hg.): Kinder brauchen Helden. München: KoPäd-Verlag, 21–29.

Blothner, Dirk (1997): Psychologische Untersuchung zur Wirkung der Action-Serie Power Rangers bei Kindern im Alter von sechs bis vierzehn Jahren. In: Czaja, Dieter (Hg.): Kinder brauchen Helden. München: KoPäd-Verlag. S. 181–210.

Bly, Robert (1991): Eisenhans. Ein Buch über Männer. München: Kindler.

Bornewasser, Manfred (1993): Geschlecht, soziale Rolle und aggressives Handeln: Sind Männer aufgrund ihrer physischen Ausstattung aggressiver als Frauen? *Zeitschrift für Sozialpsychologie 1993*, 51–65.

Brandes, Holger (2000): Wie Männer sich selbst sehen. Männlichkeiten und soziale Milieus. In: Rosowski, Martin & Ruffing, Andreas (Hg.): MännerLeben im Wandel. Würdigung und praktische Umsetzung einer Männerstudie. Ostfildern: Schwabenverlag, 86–110.

Brandes, Holger & Bullinger, Hermann (Hg.) (1996): Handbuch Männerarbeit. Weinheim: Psychologie Verlags Union.

Campbell, Joseph (1978): Der Heros in tausend Gestalten. Frankfurt: Fischer.

Connell, Robert W. (1999): Der gemachte Mann. Konstruktion und Krise von Männlichkeiten. Opladen: Leske & Budrich.

Corneau, Guy (1993). Abwesende Väter – Verlorene Söhne. Die Suche nach der männlichen Identität. Olten: Walter.

Czaja, Dieter (Hg.) (1997): Kinder brauchen Helden. Power Rangers & Co unter der Lupe. München: KoPäd-Verlag.

DeMause, Lloyd (Hg.) (1977): Hört ihr die Kinder weinen: eine psychogenetische Geschichte der Kindheit. Frankfurt: Suhrkamp.

Deutsche Shell (Hg.); Fischer, Artur; Fritzsche, Yvonne; Fuchs-Heinritz, Werner & Münchmeier, Richard (2000): Jugend 2000. 13. Shell-Jugendstudie. 2 Bände. Opladen: Leske & Budrich.

Dieckmann, Dorothea (1993): Unter Müttern. Eine Schmähschrift. Berlin: Rowohlt.

Dizdarevic, Zlatko (1994): Report from Sarajevo, *Times International Nr. 40, 3. 10. 1994,* 39.

Döpfner, Manfred; Schürmann, Stephanie & Frölich, Jan (1997): Therapieprogramm für Kinder mit hyperkinetischem und oppositionellem Problemverhalten. Weinheim: Beltz.

Duerr, Hans-Peter (1993): Obszönität und Gewalt. Der Mythos vom Zivilisationsprozess. Band 3. Frankfurt/Main: Suhrkamp.

Elliott, Michele (Hg.) (1995): Frauen als Täterinnen. Sexueller Missbrauch an Mädchen und Jungen. Ruhnmark.

Faludi, Susan (2000): Die großen Verlierer. Väter und Söhne: Die Nachkriegsentwicklung in den USA. *Kursbuch* Die Väter, *Heft 140, 2000 (6)*, 121–131.

Farin, Klaus & Seiden-Pielen, Eberhard (1991): Krieg in den Städten. Jugendgangs in Deutschland. Berlin: Rotbuch.

Feddersen, Jan (2000): Frank Busemann und das olympische Gold. *die tageszeitung, 26.9.2000, 5.*

Ferenczi, Sándor (1933): Sprachverwirrung zwischen den Erwachsenen und dem Kind. Die Sprache der Zärtlichkeit und der Leidenschaft. In: Ferenczi (1972): Schriften zur Psychoanalyse, Band 2. Frankfurt: Fischer, 303–313.

Fischer, Cornelia (1992): Kino: Zwischen Kunst und Kommerz. In: Jugendwerk der Deutschen Shell (Hg.): Jugend '92, Band 2. Opladen: Leske & Budrich, 287–300.

For: Ju! Forschungsgruppe Jungenarbeit (1999): Programm 2000. Göttingen.

Franz, Matthias (1999): Ohne Vater aufzuwachsen birgt Risiken. Auszug aus einem *Focus*-Interview zur Langzeitstudie «Wenn der Vater fehlt». *Switchboard 11 (11),* 15.

Franzkowiak, Peter & Stößel, Ulrich (1990): Jugend und Gesundheit. In: Sachverständigenkommission 8. Jugendbericht (Hg.): Risiken des Heranwachsens. München: Deutsches Jugendinstitut, 53–102.

Fritz, Jürgen (1990): «Die Wirkung von Spielzeug wird überschätzt.» Ein Gespräch mit dem Erziehungswissenschaftler J. F. *Psychologie Heute, 17 (9),* 40–41.

Fthenakis, Wassilios E. (1985): Väter. Band 1: Zur Psychologie der Vater-Kind-Beziehung. München: Urban & Schwarzenberg.

Fthenakis, Wassilios E. et al. (1999): Engagierte Vaterschaft. Die sanfte Revolution in der Familie. Hg. von der LBS-Initiative Junge Familie. Opladen: Leske & Budrich.

Garrels, Lutz (1999): Somatische Geschlechtsdeterminierung und Geschlechtsdifferenzierung. Eine Übersicht. *Zeitschrift für Sexualforschung, 12 (1),* 10–24.

Gassner, Jutta (1993): Phallos. Fruchtbarkeitssymbol oder Abwehrzauber? Wien & Köln: Böhlau.

Gebauer, Karl (2000): Wenn Kinder auffällig werden. Perspektiven für ratlose Eltern. Düsseldorf: Walter.

Gebauer, Karl (1996): «Ich hab sie ja nur leicht gewürgt». Mit Schulkindern über Gewalt reden. Stuttgart: Klett-Cotta. (2. Aufl. 1997).

Gebert, Helga (1987): Phantastische Märchen von Zwergen, Riesen & Drachen, von Meermädchen & Wassermännern. Märchen, ausgewählt, aus dem Englischen übersetzt und mit Federzeichnungen ausgestattet von H. G. Weinheim: Beltz.

Gilmore, David G. (1991): Mythos Mann. Rollen, Rituale, Leitbilder. München & Zürich: Artemis & Winkler. Zurzeit leider vergriffen.

Glogauer, Werner (1993): Die neuen Medien verändern die Kindheit. Weinheim: Deutscher Studien Verlag.

Gluszczynski, Andreas (1999): Selbstwahrnehmung, Sexualwissen und Körpergefühl von Mädchen und Jungen der 3. bis 6. Klasse aus Migranten- und Aussiedlerfamilien. In: Bundeszentrale für gesundheitliche Aufklärung (Hg.): Kinder. ‹Forschung und Praxis der Sexualaufklärung und Familienplanung, Band 13.1.› Köln: Bundeszentrale für gesundheitliche Aufklärung, 41–102.

Göttner-Abendroth, Heide (1993): Die Göttin und ihr Heros. Erweiterte und vollständig überarbeitete Neuauflage. München: Frauenoffensive.

Golant, Mitch & Golant, Susan (1995): … Vater sein dagegen sehr. Wie man(n) mehr Zeit für seine Kinder findet. Bergisch Gladbach: Lübbe.

Grabrucker, Marianne (1985): «Typisch Mädchen …». Prägung in den ersten drei Lebensjahren. Ein Tagebuch. Frankfurt: Fischer.

Gray, John (^{5}1999): Männer sind vom Mars, Frauen von der Venus. Tausend und ein kleiner Unterschied zwischen den Geschlechtern. München: mvg.

Griese, Hartmut M. (1997): Action-/Gewalt-Serien bei RTL – eine exemplarische Kritik. In: Czaja, Dieter (Hg.): Kinder brauchen Helden. München: KoPäd-Verlag, 247–265.

Hagemann-White, Carol (1984): Sozialisation: weiblich – männlich? (Reihe: Alltag und Biographie von Mädchen). Opladen: Leske & Budrich.

Hammon, Christian (1992): Gefährliche Comics – nur ein Märchen? *Praxis der Kinderpsychologie und Kinderpsychiatrie, 41,* 184–188.

Hartman, William & Fithian, Marylin (1990): Jeder Mann kann. Die Erfüllung männlicher Sexualität. Frankfurt & Berlin: Ullstein.

Heiliger, Anita (1991): Alleinerziehen als Befreiung. Pfaffenweiler.

Henderson, Joseph L. (1968): Der moderne Mensch und die Mythen. In: Jung, Carl Gustav et al.: Der Mensch und seine Symbole. Olten & Freiburg: Walter, 104–157.

Henßen, Gottfried (1961): Bergische Märchen und Sagen. Volkserzählungen (Märchen aus deutschen Landschaften. Unveröffentlichte Quellen, Band 1). Münster: Aschendorff.

Hermann, Conny (Hg.) (2000): Das Recht auf Weiblichkeit. Hoffnung im Kampf gegen die Genitalverstümmelung. Bonn: Dietz.

Herrath, Frank (1987): Männer kommen gewaltig ... Männersexualitätsfacetten und Geschlechtsrollenverfeinerungen im aktuellen Actionfilm. In: Dunde, Siegfried R. (Hg.): Wenn ich nicht lieben darf, dürfen's andere auch nicht. Reinbek: Rowohlt, 114–136.

Hornby, Nick (1998): About a boy. Köln: Kiepenheuer & Witsch.

Horx, Matthias (2000): Die acht Sphären der Zukunft. Ein Wegweiser in die Kultur des 21. Jahrhunderts. Wien & Hamburg: Signum Verlag.

Kaiser, Astrid (1999): Mein Sohn soll kein Macho werden. München: Süd-West.

Kämpf-Jansen, Helga (1989): He-Man wird Vater und Barbie wird Bildhauerin. Über den Umgang mit geschlechtsspezifischen Leitbildern. In: Friedrich-Jahresheft VII: Feminin – Maskulin. Seelze: Friedrich, 124–129.

Kast, Verena (1989): Märchen als Therapie. München: dtv.

Kasten, Hartmut (1998): Geschlechtsunterschiede. In: Rost, Detlef H. (Hg.): Handwörterbuch Pädagogische Psychologie. Weinheim: Psychologie Verlags Union, 156–162.

Kersten, Joachim (2000): Rechte Gewalt in Deutschland: «Dieser Waggon ist nur für Weiße!». *Psychologie Heute, 27 (10)*, 46–51.

Kersten, Joachim (1993a): Das Thema Gewaltkriminalität in kulturvergleichender Sicht. *DVJJ-Journal, 4, Nr. 1*, 18–25.

Kersten, Joachim (1993b): Der Männlichkeits-Kult. Über die Hintergründe der Jugendgewalt. *Psychologie Heute, 20 (7)*, 50–57.

Kersten, Joachim & Findeisen, Hans-Volkmar (1999): Der Kick und die Ehre – Vom Sinn jugendlicher Gewalt. München: Kunstmann.

Klees-Möller, Renate (1998): Mädchen in Kindertageseinrichtungen. Erfahrungen, Ergebnisse und Praxisanregungen aus dem Modellprojekt «Mädchenarbeit im Hort». Düsseldorf: Deutsches Rotes Kreuz.

Klosinski, Gunther (Hg.) (1991): Pubertätsriten. Äquivalente und Defizite in unserer Gesellschaft. Bern: Huber.

Koenig, Hans-Dieter (1987): Rambo. Zur Sozialpsychologie eines den amerikanischen Pioniergeist antikommunistisch wendenden Reagan-Films. *Psychosozial, 10 (6)*, 19–38.

Krabel, Jens (1998): Müssen Jungen aggressiv sein? Eine Praxismappe für die Arbeit mit Jungen. Mühlheim: Verlag an der Ruhr.

Krappmann, Lothar & Oswald, Hans (2000): Phänomenologische und funktionale Vielfalt von Gewalt unter Kindern. *Praxis der Kinderpsychologie und Kinderpsychiatrie 49 (19),* 3–15.

Kühn, Dieter (1986): Der Parzival des Wolfram von Eschenbach. Frankfurt/Main: Insel.

Lang, Hans-Jürgen (1988): Die ersten Lebensjahre. Psychoanalytische Entwicklungspsychologie und empirische Forschungsergebnisse. München: Profil (zugleich: Dissertation Uni München).

Lenz, Hans-Joachim (Hg.) (1999): Männliche Opfererfahrungen. Problemlagen und Hilfeansätze in der Männerberatung. Weinheim: Juventa.

Lessing, Doris (1984): Die Ehen zwischen den Zonen Drei, Vier und Fünf. Frankfurt: Fischer.

Lipp, Wolfgang (1986): Geschlechtsrollenwechsel. Formen und Funktionen am Beispiel ethnographischer Materialien. *Kölner Zeitschrift für Soziologie und Sozialpsychologie, 38, 529–559.*

Mallet, Carl-Heinz (1995): ... und rissen der schönen Jungfrau die Kleider vom Leib. Männlichkeitsmodelle im Märchen. Düsseldorf: Walter.

Stephan Marcks (Hg.) (1993): Märchen von Männern. Frankfurt: Fischer.

Marone, Nicky (1992): Gute Väter – Selbstbewußte Töchter. Die Bedeutung des Vaters für die Erziehung. Frankfurt: Krüger.

Masters, Ardyce L. (1991): Teenage Mutant Hero Turtles. *Kommune, Nr. 9*, 60–63.

Mead, Margaret (1970): Jugend und Sexualität in primitiven Gesellschaften. 3 Bände. München: dtv.

Melzer, Wolfgang & Darge, Kerstin (2000): Gewalt in der Schule – Analyse und Prävention. *Praxis der Kinderpsychologie und Kinderpsychiatrie 49 (19)*, 16–35.

Meuser, Michael (1998): Geschlecht und Männlichkeit. Soziologische Theorie und kulturelle Deutungsmuster. Opladen: Leske & Budrich.

Milhoffer, Petra, Gluszczynski, Andreas & Krettmann, Ulrike (1999): Selbstwahrnehmung, Sexualwissen und Körpergefühl von Mädchen und Jungen der 3.–6. Klasse. In: Bundeszentrale für gesundheitliche Aufklärung (Hg.): Kinder. ‹Forschung und Praxis der Sexualaufklärung und Familienplanung›, Band 13.1., 7–40. Köln: Bundeszentrale für gesundheitliche Aufklärung.

Montagu, Ashley (1974): Körperkontakt. Die Bedeutung der Haut für die Entwicklung des Menschen. Stuttgart: Klett.

Moore, Robert & Gillette, Douglas (1992): König, Krieger, Magie, Liebhaber. Die Stärken des Mannes. München: Kösel.

Mosse, George L. (1987): Nationalismus und Sexualität. Bürgerliche Moral und sexuelle Normen. Reinbek: Rowohlt (rowohlts enzyklopädie).

Oerter, Rolf & Montada, Leo (Hg.) (1995): Entwicklungspsychologie. Ein Lehrbuch. 3. Auflage. München & Weinheim: Psychologie Verlags Union.

Olivier, Christiane (1989): Jokastes Kinder. Die Psyche der Frau im Schatten der Mutter. München: dtv.

Olivier, Christiane (1994): Die Söhne des Orest: Ein Plädoyer für Väter. Düsseldorf: Econ.

Petri, Horst (1999): Das Drama der Vaterentbehrung. Chaos der Gefühle – Kräfte der Heilung. Freiburg: Herder.

Petri, Horst (2000): Die Last der Muskelkraft. Der männliche Körper als biologische Vorgabe. *männerforum Nr. 21*, 6–8.

Pfeiffer, Christian (2000): Jugendgewalt. Vortrag an der TU Braunschweig, 8.2.2000.

Pfeiffer, Christian, Delzer, Ingo, Enzmann, Dirk & Wetzels, Peter (1998): Ausgrenzung, Gewalt und Kriminalität im Leben junger Menschen. Kinder und Jugendliche als Opfer und Täter. DVJJ-Sonderdruck zum 24. Deutschen Jugendgerichtstag vom 18.–22. September 1998 in Hamburg.

Pfeiffer, Christian; Wetzels, Peter & Enzmann, Dirk (1999): Innerfamiliäre Gewalt gegen Kinder und Jugendliche und ihre Auswirkungen. KFN Forschungsberichte Nr. 80. Hannover: Kriminologisches Forschungsinstitut. Eigendruck.

Piel, Edgar (2000): Sture Böcke, eitle Zicken. Meinungsumfrage. *Geo Wissen Nr. 26*, 54–61.

Poeplau, Wolfgang (1992): Monster, Macht und Mordmaschinen. Computerspiele – Digitale Illusion und soziale Wirklichkeit. Wuppertal: Hammer.

Popp, Ulrike (1997): Gewalt an Schulen – ein «Jungenphänomen»? *Die Deutsche Schule, 89 (1)*, 77–87.

Ranke-Graves, Robert von (1984): Griechische Mythologie. Quellen und Deutung. Reinbek: Rowohlt.

Reichertz, Jo (1997): Kinder brauchen (auch) die Power Rangers – Überlegungen zum seriellen Fernsehmärchen Power Rangers. In: Czaja, Dieter (Hg.): Kinder brauchen Helden. München: KoPäd-Verlag, 131–180.

Reimitz, Monika (1987): Rambo-Zambo – und was einige Jugendliche dazu meinen. *Psychosozial, 10*, Nr. 6.

Rogge, Jan-Uwe (2000): Kinder brauchen Grenzen. Reinbek: Rowohlt.

Rogge, Jan-Uwe (1999): Über Medienwelten und das Alltagserleben von Heranwachsenden. In: Romeike, G. & Imelmann, H.: Hilfen für Kinder – Prävention, Beratung und Therapie in riskanten Welten. Weinheim: Juventa, 47–60.

Rogge, Jan-Uwe (1990): Kinder können fernsehen. Reinbek: Rowohlt.

Rohner, Felix M. (1998): Die Nacht des Feuers. Ein Modell für ein Initiationswochenende für männliche Firmlinge und deren männlichen Firmpaten. Hg. vom Männerbüro der Diözese Feldkirch. Eigendruck.

Rohrmann, Tim (1999): Die wilden Jungs. In: Sommerfeld, Verena: Trotz, Wut, Aggressionen. Wenn Eltern nicht mehr weiterwissen. Reinbek: Rowohlt, 55–77.

Rohrmann, Tim (1994): Junge, Junge – Mann, o Mann. Die Entwicklung zur Männlichkeit. Reinbek: Rowohlt.

Rohrmann, Tim (1992): Wie Jungen zu Männern werden. Entwicklung – Identität – Leitbilder. Mit einer Pilotstudie zur Bedeutung von Leitbildern in Medien für Jungen. Diplomarbeit am Institut für Psychologie der TU Braunschweig.

Rohrmann, Tim & Thoma, Peter (1998): Jungen in Kindertagesstätten. Ein Handbuch zur geschlechtsbezogenen Pädagogik. Freiburg: Lambertus.

Ruhl, Ralf (2000): Kinder machen Männer stark. Vater werden, Vater sein. Reinbek: Rowohlt.

Rüttner-Cova, Sonja (1988): Der Matriarch. Die gespaltene Liebe des Mannes. Basel: Sphinx.

Scherf, Walter (1987): Die Herausforderung des Dämons. Form und Funktion grausiger Kindermärchen. München: Saur.

Scherf, Walter (1995): Das Märchenlexikon (2 Bände). München: Beck.

Schmauch, Ulrike (1987): Anatomie und Schicksal. Zur Psychoanalyse der frühen Geschlechtersozialisation. Frankfurt: Fischer. Neuauflage mit neuem Vorwort (1993). Basel & Frankfurt: Stroemfeld/Nexus.

Schmidtchen, Stefan (1992): Was die Comic-Filme taugen. *TV-Movie, Nr. 3*, 15–16.

Schnack, Dieter & Gesterkamp, Thomas (1996): Hauptsache Arbeit. Männer zwischen Beruf und Familie. Reinbek: Rowohlt.

Schnack, Dieter & Neutzling, Rainer (2000): Kleine Helden in Not. Jungen auf der Suche nach Männlichkeit. Überarbeitete Neuausgabe. Reinbek: Rowohlt.

Schnack, Dieter & Neutzling, Rainer (1997): «Der Alte kann mich mal gern haben». Über männliche Sehnsüchte, Gewalt und Liebe. Reinbek: Rowohlt.

Schnack, Dieter & Neutzling, Rainer (1993): Die Prinzenrolle. Über die männliche Sexualität. Reinbek: Rowohlt.

Schnack, Dieter & Neutzling, Rainer (1990): Kleine Helden in Not. Jungen auf der Suche nach Männlichkeit. Reinbek: Rowohlt.

Schubert, Bettina & Seiring, Wilfried (2000): Waffen in der Schule – Berliner Erfahrungen und Ansätze. *Praxis der Kinderpsychologie und Kinderpsychiatrie 49 (19)*, 53–69.

Seiden-Pielen, Eberhard (1991): Ein noch dickeres Ding. Gespräch mit der «AG Gruppengewalt» der Berliner Polizei. *Sozialmagazin, 16 (2)*, 16–17.

Seubert, Thomas (1995): Und wann gehst du arbeiten? Erzieher – ein Job für «richtige» Männer? *Welt des Kindes, 1/95*, 12–17.

Sichtermann, Barbara (1997): Kinderfernsehen und die Sorgen der Erwachsenen. In: Czaja, Dieter (Hg.): Kinder brauchen Helden. Power Rangers & Co unter der Lupe. München: KoPäd-Verlag, 11–19.

Sommerfeld, Verena (1999): Trotz, Wut, Aggressionen. Wenn Eltern nicht mehr weiterwissen. Mit zwei Beiträgen zu Jungen von Tim Rohrmann. Reinbek: Rowohlt.

Stahr, Ingeborg, Barb-Priebe, Ingrid & Schulz, Elke (1998): Essstörungen und die Suche nach Identität. Ursachen, Entwicklungen und Behandlungsmöglichkeiten. Weinheim: Juventa.

Stapel, Wilhelm (1982): Parzival. München: Albert Langen/Georg Müller.

Strätling, Thomas (2000): Pokémon: Kindliche Eigenwelten als Trainingsplatz für den Alltag. Erste tiefenpsychologische Studie zu Pokémon. Pressemitteilung des Rheingold Instituts für qualitative Markt- und Medienforschung.

Sturzenhecker, Benedikt (Hg.) (1996): Leitbild Männlichkeit?!: Was braucht die Jungenarbeit? Münster: Votum.

Switchboard – Infodienst für Männer. Zeitschrift für Männer- und Jungenarbeit. (erscheint monatlich). Hamburg: Männerwege.

Tertilt, Hermann (1996): Turkish Power Boys. Ethnographie einer Jugendbande. Frankfurt: Suhrkamp.

Theweleit, Klaus (1980a): Männerphantasien. Band 1: Frauen, Fluten, Körper, Geschichte. Reinbek: Rowohlt.

Theweleit, Klaus (1980b): Männerphantasien. Band 2: Männerkörper – zur Psychoanalyse des weißen Terrors. Reinbek: Rowohlt.

Thiersch, Renate (1992): Jungenerziehung aus weiblicher Sicht. Unveröffentlichtes Manuskript.

Thoma, Peter, Baumgärtel, Werner & Rohrmann, Tim (1996): «Manns-Bilder» – Jungen in Kindertagesstätten. Abschlussbericht des AGIP-Forschungsprojekts. Wolfenbüttel: Fachhochschule Braunschweig/Wolfenbüttel.

Tillmann, Klaus-Jürgen, Holler-Nowitzki, Birgit, Holtappels, Heinz-Günter, Meier, Ulrich & Popp, Ulrike (1999): Schülergewalt als Schulproblem. Verursachende Bedingungen, Erscheinungsformen und pädagogische Handlungsperspektiven. Weinheim: Juventa.

Tisseron, Serge (2000): Das Pokémon-Spiel als Initiationsritus. Anamnese einer kindlichen Leidenschaft. *Le Monde diplomatique 2000 (11)*, 15.

Trautner, Hanns Martin, Elbing, Nicole, Sahm, Winfried B. & Lohaus, Arnold (1988): Unkenntnis – Rigidität – Flexibilität: Ein Entwicklungsmodell der Geschlechtsrollentypisierung. *Zeitschrift für Entwicklungspsychologie und Pädagogische Psychologie, 20*, 105–120.

Ueffing, Claudia (1995): Batman oder bad man? Ein Erfahrungsbericht zum situativen Umgang mit Medien im Freispiel. In: Deutsches Jugendinstitut (Hg.) (1995): Handbuch Medienerziehung im Kindergarten. Teil 2: Praktische Handreichungen. Opladen: Leske & Budrich, 118–129.

Ullian, Dorothy Z. (1981): The child's construction of gender: anatomy as destiny. In: Shapiro, Edna K. & Weber, Evelyn (Eds.): Cognitive and affective growth: developmental interaction. Hillsdale, N. J.: Lawrence Erlbaum Associates, 171–185.

Venturi, Bruno & Thums, Dorothee (1987): Männerpremieren. Die erste Nacht des Mannes. München: Heyne.

Volbert, Renate (1998): Sexualwissen von 2- bis 6-jährigen Kindern. *Forum Sexualaufklärung, 1998 (2)*, 5–8.

Walter, Melitta/Schulreferat der Landeshauptstadt München (Hg.) (2000): Qualität für Kinder. Lebenswelt von Mädchen und Buben in Kindertagesstätten. Pädagogisches Rahmenkonzept der geschlechterdifferenzierenden Pädagogik zur Weiterentwicklung der Kindergarten-, Hort- und Tagesheimpädagogik. Erfahrungen – Theorie – Praxis – Ausblicke. München: Schul- und Kultusreferat.

Wegener-Spöhring, Gisela (1993): Aggressivität im kindlichen Spiel. Grundlegung in den Theorien des Spiels und Erforschung ihrer Erscheinungsformen. Weinheim: Deutscher Studienverlag.

Welz, Eberhard & Dussa, Ulla/Senatsverwaltung für Schule, Jugend und Sport Berlin (Hg.) (1998): Mädchen sind besser – Jungen auch. Konfliktbewältigung für Mädchen und Jungen – ein Beitrag zur Förderung sozialer Kompetenzen in der

Grundschule. Bd. 1: Dokumentation eines Modellversuchs. Bd. 2: Curriculum – Spiele und Übungen. Berlin: Paetec, Ges. für Bildung und Technik.

Wetzels, Peter (1997): Gewalterfahrungen in der Kindheit. Sexueller Missbrauch, körperliche Misshandlung und deren langfristige Konsequenzen. Baden-Baden: Nomos.

Wetzels, Peter, Enzmann, Dirk, Mecklenburg, E. & Pfeiffer, Christian (2000): Jugend und Gewalt. Ergebnisse repräsentativer Dunkelfeldanalysen in München und acht anderen deutschen Städten. Baden-Baden: Nomos.

Williams, Heathcote (1989): Aus den Vorhautakten. Hg. von Werner Pieper. Bielefeld: Der Grüne Zweig, 128.

Winter, Reinhard (1996): Jungenarbeit – ein Perspektivenwechsel. In: Brandes, Holger & Bullinger, Hermann (Hg.): Handbuch Männerarbeit. Weinheim: Psychologie Verlags Union, 378–389.

Winter, Reinhard & Neubauer, Gunter (1998): Kompetent, authentisch und normal? Sexualaufklärungsrelevante Gesundheitsprobleme, Sexualaufklärung und Beratung von Jungen. ‹Forschung und Praxis der Sexualaufklärung und Familienplanung, Band 14›. Köln: Bundeszentrale für gesundheitliche Aufklärung.

Wintsch, Hanna (2000): Hoffnung säen: Therapeutische Gruppen mit kriegstraumatisierten Kindern und Jugendlichen in Bosnien. *Praxis der Kinderpsychologie und Kinderpsychiatrie, 49 (3)*, 209–230.

Wirth, Hans-Jürgen (Hg.) (1987): Helden. *Psychosozial, 10(6)*. Weinheim: Psychologie Verlags Union.

Zilbergeld, Bernie (1994): Die neue Sexualität der Männer. Tübingen: dgvt-Verlag. (2. korr. Auflage 1996).

Zimmermann, Peter (1998): Junge, Junge! Theorien zur geschlechtstypischen Sozialisation und Ergebnisse einer Jungenbefragung. Dortmund: Institut für Schulforschung (IFS-Verlag).

Zulehner, Paul M. & Volz, Rainer (1998): Männer im Aufbruch. Wie Deutschlands Männer sich selbst und wie Frauen sie sehen. Ein Forschungsbericht. Ostfildern: Schwabenverlag.

Information

Switchboard – Infodienst für Männer. Zeitschrift für Männer- und Jungenarbeit.

Switchboard berichtet seit über zehn Jahren monatlich über aktuelle Entwicklungen in der Jungen- und Männerarbeit. Die Zeitschrift enthält einen umfassenden Überblick über Veranstaltungen, Seminare und Fortbildungen im deutschsprachigen Raum sowie zahlreiche Kurzrezensionen und Hinweise auf neue Literatur und Materialien zu Jungen- und Männerthemen. Außerdem gibt es kurze inhaltliche Beiträge und Fernseh- und Hörfunktipps.

Erscheinungsweise monatlich, Einzelpreis DM 3,80 zzgl. VK, Abo DM 60,– incl. VK. ISSN 1433–3341.

Bezug: Männerwege, Postfach 658 120, D-22 374 Hamburg, Telefon/Telefax 040/38 19 07

E-Mail maennerweg@aol.com

Internet www.switchboard-online.de

Danksagung

Viele Menschen haben dazu beigetragen, dass dieses Buch entstehen konnte. Jörg H. ist mit mir in den ersten Actionfilm meines Lebens gegangen und hat damit mein Interesse am Thema Actionhelden geweckt. Herr Professor Lüttge hat es mir ermöglicht, mein Studium mit einer Arbeit zu Heldenbildern von Jungen abzuschließen. Seitdem tragen Gespräche mit Freunden und die Zusammenarbeit mit vielen Kollegen und Kolleginnen dazu bei, dass sich meine Sicht auf Jungen immer wieder verändert und weiterentwickelt – einen besonderen Dank an Peter, Rüdiger, Jörg und Helge. Jürgen hat ermöglicht, dass dieses Buch erscheinen konnte, und die mühevolle Arbeit des Kürzens übernommen. Sabine hat mich nicht nur in der «heißen Phase» der Manuskripterstellung unterstützt, sondern das gesamte Manuskript gelesen und mit mir diskutiert.

Schließlich und vor allem danke ich den Jungen, die von sich erzählt und mich an ihrem Leben haben teilhaben lassen, insbesondere Sergej, Michael und Dorian.

Dieter Schnack / Rainer Neutzling

Dieter Schnack, geboren 1953, verheiratet, drei Kinder. Diplompädagoge und Journalist. Arbeit in der Erwachsenenbildung und beruflichen Fortbildung. **Rainer Neutzling**, geboren 1959, Soziologe und Journalist, lebt und arbeitet in Köln. Arbeit in der beruflichen Fortbildung zu Fragen männlicher Sozialisation und Sexualität.

Dieter Schnack /
Rainer Neutzling
Die Prinzenrolle *Über die männliche Sexualität*
(rororo sachbuch 19966)
«Zum Glück gibt es hin und wieder Sexual-Bücher, die neue Einsichten und Antworten auf bislang ungeklärte Fragen vermitteln ... Die beiden Autoren schreiben mit einer Leichtigkeit, die hierzulande ebenso selten ist wie als unseriös gilt: Der keineswegs oberflächliche Plauderton, dazu die vielen stimmigen Zitate, die authentischen Fallbeispiele und fiktiven, aber anschaulichen Schicksale erinnern an beste anglo-amerikanische Sachbuchliteratur.» *Psychologie heute*

Kleine Helden in Not *Jungen auf der Suche nach Männlichkeit*
(rororo sachbuch 60906)
«Trotz aller Kompetenz ist das Buch nicht trocken, sondern ein großer Lesespaß.» *Brigitte*

«Der Alte kann mich mal gern haben!» *Über männliche Sehnsüchte, Gewalt und Liebe*
(rororo sachbuch 60338)

rororo sachbuch

Rainer Neutzling
Herzkasper *Eine Geschichte über Liebe und Sex*
(rororo 13879)
Es geht um die Beziehung zu den Eltern, das Verhältnis zum eigenen Körper, Selbstbefriedigung und die sie begleitenden Phantasien, Gruppendruck, monströse Vorstellungen vom jeweils anderen Geschlecht, das erste Mal, die Erfahrungen danach, Angst vor Schwangerschaft, sich verändernde Freundschaften, Untreue, Eifersucht und heillosen Liebeskummer.

Dieter Schnack /
Thomas Gesterkamp
Hauptsache Arbeit? *Männer zwischen Beruf und Familie*
(rororo sachbuch 60429)
Die Autoren machen Vorschläge, unter welchen subjektiven und gesellschaftlichen Bedingungen Männer die verschiedenen Bereiche ihres Lebens ins Gleichgewicht bringen können.

3637/5

Starke Mädchen, coole Kerle

Christine Lange / Irene Müller
Starke Mädchen, schwache Momente
Alles über Anmache, Liebe und Partnerschaft
Für Mädchen
Aus der Jugendberatung der ProFamilia Berlin
(rororo sachbuch 60464)
Dieser Ratgeber richtet sich an Mädchen, die erste Erfahrungen mit Liebesbeziehungen machen.

Christine Lange / Irene Müller
Weil wir Mädchen sind *Körper, Sexualität und Lust*
Aus der Jugendberatung der ProFamilia Berlin
(rororo sachbuch 60236)
Bauchschmerzen, beste Freundin, Bett, Eifersucht, einsam, erogene Zonen, Frauenärztin, frigide, Geheimnis. Die behandelten Stichwörter ergaben sich aus der sexualpädagogischen Arbeit mit Mädchen der ProFamilia, Berlin.

Joachim Braun / Bernd Niemann
Coole Kerle, viel Gefühl *Alles über Anmache, Liebe und Partnerschaft*
Für Jungen
Aus der Jugendberatung der Pro Familia Berlin
(rororo sachbuch 60463)
Nichts als Ärger mit der Liebe? Ein Buch für Jungen im Alter von 14 bis 18 Jahren: direkt und ohne Tabus.

rororo sachbuch

Joachim Braun / Daniel Kunz
Weil wir Jungen sind *Körper, Sexualität und Lust*
Aus der Jugendberatung der ProFamilia Berlin
(rororo sachbuch 60235)
Dieses Buch ist ein Ratgeber zu Körper, Mann-Sein und Sex. Vieles wird gelernt, das meiste unbewußt. In der Schule lernt man wenig darüber. Dieses Buch ist ein Beitrag zur Schule der Erotik.

Ein Gesamtverzeichnis aller lieferbaren Titel der *Rowohlt Verlage, Wunderlich, Wunderlich Taschenbuch* und *Rowohlt Berlin* finden Sie in der *Rowohlt Revue*. Vierteljährlich neu. Kostenlos in Ihrer Buchhandlung.

Rowohlt im Internet:
http://rowohlt.de

Wolfgang Schmidbauer

Wolfgang Schmidbauer, geboren 1941 in München, studierte Psychologie und promovierte 1968 über «Mythos und Psychologie». Ausbildung zum Psychoanalytiker. Gründung eines Instituts für analytische Gruppendynamik.

Alles oder nichts *Über die Destruktivität von Idealen*
(rororo sachbuch 18393)

Die Angst vor Nähe
(rororo sachbuch 60430)

Helfen als Beruf *Die Ware Nächstenliebe*
(rororo sachbuch 19157)

Hilflose Helfer *Über die seelische Problematik der helfenden Berufe*
(rororo sachbuch 19196)

Wenn Helfer Fehler machen
Liebe, Mißbrauch und Narzißmus
320 Seiten. Broschiert

Liebeserklärung an die Psychoanalyse
(rororo sachbuch 18839)

Psychologie. Lexikon der Grundbegriffe
(rororo handbuch 16335)

Weniger ist manchmal mehr
Zur Psychologie des Konsumverzichts
(rororo sachbuch 19110)

«Du verstehst mich nicht» *Die Semantik der Geschlechter*
(rororo sachbuch 60589)

Die heimliche Liebe *Ausrutscher, Seitensprung, Doppelleben*
160 Seiten. Gebunden

rororo sachbuch

"Ich wußte nie, was mit Vater ist" *Das Trauma des Krieges*
384 Seiten. Gebunden

Die Geheimsprache der Krankheit
Bedeutung und Deutung psychosomatischer Leiden
(rororo sachbuch 60708)

Kein Glück mit Männern *Fallgeschichten zur Nähe-Angst*
(rororo sachbuch 19752)

Die Kentaurin *Die Geschichte einer ungewöhnlichen Frau. Erzählung*
336 Seiten. Gebunden

Jetzt haben, später zahlen *Die seelischen Folgen der Konsumgesellschaft*
(rororo sachbuch 60125)

Ein Gesamtverzeichnis aller lieferbaren Titel von **Wolfgang Schmidbauer** finden Sie in der *Rowohlt Revue*, kostenlos im Buchhandel, und im Internet: www.rororo.de

3500/7

Ratgeber

Wilhelm Funke
Patientenrechte *Ansprüche und Leistungen im Arzt-Patienten-Verhältnis*
(rororo sachbuch 19947)
Mit dem Ziel einer offenen und souveränen Beziehung zwischen Patient und Arzt entwickelt dieser Ratgeber an praktisch bedeutsamen Situationen, welche Rechte der Patient seinem Arzt gegenüber hat, von dem Recht auf gründliche «therapeutische Aufklärung» bis zu Besuchs-, Dokumentations- und Schweigepflicht des Arztes.

Sigrid Nolte-Schefold
Rechtsratgeber für Stieffamilien
Was Mütter und Väter wissen müssen
(rororo sachbuch 60896)
Die Anzahl der Stieffamilien steigt. Hier werden Themenkreise angesprochen, mit denen sich eine Stieffamilie auseinandersetzen muß. Anhand von Fallbeispielen aus der Rechtsprechung werden Probleme anschaulich dargestellt, die immer wieder im Zusammenleben auftauchen.

Sigrid Nolte-Schefold
Heiraten *Rechtsratgeber für das Eheglück*
(rororo sachbuch 60901)
Wenn der Himmel voller Geigen hängt, denkt natürlich niemand an die Rechtsfolgen einer Heirat. Oder wussten Sie, dass sich schon mit der Verlobung Verpflichtungen ergeben?

Marcus Matthias Keupp
Ratgeber Zivildienst
(rororo sachbuch 60836)

rororo sachbuch

Burkhard Schröder
Internet und Jugendschutz *Was Eltern und Lehrer wissen müssen*
(rororo sachbuch 61124)
Welche Websites sind nicht jugendfrei? Wie weit können sie geschützt werden und was muss man dazu wissen? Was planen Provider und Politiker? Burkhard Schröder gibt Antworten.

Ernst Heinrich v. Bernewitz / Konrad von Bonin
Das Grundgesetz verstehen
Didaktisches Sachbuch zu Verfassungsrecht und Gesellschaftswirklichkeit. Erläuterungen – Materialien – Arbeitsvorschläge
(rororo sachbuch 16995)

Hans Emge
Wie werde ich Unternehmer?
und die knallharte Antwort für 15 Mark
(rororo sachbuch 60745)

Weitere Informationen in der **Rowohlt Revue**, kostenlos in Ihrer Buchhandlung, und im **Internet: www.rororo.de**